D1932964

Weidenmann · Dicke Fische, kleine Gauner

Alfred Weidenmann

Dicke Fische kleine Gauner

Das große Alfred-Weidenmann-Buch

mit Zeichnungen
von Gerhard Brinkmann

Loewes Verlag Bayreuth

Für Max Wiener 29. 04. 1982 Zürich

CIP-Kurztitelaufnahme der Deutschen Bibliothek

Weidenmann, Alfred:
Dicke Fische, kleine Gauner:
d. große Alfred-Weidenmann-Buch / Alfred Weidenmann.
Mit Zeichn. von Gerhard Brinkmann.
1. Aufl. – Bayreuth: Loewes, 1982
ISBN 3-7855-1906-0

© 1982 by Loewes Verlag, Bayreuth
Umschlag: Gerhard Brinkmann und Claudia Böhmer
Gesamtherstellung: Tagblatt-Druckerei, Haßfurt
Printed in Germany

Inhalt

Eine Geschichte ohne Titel – vorläufig noch

„Manfred Zasche vom Block D, Herr Direktor.“

„Danke, Wachtmeister, und lassen Sie uns jetzt allein. Vielleicht trinken Sie in der Kantine einen Kaffee, bis es soweit ist. Wir können Sie ja dann über den Lautsprecher ausrufen.“

„Gut, ich warte da.“

Bevor der uniformierte Wärter die Tür zum Büro seines Chefs wieder hinter sich zumachte und verschwand, konnte man hinter dem Häftling, den er gerade abgeliefert hatte, ein Stück vom Korridor mit den eisernen Gittern sehen.

„Na, wie fühlt man sich am Tag aller Tage?“ fragte der Mann hinter dem schweren Schreibtisch, auf dem eine Telefonanlage wucherte. Bestimmt war unter der mittleren Schublade oder gar an seinem Sessel eine raffinierte Alarmanlage installiert. Er hatte seine Ellbogen aufgestützt und blätterte vorgebeugt in einer Akte die nächste Seite um. „Jeder Häftling hat vor seiner Entlassung Anspruch auf eine Art Abschiedsgespräch mit dem Direktor. Das ist Vorschrift, was Sie vermutlich wissen.“ Er hatte bisher nur ein einziges Mal über den Goldrand seiner Brille geschielt, und zwar in dem Augenblick, als Manfred Zasche an dem Gefängniswärter vorbei ins Zimmer getreten war. Auch jetzt hatte er nicht aufgeblickt.

„Sie können es bei mir kurz machen“, schlug der Häftling vor. Er wirkte wie ein besonders gut erhaltener Vierziger, war auffallend groß und schlank. Augenscheinlich ein kräftiger und gesunder Mann mit strohblonden Haaren. „Ich sehe ja, wie beschäftigt Sie sind . . .“

„Beschäftigt mit Ihnen, Herr Zasche“, unterbrach ihn der Direktor, „ich habe mir bereits gestern Ihre Papiere aus der Registratur kommen lassen. Gedulden Sie sich noch ein paar Minuten, ich bin gleich durch damit.“ Er hatte nur so vor sich hingemurmelt und dabei unentwegt weitergelesen. „Mannometer, das ist ja ganz schön spannend." Er befeuchtete seinen Daumen und war zum Umblättern bereit. „Zwischendurch könnte man sich allerdings auch kugeln vor Lachen."

„Na, ich danke", bemerkte der Häftling trocken. Er wippte leicht auf den Fußballen, und der Holzboden quietschte ein wenig. „Sieben Jahre Knast sind nicht so lustig, als daß man sich vor Lachen darüber kugeln könnte." Manfred Zasche hatte bereits seine Zivilkleidung an. Sie roch nach der langen Zeit in der Asservatenkammer nach Mottenpulver, aber sie paßte noch auf den Zentimeter. Er hatte in der Haft kein Gramm Fett angesetzt, und die Hosen, die er gern ganz eng trug, saßen wie ein Handschuh über seinen schmalen Hüften. Mit täglicher Gymnastik in seiner Zelle und dem Training bei der Handballmannschaft des Gefängnisses hatte er sich topfit gehalten. Topfit für den heutigen Tag.

Der Direktor blätterte inzwischen in den letzten Seiten der Akte. Auf ihnen hatte man eine stattliche Sammlung von Zeitungsausschnitten zusammengeklebt.

„Und eine Presse habt ihr damals gehabt", schnalzte der Mann hinter dem Schreibtisch anerkennend „Alle Achtung." Er schob die Goldrandbrille, die ihm auf die Mitte der Nase gerutscht war, wieder zurecht und lächelte. Dabei fuhr er sich jetzt mit allen fünf Fingern durch das kurzgeschnittene bleigraue Haar. „Eine Presse", wiederholte er, „da kann jeder Filmstar vor lauter Neid mit den Ohren schlackern. Tagelang auf den Titelseiten. Zuerst nach der Tat und dann wieder beim Prozeß."

„So was kommt durch die Höhe einer Beute automatisch", sagte der Häftling bescheiden und blickte zu der ein wenig trostlosen Deckenlampe. „Wenn es um mehr als eine Million geht, ist das für die Zeitungsleute so was wie eine magische Zahl."

„Na ja, von der erbeuteten Summe abgesehen, war das Ganze aber auch sonst ein Superding, das sich gewaschen hat."

„Wir wollen auf dem Teppich bleiben“, meinte der Häftling namens Manfred Zasche und betrachtete jetzt anstelle der Deckenlampe seine Schuhspitzen. „Im allgemeinen hat ein Warenhaus derartig hohe Beträge ja nicht in seiner Kasse“, räumte er ein. „Aber wir hatten den Sommerschlußverkauf abgewartet, und da scheppert sich am Wochenende einiges zusammen.“

„Ursprünglich wolltet ihr das Ding zu dritt drehen, geht aus dem Prozeßprotokoll hervor. Da steht doch . . .“ Der Gefängnisdirektor hatte die Akte wieder vom Tisch genommen und aufgeschlagen. Als er die betreffende Stelle gefunden hatte, las er vor: „Der Mitangeklagte Paul Schulz hat von dem Einbruch gewußt. Das Gericht ist davon überzeugt, daß er auch an der Planung des Verbrechens beteiligt war und sogar die Absicht hatte, an der Ausführung der Straftat teilzunehmen.“ Er klappte das Schriftstück wieder zu und blickte auf. „Aber das konnte man diesem Paul Schulz nicht nachweisen, und Sie sind es gewesen, der ihn nach Strich und Faden entlastet hat.“

„Daß man mich zu ein paar Jahren Knast verurteilen würde, das war bombensicher“, erwiderte der Häftling mit den strohblonden Haaren. „Ich war voll gegen den heißen Ofen gelaufen, mir war nicht mehr zu helfen. Aber Paule sollte wenigstens mit einem blauen Auge aus der verdammten Kiste rauskommen. Er war immer ein echt dufter Kumpel gewesen, was gar nicht so selbstverständlich ist. Außerdem wär' es mir um kein Jota bessergegangen, wenn man ihn gleichfalls eingelocht hätte.“

„Dieser Paul Schulz ist dann wegen Unterlassung einer Anzeige mit drei Monaten auf Bewährung davongekommen“, bemerkte der Gefängnisdirektor. „Der Staatsanwalt hatte ein ganzes Jahr beantragt.“

„Ja, er hat gleich doppeltes Schwein gehabt, der Paule“, grinste der Häftling aus dem Block D. „Zuerst mit seinem Blinddarm und dann mit diesem samtweichen Urteil.“

„Wieso Blinddarm?“ fragte der Mann hinter dem Schreibtisch verwundert.

„Natürlich war Paule Schulz von Anfang an mit dabei“,

kam die Antwort. „Inzwischen ist die Sache ja verjährt, und ich kann's ruhig zugeben. Er sollte mit einem Funkgerät vor dem Warenhaus Schmiere stehen und uns warnen, falls irgendwas faul sein sollte. Aber er ist dann im letzten Moment ausgefallen. Eben wegen seines Blinddarms. Da war nichts zu machen. Und Verschieben ging nicht. Die Queen war sozusagen schon im Anrollen. Da riskierten wir es halt zu zweit. Na ja, und es hat funktioniert. Vorerst wenigstens –" Der Häftling blickte jetzt an einer Gummipflanze vorbei zum Fenster. Auch hier waren Gitter hinter den Scheiben, als ob auch der Direktor eingesperrt wäre.

„Dieser Paul Schulz war der einzige, der Sie in all den Jahren regelmäßig besucht hat", stellte der Mann hinter dem Schreibtisch fest.

„Ich sagte ja, der Typ ist hundertprozentig in Ordnung."

„Ihre Braut dagegen hat sich schon nach ein paar Monaten nicht mehr blicken lassen." Der Direktor spähte wieder über den Goldrand seiner Brille. „Ich sage das nur, weil ich mir überlege, wo Sie jetzt hinwollen und wie Sie wieder festen Boden unter die Füße kriegen."

„Sie haben sich sieben Jahre meine Gedanken gemacht, Herr Direktor", meinte Manfred Zasche. Er lächelte unverbindlich und schüttelte seinen strohblonden Kopf. „Jetzt bin ich wieder an der Reihe, lassen Sie das meine Sorgen sein."

„Wie Sie wollen", meinte der Direktor ein wenig eingeschnappt und stand auf. „Also, es war ein Samstag, und es war Sommerschlußverkauf. Da klingeln in einem Warenhaus die Kassen wie sonst nur vor Weihnachten." Er rieb sich die Hände und nahm sie anschließend auf den Rücken. „Aber es gab noch einen zweiten Grund, weshalb ihr euch gerade dieses Wochenende ausgesucht hattet." Er war zur anderen Seite seines Büros spaziert und drehte sich jetzt um. „Ausgerechnet in diesen Tagen geruhte die englische Königin, auf Staatsbesuch in Berlin zu weilen. Die ganze Stadt war auf den Beinen, und die Polizei hatte mit Absperrungen und Sicherheitsvorkehrungen alle Hände voll zu tun."

„Ja, das hatte sich günstig getroffen“, bemerkte der Häftling, der mit einem Bein das Gefängnis bereits hinter sich hatte. „Es war ein enormer Zufall . . .“

„Natürlich nur ein Zufall, daß ich nicht kichere!“ unterbrach ihn der Gefängnisdirektor. Dabei ließ er sich neben dem Gummibaum in den Ledersessel einer Sitzgarnitur fallen. „Menschenskind, ihr habt die ahnungslose Queen zu eurer Komplizin gemacht, was ja das geradezu Geniale an eurem Plan gewesen ist, den Sie jetzt nicht verniedlichen sollten. Bitte nehmen Sie doch Platz, Herr Zasche.“

In sieben Jahren hatte der Direktor zum erstenmal „Herr“ zu dem Häftling gesagt und ihn in seiner Gegenwart zum Sitzen aufgefordert.

„Sehr freundlich“, sagte der strohblonde und kräftige Mann, gehorchte der einladenden Bewegung des Direktors und schlug anschließend die Beine übereinander.

„In einer halben Stunde sind Sie so frei wie ein Vogel“, meinte die Goldrandbrille. „Also, wie war's wirklich?“

„Zugegeben, wir hatten natürlich davon gelesen, daß die englische Königin Berlin besuchen würde.“

„Und selbstverständlich habt ihr auch gewußt, daß sie an diesem Wochenende, und zwar am Sonntag, vormittag haargenau mit ihrer Wagenkolonne an eurem Warenhaus vorbeikommt.“

„Das hat jedes Kind gewußt“, meinte Manfred Zasche. „Tagelang zuvor ist ja überall bekanntgemacht worden, wann und wo die Bevölkerung der Queen bei ihrer Fahrt durch die Stadt zujubeln könnte, falls sie dazu Lust haben sollte.“

In diesem Augenblick klopfte es, und gleich darauf öffnete sich die Tür zum Vorzimmer. Eine ältliche Sekretärin ließ nicht viel mehr als ihren Kopf sehen.

„Entschuldigen Sie, Herr Direktor“, flötete sie. „Soll ich jetzt bei der Stadtverwaltung das Heizöl anfordern oder nicht?“

„Ach, das hätte ich glatt vergessen“, antwortete der Gefängnisdirektor. „Fordern Sie es an, Fräulein Köhler, fordern Sie es an.“ Er räusperte sich und fügte noch hinzu:

„Sie denken wirklich an alles, besten Dank. Wenn ich Sie nicht hätte –“

Als Fräulein Köhler die Tür wieder hinter sich geschlossen hatte, machte sie in ihrem Vorzimmer einen regelrechten Sprung zum Telefon, den man ihr kaum zugetraut hätte, und wählte ein wenig hastig die Nummer der Kriminalpolizei. Sie hatte sie auswendig im Handgelenk, so wie andere Leute die Anschlüsse ihres Friseurs oder ihres Hausbesitzers.

Die Frage nach der Heizölanforderung bei der Stadtverwaltung war natürlich zwischen dem Gefängnisdirektor und seiner Sekretärin abgesprochen gewesen. Sie sollte sie stellen, kurz nachdem der Häftling aus dem Block D vorgeführt worden war, und im Falle, daß ihr Chef dann zustimmend antworten würde, war sie ermächtigt und aufgefordert, umgehend Kriminalkommissar Papenbrock vom Raub- und Einbruchsdezernat zu alarmieren.

Das tat sie jetzt.

„Schön“, sagte der Kommissar, nachdem er eine Zeitlang zugehört hatte, und fragte: „Wann also ist mit der Entlassung zu rechnen?“

„In einer knappen Stunde, vermute ich“, antwortete Fräulein Köhler leise und hielt zur Sicherheit noch ihre Hand über den Mund. „Bis die letzten Formalitäten erledigt sind.“

„Und wie üblich?“

„Ja, an der schmalen Eisentür neben dem Haupteingang.“

„Wir werden da sein“, ließ sich der Kriminalkommissar hören. „Und Sie wissen natürlich von nichts, liebes Fräulein Köhler. Besten Dank.“

„Keine Ursache“, flüsterte die Sekretärin und dann kicherte sie gedämpft. „Mein Name ist Hase, und ich weiß wirklich von nichts.“

Im Büro nebenan hatte der Gefängnisdirektor gleichfalls in seinem Ledersessel, der alles andere als neu war, die Beine übereinandergeschlagen und faßte gerade zusammen: „Jedenfalls stand euer Vorhaben, wenn ich die Sache mal so bezeichnen darf, von der ersten Stunde an unter einem guten Stern. Die Sache lief doch ganz prächtig."

„Und gerade das hätte uns stutzig machen und warnen sollen", meinte Manfred Zasche. Er dachte seinen Worten eine Weile hinterher. „Zuerst klappt alles wie geschmiert, aber auf einmal kommt dann der große Hammer. Das ist immer so, da kann man fast Gift drauf nehmen . . ."

„Folgendes passierte jedenfalls", unterbrach ihn der Gefängnisdirektor. Er lehnte sich zurück und verschränkte die Arme. „Sie und der zweite Mann, ein gewisser Ekkehard Krumpeter, haben sich an jenem Samstag in den Toiletten des fünften Stockwerks versteckt und zusammen mit verschiedenen Geräten, darunter einem Schneidbrenner und so weiter, im Warenhaus einschließen lassen . . ."

„Im fünften Stock bei der Abteilung für Spielwaren", fuhr sein strohblondes Gegenüber fort. „Am frühen Abend waren alle Kunden und auch die letzten Angestellten verschwunden. Trotzdem haben wir noch gut zwei Stunden gewartet und uns nicht von der Stelle gerührt, um ganz sicher zu sein. Als wir dann vorsichtig zur Tür geschlichen sind und sie ganz leise geöffnet haben, war es draußen bereits dunkel. Nur die Notbeleuchtung hat gebrannt. Es waren kleine rote Lampen über verschiedenen Türen. Wir zogen die Schuhe aus und sind auf Socken zur Treppe geschlichen. Die riesigen Räume, das schummrige Licht, das von den großen Fenstern gedämpfte Geräusch der Straße, es war tatsächlich zum Fürchten und wie in einem Gespensterschloß. Nur daß dieses Schloß eben ein supermodernes Kaufhaus war und mitten in Berlin stand." Er beugte sich vor und fragte auf einmal wie aus heiterem Himmel: „Weshalb wollen wir eigentlich die ganze alte Suppe wieder aufwärmen, Herr Direktor? Ich hab' meine Strafe abgesessen, lassen Sie mich laufen und damit basta."

„Leider gibt es da einen Punkt, den ich vorher noch zur Sprache bringen muß", erwiderte der Gefängnisdirektor. Er neigte den Kopf ein wenig zur Seite, blickte den hochgewachsenen Mann, der ihm gegenüber saß und ja immer noch sein Häftling war, lange an. Mit nachdenklich hochgezogenen Augenbrauen. „Sie und Ihr damaliger Komplize Ekkehard Krumpeter haben sich die Beute noch am Tatort geteilt. Jeder kassierte etwa eine Dreiviertelmillion. Dann habt ihr euch getrennt. Ihrem Spezi ist es gelungen, sich mit seinem Geld aus dem Staub zu machen. Alle Fahndungen sind erfolglos geblieben und im Sand verlaufen. Er hat es tatsächlich geschafft, sich in Luft aufzulösen."

„Ja, Ekke ist fein raus."

„Sie hingegen, sehr geehrter Herr Zasche, sind geschnappt worden", fuhr der Gefängnisdirektor fort und legte dabei seine besonders schmalen Handflächen gegeneinander. „Geschnappt, und zwar mit genau fünfzehn Mark und achtzig Pfennigen in der Tasche. Über Ihren Anteil an der Beute haben Sie bei der Polizei und auch beim Prozeß keine Aussage gemacht. Noch kurz vor der Urteilsverkündung hat Ihnen der Richter angeboten, zwei volle Jahre von Ihrer Strafe zu streichen, wenn Sie verraten würden, wo Sie das Geld versteckt haben. Und was haben Sie geantwortet?"

„Ich wüßte nicht, wie ich in zwei Jahren nur durch Herumsitzen so viel Geld verdienen könnte, Herr Richter", wiederholte Manfred Zasche seine damalige Antwort und probierte zu grinsen. Aber das gelang ihm nicht ganz.

„Eine Dreiviertelmillion", sagte der Gefängnisdirektor und betonte dabei jede Silbe. „Natürlich haben Sie sich während der ganzen Jahre in Ihrer Zelle genau überlegt, wie Sie nach Ihrer Entlassung unbemerkt an das Geld herankommen und dann damit irgendwo im Ausland auf Nimmerwiedersehen verschwinden können. Vermutlich träumen Sie von der Südsee und einem paradiesischen Leben unter Sonne und Palmen. Aber das wird nicht so ganz einfach funktionieren, fürchte ich."

„Sie machen sich bereits wieder meine Gedanken, Herr Direktor", mahnte der Häftling aus dem Block D, und jetzt schaffte er sein Grinsen geradezu spielend. „Glauben Sie es mir, eine Dreiviertelmillion kann unsere kleinen grauen Zellen ganz gewaltig zum Rotieren bringen."

„Aber Sie haben ja nicht die blasseste Ahnung . . ."

Die drei Redakteure sind auf die Minute pünktlich.

Ich unterbreche meine Geschichte, an der ich gerade herumdichte, mitten im Satz und schalte meine elektrische Schreibmaschine ab. Der Gefängnisdirektor und sein Häftling Zasche sind somit vorläufig auf Eis gelegt. Es wird wohl eine ganze Weile dauern, bis wir erfahren, wie es mit ihnen weitergehen wird.

Ich entdeckte die Besucher bereits so aus dem linken Augenwinkel, als sie über die Straße geschlendert kamen und ich die letzten Worte tippte, „. . . nicht die blasseste Ahnung . . .“

Die drei Jungen hatten sich gestern, gleich nachdem sie in Berlin eingetrudelt waren, telefonisch bei mir angemeldet, und jetzt warten sie nebeneinander vor dem Gartentor.

Der Längste von ihnen steht in der Mitte und blickt gerade auf seine Armbanduhr. Es sieht so aus, als würde er zu den zwei anderen eine kurze Bemerkung machen. Beinahe gleichzeitig drückt er auf den Klingelknopf über dem Briefkastenschlitz.

Im selben Moment blafft Peter los. Laut und so, daß es sich durchaus gefährlich anhört.

Peter ist mein kastanienbrauner Irish Setter. Bestimmt hatte er bisher auf seinem Lieblingsplatz vorn in der Garderobe zusammengerollt vor sich hingedöst und geträumt. Er ist alles andere als ein zuverlässiger Wachhund. Sein Herz ist weich wie Butter und so groß wie ein Scheunentor. Am liebsten würde er die ganze Welt umarmen. Weil das aber ein einzelner Hund beim besten Willen nicht schaffen kann, profitieren meine Besucher von seiner grenzenlosen Gutmütigkeit. Er begrüßt sie alle ausnahmslos mit freudigem Gebell, springt sie an, tätschelt sie mit seinen Pfoten ab, drückt sich mit seinem ganzen Körper gegen ihre Beine und winselt dabei vor Vergnügen. Solcherart empfängt er täglich den Briefträger, wildfremde Leute, die mir irgendwelche Lesezirkel oder Staubsauger andrehen wollen, und genauso würde er leider auch Strolche und Einbrecher freudig willkommen heißen.

Nein, Peter ist wirklich kein Ersatz für eine Alarmanlage.

Die drei Jungen durchschauen ihn schon, als er jaulend und mit wehendem Haar an mir vorbei aus dem Haus hinaus ins Freie schießt. Sie zeigen nicht die geringsten Zeichen von Furcht und grinsen nur, als ich die kleine Gartentür aufmache, er an ihnen hochspringt, einen nach dem anderen beriecht und dabei mit seiner feuchten Schnauze anschubst, abwechselnd knurrt und kläfft.

„Einen schönen Hund haben Sie da“, sagt der Lange in der Mitte. „Kaum mal einen so schönen Setter gesehen.“ Peter beschnuppert gerade seine Tennisschuhe. „Aber besonders scharf ist er wohl nicht?“

„Nein, das kann man von ihm nicht sagen“, gebe ich zu. „Aber wer oder was ist schon ganz perfekt?“

Die drei sind Redakteure von Schülerzeitungen. Sie hatten mir immer wieder mal ein Exemplar ihrer Blätter zum Lesen geschickt, und wir schreiben uns bereits seit geraumer Zeit, allerdings in sehr unterschiedlichen Abständen. Manchmal war auch aus den Schulferien eine besonders bunte und absichtlich kitschige Ansichtskarte gekommen, und alle drei wollten mich „bei Gelegenheit“

besuchen, um mich für ihre Zeitungen auszufragen. Kein Grund, mir darauf etwas einzubilden, denn sie interviewten laufend jeden, der ihnen gerade vor die Flinte kam. Opernsängerinnen, Maler, ganze Musikbands, Zugführer, Tennisasse, Hellseher und eben auch Leute, die Bücher schreiben, wenn sie gerade mal in ihre Gegend kamen und sich aufstöbern ließen.

Die Gelegenheit zu einem persönlichen Kennenlernen, an das wir wohl alle miteinander nie so richtig geglaubt hatten, weil wir doch ziemlich entfernt voneinander wohnten, ergab sich ganz plötzlich und unerwartet durch das jährliche Fußballturnier der besten europäischen Jugendmannschaften im Olympiastadion. Alle drei hatten sich mit ihren Clubs bis in die Endrunde gespielt. Das war ein ziemlicher Zufall, aber so was gibt's nun mal, wie man sieht. Gestern waren sie per Bahn und Omnibus in Berlin angekommen. Sie kannten sich ihrerseits bereits, weil ja Redakteure von Schülerzeitungen einer gewissen Größenordnung ihre neuesten Ausgaben und auch ihre Erfahrungen untereinander austauschen. Manchmal treffen sie sich sogar zu regelrechten Kongressen. Denn es gibt ja immer wieder einmal Probleme mit Schuldirektionen, mit den Herstellungskosten oder mit der Werbung durch bezahlte Anzeigen von örtlichen Geschäften, Diskotheken und Firmen, die den jungen Lesern ihre Sportartikel, Schallplatten oder Mopeds andrehen wollen. Manche dieser Schülerzeitungen hatten es mit ihrem Annoncengeschäft allmählich so weit gebracht, daß sie nicht mehr hektografiert, sondern gedruckt erscheinen konnten. Sie sahen ungefähr aus wie mehr oder weniger kleinstädtische Boulevardblätter.

„Es gibt bei uns eine ganze Menge Schüler, die Ihre Bücher lesen, sich die neuen von ihren Eltern zum Geburtstag oder zu Weihnachten wünschen, und in der Schulbibliothek sind sie gar nicht so selten bereits an andere ausgeliehen, wenn man sie haben will", hatten mich die drei Redakteure, vermutlich in einem Anfall von Höflichkeit, gelegentlich wissen lassen. Und deshalb seien die Leser ihrer Zeitungen angeblich neugierig darauf, einmal zu erfahren, wie ich meine Geschichten eigentlich erfinden würde, was ich sonst den lieben langen Tag über anstelle, wenn ich mal nicht gerade hinter der Schreibmaschine säße, und wie denn überhaupt alles so gekommen sei, das mit den Büchern und auch das mit dem Filmedrehen für die Kinos und das Fernsehen.

Um das aus mir herauszufragen, verfügt sich das Trio in diesem Augenblick durch meine Gartentür. Ausgestattet mit umgehängten Fotoapparaten, mit Blitzgeräten, Kassettenrecordern für Bandaufnahmen und bestimmt mit einer Menge Notizpapier und Kugelschreibern in den Taschen. Von waschechten und professionellen Reportern nicht zu unterscheiden. Lediglich durch ihr Alter.

„Du bist natürlich Michael aus Stuttgart", sage ich auf dem kurzen Weg durch den Vorgarten zu dem Langen mit den Tennisschuhen und in den Blue jeans. „Wir haben uns ja bisher nur geschrieben, aber wie du aussiehst, das weiß ich ja aus eurer Zeitung, weil dein Bild immer abgedruckt ist, wenn du den Leitartikel geschrieben hast."

„Ja, er ist die Bescheidenheit in Person", unterbricht mich der zweite Junge, ein schlanker und bestimmt sehr sportlicher Bursche mit Khakihosen und einem kornblumenblauen Hemd.

„In unserer Redaktion wird eben nicht Versteck gespielt", kontert der Lange. „Bei uns steht jeder zu dem, was er schreibt, und zwar mit vollem Namen, Angabe der Klasse und mit seinem Foto, wenn's recht ist."

„Reg dich wieder ab, war ja ganz friedlich gemeint", antwortet der andere. Anschließend dreht er sich um, gibt mir die Hand und sagt dabei: „Ich bin übrigens Thomas aus Düsseldorf."

„Nicht schwer zu erraten", meine ich. „Jugendmeister im Hochsprung, hast du mir mal geschrieben, und jetzt als Außenflitzer eurer Mannschaft in Berlin. Genauso hab' ich dich mir vorgestellt."

Jetzt blicke ich zu dem Knaben Nummer drei. Der sieht so aus, als hätte er eine italienische, spanische oder jedenfalls südliche Urgroßmutter in seiner Familie gehabt.

„Bleibt also bloß noch Urs übrig“, stelle ich fest.

„Ja, guete Taag, ich bin der Urs aus Luzern“, sagt der dunkelhaarige Junge und lächelt ein klein wenig. So wie er aus seinen großen schwarzen Augen guckt, gehört er bestimmt zu denen, die spätestens mit vierzehn anfangen, Gedichte zu schreiben. Bestimmt tut er's schon. „Mein Hochdeutsch ist leider nicht ganz lupenrein“, bemerkt er. „Es ist miserabel, das weiß ich.“

„Lupenrein ist eine gelinde Übertreibung, und nicht mal ein Blödmann würde vermuten, daß du aus Hannover kommst“, witzelt der lange Michael. „Grüzi wohl, Frau Stirnimaa“, flötet er auf Schwyzerdütsch. Aber das geht ziemlich in die Hose.

„Bleib bei deinem Schwäbisch“, schlägt der Düsseldorfer Thomas vor. „Das ist auch nicht gerade das Gelbe vom Ei, aber du machst damit wenigstens keine Bauchlandung.“

„Manche Leute glauben, daß wir Spaß daran haben, wenn sie probieren, unseren Dialekt nachzumachen, und dabei bildet sich natürlich jeder ein, daß ihm das ganz fabelhaft gelingt“, bemerkt Urs. „Aber in der Schweiz haben wir das eigentlich gar nicht so wahnsinnig gern. Wenn man uns nachäfft, meine ich. Wir finden unsere Sprache nämlich ganz lustig.“

„Geht uns in Württemberg eigentlich genauso, um ehrlich zu sein“, gibt Michael zu. „Ich bitte um Entschuldigung, manchmal benehm' ich mich ein bißchen idiotisch. Man muß es mir dann nur sagen oder mich in die Rippen boxen. Meine Freunde wissen das.“

„Jedenfalls ist alles wieder in bester Butter, und die Herren sind sich einig“, bemerkt der Düsseldorfer katzenfreundlich. „Das ist so ausgesprochen rührend, daß es mir schon auf den Wecker geht.“

„Du bist bestimmt der Torsteher in eurer Mannschaft?“ frage ich den Langen mit den Tennisschuhen.

„Richtig getippt“, stimmt Michael zu. „Aber bei meiner Größe liegt das ja sozusagen auf der Hand.“

„Außenstürmer, wie gesagt“, meint Thomas. „Und zwar links.“

„Libero“, bemerkt Urs fast verlegen und fügt wie als Entschuldigung hinzu: „Aber wir spielen mit zwei vorgezogenen Sturmspitzen, und da bin ich dann gar nicht so besonders wichtig –“

„Soso, mit vorgezogenen Sturmspitzen spielt ihr“, wiederholt der Düsseldorfer Thomas. „Gut zu wissen.“ Er schnippt mit Daumen und Zeigefinger. „Es könnte ja passieren, daß wir irgendwann mal gegeneinander antreten müssen.“

Schon fünf Minuten später stehen die drei Redakteure in meinem Arbeitszimmer herum, beäugen neugierig den Schreibtisch und schielen auf die Manuskriptseite, die mittendrin abgebrochen noch in der Maschine steckt.

„Und das sind wohl die Typen, die in Ihrer neuen Geschichte vorkommen?“ fragt der Lange nach einer Weile. Er zeigt auf die Köpfe und Figurinen, die ich mit Filzstift nebeneinander auf ein Stück Karton gezeichnet habe. Dieser Karton steht hinter meinem Schreibtisch auf dem Fensterbrett, etwa so, wie die Musiker eines Orchesters ihre Noten vor sich auf den Pulten haben. Immer wenn in meinen Erzählungen eine neue Person auftritt, versuche ich sie zu porträtieren, so gut ich's halt hinkriege.

„Von Balzac erzählt man sich, daß er aus Versehen einmal am Ende eines Romans eine Person wieder zur Tür hereinkommen ließ, die er bereits im zweiten Kapitel ziemlich grausam umgebracht hatte“, bemerke ich. „Damit ihm so was nie wieder passieren konnte, schnitt er seitdem seine Figuren aus Papier aus und baute die Scherenschnitte während des Schreibens nebeneinander vor sich auf. Wurde eine von ihnen im Duell erschossen oder segnete sonst auf eine mehr oder weniger angenehme Art das Zeitliche, ließ er ihren Scherenschnitt ins Kaminfeuer wandern, damit sie ein für allemal aus seinen Gedanken veschwunden war.“

„Eine lustige Anekdote“, bemerkt der lange Michael trocken. „Bei den dicken Schmökern, die Balzac geschrieben hat, könnte sie sogar wahr sein.“

Die drei haben sich durch meine Erzählung nicht davon

abhalten lassen, sich über meine Skizzen zu beugen und sie genau zu begutachten. Dabei lesen sie auch die Namen, die ich für die verschiedenen Personen erfunden habe und die in Druckschrift unter die Köpfe und Figuren gemalt sind.

„Manfred Zasche“, murmelt der linke Außenstürmer aus Düsseldorf und dreht sich nach mir um, ohne sich aufzurichten. „Sieht so aus, als würde er Autorennen fahren oder Boxkämpfe gewinnen. Jedenfalls hat er eine Figur wie ein Bodybuilder. Stimmt's, oder hab' ich recht?“

„Seine Freunde nennen diesen Manfred Zasche kurz Manni“, antworte ich. „Und deine Beschreibung paßt ziemlich genau auf ihn. Aber leider sitzt er im Augenblick noch hinter Gittern. Er hat runde sieben Jahre Knast auf seinem gut durchtrainierten Buckel.“

„I khuma verrugt“, entfährt es dem dunkelhaarigen Urs.

Michael legt den Kopf schief und tut so, als leiste er schwerste Gedankenarbeit. „Das soll wohl heißen“, fragt er nach einer Weile scheinheilig, „daß du jetzt auf der Stelle überschnappst?“

„Hoochdüütsch isch halt gar nicht so aifach“, meint Urs und grinst über seinen Sprachensalat.

„Kriminalkommissar Papenbrock“, entziffert der Junge aus Düsseldorf meine Schrift unter einer anderen Zeichnung, die einen untersetzten Mann zeigt. „Der Name gefällt mir“, stellt das Blauhemd fest. „Wird das Ganze ein Kriminalroman, wenn es fertig ist, und wie soll er dann heißen?“

„Leider hab' ich noch keinen Titel“, muß ich zugeben. „Es ist jedesmal verschieden. Manchmal fällt mir der Titel zuerst ein, und ich schreibe die Geschichte sozusagen um ihn herum, weil er mir so gut gefällt und weil er der Phantasie Beine macht. Und dann passiert es wieder, daß ich mit einem Buch fertig bin, ohne daß das Kind einen Namen hat. Aber jetzt in diesem Fall bin ich ja noch ganz am Anfang, und der Berg liegt noch vor mir. Das Raufklettern bis zum Gipfel ist immer das schwierigste Stück. Da ist die Geschichte noch teilweise im Nebel, verändert sich immer wieder, und die Personen der Handlung sitzen sozusagen noch auf einer ziemlich langen Bank im Wartezimmer. Manche, die sich bereits als Hauptfiguren fühlen, bekommen am Ende nur eine Nebenrolle. Der Gipfel ist für mich etwa die Buchmitte. Überflüssiges ist längst im Papierkorb gelandet, und die Dinge haben ihre Ordnung. Man sieht bereits wieder ins Tal hinunter, und das Abseilen ist ja bekanntlich ein wenig leichter als das Hinaufsteigen."

„Und ausgerechnet jetzt, wo Sie noch am Kraxeln sind, platzen wir Ihnen ins Haus", bemerkt der lange Michael und schafft es tatsächlich, wie ein trauriger Rauhhaardakkel auszusehen. „Innerlich wünschen Sie uns bestimmt auf den Mond, weil Sie viel lieber in Ruhe weiterschreiben würden anstatt . . ."

„Das kann man auch anders sehen", unterbreche ich ihn. „Euer Besuch liefert mir die willkommene Entschuldigung zum Faulenzen. Ich muß mich also bei euch bedanken."

Wieder fünf Minuten später sitzen wir nebenan bei Kaffee und Kuchen. Die drei Redakteure lehnen in den für sie ein wenig zu breiten, mit Cord überzogenen Sesseln, und ich fühle mich auf meiner Couch von ihnen fast ein wenig eingekreist. Neben den Kaffeetassen und den Kuchentellern liegen ihre Kassettenrecorder und Fotoapparate wie abgelegte Pistolen.

Peter räkelt sich dicht beim großen Gartenfenster in einem Sonnenstrahl, der an der heruntergelassenen Jalousie vorbei ins Zimmer fällt. Er hat seinen Kopf ganz platt auf den Boden gelegt, und wenn er nicht immer wieder durch die Gegend blinzeln würde, könnte man meinen, er schläft. Aber das täuscht. Von einer Sekunde zur anderen springt er wie elektrisiert auf die Beine und schnappt mit seiner Schnauze zwei-, dreimal hintereinander in die Luft.

„Was ist denn jetzt los?" fragt der lange Michael. Er hat sich umgedreht, und fast wäre ihm ein Bissen Mohrenkopf von der Gabel gerutscht.

„Eine Fliege", erkläre ich.

„Und hat er sie?" will Urs wissen.

„Jedenfalls würde er es nie zugeben, wenn er sie nicht erwischt hätte", sage ich.

Peter legt sich inzwischen wieder seelenruhig in seinen Sonnenstrahl. Sehr langsam und majestätisch wie ein Löwe, der gerade so nebenbei einem Puma mit der linken Pranke gezeigt hat, wer eigentlich Herr in der Wüste ist.

„Jetzt weiß ich auch, weshalb in Ihren Büchern immer wieder ein Setter vorkommt", bemerkt der Düsseldorfer in dem kornblumenblauen Hemd, das er fast bis zum Gürtel offen trägt. Immerhin haben wir Hochsommer und ein Ansichtspostkartenwetter. „In den ‚Glorreichen Sieben' haben die Kubatzens einen, und der heißt Nepomuk, wenn ich nicht falsch gewickelt bin."

„Bist du keinesfalls", stelle ich fest. „Nimmt einer von euch noch Kuchen oder Kaffee?"

„Machen Sie sich keine Mühe, wir bedienen uns selbst,

wenn's Ihnen recht ist", beruhigt mich Urs und fährt fort: „Auch in Ihrem ‚Doppelten Schlüssel' hat dieser Referendar Bissegger natürlich einen Hund, der so beschrieben ist, daß er Ihr eigener sein könnte."

„Ob der Knabe sich fotografieren läßt?" fragt Thomas ziemlich unvermittelt. Dabei angelt er bereits seinen Apparat vom Tisch.

„Ich glaube nicht, daß er was dagegen hat", sage ich.

Und während sich der Düsseldorfer Außenstürmer jetzt auf Zehenspitzen an den Hund heranpirscht, vorsichtig vor ihm in die Hocke geht und dann sein Blitzlicht in Stellung bringt, meint der dunkelhaarige Urs verschmitzt: „Dann ist also beinahe in jedem Buch für Ihren Peter so eine Art Schleichwerbung drin, beziehungsweise ein klitzekleines Denkmal."

„So was Ähnliches kann auch meiner Gemüsefrau vom Wochenmarkt passieren, dem Postboten, meinem Zahnarzt oder meinem Friseur", sage ich. „Manchmal taufe ich meine Personen mit ihren Namen, wenn ich glaube, daß sie passen, und wenn ich zu faul bin, um im Telefonbuch rumzublättern. Sie wundern und freuen sich dann hinterher, wenn sie sich im fertigen Buch wiederfinden."

Thomas hat inzwischen ein paar Aufnahmen geschossen und läßt sich wieder in seinen Sessel fallen.

„Einmal hat Peter allerdings ein Denkmal bekommen, das ein bißchen größer ausgefallen ist", erzähle ich weiter. „Es gibt eine Geschichte, da spielt er sozusagen die Hauptrolle. Vor Jahren hatte eine bekannte Illustrierte und Fernsehzeitung mich kurz vor Ostern angerufen und gefragt, ob ich nicht schnell so etwa zwanzig Seiten Text für ihre Weihnachtsnummer schreiben könnte. Das Thema dürfte ich mir selbstverständlich selbst überlegen, schließlich wäre ich ja als Schriftsteller unterwegs. Aber ein bißchen müßte die Sache schon nach Christbaumkerzen und Lebkuchen riechen. Es wäre für die Weihnachtsnummer, wie gesagt." Ich nehme die Arme übereinander und lehne mich zurück. „Große Redaktionen haben es so an sich, daß sie weit voraus planen. Kurz nach Neujahr ist für sie die Pfingstausgabe längst gelaufen, und im Sommer sammeln sie bereits ihre Fotos für die Skisaison."

„So was kommt ja allmählich auch schon bei Schülerzeitungen in Mode", bemerkt der lange Torwart aus Stuttgart, ohne eine Miene zu verziehen.

„Stell' ich mir gar nicht so einfach vor", überlegt Urs und läßt dabei ein Stück Zucker in seine Kaffeetasse plumpsen, „um Ostern herum, wenn vor dem Fenster die Krokusse blühen, eine Weihnachtsgeschichte zu erfinden. Eigentlich gehört da doch klirrende Kälte dazu und jede Menge Schnee."

„Allerdings, das alles gehört irgendwie dazu . . ."

Spuren im Schnee

Kriminalrat Schumacher schaute dem Rauch seiner Brasilzigarre nach und gleichzeitig durchs Fenster seines Büros im dritten Stock des Polizeipräsidiums.

Draußen fiel der Schnee in großen Flocken vom Himmel.

„Ein Weihnachten, genau wie es sein soll“, bemerkte Kommissar Birnemann. Er stand vor dem Schreibtisch, hatte eine dicke Akte unter dem Arm und blickte, genauso wie sein Vorgesetzter, zum Fenster hinaus. „Und es sieht so aus, als wolle es gar nicht mehr aufhören“, sagte Herr Birnemann noch. Wobei er den Schnee meinte.

„Ja, es nimmt kein Ende“, antwortete Kriminalrat Schumacher grimmig. Er meinte aber etwas ganz anderes. Während er sprach, hatte er sich umgedreht, und dabei wurden in seinen Händen zwei Zeitungen sichtbar, die sein breiter Rücken bisher verdeckt hatte.

Diese Zeitungen rochen noch nach Druckerschwärze und waren erst vor einer knappen Viertelstunde von der Presseabteilung des Polizeipräsidiums mit der Bemerkung „Zur Kenntnisnahme“ im Vorzimmer des Kriminalrats abgegeben worden.

„Da, die Schlagzeilen sind ja noch friedlich“, stellte Herr Schumacher fest und fing an vorzulesen. „Weiße Weihnachten garantiert.“ Er nahm die nächste Zeitung. „Oder da in der ‚Morgenpost‘“, er las wieder vor: „Weihnachten überall – selbst in Rom und Athen liegt Schnee.“

Kriminalrat Schumacher hatte inzwischen mit ein paar Schritten seinen Schreibtisch erreicht und ließ jetzt seine zwei Zentner schwer in den Sessel fallen. „Aber gleich nach der Schlagzeile und bei beiden Zeitungen auf der ersten Seite macht man sich lustig über die Polizei. Und zwar über unsere Abteilung im besonderen. Lesen Sie selbst . . .“

„Kann ich mir eigentlich sparen“, wagte Kriminalkommissar Birnemann zu antworten. „Steht doch schon seit Wochen immer dasselbe drin.“ Er probierte ein Lächeln, das ihm aber nicht so recht gelingen wollte. „Warum sollte den Herren von der Zeitung plötzlich was Neues einfallen?“

„Fragt sich nur, ob sie nicht über Weihnachten mal endlich eine Pause machen könnten?“ brummte der Kriminalrat und las weiter vor: „Zwanzig Autos spurlos verschwunden.“ Er blickte kurz auf und fuhr dann fort: „In zwei Monaten verschwanden genau zwanzig parkende Autos. Die Diebstähle wurden immer nachts ausgeführt, in ruhigen Straßen oder auf unbewachten Abstellplätzen. Alles weist darauf hin, daß es sich um einen einzelnen Täter handelt. Da die Autos jeweils mit ihm zusammen verschwinden, sind keine Fingerabdrücke bekannt. Allerdings wurde der Dieb in drei Fällen aus der Ferne beobachtet. Er sei angeblich etwa dreißig Jahre alt, schlank, trage einen schwarzen Oberlippenbart. Besonders seien in der Nacht seine hellen Tennisschuhe aufgefallen. Die Polizei tappt völlig im dunkeln. Und da sie deshalb die Diebstähle auch nicht verhindern kann, empfehlen wir allen Autobesitzern, ihre Fahrzeuge während der Feiertage nur in geschlossenen Garagen . . .“

Herr Schumacher knallte die Zeitung wütend auf den Tisch. „Papperlapapp, und so weiter, und so weiter!“ Er paffte jetzt eine weiße Rauchwolke in die Richtung des Kriminalkommissars.

„So viele Garagen gibt's ja gar nicht“, bemerkte Herr Birnemann und fügte hinzu: „Aber es ist schon zum Auf-die-Bäume-Klettern, wir rennen dem Täter jetzt schon wochenlang hinterher und wissen tatsächlich nicht mehr, als was da in der Zeitung steht.“

„Bis auf die Punkte und die zwei Querstreifen“, stellte der Kriminalrat fest. „Aber Tennisschuhe mit haargenau demselben Profil gibt's so viele wie Sand am Meer.“

„Immerhin wissen wir, daß am vorderen Streifen der linken Sohle ein Stück von der Größe etwa einer Teelöffelspitze rausgebrochen ist“, bemerkte Kommissar Birnemann. „Das ist besser als in den Wind gehustet." Jetzt gelang es ihm zu lächeln. „Wir haben schon Täter geschnappt, von deren Schatten wir nicht mal 'ne blasse Ahnung hatten. Nein, mit ganz so leeren Händen stehen wir nun auch wieder nicht da. Immerhin hat uns die Spurensicherung piekfeine Fußabdrücke geliefert. Zugegeben, von Tennisschuhen, die Hinz und Kunz an den Füßen hat. Aber manchmal . . ." er klemmte sich einen Aktendeckel fest unter den Arm, „. . . manchmal hat uns ja auch schon der Zufall geholfen."

„Kein Kriminalist unterschätzt den Zufall", gab Herr Schumacher zu, und dabei brachte er seine zwei Zentner in Bewegung. „Aber verlassen darf man sich nicht auf ihn. Er kommt nur gelegentlich und wenn man selber tut, was man kann." Der Kriminalrat stand inzwischen aufrecht. „Jedenfalls jetzt erst mal fröhliche Weihnachten und herzliche Grüße an Ihre Familie!"

Kriminalkommissar Birnemann bedankte sich, grüßte seinerseits die Familie seines Vorgesetzten und wünschte gleichfalls ein frohes Fest.

Letzteres sollte er heute noch ein paarmal tun müssen. Aber das hat ein angebrochener Weihnachtstag so an sich.

Als er in sein eigenes Büro zurückkam, legte sein Assistent, Herr Brand, gerade den Telefonhörer auf den Apparat zurück. „Der ‚schöne Karl' wird in zwei Stunden aus dem Knast entlassen."

„Wegen guter Führung vermutlich und weil Weihnachten das Fest der Liebe ist", bemerkte Kriminalkommissar Birnemann trocken und machte die Tür hinter sich zu. „Das ist ja hier eine Bullenhitze." Er zog sein Jackett aus, bevor er sich hinter seinen Schreibtisch setzte. „Das hält ja nicht mal ein Känguruh aus."

Ein Bursche mit einer Menge Sommersprossen im Gesicht öffnete wortlos ein Fenster. Er war noch ziemlich jung; alle nannten ihn deshalb einfach nur mit seinem Vornamen Oliver. Er war nach seinen Dienstjahren bei der Schutzpolizei erst seit ein paar Wochen beim Einbruchdezernat.

„Also, der ‚schöne Karl‘ wird heute entlassen?“ wiederholte Kriminalkommissar Birnemann. „Nach knapp drei Jahren schon, wenn ich mich richtig erinnere, und sechseinhalb hatte man ihm aufgebrummt.“

„Die drei hat der auf einer Backe abgesessen“, bemerkte Assistent Brand. Er schlug seine langen, schlaksigen Beine übereinander. „Und ich wette, daß er in seiner Zelle schon wieder neue Dinger ausgebrütet hat. Das ist keiner, der so schnell aufgibt. Wir müssen ihn vom Gefängnistor an beschatten. Wenn der erst mal untergetaucht ist, ist der weg vom Fenster.“

„Sehr richtig“, bemerkte Herr Birnemann. „Nehmen Sie sich zwei Mann vom Sonderdienst, und lassen Sie ihn nicht aus den Augen. Oliver bleibt hier am Telefon, und wenn's dem einen draußen zu kalt wird, kann ihn der andere ja ablösen.“

„Entschuldigung“, sagte der schlanke und schlaksige Brand, „aber ich dachte, daß ich am Heiligen Abend . . .“

„Auch ich hatte meiner Mutter versprochen, gerade heute . . .“ fiel der sommersprossige Neuling Oliver seinem Kollegen ins Wort.

Aber im gleichen Augenblick kam Frau Berneis, bereits in Hut und Mantel, aus dem Vorzimmer herein. Sie war etwa fünfzig Jahre alt, hatte in der einen Hand ein Einkaufsnetz mit Paketen in Weihnachtspapier und in der anderen Hand einen ganz kleinen Christbaum.

„O du fröhliche, o du selige“, trällerte die Sekretärin, plazierte das Bäumchen, dessen Kerzen festlich brannten, vor Herrn Birnemann zwischen Terminkalender und abgegriffene Akten auf den Schreibtisch. „Was ich so bin, bei mir ist jetzt Feierabend“, meinte sie dabei. „Schöne Feiertage, Herr Kommissar, schöne Feiertage, meine lieben Herren Assistenten, ich empfehle mich.“ Sie deutete noch eine leichte Verneigung an, und dann drückte sie sich durch die Tür auf den Korridor.

„Na also“, meinte Herr Birnemann nach einer Pause. „Ich bin dann auch soweit.“ Er zog sein Jackett wieder an. „Die Jüngsten und die Unverheirateten beißen zu Weihnachten die Hunde. Das ist nun mal so. Ist mir lange genug auch so gegangen." Er gab Herrn Brand die Hand. „Tut mir leid." Anschließend gab er auch Oliver die Hand und sagte dasselbe.

„Aber ich sorge dafür, daß ihr dann nach den Feiertagen verlängerten Urlaub bekommt!"

Er blieb noch mal am Garderobenständer stehen. „Und was den ‚schönen Karl' betrifft, denkt dran, daß sich sein Kumpel, dem damals leider nichts nachzuweisen war, gerade in der letzten Woche einen Schweißbrenner besorgt hat."

„Halten Sie's für möglich, daß die beiden ausgerechnet an Weihnachten einen Bruch machen?" fragte Herr Brand einigermaßen verwundert.

„Weihnachten kann für gewisse Herrschaften eine fabelhafte Sache sein", antwortete der Kriminalkommissar. „Was glaubt ihr, wie viele Banken und Kaufhäuser da ziemlich leer herumstehen!" Er hatte inzwischen seinen Mantel übergezogen und stand jetzt schon halb auf dem Korridor. „Und bitte keine Anrufe unter zwei Jahren", sagte er noch grinsend.

Daraufhin verschwand er genauso schnell, wie kurz vor ihm Frau Berneis verschwunden war. „Was soll das nun wieder?" fragte der sommersprossige Oliver. „Ich versteh' nur Bahnhof."

„Damit meint er, daß man ihn nur bei schwierigen Fällen stören darf", erklärte der schlaksige Herr Brand. „Und alle Verbrechen, für die man sich hinterher nicht mindestens zwei Jahre Knast einhandelt, sind kein ausreichender Grund, um ihn über Weihnachten anzuklingeln!"

„Kapiert", meinte der sommersprossige Oliver. „Allerdings bräuchte ich jetzt eigentlich ein Strafgesetzbuch."

Schon eine halbe Stunde später stand die ganze Familie Birnemann im Vorgarten ihres Reihenhauses im Grunewald und schippte. Der Schnee lag gute zwanzig Zentimeter hoch, und die Fenster waren blind vom Frost. Dabei hatte der Wetterdienst noch gestern abend ein Tief angekündigt und einen Wärmeeinbruch von Westen her. Auf der Satellitenkarte im Fernsehen hatte allerdings eine nahtlose Wolkendecke über ganz Europa gelegen.

Kriminalkommissar Birnemann hatte eine Zigarre im Mund und qualmte wie eine mittelstarke Lokomotive. Er hatte sich zusammen mit seinen Zwillingen den Gehsteig vorgenommen und die Einfahrt zur Garage. Die Birnemannschen Zwillinge hießen Alexander und Brigitte. Sie waren im September zwölf Jahre alt geworden. Beide am gleichen Tag, wie das bei Zwillingen so üblich ist.

Zwischen den schippenden Birnemanns tobte Peter durch die Gegend. Peter war ein kastanienbrauner irischer Setter mit langen Ohren und langen Haaren. Im Augenblick biß er nach allen Seiten in die Luft, schüttelte sich, daß es nur so klatschte und klapperte. Dann verschwand er mit der Schnauze wieder im Schnee und segelte wie ein U-Boot im Zickzack durch die Gegend. Schnee war eine Sache, die ihm Spaß machte.

Frau Birnemann, die den Weg zur Haustür freischippte, japste plötzlich nach Luft und mußte lachen. Sie hatte nämlich unwillkürlich daran denken müssen, wie sie alle in den Sommerferien genauso ihre Strandkörbe eingebuddelt hatten. „Wie in Travemünde“, stellte sie fest.

„Aber da war es nicht so dämlich kalt“, bemerkte der Zwilling Brigitte. Dabei knallte sie ihre zitronengelben Fäustlinge aufeinander, daß der Schnee durch die Luft wirbelte wie Staubzucker.

„Mir reicht's jetzt“, verkündete die Großmutter. Sie hatte einen dicken Wollschal um den Hals und bisher mit dem Besen die Treppe gefegt. „Was unter zehn Grad ist, geht einer alten Frau über die Hutschnur. Ich fang' schon an, die Kugeln an den Baum zu hängen.“

„Aber die Spitze mach' ich selbst“, rief Kriminalkommissar Birnemann hinter ihr her. In jedem Jahr montierte er nämlich die silberne Spitze mit den fünf bunten Glöckchen höchstpersönlich auf den Weihnachtsbaum. Das war einfach so, und das gehörte sich auch so.

„Wetten, daß noch einmal zwanzig Zentimeter runterkommen?“ fragte der Zwilling Alexander. Er blickte dabei zu den Schneewolken hinauf, die grau und schwer am Himmel hingen. Sie streiften beinahe das Hochhaus am Paradeplatz. „Darauf könnt ihr Gift nehmen!“ Er war schon ziemlich rot im Gesicht, und in seinem Haar hingen kleine Eisflocken.

Haargenau in diesem Augenblick fuhr drüben vor einem der Nachbarhäuser ein Lieferwagen vor. ‚Feinste Wurst- und Fleischwaren‘ stand in blauer Schrift quer über den Seitenwänden und der Klapptür auf der Rückseite. Das ganze Auto hatte eine Farbe wie Vanilleeis.

„Aha“, stellte Mutter Birnemann fest, „die Liesegangs kriegen ihren Weihnachtsbraten geliefert.“

Ein rothaariger Bursche mit weißer Schürze war inzwischen aus dem Lieferwagen geklettert, hatte die hintere Klapptür aufgemacht und ein ziemlich großes Paket ins Freie geangelt. Damit marschierte er jetzt auf die Gartenpforte des Nachbarhauses zu und klingelte.

„Ziemlich spät“, bemerkte Mutter Birnemann. „Es fängt ja schon an, dunkel zu werden.“

„Sehr richtig“, bemerkte der Kriminalkommissar durch den Rauch seiner Zigarre. „Und deshalb dalli, meine Herrschaften. Wir haben noch eine ganze Menge um die Ohren. So ein Heiliger Abend ist kein Kinderspiel.“

„Haben Sie etwas gegen Kinder, Herr Birnemann?“ fragten die beiden Zwillinge beinahe gleichzeitig und zogen beleidigte Gesichter.

Aber dann kicherten sie wieder, und anschließend schippte die Familie drauflos, als hätte sie gerade eine Goldader entdeckt.

Das war der Augenblick für Peter.

Schon als das Fleischerauto angerollt war, hatte er sich zum geöffneten Gartentor hin bewegt und mit schiefem Kopf aufmerksam beobachtet, was da vor sich ging.

Und als dieser rothaarige Bursche jetzt zum zweitenmal drüben an der Gartenpforte klingelte und gleichzeitig die ganze Familie Birnemann mit dem Schneeschaufeln sozusagen in den Endspurt ging, da wagte der irische Setter namens Peter den Sprung, von dem er schon oft und lange geträumt hatte. Lautlos flog sein kastanienfarbiges Fell die paar Meter über die Straße hinüber und verschwand in dem schwarzen Loch hinter der Klapptür des Wagens mit der Aufschrift ‚Feinste Wurst- und Fleischwaren'.

Was in den nächsten zwei oder drei Minuten passierte, war für Peter wie mit einer riesigen Bettdecke zugedeckt. Er hatte sich in die hinterste Ecke des Wagens verkrochen. Sein Herz schlug wie ein Maschinengewehr gegen seine Rippen. Vor Aufregung und Angst hatte er die Augen ganz einfach zugemacht. Er hörte nur, wie eine Tür geklappt wurde und wie ein Motor ansprang. Das schien alles ganz weit weg zu sein.

Erst ein Weihnachtslied brachte den Setter aus Irland wieder voll zur Besinnung. Dieses Weihnachtslied kam vorn vom Fahrer und aus einem Autoradio. Ein Kinderchor sang „O du fröhliche", und der rothaarige Bursche mit seiner weißen Schürze sang mit, so laut er konnte.

Peter machte zuerst das eine Auge wieder auf, dann das andere. Gleichzeitig schnüffelte seine Nase aufgeregt in der Luft herum. Ja, das war es. So hatte er sich das Paradies vorgestellt. Davon konnten Hunde wirklich nur träumen!

In niedrigen Regalen lag ein Fleischpaket neben dem anderen. Bestellungen von Kunden. Säuberlich verpackt, mit Adressen dran und den Preisen, die sie zu bezahlen hatten.

Auf der anderen Seite waren alle nur möglichen Würste aufeinandergestapelt, jeweils nach Sorte und Größe. Genauso ordentlich wie das Brennholz im Birnemannschen Kohlenkeller. Ein großer Holzeimer mit Schabefleisch stand kaum zehn Zentimeter von Peters Schnauze entfernt. Der Hund überlegte nicht lange. Irgendwo mußte ja angefangen werden. Nach den ersten Bissen machte er die Augen zu und gönnte sich, kurz zu spüren, wie sein Magen vor lauter Freude zitterte, dann schnupperte er an den Regalen entlang. Er landete bei Kalbsniere und Wildpastete, nachdem er das erste Kundenpaket mit den Zähnen aufgerissen hatte. Hinterher war ein sehr zartes Roastbeef an der Reihe.

Aber dann quietschte die Bremse, und der Wagen hielt. Der Kinderchor im Autoradio sang jetzt vierstimmig „O Tannenbaum, o Tannenbaum".

Peter drückte sich hinter eine Kiste mit Schweineschmalz. Gerade noch rechtzeitig. Denn beinahe im gleichen Augenblick schon wurde die Klapptür aufgestoßen. Der Rothaarige nahm ein Paket, das er sich vorher zurechtgelegt hatte, und trabte los. Er hatte sich in dem Wagen überhaupt nicht umgesehen. Peter hatte den Atem angehalten und sich hinter seiner Schweineschmalzkiste ganz klein gemacht.

Noch mal gutgegangen, dachte er und holte wieder tief Luft. Aber beim nächsten Stopp kann es genausogut schiefgehen. Dieser Kastenwagen ist ja ein perfektes Gefängnis.

Vorsichtig schlich sich der Hund zu dem geöffneten Viereck unter der Klapptür. Der Rothaarige verschwand mit seiner weißen Schürze und dem Paket gerade hinter einem Hausportal. Peter erinnerte sich in diesem Augenblick an Kriminalkommissar Birnemann, der in schwierigen Situationen immer ganz laut zu sich selbst sagte: „Jetzt ruhig Blut behalten!"

Da drüben auf dem ersten Stapel lagen die Würste mit der eindrucksvollsten Größe. Peter war trainiert. Wenn ihn sonntags die Birnemanns im Grunewald spazierenführten, schleppte er zwischen seinen Zähnen oft Äste durch die Gegend, die so schwer waren wie halbe Bäume. Es bedeutete also keine besondere Kraftanstrengung für ihn, als er sich jetzt die größte der großen Würste schnappte und dann blitzschnell mit ihr ins Freie sprang, über die Straße und dann auf ein Neubaugelände zu. Es war schon ziemlich dunkel, und niemand hatte ihn gesehen. Am Heiligen Abend bleiben die Leute zu Hause.

Er hatte eine westfälische Schinkenwurst erwischt. Sie war geräuchert, wog knappe drei Kilo, und auf ihrem Etikett stand in Goldschrift ‚Garantiert ff Qualität'.

Etwa im gleichen Augenblick, als sich Peter in der fensterlosen Parterrewohnung eines Neubaus über seine drei Kilo schwere Schinkenwurst hermachte, ließ sich Kriminalkommissar Birnemann in seiner Wohnung in einen Sessel fallen und stöhnte: „Ich bin fix und fertig." Vor einer halben Stunde etwa hatte der Zwilling Alexander als erster bemerkt, daß der Hund weg war. Seitdem hatte die ganze Familie das Haus und den Garten auf den Kopf gestellt und die Nachbarschaft abgeklingelt.

„Los, du alarmierst jetzt ein Dutzend von deinen Funkstreifenwagen", schlug schließlich die Großmutter vor. „Wozu bist du Kriminalkommissar?"

„O du heiliger Strohsack", erwiderte Herr Birnemann. „Kannst du dir nicht denken, daß die Polizei andere Sorgen hat?"

„Aber wenn dem Bundespräsidenten sein Hund davongelaufen wäre", beharrte die Großmutter, „wetten, daß man sogar mit Hubschraubern nach ihm suchen würde?!"

„Nach dem Bundespräsidenten?" fragte der Zwilling Alexander mit dem unschuldigsten Gesicht der Welt.

„Nimm deine alte Großmutter nicht auf den Arm und schon gar nicht zu Weihnachten."

„Entschuldigung", antwortete Alexander, „soll vor übermorgen nicht wieder vorkommen."

„Aber wenigstens beim Fernsehen müßte man anrufen." Die Großmutter ließ nicht vom Thema ab. „Die müssen in den Abendnachrichten ein Foto von Peter bringen. Wenn Mörder gesucht werden, machen sie das ja auch." Sie lehnte sich energisch zurück und blickte mit ihren lustigen Augen triumphierend um sich.

„Hast du irgendwo schon mal ein Fahndungsfoto von einem Hund gesehen?" fragte Kriminalkommissar Birnemann. „Ganz abgesehen davon, daß das Fernsehen heute nur in Glitzerkram und Sternchen macht. Sogar mit einem Massenmörder würden die bis nach den Feiertagen warten. So was paßt jetzt einfach nicht ins Programm."

„Er war noch nie weggelaufen", schluchzte Mutter Birnemann und ging in ihre Küche. „Aber ich muß jetzt mit meiner Gans in den Bratofen. Da hilft alles nichts."

Peter lag inzwischen in seiner Neubauwohnung und atmete schwer. Von der Drei-Kilo-Wurst aus Westfalen war nur das goldbedruckte Etikett übriggeblieben. Der Hund legte den Kopf auf seine Pfoten. Anschließend klappte er sein Maul sperrangelweit auseinander. Er gähnte lange und genußvoll. Am liebsten hätte er jetzt alle viere von sich gestreckt und wäre eingeschlafen. Trotzdem rappelte er sich langsam auf. Sein schlechtes Gewissen bohrte sich hinter seine Ohren wie ein Korkenzieher. Zu Hause ging bestimmt schon alles drunter und drüber, und er mußte auf dem schnellsten Wege zurück.

Schon eine halbe Minute später trottete er mitten auf der Fahrbahn durch eine völlig leere Straße. Weder Autos noch Menschen waren unterwegs. Daß ihm der Kriminalkommissar beigebracht hatte, keinesfalls und nie den Gehsteig zu verlassen, das war ihm augenblicklich piepegal. Sein langes Fell schwappte um ihn herum, und vor seiner Schnauze stand eine kleine weiße Wolke, wie bei einer Dampfmaschine. Die Steuermarke und die Blechmarke mit dem Namen und der Telefonnummer der Birnemanns schlugen zusammen. Bei jedem Schritt klingelte es, als hätte er eine kleine Glocke am Halsband hängen. Er hatte keine Ahnung, durch welche Gegend er trabte. Hier war er noch nie gewesen.

Hinter einer Straßenkreuzung kamen dann doch plötzlich zwei Scheinwerfer um die Ecke und stoppten. Die Scheinwerfer gehörten zu einem Krankenwagen, der wohl gerade Schluß machte. Jedenfalls hatte er seine Sirene ausgeschaltet. Ein Mann in einer bohnengrünen Sanitäteruniform machte die Beifahrertür auf und pfiff durch die Finger. „He, komm her", rief er dann. „Du bist doch bestimmt ausgebüxt und findest jetzt nicht mehr nach Hause."

Peter blieb in vorsichtiger Entfernung stehen und knurrte.

„Junge, wir wollen dir doch nur helfen", versicherte der Sanitäter und kam zwei Schritte näher.

Aber Peter hatte kein Vertrauen zu Leuten in Uniform. Den Briefträger zu Hause hatte er schon einmal ins Hosenbein gebissen. Seitdem hing der Birnemannsche Briefkasten am Gartentor.

„Komm, mein Schäfchen!“ flötete der Kerl in seiner bohnengrünen Uniform zuckersüß.

Aber Peter jagte zur Seite und verschwand im Gebüsch einer Parkanlage. Dort legte er sich erst einmal in den Schnee und japste nach Luft. Mit einem Magen, der zum Platzen voll ist, soll man nicht solche Sprünge machen, überlegte er und fügte in Gedanken noch hinzu: Ich hab’ mich total überfressen.

Bei den Birnemanns war inzwischen die Weihnachtsgans fertig gebraten. Sie glänzte goldgelb, und in der ganzen Wohnung roch es nach gebratenen Äpfeln, Rotkohl und eben nach Weihnachtsgans. Der Kriminalkommissar hantierte mit der Geflügelschere.

„Sehr freundlich“, sagten plötzlich die Zwillinge wie aus heiterem Himmel. „Aber wir haben leider überhaupt keinen Appetit.“

„Danke, auch bei mir hat sich was vor den Magen gelegt“, stellte gleich darauf die Großmutter fest.

„Ich kann auch nichts essen“, seufzte jetzt Frau Birnemann ihrerseits. Und dann sagte sie noch: „Schade um die schöne Gans!“

Der Kriminalkommissar klappte die Geflügelschere wieder zusammen und setzte sich auf seinen Stuhl zurück. „Der arme Hund“, sagte er leise und guckte ein Loch in die Zimmerdecke.

Die Zwillinge hätten jetzt am liebsten losgeheult. Aber weil sie das verhindern wollten, rannten sie ins Freie, um nachzuschauen, ob der Wind die Gartentür nicht zugeschlagen hatte. Sie sollte für den Hund nämlich die ganze Nacht offenbleiben.

Peter trabte um diese Zeit immer noch weiter durch menschenleere Straßen. Aber leider in der falschen Richtung. Hinter den Fenstern waren jetzt schon die ersten Lichter der Weihnachtsbäume zu sehen.

Peters Atem ging wie ein Blasebalg. Aus dem offenen Rachen hing seine rosarote Zunge trocken heraus. Zwischendurch schlappte er mit ihr über den Schnee.

Nahe bei einer Tankstelle blieb der Hund stehen. Dort

brannte ein Licht, und ein Autofahrer hatte gerade getankt. Er rief noch „Fröhliche Weihnachten" aus seinem Wagen heraus und fuhr los.

„Fröhliche Weihnachten", rief ein Mann mit einem schwarzen Bürstenhaarschnitt zurück. Er steckte in einem knallgelben Overall und marschierte zu seiner gläsernen

Box gleich neben den Zapfsäulen. Er tat das Geld in die Kasse, legte seine Beine auf einen Stuhl und nahm wieder eine Zeitung auf, die er wohl erst kurz vorher aus der Hand gelegt hatte. Dann angelte er sich eine Hühnerkeule von einem Teller und nagte an ihr herum.

Peter schlich sich näher an die Glasbox heran. Rund um den lesenden Tankwart standen weiße Öldosen in Regalen. Peter brauchte jetzt Hilfe. Ganz egal, woher sie kam. Jedenfalls war er mit seinem Latein am Ende. Er hatte überhaupt keine Ahnung, in welcher Richtung er das Birnemannsche Haus suchen sollte. Also hob er seine linke Vorderpfote und tippte an die Glastür.

Zuerst sah der Tankwart nur ganz kurz über den Rand seiner Zeitung. Dabei nahm er einen Schluck aus einer Bierflasche. Dann las er weiter.

Jetzt drückte Peter seine kalte Schnauze gegen das Glas und piepste leise.

Da kam der Tankwart hoch und riß die Tür auf. „Du hast wohl nicht alle Tassen im Schrank, du Mistköter! Mir reicht's, daß ich am Heiligen Abend hier rumhocken muß. Denkst du, ich will jetzt auch noch deinen Dreck von der Tür abscheuern! Hau ab, sag' ich dir!“ Und dabei holte er mit seinem linken Fuß aus. Der erste Tritt landete in der Luft, der zweite traf den Hund voll in der Seite. Und zwar im selben Augenblick, als Peter gerade ins Innere der Tankstellenbox geschlüpft war. Er hatte ja nicht ahnen können, daß der Mann so ausfallend werden würde. Jetzt stand er da, den Schwanz zwischen den Hinterschenkeln, die vier Füße nahe beieinander und mit gekrümmtem Rücken. Er zitterte.

„Bist du denn allein?“ fragte jetzt der Mann mit dem schwarzen Bürstenhaarschnitt und guckte in die Nacht hinaus, als suche er irgendeinen Hundebesitzer. „Aha, getürmt und jetzt die Hosen gestrichen voll, was?!!“ Er lachte breit und biß wieder einmal in seine Hühnerkeule. „Bilde dir ja nicht ein, daß du von mir was zu fressen kriegst. Die Geschäfte laufen miserabel. Heut abend zum Beispiel zwei Mark Trinkgeld bis jetzt. Das ist . . .“ Der

Mann in seinem knallgelben Overall unterbrach sich mitten im Satz und starrte plötzlich auf die beiden Blechmarken an Peters Halsband. „Komm doch mal her, mein Schatz", sagte er. Und dann nach einer Weile meinte er noch: „Ich glaube, ich hab' da eine ganz prima Idee."

Die Birnemanns hatten sich gerade ziemlich stumm vor ihren Weihnachtsbaum gesetzt, als das Telefon klingelte.

Knappe fünfzehn Minuten später saß der Mann mit dem schwarzen Bürstenhaarschnitt in einem verbeulten Abschleppwagen der Tankstelle, und neben ihm hockte Peter. Der Hund war mit einer dicken Schnur an der Türklinke festgebunden. Wie ein Kalb, dachte der Setter aus Irland. Oder wie eine Ziege. Er würdigte den Mann am Steuer keines Blickes und schaute nur zu den Straßenlaternen, die draußen in der Nacht vorbeiwanderten.

„Dieser Herr Birnemann überschlug sich ja beinahe am Telefon", sagte der Tankstellenwart grinsend vor sich hin. „Bis wir angekommen sind, ist der gerade schön reif für ein saftiges Trinkgeld. An Weihnachten haben die Leute ein weiches Herz und eine offene Brieftasche."

Die Zwillinge waren zuerst an der Gartentür. „Was soll denn dieser Strick um Himmels willen!" riefen sie, als Peter betont langsam und mit einem tieftraurigen Blick aus dem Abschleppwagen kletterte.

„Vorsicht ist die Mutter der Porzellankiste", der Mann mit dem schwarzen Bürstenhaarschnitt lächelte. „Schließlich ist das ein großes Tier, und man kann nie wissen."

„Peter schnappt nicht einmal nach einer Fliege", stellte die Großmutter fest.

„Aber das konnte der Herr nicht wissen, das stimmt schon", lenkte Kriminalkommissar Birnemann ein und bat ihn ins Haus. Schon auf dem Weg dahin schlug er Saltos und Purzelbäume mit „Danke schön", „Das ist ungeheuer freundlich gewesen von Ihnen" und mit „Was darf ich Ihnen anbieten?"

„Seht ihr, es gibt Leute, die auch am Heiligen Abend arbeiten müssen", belehrt die Großmutter die Zwillinge, und dann bemerkte sie plötzlich, daß Peter einen ganz dicken Bauch hatte. „Waren Sie das?“ wollte sie jetzt wissen.

Zuerst begriff der Mann von der Tankstelle nicht, was gemeint war. Aber dann grinste er verlegen und meinte: „Er hat mich mit so hungrigen Augen angeschaut. Da konnte ich einfach nicht anders. Was ich mir für die Feiertage eingekauft hatte, hat er so ziemlich alles aufgefressen. Aber das macht nichts. Tiere können von mir alles haben. Da kenne ich nichts.“

Der Setter Peter bekam ganz rote Augen und knurrte gefährlich.

„Er muß sich zuerst wieder beruhigen“, sagte der Mann mit den schwarzen Bürstenhaaren. Nach einer kleinen Weile fügte er hinzu: „Ja, dann . . .“ Aber es sah überhaupt nicht so aus, als ob er gehen wollte.

„Der Herr hat Auslagen gehabt“, bemerkte Frau Birnemann leise.

Aber ihr Mann kraulte gerade den zurückgekehrten Hund beruhigend hinter den Ohren und war mit seinen Gedanken ganz weit weg. Da begriff die Großmutter, daß man deutlich werden mußte. „Irgend jemand sollte jetzt seine Brieftasche rausholen“, sagte sie und schneuzte ziemlich laut in ihr Taschentuch.

„Entschuldigung, was bin ich für ein verdammter Esel“, erklärte Kriminalkommissar Birnemann und kriegte einen ganz roten Kopf. „Halten Sie mich jetzt bitte nicht für undankbar. Aber die plötzliche Freude hat mich ganz . . .“ er zögerte und schwieg, weil er Pathos um alles in der Welt nicht ausstehen konnte. So sagte er nach einer Weile nur noch: „Ich war für einen Augenblick ganz einfach zu glücklich, um an was anderes zu denken.“

Der Tankwart zeigte artiges Verständnis und lächelte wieder einmal verlegen. „Das versteh’ ich natürlich.“

Als ihm kurz darauf der Kriminalkommissar Geld in die Hand blätterte, bemerkte er: „Das ist doch wirklich nicht nötig.“ Aber dabei zählte er mit seinen flinken schwarzen Augen genau die Scheine nach. Und als Herr Birnemann schließlich seine Brieftasche zusammenklappte und wieder einstecken wollte, murmelte der Mann mit den Bürstenhaaren: „Sehr großzügig, aber . . .“

Der Blick, mit dem der Mann in seinem knallgelben Overall Herrn Birnemann jetzt ansah, ernüchterte den Kriminalkommissar wie eine eiskalte Dusche.

Solche Augen kenn' ich! dachte er, und auch die Art, wie sie mir ausweichen. Ich fresse den nächstbesten Besen, wenn dieser Kerl ehrlich ist.

„Sie wollten noch etwas sagen?“ erkundigte sich der Kriminalkommissar und wirkte dabei so höflich und aalglatt wie ein japanischer Hotelportier.

„Denken Sie bitte auch an das Benzin für meinen Abschleppwagen und an den Ausfall. Die Tankstelle steht jetzt beinahe schon eine ganze Stunde leer. Schließlich waren es meine ganzen Weihnachtseinkäufe, die er mir weggefressen hat.“

Herr Birnemann nickte nur und legte noch ein paar Scheine dazu. Der Mann von der Tankstelle steckte das Geld ein, als sei das nichts als Luft für ihn. Er sagte noch: „Fröhliche Weihnachten allerseits“, aber das hörte sich so an, als hätte er gesagt, „der Teufel soll euch alle holen!“

„Wir sind ja so glücklich, daß Peter wieder bei uns ist“, rief Frau Birnemann und lief dem knallgelben Overall hinterher. „Und ich möchte nicht, daß Sie hier unzufrieden weggehen, mein Herr.“

„Ich muß zugeben, daß ich mindestens mit hundert Lappen gerechnet hatte“, knurrte der Mann von der Tankstelle. „Aber jeder zahlt für seinen Hund eben so viel, wie er ihm wert ist –“

Der Kerl wandte sich der Gartentür zu.

In Kriminalkommissar Birnemann stieg langsam, aber sicher die Galle hoch. Doch er beherrschte sich, so gut es ihm halt gelang, und fragte: „Hundert, sagten Sie?“ Dabei folgte er dem gelben Overall durch den Schnee. „Warten Sie . . .“

Die übrigen Mitglieder der Familie standen in der geöffneten Haustür und blickten zu den beiden Männern hinüber.

Nur der Zwilling namens Alexander verdrückte sich gerade, weil drinnen das Telefon geklingelt hatte.

„Ich habe Ihnen immerhin schon siebzig gegeben", stellte Herr Birnemann fest. „Aber auch ich möchte nicht, daß Sie unzufrieden von uns weggehen." Er holte zum zweitenmal seine Brieftasche heraus und gab dem schwarzen Bürstenhaarschnitt einen Fünfzigmarkschein, der noch so nagelneu war, als hätte ihn der Kommissar vor einer Viertelstunde selber gedruckt.

Neugierig war inzwischen der kastanienbraune Setter aus Irland näher gekommen. Mit sehr langsamen Bewegungen, aber mit einem sehr nachdenklichen Gesicht.

„Einverstanden", sagte der Mann von der Tankstelle gerade, als Peter die beiden erreicht hatte. „So laß ich's mir gefallen, und jetzt endgültig schöne Weihnachten allerseits –"

Er probierte so etwas Ähnliches wie eine Verbeugung, drehte sich um und ging zur Straße in die Richtung seines verbeulten Abschleppwagens.

Kriminalkommissar Birnemann ging hinter ihm her, weil er ihm die Gartentür öffnen und sie dann hinter ihm verschließen wollte.

Dabei drückte sich Peter ganz dicht an das linke Knie von Herrn Birnemann, weil ja der freigeschaufelte Weg schmaler geworden und von beiden Seiten durch die Schneehaufen eingeengt war. Das ergab sich so und war ein purer und dummer Zufall.

Aber Herr Birnemann empfand diese Berührung wie einen Schubs und so, als sollte er auf irgend etwas aufmerksam gemacht werden.

Er blickte also auf den Hund, und im gleichen Augenblick machte er eine eigenartige Entdeckung.

Peter trottete nämlich höchstens einen Schritt hinter dem Mann in dem knallgelben Overall her und blieb dabei mit seiner Schnauze ganz dicht über dessen Fußspuren. Und da es immer noch schneite, drückten sich diese Spuren haarscharf und ganz deutlich in den Schnee.

„Punkte und zwei Querstreifen an jeder Sohle", stellte

Kommissar Birnemann noch ganz ruhig in Gedanken fest. Sein Herz schlug nicht um den Bruchteil einer Sekunde schneller, und er registrierte so kaltschnäuzig wie irgendein Fotoapparat: „Am vorderen Streifen des linken Fußes ist ein Stück in der Größe einer Teelöffelspitze herausgebrochen."

„Entschuldigen Sie, Herr –" hörte sich der Kriminalkommissar sagen. „Ich bitte, meine Unhöflichkeit zu entschuldigen, aber ich habe Sie noch gar nicht nach Ihrem werten Namen gefragt."

„Maier", antwortete der Mann in dem knallgelben Overall und grinste. „Ganz einfach Maier – mit einem a und einem i."

„Welche Schuhgröße haben Sie, Herr Maier?" fragte jetzt der Kommissar wie aus heiterem Himmel. „Habe ich richtig geraten, wenn ich sage fünfundvierzig?"

Der Mann mit dem schwarzen Bürstenhaarschnitt drehte sich um, blieb stehen und war sprachlos.

„Sie tragen wohl immer Tennisschuhe?" fragte Herr Birnemann weiter. „Im Winter, im Sommer, am Tag und auch –" er machte eine ganz kleine Pause „– und natürlich auch nachts, sofern Sie noch auf den Beinen sind?"

Und jetzt passierten ein paar Dinge gleichzeitig.

Der Zwilling Alexander kam aus dem Haus gerannt und rief: „Die Sommersprosse aus dem Polizeipräsidium ist am Apparat!"

„Er soll auflegen, ich läute in fünf Minuten." Kriminalkommissar Birnemann hatte ein Geräusch gehört und verstummte.

Als er sich umdrehte, sah er gerade noch, wie Herr Maier mit ai die Gartentür aufriß.

„Peter, faß ihn", zischte Herr Birnemann und stürzte hinter dem anderen her.

Aber der kastanienbraune Setter aus Irland war schneller.

Der Mann von der Tankstelle wollte gerade die Tür zu seinem verbeulten Abschleppwagen aufreißen, da war Peter mit den Vorderpfoten bereits auf Maiers Schultern und mit dem weit aufgerissenen Maul dicht vor dessen Kehle. Seine Augen starrten blutrot auf den Gegner, und aus seinem Maul kam ein Knurren, das jedem Tiger Ehre gemacht hätte.

„Nehmen Sie den Hund weg“, flüsterte der Mann namens Maier mit angstverzerrtem Gesicht.

„Er beißt erst zu, wenn ich ihm dazu das Kommando gebe“, meinte Kriminalkommissar Birnemann beruhigend. „Er ist als Polizeihund ausgebildet. Also kein Grund zur Aufregung.“

„Nehmen Sie den Hund weg“, wiederholte der knallgelbe Overall tonlos.

„Nicht bevor Sie zugeben, daß Sie etwas mit den zwanzig Autodiebstählen zu tun haben.“

„Einen Dreck hab’ ich damit . . .“

Peters Knurren wurde lauter, weil der Mann unter ihm sich plötzlich bewegt und laut gesprochen hatte.

„Also gut“, flüsterte der Tankwart namens Maier. Er verhielt sich jetzt steif wie eine Puppe und wagte nicht einmal einen kleinen Finger zu bewegen. „Ich packe aus, wenn Sie nur diesen verdammten Köter zurückpfeifen.“

„Pfeifen würde wenig nützen“, bemerkte der Kriminalkommissar verbindlich. „Aber wenn ich jetzt ganz einfach nur mit Daumen und Zeigefinger schnalze, müßte sich eigentlich der von Ihnen gewünschte Effekt einstellen.“ Er schnalzte jetzt tatsächlich hörbar mit dem Daumen und dem Zeigefinger seiner rechten Hand. Gleichzeitig sagte er laut: „Zurück, Peter!“

Augenblicklich nahm der kastanienbraune Setter seine Pfoten von der Schulter des Mannes und setzte sich dicht vor ihm in den Schnee. Dabei ließ er ihn allerdings keine Sekunde aus den Augen.

Und jetzt ging eigentlich alles ziemlich schnell.

Trotz Weihnachten und himmlischer Ruhe kam kurz darauf ein Funkstreifenwagen mit Blaulicht und Sirene durch die Straße und stoppte dicht neben dem verbeulten Abschleppwagen, daß der Schnee nur so durch die Gegend spritzte.

„Was gibt's, Chef?“ fragten die beiden Assistenten Brand und Oliver beinahe gleichzeitig.

„Seid ihr Hellseher?“ fragte Kommissar Birnemann zuerst, und dann wollte er wissen, weshalb der ‚schöne Karl‘ nicht beschattet würde.

„Der ‚schöne Karl‘ mußte gestern wegen seines Blinddarms ins Gefängniskrankenhaus“, beantwortete Herr Brand die zweite Frage zuerst. „Seine Entlassung ist deshalb vorerst rückgängig gemacht worden.“

„Und was Ihre andere Frage betrifft“, erklärte der sommersprossige Assistent Oliver, „also von Hellsehen keine Spur. Aber Ihr Sohn Alexander sagte vorhin am Telefon, daß irgend etwas faul sei. Sie hätten zwar gesagt, er solle den Hörer wieder auflegen und Sie würden zurückrufen, aber er sei da anderer Meinung und hielte es für besser, wenn wir mal ganz schnell vorbeischauen würden.“

„Stimmt genau“, ergänzte der Zwilling namens Alexander.

„So“, sagte der Kriminalkommissar nur, und dann wurde das Birnemannsche Wohnzimmer trotz Christbaum und festlich gedecktem Tisch für eine Viertelstunde in eine Art Polizeirevier umfunktioniert. Frau Birnemann, die Großmutter und die Zwillinge langweilten sich inzwischen in der Küche.

Bis sie dann das Geräusch einer Tür und Schritte im Flur hörten. „Jetzt bringen sie ihn in den Streifenwagen“, stellte der Zwilling Brigitte fest. Sie spähte zusammen mit Alexander durch das schmale Fenster neben dem Kühlschrank in den Garten hinaus.

Herr Maier mit ai ging zwischen den Assistenten Brand und Oliver.

„Wenn Sie vernünftig sind, ersparen wir Ihnen die Handschellen“, hatte Kriminalkommissar Birnemann kurz zuvor noch vorgeschlagen. „Immerhin ist Weihnachten, und ich will auch nicht vergessen, daß Sie mir meinen Hund zurückgebracht haben.“

„Was mir schließlich die ganze Soße eingebrockt hat“, murmelte der Mann in dem knallgelben Overall.

„Da liegen Sie falsch“, korrigierte Herr Birnemann. „Eingebrockt haben Sie sich die Soße ganz allein mit Ihren Autodiebstählen. Aber ich muß zugeben, Ihre Masche war nicht schlecht.“ Er öffnete wieder einmal die Gartentür. „Durch die Tankstelle hatten Sie für jede Nacht ein wasserdichtes Alibi, auch wenn Sie mal ’ne Stunde unterwegs waren. Das merkte kein Mensch.“ Die vier Männer kamen jetzt gerade an dem verbeulten Abschleppwagen vorbei. „Nun, und mit dieser Kiste da konnten Sie sich von der Straße holen, was immer Ihnen gefiel. Die Auswahl war nachts unter all den parkenden Autos groß genug, und jeder Wagentyp stand zur Verfügung, weil Sie ja keinen Schlüssel brauchten.“

„Dazu kommt noch, daß kein Mensch an Diebstahl dachte, wenn Sie aufkreuzten“, bemerkte der schlaksige Herr Brand. „Im Gegenteil, man mußte Sie für einen lieben und hilfsbereiten Menschen halten.“

Dabei verfrachtete Oliver Herrn Maier bereits in den Funkstreifenwagen.

„Ich würde empfehlen, auf dem Weg ins Präsidium noch an seiner Tankstelle vorbeizufahren“, meinte Kriminalkommissar Birnemann. Die Kälte fabrizierte jetzt kleine weiße Wolken vor seinem Mund, wenn er sprach. „Falls ich nicht ganz falsch kombiniere, findet ihr dort nämlich irgendwo die Nummernschilder der gestohlenen Wagen.“

„Richtig geraten, Herr Kommissar“, gab Herr Maier zu. „Hinter der Heizung neben der Kasse. Jetzt ist mir sowieso alles egal.“

„Menschen gibt es“, klagte die Großmutter eine gute Weile später und schüttelte den Kopf. „Es ist nicht zu fassen.“

„Und ich darf gar nicht daran denken, daß dieser Herr Maier jetzt gerade an Weihnachten in eine Gefängniszelle kommt“, sagte der Zwilling Brigitte leise.

„Du sprichst mir aus der Seele“, seufzte der Zwilling Alexander ein wenig pathetisch.

„Zugegeben, ausgerechnet an Weihnachten hätte es nicht passieren müssen“, bemerkte Kriminalkommissar

Birnemann. „Andererseits“, er zündete sich eine Zigarre an, „jeder Verbrecher sollte sich immer darüber klar sein, was ihn erwartet. Aber die meisten glauben ja immer, daß nur der andere erwischt wird. Und das ist so dumm, daß es auf keine Kuhhaut geht.“

Mittlerweile war der Funkstreifenwagen längst abgefahren, und Mutter Birnemann hatte endlich ihre Gans wieder in die Bratröhre schieben können.

Die übrige Familie versammelte sich inzwischen rundherum um den irischen Setter namens Peter.

Und der wußte genau, daß man jetzt eigentlich einen verspäteten Vergnügungstanz von ihm erwartete, mit Bocksprüngen, Wedeln und Saltos um die eigene Achse.

Statt dessen drückte er seinen Kopf nur ein ganz klein wenig gegen das Schienbein von Kriminalkommissar Birnemann. Gleichzeitig hob er sein Gesicht und blickte zuerst zu den Zwillingen hinauf und dann zur Großmutter hinüber.

„Er hat einen Schock“, bemerkte der Zwilling Brigitte, und die Großmutter sagte noch hinterher: „Ich hab’s ja immer behauptet, er ist empfindlich wie ein Schmetterling.“

„Und wenn er uns bloß Theater vorspielt?“ gab Herr Birnemann zu bedenken. Er setzte sich direkt vor dem Hund in die Hocke und blickte ihm in die Augen. „Zugegeben, du hast mich da vorhin mit deiner Nase auf die Spuren aufmerksam gemacht, die dieser famose Herr Maier mit seinen Tennisschuhen in den Schnee drückte. Aber das war reiner Zufall. Genausogut hättest du kreuz und quer durch die Schneehaufen toben können, wie du das immer machst.“

Der kastanienbraune Setter rührte sich nicht. Er blickte den Kriminalkommissar nur voll an. Und zwar mit einem Blick, den nur Hunde haben, voller Weisheit, Nachsicht und zeitlos wie die Milchstraße.

„Aber daß du nicht durch den Schnee getobt bist“, fuhr der Kriminalkommissar fort, „hat seinen Grund. Schon als du mit diesem abscheulichen Strick um den Hals ziemlich mühsam aus dem Abschleppwagen geklettert kamst, ist mir dein unheimlich dicker Bauch aufgefallen." Herr Birnemann kam näher an den Hund heran. „Wo, frage ich dich, hast du dich so vollgefressen? Bei diesem Herrn Maier bestimmt nicht. Die Lüge mit seinen Weihnachtseinkäufen, die er dir spendiert haben will – daß ich nicht lache! Eher hat er dir einen Fußtritt gegeben, bevor er auf die Idee kam, bei uns einen saftigen Finderlohn zu kassieren."

Stimmt genau, dachte der Setter namens Peter, ohne seinen Blick zu verändern. Aber für den Strick und den Fußtritt habe ich mich ja dann auch revanchiert. Dieser Kerl in seinem knallgelben Overall vergißt sein Leben lang nicht mehr, wie er vor Angst am ganzen Leib gezittert hat, als ich mit meinem Maul ganz dicht vor seiner Kehle war. Er aalte sich regelrecht in dieser schönen Erinnerung.

In diesem Augenblick kam Frau Birnemann mit ihrer Weihnachtsgans ins Zimmer. „Jetzt geht's los", sagte sie.

„Na endlich", seufzten die Zwillinge.

„Aber wir zwei sprechen uns noch", meinte der Kriminalkommissar, blickte seinem Hund wieder tief in die Augen und stand aus seiner Hocke auf.

Der kastanienbraune Setter namens Peter legte seinen Kopf ganz langsam auf den Teppich. Der blasse Neid kommt mir hoch, wenn ich jetzt zugucken muß, wie es denen da drüben schmeckt, knurrte er in sich hinein. Dabei blickte er mit seinen großen Augen tieftraurig zu dem Tisch hinüber, an dem inzwischen kein Wort mehr gesprochen wurde, weil man sich ausschließlich mit der Weihnachtsgans beschäftigte.

Eine halbe Stunde später spiegelten sich in diesen großen Hundeaugen die Lichter des Birnemannschen Weihnachtsbaums, und die ganze Familie sang „Stille Nacht, heilige Nacht". Das heißt, die Großmutter summte eigentlich nur so vor sich hin. Dafür sangen die Zwillinge zweistimmig.

Die drei Redakteure blicken zu dem echten Peter hinüber, der sich inzwischen mehr zur Türe hingeschoben hat, weil er seinem Sonnenstrahl nachgewandert ist. Er liegt genauso da wie sein erfundenes Abziehbild in der Birnemannschen Wohnung. Nur daß sich in seinen Augen nicht die Lichter eines Weihnachtsbaums spiegeln. Der echte Peter döst wieder einmal vor sich hin und träumt vermutlich wie immer. Neben Waldlauf und Fressen ist Träumen seine Lieblingsbeschäftigung.

„Ein Jammer, daß der Bursche nicht lesen kann", bemerkt Urs. Er dreht sich wieder um und schenkt jetzt seine Aufmerksamkeit der Kuchenplatte. Nach sorgfältiger Prüfung des Restbestands entscheidet er sich für einen Berliner Pfannkuchen.

„Hinwiederum gereicht dieses Analphabetentum, das wir bei Vierbeinern übrigens gar nicht so selten antreffen, dem Tier nur zum Vorteil", sinniert der lange Michael. „So können ihm seine diversen literarischen Denkmäler nicht in die Birne steigen. Wenn er Bescheid wüßte, hätte er bestimmt Flausen im Kopf, und alle übrigen Hunde wären nur noch Luft für ihn. So hat er seine Schnauze doch noch zeitweise auf dem Boden."

Eine Fliege setzt auf der Zuckerdose zur Landung an. Vielleicht ist es dieselbe, die Peter zuvor nicht geschnappt hat.

„Wie ist das eigentlich, wenn Sie an einem Buch sind?" fragt Thomas nach einer Weile wie aus heiterem Himmel in die Stille hinein. Dabei kramt er einen nagelneuen Notizblock aus seiner Tasche und fingert nach einem Kugelschreiber. „Es gibt Schriftsteller, die erzählen, sie bekämen die besten Einfälle in der Eisenbahn, wenn sie so schön gleichmäßig vor sich hinrattert. Andere haben nur dann Ideen, wenn sie hinter ihrer Schreibmaschine sitzen, und wieder andere müssen jedes Wort mit der Hand schreiben. Ein ziemlich bekannter Dichter brauchte dazu sogar ein Stehpult."

„Sind Sie schon mal in der Badewanne von der Muse geküßt worden?" grinst der lange Michael dazwischen, drückt auf eine Taste seines Tonbandgeräts und hält ein Mikrophon in meine Richtung. „Vielleicht mittendrin beim Tennisspielen oder während Sie über den Ku'damm gebummelt sind?"

„Wie sieht überhaupt so ein Tag aus, wenn Sie an einem Manuskript sitzen?" meldet sich jetzt Urs zu Wort und hat auf einmal auch ein Mikrophon in der Hand.

„Aha", sage ich, „wenn mich nicht alles täuscht, wollen die Herren jetzt zur Sache kommen."

„Falls es Ihnen genehm ist", bemerkt Thomas höflich und tippt mit dem Kugelschreiber ein paarmal auf seinen Notizblock.

„Vielleicht fangen wir genau in dem Augenblick an, wenn Sie sich hinter Ihren Schreibtisch setzen und noch kein einziges Wort auf dem Papier steht", schlägt Michael vor.

„Ja, das wäre ganz ausgezeichnet", stimmt Urs zu.

„Die Schreibmaschine kommt eigentlich erst dann dran, wenn ich von der Geschichte, die ich schreiben will, schon etwas weiß", überlege ich laut. „Wie sie anfängt und vor allem, wie sie aufhören könnte. Was dazwischen passiert, das ergibt sich dann so nach und nach beim Schreiben."

„Und wie oder wo fällt Ihnen ein, was Sie erzählen wollen?“ will Urs wissen.

„Zu dem Buch ‚Der Junge aus dem Meer‘ hat mich zum Beispiel eine Zeitungsnotiz angeschubst. Sie war gar nicht besonders groß aufgemacht und berichtete nur ganz kurz und in dürren Worten von einem amerikanischen Schüler, der in Los Angeles am hellichten Tag einen Verkehrspolizisten gefragt hatte, wie denn die Stadt heißen würde, in der sie gerade mitten auf der Straße standen. Der Junge hatte nur ein Hemd am Leib, Shorts und Turnschuhe. Bei einer ganzen Reihe von komplizierten ärztlichen Untersuchungen stellte sich dann heraus, daß der Junge aus irgendeinem unerklärlichen Grund sein Gedächtnis verloren hatte. Er konnte nicht sagen, woher er kam, und sogar seinen Namen hatte er total vergessen. Gleichzeitig spielte er aber auswendig die schwierigsten Klavierstücke, als man ihn mehr oder weniger zufällig an einen Flügel setzte. Sein Bild wurde durch das Fernsehen über ganz Amerika ausgestrahlt. Nach einer Woche fanden sich seine Eltern, die in Boston lebten.“

„Und was war passiert?“ fragt Urs.

„Für die Zeitung war der Fall mit dieser Meldung erledigt. Vermutlich hätte ich mehr erfahren können, wenn ich mal schnell nach Amerika rübergeflogen wäre.“

„Aber es gibt doch internationale Nachrichtenagenturen“, bemerkt Thomas.

„Zuerst hab’ ich auch versucht, etwas aus ihnen rauszubekommen“, berichte ich weiter. „Aber ich hatte kein Glück, und im Grunde reichte mir ja auch, was ich da gelesen hatte.“

„Das war aber nicht gerade viel“, meint der lange Michael ungläubig.

„Du, das war eine ganze Menge“, widerspreche ich ihm. „Stell dir doch vor, da gibt es plötzlich in einer Stadt, die er überhaupt nicht kennt, einen Jungen, der beim besten Willen nicht weiß, woher er kommt, und der sich nicht mehr an seinen Namen erinnern kann. Das ist doch kein schlechter Anfang für eine Geschichte, oder?“

„Aber halt auch nicht mehr“, bemerkt Urs. „Für ein Buch gibt das doch bestenfalls zwei Seiten her.“

„Aber ein Stein ist ins Wasser geworfen“, verteidige ich die kurze Meldung der Zeitung. „Du stehst am Ufer, und allmählich kommen die Wellen auf dich zu. Eine nach der anderen, und jede berührt dich, wenn du bloß die Hand ins Wasser tauchst.“

Das Meer spuckt einen Jungen an den Strand

Vom Watt herüber trabten sie noch hintereinander her wie eine Gruppe von Langläufern, die gerade erst in die zweite oder dritte Runde gegangen ist. Aber als die Glorreichen Sieben jetzt in die Dünen kamen, war es mit dem flotten Tempo ziemlich schnell vorbei.

Von der Kuppe herunter und durch die Mulden schlug ihnen ein steifer Wind in die Gesichter. Sie spürten Meersalz auf ihren Zungen, und je höher sie hinaufkletterten, um so häufiger brachen sie bis über die Knöchel und manchmal bis zu den Knien in den Sand ein, der immer noch ganz naß und schwer war. In der Nacht hatte nämlich eine plötzliche Sturmflut den ganzen Strand mit haushohen Brechern zugedeckt, und mehr als ein halbes Dutzend Gewitter waren nacheinander über die Insel hergefallen. Hagelböen hatten gegen die Fenster der Häuser geschlagen und das Schilf aus den reetgedeckten Dächern herausgerissen. Bei der Apotheke neben dem Postamt hatte der Wind eine Schaufensterscheibe eingedrückt, und bei jedem Blitz hatte man für den Bruchteil einer Sekunde bis nach Hörnum und bis zum rot-weißen Leuchtturm hinüberblicken können, wie sonst nur an ganz klaren Sonnentagen.

Aber schon in den ersten Morgenstunden hatte der Sturm die schwarzen Wolkenberge zur dänischen Küste hinübergetrieben. Man sah sie jetzt nur noch ganz fern und als dunkle Striche am Horizont. Über der ganzen Insel war es wieder blau und wolkenlos wie schon alle Tage vorher.

Der kleine Karlchen Kubatz kletterte auf allen vieren und als letzter über den oberen Rand der Düne. Dabei rutschte ihm seine Taucherbrille von der Stirn über die Augen.

„Das geht über meine Zentrifugalkräfte“, keuchte er und richtete sich dabei auf.

Aber auch die anderen pumpten nach Luft wie Maikäfer und waren deshalb zuerst einmal sprachlos.

Aber wie die Glorreichen Sieben jetzt in ihren knallroten, gelben oder erbsengrünen Badehosen und mit flatternden bunten Hemden nebeneinander aufrecht gegen den Himmel standen – direkt vor der aufgehenden Sonne –, wirkten sie trotzdem wie Indianerhäuptlinge, die, mitten in der Prärie, vom höchsten Berg herunter dem großen Manitu eine ganze Herde Rinder versprachen, falls er ihnen helfen würde, irgendwelche schlitzohrigen Delawaren oder doppelzüngigen Mohikaner für immer in die ewigen Jagdgründe zu befördern.

Nur saßen die Glorreichen Sieben leider nicht auf Pferden und hatten auch keine Gewehre und nicht einmal Tomahawks bei sich. Dafür stimmte die Hautfarbe einigermaßen: nach der ersten Woche Schulferien waren sie rundherum schon so braungebrannt wie waschechte Rothäute.

„Einfach phänomenal“, japste Karlchen Kubatz überwältigt. Er hatte sich wieder einigermaßen erholt und hielt jetzt die flache Hand über die Augen, weil die Sonne haargenau in seinem Blickfeld stand.

„Ja, es ist enorm“, bestätigte Hans Pigge und nahm jetzt auch eine Hand über die Augen. „Ganz enorm, sozusagen!“

Nirgendwo war die Insel so schmal wie an dieser Stelle. Man konnte von hier aus gleichzeitig zum Watt hinüberblicken, in dem sich die Sonne spiegelte wie in einem dunklen See, und man sah auf der anderen Seite den schneeweißen Sandstrand mit dem Meer, das immer noch graugrüne Brecher gegen das Ufer warf. Kurz bevor sie das Land erreichten, schlugen sie hintereinander und übereinander zusammen wie kochendes Wasser, brandeten über den Sand und wirbelten Schaum vor sich her wie kleine Gebirge aus schmutziger Watte. Und überall segelten Silbermöwen in aller Ruhe durch den Himmel oder flatterten aufgeregt mit einer Beute im Schnabel zu den Dünen zurück.

„Eigentlich war ich ja dagegen“, bemerkte Emil Langhans nach einer Weile und fingerte dabei ein wenig verlegen an seiner Hornbrille herum. „Ich meine, als es darum ging, ob wir jeden Tag vor dem Kaffeetrinken mit einem Strandlauf beginnen sollten." Er schüttelte den Sand aus seinen langen Haaren. „Damals war ich noch der Meinung, daß Ferien nur zum Faulenzen da sind. Man legt sich auf den Rücken und macht nichts als in die Bäume gucken."

„So was Ähnliches hatte ich mir auch vorgestellt", gab Sputnik zu, der eigentlich Otto Hugendubel hieß und ein wenig zu dick war.

„Heute möchte ich mich in aller Form korrigieren", grinste jetzt der Junge mit der Hornbrille. „Es wäre geradezu ein Jammer gewesen, wenn ich mich bei unserer Abstimmung durchgesetzt hätte."

„Ich möchte mich dieser Meinung anschließen", erklärte Otto Hugendubel knapp. Es fehlte nur noch, daß er sich höflich nach allen Seiten verbeugt hätte.

„Niemand kann uns daran hindern, jeden Tag ein halbes Kilo klüger zu werden", bemerkte Paul Nachtigall. Er war der Älteste und beinahe einen Kopf länger als die anderen. „Astalawista, Señores!"

Daraufhin galoppierten die Glorreichen Sieben wie ein Rudel junger Hunde zum Strand hinunter.

Die letzten Meter mußten sie dann allerdings vorsichtig und auf Zehenspitzen zurücklegen. Überall lagen nämlich Steine, Quallen und Seemuscheln dicht nebeneinander. Zudem hatte der Sturm als Treibgut noch Glühbirnen angespült, alte Flaschen und Konservendosen – alles Dinge, die man irgendwann einmal von den vorbeifahrenden Schiffen über Bord geschmissen hatte.

Im Meer warfen sie sich dann gegen die Wellen und ließen sich durcheinanderwirbeln. Oder sie tauchten wie Unterseeboote unter der Brandung hindurch und schaukelten dann draußen in der ruhigen Dünung in aller Seelenruhe hin und her wie eine Hängematte.

„Es ist wirklich phänomenal!" brüllte Karlchen Kubatz. Gleich darauf verschwand sein Bürstenhaarschnitt unter dem nächsten Wellenkamm. Als er wieder auftauchte, holte er zuerst tief Luft, und dann gluckste er wie aus heiterem Himmel: „Erinnert direkt an unsere drei Mineralquellen in Bad Rittershude."

„Bad Rittershude?" trompetete Hans Pigge. „Nie gehört." Er drehte sich wie eine Schiffsschraube durchs Wasser. Anschließend prustete er: „Hand aufs Herz, kennt jemand von euch Bad Rittershude?"

Keiner von den Glorreichen Sieben schien jemals etwas von einem Bad namens Rittershude gehört zu haben.

„Aber ein gewisser Oberstudiendirektor Senftleben müßte den Herren doch bekannt sein?" wollte Karlchen Kubatz jetzt wissen.

Paul Nachtigall legte sich auf den Rücken und tat so, als würde er angestrengt überlegen. Auch die anderen schienen harte Gedankenarbeit zu leisten.

„Völlig unbekannt", meinte Paul Nachtigall schließlich.

„Ja, völlig unbekannt", bestätigte jetzt auch Emil Langhans. Er befand sich gerade mitten im Stimmbruch, weshalb es sich immer so anhörte, als würde er sich gerade mit einer hochgradigen Kehlkopfentzündung herumschlagen.

„Und ein Prinz-Ludwig-Gymnasium?" fragte Karlchen Kubatz weiter. „Das sagt euch bestimmt auch nichts, wie ich vermute?"

„Nicht die Bohne", versicherte Hans Pigge.

„Mir ist natürlich der Schiefe Turm von Pisa ein Begriff", überlegte Paul Nachtigall weiter. „Und das Brandenburger Tor in Berlin. Aber . . ." Er nahm die Arme hinter den Kopf, als wolle er sich eine Weile schlafen legen, und paddelte nur noch mit den Beinen. „Wie war doch gleich der Name?"

„Du hast wohl keine Krempe am Hut", empörte sich in diesem Augenblick Emil Langhans. „Dieses Prinz-Ludwig-Gymnasium ist doch nicht etwa eine Schule oder so was Ähnliches? Da kann einem ja richtig schlecht werden, du Affe!" Und dabei sprang er auch schon los. Er warf sich auf den kleinen Karlchen Kubatz, packte ihn bei den Schultern und drückte ihn mitten in eine Welle, die gerade im richtigen Moment vom Meer her zum Ufer rollte.

Das wirkte auf die Jungen so, als würden auf einen Schlag im besagten Prinz-Ludwig-Gymnasium die Klassentüren aufgerissen, weil es gerade zur großen Pause geklingelt hatte.

Hals über Kopf hüpften sie plötzlich wieder wie aufgescheuchte Frösche durcheinander, warfen sich vorwärts und rückwärts in die Brandung, tauchten bis zum Grund oder sprangen mit ausgestreckten Körpern über die Wellen wie fliegende Fische. Karlchen Kubatz spielte inzwischen Unterseeboot. Von ihm war nur noch ein Stück seines Schnorchels zu sehen.

„Hat der Mensch Töne!" brüllte der dickliche Sputnik zwischendurch. „Vor genau zehn Tagen haben wir noch über einer Klassenarbeit geschwitzt! Das ist doch nicht zu fassen!"

„Damit die Herrschaften so kurz vor den Sommerferien nicht allzu übermütig werden", verkündete Paul Nachtigall mit verstellter Stimme, die sich beinahe so anhörte wie die von Dr. Purzer. Dabei richtete er sich für einen kurzen Augenblick auf und kreuzte die Arme vor der Brust, genauso, wie es der Studienrat immer machte, wenn er vor der 9 C neben dem Katheder stand.

Die Gorreichen Sieben wieherten vor Lachen, und zwei von ihnen probierten sogar einen Handstand aus lauter Vergnügen.

„Du kriegst die Tür nicht zu", gluckste Karlchen Kubatz unter seiner Taucherbrille. „Das alles soll tatsächlich erst zehn Tage her sein! Für mich ist das schon so weit weg wie der Nordpol."

„Nicht daran denken, meine Freunde", rief Emil Langhans und breitete seine Arme aus wie ein schlechter Schauspieler in einem Schmierentheater. „Wir sind doch alle nur arme Sträflinge mit sechs armseligen Wochen Bewährungsfrist!" Beinahe im gleichen Augenblick erfaßte ihn eine Welle und wirbelte ihn mit den Füßen nach oben durch die Brandung.

Wenig später trabten die Glorreichen Sieben über den Strand, der dicht am Meer fast so hart war wie der Boden einer Aschenbahn. Die Nacht hatte so ziemlich alle Sandburgen zerstört, und neben dem übrigen Treibgut hatte die Flut auch eine ganze Reihe von Benzinkanistern ans Ufer geschwemmt.

„Schritt", rief Paul Nachtigall nach einer Weile. Jetzt gingen die Jungen nebeneinander her, kreisten dabei die Arme, beugten sich beim Ausatmen nach vorn und beim Einatmen zurück. Der Wind hatte inzwischen ihre Körper getrocknet, und nur ein Rest von Meersalz glitzerte noch auf ihren Schultern oder auf ihren Beinen, je nachdem sie sich gerade in der Sonne bewegten oder inzwischen wieder ihre Hemden angezogen hatten.

„Wieder Laufschritt, meine Herren", kommandierte Paul Nachtigall, nachdem er zum Abschluß noch zehn einwandfreie Liegestützen vorgeführt hatte.

Die Jungen winkelten die Arme an und trabten wieder los. Jetzt schlugen sie die Richtung zur Boje 11 ein, wo der Strand zu einem weiten Bogen ausholte und weiter ins Meer hinausging.

Dort klebte dicht an den Dünen eine alte Holzbaracke mit einem Dach aus Wellblech. Daneben stand ein ziemlich hoher Fahnenmast mit einem großen, tintenblauen Nivea-Luftballon an der Spitze. Da sich der Wind inzwischen hin und her drehte wie einer, der nicht einschlafen kann, tanzte der Ballon an seiner Schnur auf und ab oder von einer Seite auf die andere.

Die Boje 11 war bei den Strandläufen der Glorreichen Sieben schon vom ersten Tag an zur Wendemarke geworden. Hier drehten sie jeden Morgen ihre Ehrenrunde um die Fahnenstange, und der dickliche Otto Hugendubel stöhnte dabei ziemlich regelmäßig: „Damit hätten wir die Hälfte, Gott sei Dank!"

Jetzt ging es jeweils wieder ins Dorf zurück, wo dann Großmutter Kubatz immer schon mit dem Frühstück auf ihre sieben Feriengäste wartete.

Aber heute sollte es anders kommen.

Die Jungen hatten gerade die Bucht erreicht, hinter der das Schutzgebiet für Seevögel angelegt war, als zuerst Emil

Langhans, der inzwischen wieder seine Hornbrille auf der Nase hatte, eine Gestalt bemerkte, die mutterseelenallein mitten auf dem Strand lag.

Aber beinahe im gleichen Augenblick wurden auch die anderen aufmerksam, und Paul Nachtigall, der die Läufer anführte, schlug jetzt einen kleinen Bogen, so daß sie ein wenig näher an dem Schlafenden vorbeikamen. Und daß dieser Mensch im Sand da drüben schlafen würde, daran konnte es keinen Zweifel geben. Er lag genauso da und bewegte sich auch nicht. Sein Oberkörper war nackt, und als sie noch dichter auf ihn zuliefen, erkannten sie auch, daß es ein Junge war und daß er nichts als abgeschnittene Blue jeans am Körper hatte. Sie waren ziemlich verwaschen und an den Rändern ausgefranst.

„Hat wohl nicht alle Tassen im Schrank“, meinte Hans Pigge im Weiterlaufen. „Spätestens in einer Stunde hat der sich einen Sonnenbrand geholt, daß die Heide wackelt.“

„Notfalls können wir ihn ja aufwecken, wenn wir zurückkommen“, meinte Paul Nachtigall. Dabei änderte er wieder die Richtung und steuerte hinüber zu der alten Baracke und der Fahnenstange mit dem tintenblauen Luftballon.

Aber schon nach zwanzig oder dreißig Metern blieb Karlchen Kubatz ruckartig stehen, als hätte jemand bei ihm plötzlich die Notbremse gezogen. „Moment mal“, sagte er und drehte sich um die eigene Achse. „Fällt euch nichts auf?“

„Ist doch bloß irgendein fauler Trick“, japste Otto Hugendubel. „Dir ist die Puste ausgegangen, und jetzt hast du Lust auf ’ne kleine Pause.“

„Ob euch nichts auffällt, habe ich gefragt“, beharrte Karlchen Kubatz. „Schaut doch mal genau hin.“

„Mach’s nicht so spannend“, meinte Paul Nachtigall. Er hatte inzwischen auch den Lauf unterbrochen und war die paar Schritte zurückgekommen. Zusammen mit den anderen stand er jetzt neben Karlchen Kubatz. Alle blickten hinüber zu dem Jungen, der dort am Strand lag.

„Rund um ihn herum nur ein paar Eindrücke von Möwenfüßen im Sand“, stellte Karlchen Kubatz fest.

„Ich verstehe kein Wort", gab Hans Pigge zu und warf seinen semmelblonden Pagenkopf zurück.

„Keine Neuigkeit, die uns umschmeißt", grinste Emil Langhans. „Andererseits ist mir im Augenblick auch ziemlich schleierhaft, was . . ."

„Entschuldige, wenn ich dich unterbreche", warf Karlchen Kubatz höflich ein. Daraufhin machte er eine kleine Pause und kniff die Augen zusammen. „Weit und breit keine Fußspuren von ihm –" Er blickte sich um: „Hält es jemand von den Herrschaften für möglich, daß der Bursche ganz einfach vom Himmel gefallen ist?"

„Karlchen hat mal wieder recht", gab Paul Nachtigall neidlos zu. „Irgendwas stimmt da nicht."

„Ich fange an zu begreifen“, rief jetzt Emil Langhans. „Jetzt müssen wir nur noch den Fallschirm suchen.“

„Quatsch mit Soße“, bemerkte Karlchen Kubatz trokken. „Es gibt nur mal wieder die zwei berühmten Möglichkeiten.“

„Wir sind ganz Ohr“, versicherte Hans Pigge.

„Entweder ist dieser Knabe da drüben bei Flut über den Sand gestiefelt“, erklärte Karlchen Kubatz. „Und hat sich dann auch bei Flut zum Ausschlafen mitten ins Wasser gelegt.“

„Ziemlich unwahrscheinlich“, warf Paul Nachtigall ein. „Aber kombiniere mal weiter.“

„Die Ebbe kommt“, fuhr Karlchen Kubatz fort. „Das Meer geht wieder zurück, spült die Fußspuren mit sich fort und läßt den Knaben am Strand zurück.“

„Unwahrscheinlich, wie gesagt“, wiederholte Paul Nachtigall. „Und Möglichkeit Nummer zwei?“

„Die einzige, die in Frage kommt“, antwortete Karlchen Kubatz. Er war plötzlich ganz aufgeregt, und dann rannte er auch schon los.

Die anderen liefen hinter ihm her.

„Der ist überhaupt nicht von dieser Insel“, keuchte Karlchen Kubatz. „Bestimmt hat ihn die Flut heute nacht vom Meer herein an den Strand geschwemmt.“

Kurz darauf beugten sie sich über den Jungen, der immer noch bewegungslos im Sand lag. Er hatte pechschwarze Haare, seine Augen waren geschlossen, und seine Arme lagen flach neben dem Körper. An der Seite hatte er zwischen Gürtel und Hose ein Messer, so wie es Pfadfinder tragen.

„He!“ rief Paul Nachtigall leise.

Und als sich der Junge nicht rührte, rief er etwas lauter: „Hallo!“

„Der macht wohl nur beim Zahnarzt den Mund auf“, witzelte Emil Langhans. Aber als ihm daraufhin Otto Hugendubel einen vernichtenden Blick zuwarf, bekam er ganz rote Ohren und entschuldigte sich: „Ist mir eben nur so rausgerutscht.“

„Er atmet überhaupt nicht“, flüsterte Karlchen Kubatz erschrocken.

„Und seine Hosen sind noch ganz naß“, bemerkte Hans Pigge verlegen.

Der fremde Junge wirkte noch genauso, als ob er schlafen würde. Seine Augen waren geschlossen und seine Lippen leicht geöffnet. Sein nackter Oberkörper war schlank und vom Meersalz wie mit einem ganz dünnen Film überzogen. Das einzige, was sich an ihm bewegte, waren seine schwarzen Haare, aber das kam vom Wind.

„Irgendwas muß passieren“, bemerkte Paul Nachtigall. „Wir können doch nicht hier wie Standbilder rumstehen und die Augen aufreißen.“

„Vielleicht sollte man seinen Puls fühlen“, schlug Manuel Kohl vor.

Das tat Paul Nachtigall dann auch.

„Und?“ fragte Hans Pigge gespannt.

„Nichts“, antwortete der Boß der Glorreichen Sieben nach einer Weile. Er kniete jetzt neben dem fremden Jungen im Sand und hielt für ein paar Sekunden sein Ohr ganz dicht an den halb geöffneten Mund. „Auch nichts“, wiederholte er kurz darauf. „Totale Funkstille.“

Schließlich klopfte er sich den Sand von den Fingern und öffnete ganz vorsichtig ein Auge. Es war genauso schwarz wie das Haar des fremden Jungen, aber es blickte nur leer und ausdruckslos. Sobald Paul Nachtigall seine Hand wieder wegnahm, fiel das Lid zurück wie ein Vorhang, den man fallen läßt.

„Was machen wir?“ fragte der Boß der Glorreichen Sieben und richtete sich wieder auf. Er war ziemlich ratlos. Dabei trug er schon seit einem guten halben Jahr das Abzeichen für Rettungsschwimmer und Erste Hilfe an seiner erbsengrünen Badehose.

„Er wird doch nicht . . .“ sagte der dickliche Otto Hugendubel in die Stille, und es hörte sich so an, als hätte er einen Frosch im Hals.

Aber da riß plötzlich Emil Langhans seinen rechten Arm in die Luft und streckte seinen Zeigefinger aus: „Da unter dem Kinn“, rief er, und seine Stimme überschlug sich. „Seine Halsschlagader bewegt sich!“

Im gleichen Augenblick stürzte sich auch schon Paul Nachtigall über den fremden Jungen, als hätte er ihn gerade beim Ringkampf auf die Matte geworfen. Er kniete sich über ihn, die Schenkel links und rechts neben dem Körper, packte die Arme, kreuzte sie vor der Brust und drückte sie ihm mit aller Kraft in die Magengrube. Anschließend riß er sie weit auseinander, kreuzte sie noch einmal und preßte sie dann wieder auf den Magen zurück. „Ich bleibe hier und mache weiter“, keuchte Paul Nachtigall. „Manuel und Fritz Treutlein flitzen zur Straße und versuchen das nächstbeste Auto anzuhalten.“ Dabei stemmte er sich gerade wieder mit seinem ganzen Gewicht auf den Magen des fremden Jungen. „Karlchen Kubatz galoppiert zusammen mit Hans Pigge ins Dorf. Falls die andern kein Glück haben – dann soll der Redakteur mit seinem roten Flitzer hier antanzen.“

„Ist geritzt“, rief Karlchen Kubatz und schwirrte ab. Hans Pigge lief hinter ihm her. Fritz Treutlein und Manuel verschwanden inzwischen schon in den Dünen.

„Emil und Otto“, schlug Paul Nachtigall jetzt vor. „Ihr macht euch in Richtung Vogelwarte auf die Socken. Da gibt's ein Telefon. Vielleicht erreicht ihr damit noch vor den anderen einen Arzt oder einen Unfallwagen.“

„Arzt oder Unfallwagen“, wiederholte Emil Langhans. Und schon stürmte er zusammen mit dem dicklichen Sputnik durch den Sand und vorerst zur Boje 11 hinüber.

Eine knappe Minute später gurgelte der fremde Junge den ersten Schluck Meerwasser aus dem Mund.

„Ja, nur immer raus damit“, keuchte Paul Nachtigall. „Zuviel Nordsee im Magen wirft die stärksten Männer um.“

Der Schweiß stand ihm auf der Stirn, und seine Armmuskeln fingen an zu stechen. Aber er pumpte erbarmungslos weiter.

Dabei bemerkte er gar nicht, daß der Junge, den die Flut am Strand zurückgelassen hatte, zum erstenmal die Augen aufschlug. Allerdings nur so lange, wie eine Möwe braucht, um vorbeizufliegen.

Aber er fing jetzt an, wieder selbständig zu atmen. Und wenn es vorerst auch nur ganz schwach war, Paul Nachtigall bemerkte es sofort.

„Jetzt um Himmels willen ja nicht schlappmachen“, sagte er zu sich selbst. Und obgleich er inzwischen zum Umfallen müde war, verstärkte er seine Übungen wieder, als ginge es bei einem Zehntausendmeterlauf in die letzte Runde. Er packte die Handgelenke des fremden Jungen wieder fester, breitete seine Arme auseinander und kreuzte sie ihm vor der Magengrube wieder zusammen. Er pumpte weiter, so wie er das jetzt schon beinahe zwanzig Minuten lang getan hatte. Nur daß er sich jetzt nicht mehr mit seinem ganzen Körpergewicht auf den schwarzhaarigen Jungen stemmte. Dessen Magen mußte inzwischen ja völlig leergepumpt sein. Jetzt kam es nur noch darauf an, seinen Kreislauf wieder in Schwung zu bekommen, und das schien auch zu gelingen. Jedenfalls spürte Paul Nachtigall, wie in den schmalen Körper zwischen seinen Schenkeln immer mehr Leben zurückkam. Er beugte sich tiefer über ihn und konnte unter den Rippen jetzt schon ganz deutlich den Herzschlag spüren.

„Guten Morgen“, keuchte Paul Nachtigall, als ihm der Junge mit den pechschwarzen Haaren jetzt direkt in die Augen blickte.

Aber der andere gab keine Antwort. Dafür holte er jetzt zum erstenmal ganz tief Luft. Anschließend verschluckte er sich allerdings, und dann bekam er einen Hustenanfall, der seinen ganzen Körper schüttelte.

Zum Glück tauchten in diesem Augenblick Fritz Treutlein und Manuel Kohl über der Düne auf. Sie hatten einen Mann in mittleren Jahren bei sich, der einen schneeweißen Kittel anhatte wie ein Arzt. Aber als er dann mit den beiden Jungen den Strand erreicht hatte, stellte es sich heraus, daß er jeden Morgen für die Molkerei in Hörnum frische Milch und Butter in die Hotels brachte. Fritz Treutlein hatte ihn auf offener Straße angehalten, und sein

Lieferwagen wartete jetzt am Parkplatz hinter den Dünen.

„Hoffentlich hat er keine inneren Verletzungen“, gab der Mann in dem weißen Kittel zu bedenken. „Andererseits, wer weiß, wie lange es dauert, bis ein Arzt oder ein Krankenwagen kommt. Wir müssen es riskieren.“

Sie hoben den fremden Jungen also ganz vorsichtig vom Strand auf und trugen ihn gemeinsam zum Ufer hin. Solange der Boden noch hart war, funktionierte der Transport einigermaßen. Aber je weiter sie sich von der Brandung entfernten, um so öfter brachen sie in den immer weicher werdenden Sand ein und um so steiler wurde die Düne.

Da sagte der fremde Junge plötzlich: „Laßt mal, vielleicht geht es so besser.“ Er hatte ganz leise gesprochen und setzte seine Füße jetzt zaghaft in den Sand. Gleichzeitig hängte er sich mit dem einen Arm über die Schultern von Paul Nachtigall und mit dem anderen um die des Mannes mit dem weißen Kittel. Er mußte gelegentlich stehenbleiben und holte dann jedesmal tief Luft. Aber schließlich erreichten sie den Molkereiwagen, und kurz darauf holperte der schwarzhaarige Junge, den vermutlich in der vergangenen Gewitternacht die Flut an den Strand geworfen hatte, zwischen großen, klappernden Milchkannen und Butterkisten über die Landstraße. Der Fahrer hatte ihm seinen weißen Kittel über die Schultern gehängt, aber trotzdem zitterte der Junge aus dem Meer jetzt vor Kälte am ganzen Körper.

Bei den Lagerhallen, kurz vor dem Dorf, kam der Chefredakteur der Bad Rittershuder Nachrichten in seinem knallroten Flitzer um die Kurve geprescht. Karlchen Kubatz und Hans Pigge standen so halb auf dem Beifahrersitz und hielten sich an der Windschutzscheibe fest. Sie blickten sich um wie Kapitäne auf einer Kommandobrücke. Trotzdem entdeckten sie Paul Nachtigall, der ihnen mit ausgebreiteten Armen Zeichen machte, erst im Vorbeifahren. Sofort trat der Zeitungsmann auf die Bremse, daß es nur so quietschte, wendete, holte den Molkereiwagen ein und fuhr neben ihm her.

„Was ist?“ rief Karlchen.

„Wir haben ihn hier bei uns“, brüllte Paul Nachtigall zurück. „Sollen wir mit ihm in irgendeine Klinik oder was Ähnliches?“

„Vorerst ins Haus Seestern“, gab Herr Kubatz zurück. „Ich bereite schon alles vor.“ Danach gab er wieder Gas und sauste los, als ginge es um den Großen Preis vom Nürburgring.

Als der Molkereiwagen kurz darauf an dem weißen Zaun vorbei durch die Mulde fuhr und dann am Haus Seestern zum Stehen kam, warteten bereits Großmutter Kubatz und Fräulein Emma Zobelmann vor der Tür. Die Frau des Chefredakteurs kam gerade mit Karlchen, der sie wohl alarmiert hatte, von der Blockhütte herübergelaufen.

„Zuerst mal ins Erdgeschoß auf das Sofa“, kommandierte Großmutter Kubatz. „Und zieht ihm sofort seine nassen Hosen aus, so holt sich der Junge ja den Tod.“ Sie schickte Fräulein Zobelmann nach Bettdecken und flitzte höchstpersönlich in den ersten Stock, um Badetücher zu holen.

Inzwischen öffnete Paul Nachtigall dem fremden Jungen den breiten Ledergürtel und zog ihm seine nassen Blue jeans und eine genauso nasse Badehose über die Beine.

„Ich werde ja wohl jetzt nicht mehr gebraucht?“ fragte gleichzeitig der Molkereifahrer, der sich inzwischen wieder seinen weißen Kittel angezogen hatte. „Sonst wird mir auf meinem Lieferwagen nämlich die Milch sauer. Und das wäre nicht im Sinne des Erfinders.“

„Besten Dank jedenfalls“, sagten Fritz Treutlein und Manuel Kohl ziemlich gleichzeitig. „Es war sehr freundlich, daß Sie gleich angehalten und uns geholfen haben.“

„War doch nur selbstverständlich“, meinte der Mann von der Molkerei aus Hörnum. „Und zudem hab’ ich meinen Kunden ja jetzt was zu erzählen. Daß ein Junge wie eine leere Bierflasche angeschwemmt wird, passiert schließlich nicht alle Tage.“

Als er gerade die Tür aufmachte, hörte man von draußen zuerst einen Motor aufheulen und dann das Kreischen von Bremsen. Gleich darauf stand Herr Kubatz im Zimmer und sagte: „Das muß er sein.“ Denn er hatte den fremden

Jungen ja bisher genausowenig gesehen wie der weißhaarige Professor Stoll, den er gerade im Eilzugtempo aus seiner Praxis hierhergeschleppt hatte.

Großmutter Kubatz und Fräulein Zobelmann hatten den fremden Jungen inzwischen so tief in Badetücher und

Decken gepackt, daß nur noch sein schwarzhaariger Kopf ins Freie guckte.

„Na, was machen wir denn für Sachen?“ fragte der hochgewachsene Professor, der auch aufpassen mußte, daß er nicht gegen die niedrigen Deckenbalken stieß.

Der Kopf über den Badetüchern und Decken gab keine Antwort. Er blickte nur mit großen neugierigen Augen von einem Gesicht zum anderen.

„Stumm wie ein Fisch“, sagte Fräulein Zobelmann sorgenvoll. „Er hat noch kein einziges Wort gesprochen, der arme Junge.“ Jetzt schluchzte sie, und es sah ganz so aus, als seien Tränen unterwegs.

„Noch kein Grund zum Jammern“, bemerkte Professor Stoll, stellte dabei seine lederne Handtasche neben das Sofa und ließ ihre Schlösser aufschnappen. „Und jetzt, meine Herrschaften, wäre ich für eine Weile mit dem Patienten ganz gern allein“, sagte er abschließend. „Nur wenn Gustchen bei mir bleiben würde, falls ich etwas brauche.“

„Selbstverständlich, Herr Professor“, erwiderte der Chefredakteur der Bad Rittershuder Nachrichten und verdrückte sich zusammen mit allen übrigen nach draußen vor die Tür. Nur Großmutter Kubatz blieb bei dem Arzt zurück.

Sie warteten im Hof wie vor einem Operationssaal, in dem sich in diesem Augenblick etwas entscheiden würde, was ihnen allen etwas bedeutete. Florian kletterte inzwischen wieder aufs strohgedeckte Dach, um die Schäden zu beseitigen, die der Sturm in der Nacht angerichtet hatte. Die übrigen schlenderten durch die Sonne und überlegten dabei natürlich, was diesem fremden Jungen wohl passiert war und wo er überhaupt herkäme.

„Am meisten würde natürlich einleuchten, daß er mit irgendeinem Boot draußen war“, meinte der Chefredakteur schließlich. „Der Sturm hat ihn überrascht, über Bord gerissen und an den Strand geworfen.“

„So *könnte* es gewesen sein . . .“ gab Fritz Treutlein zu.

„Falls die Sache mit dem Boot stimmt“, warf Paul Nachtigall ein, „müssen wir ihn gleich fragen, ob er allein war. Sonst könnte es nämlich sein . . .“

„. . . daß noch andere im Meer umhertreiben“, rief Karlchen Kubatz aufgeregt. „Und man müßte sofort die Küstenwache alarmieren.“

In diesem Augenblick kam ein Unfallwagen mit Blaulicht und Sirene vom Dorf her. Er kam über die Mulde und bremste im Hof, dicht vor der Gruppe der Wartenden. Aufgeregt sprangen Emil Langhans und der dickliche Sputnik ins Freie.

„Wir haben euch am Strand gesucht und nicht mehr gefunden“, erklärte Otto Hugendubel, noch außer Atem.

Und als jetzt der uniformierte Fahrer aus dem Wagen kletterte, stellte Emil Langhans vor: „Das ist Herr Frank, der zuerst eigentlich mit uns Schlitten fahren wollte, weil er glaubte, wir hätten ihn auf den Arm genommen.“

„Leider gibt es solche Spaßvögel“, lächelte Herr Frank, und dann fragte er: „Also, wo ist der Knabe, und wie geht's ihm?“

Beinahe gleichzeitig öffnete Großmutter Kubatz die Haustür und sagte: „Ihr könnt alle reinkommen.“

„Unfallwagen drei aus Westerland“, meldete sich Herr Frank und nahm die Hand an seine Mütze, nachdem er mit den übrigen hereingekommen war und den Professor entdeckt hatte.

„Guten Tag, Herr Frank“, grüßte der Arzt, der gerade dabei war, sich die Hände zu waschen. „Tut mir leid, aber ich fürchte, das ist heute kein Fall für Sie. Der Junge ist organisch völlig in Ordnung. Ein paar Abschürfungen auf dem Rücken, aber das ist nicht der Rede wert. In der Hauptsache haben wir es mit Untertemperatur zu tun und dadurch mit zu niedrigem Blutdruck.“ Er trocknete sich die Hände ab. „Natürlich auch totale Übermüdung und womöglich noch ein Schock dazu. Weiß der Himmel, wie lange der Bursche im Meer herumgeworfen wurde und um sein Leben kämpfen mußte. Ich habe ihm als erstes ein paar Tabletten und heißen Kamillentee gegeben.“

„Das Bad wäre soweit“, unterbrach Großmutter Kubatz

in diesem Augenblick den Professor. „Genau achtunddreißig, wie Sie es verlangt haben."

„Dann helfen Sie mal, Herr Frank", meinte Professor Stoll. „Das ist ja Ihre Spezialität, und dann haben Sie den Weg nicht ganz umsonst gemacht."

Der Sanitäter nahm den fremden Jungen auf seine Arme, als handle es sich um ein federleichtes Baby, und trug ihn hinter Großmutter Kubatz her zum ersten Stock hinauf. Der Professor nahm seine lederne Tasche und kletterte ihnen nach. „Ich werde bei ihm bleiben, bis er aufgetaut ist", meinte er dabei. „Wir wollen keinen Kollaps riskieren! Und nach dem Bad soll er sich ausschlafen, solange er lustig ist."

„Er hat Ihnen nicht erzählt, wie lange er im Wasser war und was überhaupt passiert ist?" rief Herr Kubatz hinter Professor Stoll her.

„Nein, er ist stumm wie ein Fisch", rief der Arzt zurück. „Kein einziges Wort hat er gesagt, nicht einmal seinen Namen. Aber denken Sie, wie gesagt, an den Schock, den er sicherlich abbekommen hat. Wir haben ja nicht die blasseste Ahnung, was alles hinter ihm liegt."

„Falls Sie mich doch noch brauchen", meinte Herr Frank in seinem weißen Sanitäterkittel, „unsere Telefonnummer ist ja bekannt."

„Die Küstenwache –" erinnerte Karlchen Kubatz. „Wir haben uns überlegt, daß es vielleicht noch andere Schiffbrüchige gibt. Es wäre ja möglich, daß in dem Sturm ein Boot gekentert ist."

„Man müßte mit einem Hubschrauber die Gegend abfliegen", schlug Paul Nachtigall vor.

„Da ist der Seenotrettungsdienst zuständig", meinte Herr Frank. „Ich habe Funk in meinem Wagen und sage den Leuten sofort Bescheid." Dabei hatte er bereits die Türklinke in der Hand.

Eine Stunde später schlief der schwarzhaarige Junge in einem kleinen Eckzimmer unter dem Dach so tief und fest, wie man nur schlafen kann.

Professor Stoll hatte gebeten, ihn sofort zu rufen, wenn

der Patient wieder aufwachen würde. Und bis dahin sollte er keine Minute allein bleiben.

„Er hat ja überhaupt keine Vorstellung davon, wo er sich befindet", erklärte der Arzt. „Und da könnte es sein, daß er völlig unberechenbar reagiert, wenn er nach seinen bestimmt schauerlichen Erlebnissen wieder aufwacht."

„Sie können sich auf uns verlassen", versicherte Paul Nachtigall im Namen der Glorreichen Sieben. „Wir übernehmen die Krankenwache. Und zwar jeweils zu zweit. Vorsicht ist die Mutter der Porzellankiste."

„Na, dann bin ich ja beruhigt", lächelte Professor Stoll, zog wieder den weißhaarigen Kopf ein, als er zur Tür ging, und ließ sich von Herrn Kubatz in seine Praxis zurückfahren. „Jetzt aber schön langsam", sagte er noch beim Einsteigen in den knallroten Flitzer. „Meine Patienten brauchen mich noch."

Als Professor Stoll am frühen Nachmittag wieder vorbeischaute, schlief der Junge aus dem Meer immer noch. Und als er nach dem Abendessen erneut auftauchte, war der Zustand immer noch unverändert.

„Es kann uns nichts Besseres passieren", meinte er zufrieden. „Sein Puls ist schon wieder normal. Wie gesagt, wenn er aufwacht, bitte ich sofort um Anruf. Auch wenn es mitten in der Nacht ist." Zu Hause stellte er deshalb das Telefon neben sein Bett. Aber er hätte sich diese Vorsichtsmaßnahme sparen können.

Der schwarzhaarige fremde Junge erwachte erst wieder am nächsten Morgen.

„Genau neun Uhr achtundzwanzig", flüsterte Karlchen Kubatz, der gerade zusammen mit Fritz Treutlein Krankenwache hatte. Er prüfte die Zeit zum zweitenmal auf seiner Taschenuhr und machte sich eine Notiz. Man konnte nie wissen.

Zuerst schlug der junge Patient nur die Augen auf. Er blickte um sich, aber er schien weder seine beiden Krankenwärter noch irgend etwas anderes zu erkennen. Allerdings waren die Vorhänge zugezogen, damit die Sonne nicht ins Zimmer schien.

Jetzt schlich sich Karlchen Kubatz an den Hausapparat und nahm den Hörer ab. Fräulein Emma Zobelmann meldete sich am anderen Ende der Leitung.

„Es ist soweit“, flüsterte Karlchen.

„Ein Wunder“, staunte Fräulein Emma Zobelmann. „Ich kann es noch gar nicht fassen.“

„Fassen Sie es, Fräulein Zobelmann, und zwar schnell“, flüsterte Karlchen Kubatz wieder. „Machen Sie sich auf die Socken, und sagen Sie bitte postwendend meinem Vater Bescheid.“

Schon fünf Minuten später kam Professor Stoll im Laufschritt die Treppe herauf. Er nahm mit Leichtigkeit zwei Stufen auf einmal. Der Chefredakteur der Bad Rittershuder Nachrichten hatte Mühe, ihm auf den Fersen zu bleiben. Als die beiden die Tür zum Krankenzimmer aufmachten, hatte sich der junge Patient gerade aufgesetzt.

„Guten Morgen“, sagte Professor Stoll vergnügt. „Wie fühlst du dich?“

„Wo bin ich?“ fragte der schwarzhaarige Junge nach einer Weile.

Professor Stoll zog die Vorhänge zur Seite und ließ die Sonne herein. „Du bist im Haus Seestern, mein Sohn. Und das liegt bei Rantum auf der Insel Sylt. Sagt dir das etwas?“

Der schwarzhaarige Junge überlegte und blickte dabei von einem zum anderen. Dann schüttelte er den Kopf wie ein Schüler, der im Unterricht eine Frage nicht beantworten kann und das eigentlich nicht begreift.

„Darf ich zuerst einmal deinen Namen erfahren?“ sagte jetzt Professor Stoll freundlich und setzte sich dabei neben dem Jungen auf die Bettkante. „Und was macht dein Rücken? Laß mal sehen.“

Der Junge blickte immer noch wortlos zuerst zu dem Arzt und dann zu den anderen. Dann drehte er sich um und zeigte seinen Rücken.

„Aber du wirst doch deinen Namen wissen?“ lächelte Professor Stoll, während er den Rücken untersuchte. „Das sieht alles schon wieder sehr gut aus, du kannst dich umdrehen. Also, wie heißt du, und wo kommst du her?“

Jetzt machte der Junge in dem Bett den Eindruck, als würde er sich echt Mühe geben, sich an etwas zu erinnern. Aber schließlich schüttelte er den Kopf und sagte jetzt nur: „Sie sind so freundlich zu mir, und ich danke Ihnen . . ."

Eine Weile blickte Professor Stoll den Jungen nachdenklich an. Dann strich er ihm plötzlich durchs Haar: „Was du jetzt zuerst einmal brauchst, ist ein gutes Frühstück." Dabei stand er auf und fragte die zwei Krankenwärter: „Sagt mal, habt ihr was zum Anziehen für ihn. Es wäre besser, wenn er aufsteht."

„Kein Problem", erwiderte Karlchen Kubatz und trommelte die übrigen Glorreichen Sieben zusammen. Fritz Treutlein hatte eine gelbe Cordhose, die dem fremden Jungen wie angegossen paßte, Paul Nachtigall fand ein rotblau kariertes Hemd in der richtigen Größe, und Emil Langhans spendierte ein Paar Tennisschuhe.

Und jetzt passierten zwei wichtige Dinge beinahe gleichzeitig. Als der Boß der Glorreichen Sieben dem fremden schwarzhaarigen Jungen sein rot-blau kariertes Hemd zuwarf, erstarrte der andere mitten in der Bewegung wie ein Film, der plötzlich angehalten wird. Er blickte Paul Nachtigall mit großen Augen an, und dann sagte er: „Dich hab' ich zuerst gesehen, und du hast mir das Leben gerettet."

„Nun quatsch hier keine Opern", erwiderte der Boß der Glorreichen Sieben. Er hatte ganz rote Ohren bekommen und war verlegen, als hätte er aus Versehen an einer falschen Tür geklingelt. „Der Kragen paßt bestimmt, nur die Ärmel könnten zu lang sein", meinte er, um wenigstens irgend etwas zu antworten.

Der andere Junge hatte sich inzwischen das rot-blau karierte Hemd über den nackten Oberkörper gezogen. Die Ärmel waren wirklich zu lang. Er lächelte und drehte sich um. Dabei entdeckte er einen Spiegel, der über dem Waschbecken an der Wand hing. Einen Augenblick zögerte er. Aber dann machte er die zwei oder drei Schritte, bis er ganz dicht vor seinem Spiegelbild stand. Und da erstarrte er zum zweitenmal. Er betrachtete sich eine lange Weile ganz genau und ohne sich zu bewegen.

„Bin ich das?“ fragte er schließlich leise.

„Laß doch den Quatsch“, protestierte Emil Langhans.

„So seh’ ich also aus“, stellte der fremde Junge verwundert fest. „Ich habe mich nämlich noch nie gesehen.“

„Das kann doch nicht wahr sein“, japste Karlchen Kubatz. „So etwas gibt’s doch gar nicht!“

Als die Glorreichen Sieben diese Geschichte ein paar Minuten später den anderen im Erdgeschoß erzählten, schlug sich der sommersprossige Florian auf die Schenkel und wollte sich ausschütten vor Lachen. „Der macht sich doch nur lustig über euch, ihr Armleuchter.“ Und auch Fräulein Emma Zobelmann kicherte: „Wäre ja noch schöner, wenn einer nicht wüßte, wie er aussieht. Ich kenne jede Falte in meinem Gesicht, und leider kommt immer wieder eine neue dazu.“

Aber schon spätestens nach dem gemeinsamen Frühstück war allen das Lachen gründlich vergangen.

Die Glorreichen Sieben saßen nebeneinander wie Hüh-

ner auf der Fensterbank, Großmutter Kubatz lehnte in ihrem Ohrensessel, und Fräulein Emma Zobelmann ließ Abwasch Abwasch sein. Florian mit dem Sommersprossengesicht lehnte an der Tür, und das Ehepaar Kubatz hatte auf einer alten Truhe neben dem Klavier Platz genommen. Und vor diesem Klavier saß der fremde Junge mit den pechschwarzen Haaren und spielte.

Professor Stoll hatte die Hände auf den Rücken gelegt und spazierte nachdenklich hin und her.

„Phantastisch", flüsterte Karlchen Kubatz aufgeregt.

„Ja, wirklich phantastisch", wiederholte Professor Stoll immer noch ganz in Gedanken. „Aber du weißt gar nicht, was du da spielst?" Er stand jetzt neben dem Jungen und blickte ihn an. „Ich meine den Namen der Stücke oder des Komponisten hast du vergessen?"

An Stelle einer Antwort legte der Gefragte wieder seine Hände auf die Tasten. Er spielte jetzt eine ganze Weile Jazz, Rock und auch Volkslieder wie Kraut und Rüben durcheinander. Und dann warf er auf einmal erschöpft den Kopf zurück, drehte sich auf dem runden Klaviersessel herum und hatte die Augen geschlossen. Wie ein Pianist, der sich gerade die Seele aus dem Leib gespielt hat und sich danach seinem Publikum zuwendet.

Fräulein Emma Zobelmann klatschte in die Hände. Aber als sie bemerkte, daß alle anderen sich überhaupt nicht rührten, ließ sie es wieder sein.

„Fassen wir zusammen", sagte Professor Stoll und spazierte, immer noch die Hände auf dem Rücken, wieder hin und her. „An alles, was seit deinem Aufwachen am Strand passiert ist, kannst du dich genau erinnern? So ist es doch?"

„Ja, so ist es", bestätigte der fremde Junge.

Herr Kubatz paffte an seiner Pfeife und beugte sich gespannt mit den Ellenbogen auf seine Knie.

„Und alles, was davor liegt, hast du vergessen?" Professor Stoll wanderte gerade durch das helle Viereck, das die Sonne auf den Zimmerboden warf. „Das letzte und gleichzeitig erste, an das du dich erinnern kannst, ist also das Gesicht eines Jungen, der sich über dich beugt und mit deinen Armen Freiübungen macht? Dieses Gesicht?“ Der Arzt zeigt dabei zu Paul Nachtigall hinüber.

„Mein Lebensretter“, sagte der schwarzhaarige Junge heute schon zum zweitenmal. Diesmal lächelte er dabei.

„Vermutlich hat er dir wirklich das Leben gerettet“, meinte Professor Stoll, aber man merkte ihm an, daß er bereits wieder an etwas ganz anderes dachte. Trotzdem fügte er noch hinzu: „Das ist sogar ganz sicher.“ Gleichzeitig blieb er vor dem Jungen stehen. Er beugte sich zu ihm hinunter, legte ihm seine Hände auf die Schultern und blickte ihm in die Augen. „Wo kommst du her?“ fragte er eindringlich. „Was ist in dieser vergangenen Nacht mit dir passiert, und wie heißt du überhaupt?“

„Ich weiß nicht, wer ich bin“, sagte der schwarzhaarige Junge nach einer Weile. „Ich weiß es wirklich nicht.“

„Und als du vorhin in den Spiegel geguckt hast?“ fragte jetzt Paul Nachtigall vorsichtig.

„Seitdem weiß ich wenigstens, wie ich aussehe“, erwiderte der Junge in dem rot-blau karierten Hemd, dessen Ärmel ihm wirklich ein wenig zu lang waren.

„Der arme Junge“, schluchzte Fräulein Emma Zobelmann vom Spültisch herüber.

„Nimm dich zusammen, Emma“, sagte Großmutter Kubatz ein wenig ärgerlich. „Tränen sind ein ganz egoistischer Firlefanz. Man beruhigt sich selbst damit, aber dem anderen helfen sie nicht die Bohne.“

Fräulein Zobelmann gluckste noch einmal. Dann wischte sie sich mit ihrem Taschentuch die Augen aus und war wieder ruhig.

„Na also“, sagte die Großmutter zufrieden. Anschließend schlug sie vor, daß man dem Jungen jetzt zuerst einmal einen Namen geben sollte.

„Es ist doch ein unmöglicher Zustand, daß hier im Haus jede Schildkröte und jeder Wellensittich weiß, wie er heißt, und dieser Junge weiß es nicht. Bist du damit einverstanden?“ Der Junge mit den pechschwarzen Haaren lächelte ein wenig und nickte. „Hast du selbst einen Vorschlag?“ wollte Großmutter Kubatz jetzt wissen.

Der Junge überlegte eine Weile, dann blickte er zum Boß der Glorreichen hinüber. „Eigentlich müßte er mir den neuen Namen geben“, meinte er. „Immerhin hab' ich es ihm zu verdanken . . .“

„Ja, schon gut“, unterbrach Paul Nachtigall schnell und hatte dabei schon wieder knallrote Ohren bekommen. „Im übrigen schlage ich Alexander vor, weil . . .“ Er lehnte sich zurück und griente. „Ich mag meinen eigenen Vornamen nämlich nicht besonders, und wenn ich mir heute einen anderen aussuchen könnte, würde ich am liebsten Alexander heißen.“

„Einverstanden?“ fragte Großmutter Kubatz noch mal.

„Einverstanden“, nickte der Junge wieder.

„Einstweilen werden wir dich also Alexander nennen“, erklärte Großmutter Kubatz. „Allerdings nur so lange, bis du deinen richtigen Namen wiedergefunden hast. Und ich hoffe, das dauert nicht allzu lange.“ Sie schlug die Beine übereinander und strich ihren Rock glatt. „Wie geht es jetzt weiter?“

Zuerst nahm Professor Stoll seinen Strohhut, kletterte gemeinsam mit dem Jungen, der seit neuestem Alexander hieß, in das knallrote Kabrio des Chefredakteurs der Bad Rittershuder Nachrichten und ließ sich in seine Praxis kutschieren.

Dort untersuchte er den jungen Patienten noch einmal gründlich von den Haarspitzen bis zu den Fußsohlen. Schließlich nahm er auch noch mit einer Spritze Blut aus einer Ader am Arm, das er später in seinem Laboratorium analysieren wollte.

„Ich kann nichts finden“, erklärte Professor Stoll, als er dem Jungen zum Abschluß den Rücken einrieb. „Bis auf die paar Schrammen hier an den Schulterblättern ist er vollkommen gesund. Gesünder geht's überhaupt nicht.“ Er gab dem Jungen jetzt die Flasche mit dem Öl, das er benutzt hatte. „Den Rest kannst du dir selbst einfetten“, meinte er, und dabei wandte er sich Herrn Kubatz zu: „Seine Haut ist noch empfindlich und trocken. Aber wer weiß, wie lange er im Meerwasser herumgelegen ist.“ Jetzt zündete sich der Arzt eine Zigarette an. „Aber auch sein Blut wird in Ordnung sein, da bin ich eigentlich schon so gut wie sicher.“

„Gehirnerschütterung?“ fragte Herr Kubatz.

„Dann hätte er zumindest Kopfschmerzen“, erwiderte Professor Stoll. „Und die hat er nicht.“

„Überhaupt nicht“, bestätigte Alexander, der sich gerade wieder sein rot-blau kariertes Hemd über die Schultern zog.

„Was, um alles in der Welt, ist es dann?“ wollte Großmutter Kubatz ein paar Minuten später wissen.

Die drei hatten sich aus der Arztpraxis sofort wieder zum Seestern zurückbegeben, und dort waren im Erdgeschoß noch immer alle Bewohner des Hauses versammelt. Es hatte morgens geregnet, und der Himmel war seitdem bewölkt.

„Ich quatsche jetzt ganz ohne Girlanden“, bemerkte Professor Stoll und ließ sich mit seiner ganzen Länge in einen Sessel fallen.

„Was meinen Sie damit?“ fragte Frau Kubatz bescheiden.

„Daß ich ganz offen sagen will, was ich weiß und was ich denke“, erwiderte Professor Stoll. „Das ist das beste für – hm – Alexander, und es ist das beste für uns alle, die wir Hals über Kopf in diese Geschichte hineingestolpert sind.“ Er drückte seine Zigarette aus und faltete seine schlanken Hände über den Knien. „Fassen wir also doch einmal zusammen.“ Er schloß für einen kurzen Moment die Augen, dann fuhr er fort: „Was in dieser Gewitternacht passiert ist, davon haben wir nicht die geringste Ahnung. Nur folgendes wissen wir: Da liegt am nächsten Morgen ein Junge am Strand, und als er aufwacht, kann er sich an nichts mehr erinnern. Wenn es nur nach seinem Gedächtnis ginge, ist es genauso, als hätte er vorher überhaupt nicht gelebt.“ Professor Stoll drehte seinen Kopf mit den schneeweißen Haaren zur Seite. „Du korrigierst mich, wenn ich etwas Falsches sage oder wenn ich mich nicht genau genug ausdrücke?“

„Bisher stimmt alles“, bestätigte der schwarzhaarige Junge mit dem vorläufigen Namen Alexander.

„Alles andere, was nicht mit dem Gedächtnis zusammenhängt, funktioniert einwandfrei“, überlegte Professor Stoll weiter. „Er atmet normal, putzt sich die Zähne, kann gehen und sicherlich auch schwimmen, denn sonst wäre er wohl bei dem Sturm in jener Nacht ertrunken.“ Jetzt stand Professor Stoll auf und spazierte wieder einmal nachdenklich durch das große Zimmer. „Und ich wette, er kann auch mit dem Fahrrad fahren, wenn er sich auf den Sattel setzt.“ Der weißhaarige Arzt blieb jetzt stehen, weil es plötzlich im Zimmer ganz hell wurde. Er beobachtete Alexander eine Weile, bevor er weitersprach. „Und auch die Sonne, die da gerade durch die Wolken bricht und durch die Fenster zu uns hereinguckt, verwirrt ihn nicht. Tag und Nacht, Wind und Wasser, Schlafen und Essen, alles kennt er, hat er nicht vergessen.“

„Sie haben gleich am Anfang von einem Schock gesprochen, den er ganz bestimmt erlebt hätte“, äußerte sich jetzt Großmutter Kubatz. „Kann nicht dieser Schock eine ganz einfache und selbstverständliche Erklärung sein? Dieser Schock geht vorbei, und alles ist wieder, wie es vorher war.“

„Ich fürchte, daß es mehr ist“, meinte Professor Stoll nachdenklich. „Ein Schock ist eine teilweise Nervenlähmung, die aber im allgemeinen nicht so lange dauert. Oft nur Augenblicke, aber höchstens ein paar Stunden. Nein, ich fürchte, es ist eine Art Amnesie, deren Ursache . . .“

„Was ist eine Amnesie?“ fragte Karlchen Kubatz neugierig.

„Und was würde das bedeuten?“ fügte der Junge mit den pechschwarzen Haaren leise hinzu.

„Es könnte sein, daß du dein Gedächtnis verloren hast“, antwortete Professor Stoll und ließ sich wieder in seinen Sessel fallen. „Eine Amnesie verschluckt die Erinnerung, und man kann nie wissen, wie lange sie dauert. Allmählich kehrt das Gedächtnis zurück. Vielleicht in zwei Tagen, manchmal in ein paar Stunden.“

„Oder in zwei Jahren?“ fragte der Junge, der einstweilen Alexander hieß. „Könnte das auch sein?“

„Natürlich habe ich mir genau überlegt, ob ich dir so offen sagen soll, was ich vermute“, erwiderte Professor Stoll. „Und auf Vermutungen bin ich vorerst angewiesen, weil das nicht mein Fachgebiet ist. Aber eines weiß ich mit absoluter Sicherheit: Du selbst mußt mithelfen, dein Gedächtnis zurückzuholen. Immer wieder mußt du dich zu irgendeiner Erinnerung zwingen. Ohne deine eigene Mitarbeit geht es nicht. Und jede Viertelstunde, die du damit noch wartest, wäre verloren. Nur deshalb habe ich so offen mit dir gesprochen und nicht geheimnisvoll den Mund gehalten.“ Professor Stoll sprang auf die Beine und ging die paar Schritte zu Alexander hinüber: „Ich habe schon mit einem guten Freund in Hamburg telefoniert. Er ist ein sehr bekannter Spezialist für alles, was sich da in unseren Köpfen und in ihren grauen Gehirnzellen abspielt.“ Professor Stoll lächelte ein wenig. „Er kommt so bald wie möglich, und ich bin ganz sicher, daß er dir helfen kann.“

„Ich danke Ihnen, Professor“, sagte der schwarzhaarige Alexander. Aber er wirkte dabei, als stünde er neben sich selbst oder unter einer Glasglocke.

„Warten wir also auf den Gehirnzellenfachmann“, meinte Großmutter Kubatz hinterher. „Und weil wir in der Zwischenzeit nicht verhungern wollen, mache ich mich jetzt ans Mittagessen.“ Sie stand auf und öffnete die Fenster. „Zudem muß frische Luft in die Bude, und der Staubsauger langweilt sich auch schon viel zu lange.“

„Wenn wir dabei behilflich sein dürften, Frau Kubatz?“ fragte Paul Nachtigall.

„Erstens hast du wohl vergessen, daß ich für dich immer noch Gustchen heiße“, erwiderte die Großmutter, „und zum zweiten seid ihr nach wie vor unsere Urlaubsgäste. Daran hat sich nichts geändert.“

„Entschuldigung, Gustchen“, sagte der Boß der Glorreichen Sieben. „Dann verfügen wir uns jetzt an den Strand, falls kein Einspruch erhoben wird.“

„Das ist eine blendende Idee“, stellte Fräulein Zobelmann fest. Sie war bereits dabei, den Staubsauger aus dem Schrank zu holen. „Und laßt gefälligst den Sand vor der Tür, wenn ihr zurückkommt."

„Was ist mit Alexander?" fragte Paul Nachtigall.

„Ich wäre sehr dafür, daß er euch begleitet", meinte Professor Stoll. „Nur sollte er seine Sachen nicht ausziehen und vorerst noch im Schatten bleiben."

„Hast du Lust mitzukommen?" fragte Paul Nachtigall.

„Wenn ich euch nicht störe", erwiderte der schwarzhaarige Junge unsicher.

„Du Blödmann", grollte Fritz Treutlein. „Hast du noch nicht begriffen, daß du bereits die Ehre hast, bei den Glorreichen Sieben der achte zu sein?"

„Ich verstehe kein Wort", gab Alexander zu.

„Das gibt sich", tröstete Emil Langhans. „Am Strand erklären wir dir das Wichtigste."

Kurz darauf trotteten sie zu den Dünen. Die Glorreichen Sieben in Badehosen und ihre Handtücher über der Schulter, Alexander in den geliehenen Jeans und in dem geliehenen rot-blau karierten Hemd.

„Ich hab' mein Sonnenöl vergessen", entschuldigte sich Paul Nachtigall plötzlich und trabte zurück. Aber das war nur eine Ausrede. Deshalb hörte er auch gar nicht auf Hans Pigge, der ihm nachrief: „Kannst du doch von mir haben, du Heini."

In Wirklichkeit wollte der Boß der Glorreichen Sieben nämlich mit Professor Stoll noch ganz schnell ein Wort unter vier Augen sprechen. Er traf ihn im Hof, zusammen mit Herrn Kubatz.

„Entschuldigen Sie, Herr Professor?"

„Wo brennt's, mein Sohn?"

„Wenn ich störe, kann ich verduften", schlug Herr Kubatz vor.

„Es geht nur darum", meinte Paul Nachtigall. Er blickte sich um und flüsterte, ohne es eigentlich zu wollen. „Ich meine, müssen wir auf irgend etwas aufpassen, wenn wir mit Alexander zusammen sind? Vielleicht sagen wir etwas Falsches, und es schadet ihm dann?"

„Nein, ihr macht das ganz prima“, antwortete Professor Stoll. „Ihr sollt zwischen ihm und euch überhaupt keinen Unterschied machen. Behandelt ihn wie jeden anderen gesunden Jungen. Es sei denn“, der Arzt überlegte eine Sekunde, „falls er doch einmal etwas sagt, was er nicht wissen dürfte, wenn er wirklich sein Gedächtnis verloren hat . . .“

Herr Kubatz nahm verwundert seine Pfeife aus dem Mund, und Paul Nachtigall riß die Augen auf.

„Aber Sie glauben doch nicht . . .?“ fragte Herr Kubatz.

„Ich glaube gar nichts“, meinte Professor Stoll. „Aber es könnte immerhin auch möglich sein, daß er uns Theater vorspielt.“

„Was für einen Grund sollte er dafür haben?“ fragte Paul Nachtigall.

„Wie lange kennst du ihn?“ fragte der weißhaarige Professor zurück. „Weißt du, wo er herkommt? Ich erlaube meinen Gedanken ja nur ein paar Spaziergänge. Nichts ist unmöglich, mein Junge. Man soll sogar einmal Giraffen beim Kopfstand beobachtet haben.“

„Das kann doch nicht wahr sein“, protestierte der Boß der Glorreichen Sieben. „Ich meine, daß Alexander . . .“

„Es wäre ja auch nur eine von zweihundertzweiundzwanzig Möglichkeiten“, unterbrach Professor Stoll nachdenklich. „Aber ich würde an deiner Stelle trotzdem die Augen offenhalten und nicht auf den Ohren sitzen.“

„Einverstanden“, sagte Paul Nachtigall verwirrt. „Darf ich mit den anderen darüber reden?“

„Ich denke, die Glorreichen Sieben haben keine Geheimnisse untereinander“, bemerkte jetzt Herr Kubatz.

„Es war ja auch nur eine Frage“, murmelte Paul Nachtigall und lief zum Strand zurück. Dabei überlegte er, daß man es doch leichter hatte, solange man noch jung war. Nur Erwachsene, die vielleicht eine Menge schlechter Erfahrungen gemacht hatten, konnten auf die völlig blödsinnige Idee kommen, daß mit diesem Jungen, der augenblicklich Alexander hieß, irgend etwas nicht stimmen sollte. Wir beweisen euch das Gegenteil, schwor sich Paul

Nachtigall, und das war so gut, als hätten die gesamten Glorreichen Sieben schon mitgeschworen.

Professor Stoll und der Chefredakteur der Bad Rittershuder Nachrichten hatten inzwischen das Blockhaus erreicht. Frau Kubatz schaukelte draußen in der Hängematte hin und her.

„Lassen Sie uns doch einfach rüberfahren“, schlug Herr Kubatz vor.

„Besser, er kommt hierher“, meinte Professor Stoll. „Sie erlauben?“ Dabei legte er seinen Strohhut auf den Schreibtisch und nahm den Telefonhörer ab.

„Wir können wirklich nicht wenigstens noch einen Tag damit warten?“ wagte Herr Kubatz einzuwenden.

„Wir haben leider schon zu lange gewartet“, erwiderte Professor Stoll und wählte bereits eine Nummer. „Meinen Sie, mir macht das Spaß?“

„Sicher haben Sie recht“, gab Herr Kubatz zu, und gleich darauf meldete sich das Polizeirevier von Rantum: „Wachtmeister Küselwind am Apparat. Wer spricht dort?“

„Professor Stoll.“

„Was können wir für Sie tun, Herr Professor?“

„Ja, wie soll ich's Ihnen sagen, da ist was passiert, das unter Umständen . . .“

Dieses Telefongespräch steckte eine Zündschnur in Brand, die schnurstracks ein mittelschweres Pulverfaß zum Explodieren bringen sollte.

Die drei Redakteure lassen nicht locker.

„Schön und gut“, sagt Thomas aus Düsseldorf, „aber so was passiert ja nicht am laufenden Band. Ich meine, daß Ihnen irgendeine Zeitung die Idee für ein neues Buch durch den Schlitz im Briefkasten schiebt. Auch wenn es wie bei ‚Der Junge aus dem Meer‘ nur der Anstoß zu einer Geschichte gewesen ist.“

„Das wäre zu bequem, um wahr zu sein“, gebe ich zu.

„Wenn also der Zufall einmal nicht so spendabel ist“, fährt der Junge in der Khakihose fort, „wo und wann fallen Ihnen dann Ihre Geschichten ein? Ich weiß, das hab’ ich schon mal gefragt.“

„Ja, diese Antwort sind Sie uns noch schuldig“, stellt Urs fest. Er streckt seine rechte Hand mit dem Mikrophon über die Kaffeekanne hinweg in meine Richtung.

„Geschichten liegen überall in der Luft, passieren in jeder Stunde und an jedem Tag“, sage ich vorerst nur mal so dahin. In Wirklichkeit will ich Zeit zum Überlegen und für die richtige Antwort gewinnen. „Manchmal ist es so, als ob man beim Suchen mit einer Stange im Nebel herumstochert.“ Urs grinst mich aus seinen schwarzen Augen an. Er hat mich durchschaut. Also gebe ich mir einen Ruck und lege los. „Es wäre selbstverständlich Unsinn zu behaupten, daß man alles, was tatsächlich passiert, bloß aufschreiben muß. So einfach ist's nun auch wieder nicht. Aber was man erlebt, von anderen erzählt bekommt, liest oder im Kino sieht, im Fernsehen und auch irgendwo auf der Straße, das speichert sich in den Gehirnwindungen wie in einem Computer. Vieles scheint nach einiger Zeit für immer vergessen zu sein. Aber dann schlägt man sich mit dem Erfinden einer Geschichte herum, und auf einmal blüht irgendeine Erinnerung haargenau in dem Augenblick, in dem man sie brauchen kann, wieder auf wie eine chinesische Wasserblume, paßt exakt in die neue Erzählung und hilft mir weiter. So kommt beim Überlegen schön langsam ein Ziegelstein zum anderen. Das Haus allerdings muß man selber bauen. Dabei bekommt man oft genug Bauchweh und kommt sich wochenlang ziemlich einsam vor und so wie auf einem Drahtseil, unter dem kein Netz aufgespannt ist."

„Also, Schreibtisch gleich Drahtseil?" fragt Urs.

„Nicht ganz, der Schreibtisch kommt erst später dran", antworte ich. „Zuerst geht's mal raus ins Freie. Augenblicklich ist dieses Freie für mich der Grunewald. Er liegt ja mehr oder weniger gleich um die Ecke. Beim ‚Gepäckschein 666' war es ein Park an der Außenalster in Hamburg, beim ‚Blinden Passagier' der menschenleere Strand in einem Winter an der Ostsee. Beim ‚Geheimnis der grünen Maske' und beim ‚Doppelten Schlüssel' ging's wieder hier in meinen Grunewald. Und bei der zweiten Hälfte vom ‚Gelben Handschuh' waren es immer ganz früh morgens die Decks der MS Europa. Auch da konnte man um das ganze Schiff und die riesigen Schornsteine herum Spaziergänge machen. Und wenn ich nicht irgendwo herumspazieren kann, bin ich leider aufgeschmissen. Ohne Bewegung funktioniert rein gar nichts. Nur wenn ich unterwegs bin, fällt mir was ein. Vielleicht . . ."

„Dann sind Sie für Ihre Bücher vermutlich schon von hier bis Stockholm oder Istanbul gewandert?" grinst Urs. „Ich meine nur zum Byschbiil."

Manchmal fällt er eben doch wieder in sein Schwyzerdütsch, und die beiden anderen schmunzeln dann. Aber das stört ihn nicht. „Isch das nüd e gspässigs Woort?“ fragt er absichtlich breit.

„Zum Byschbiil“, wiederholt der lange Michael und spitzt dabei seine Lippen, als ob er einen Wellensittich küssen wollte.

„Vielleicht hast du mit Stockholm und Istanbul ein bißchen recht“, räume ich ein.

„Ein bißchen ist gut“, entgegnet Thomas. „Und Ihr Setter ist immer dabei? Da hat der Bursche ja das große Los gezogen und lebt ein Hundeleben, das sich gewaschen hat.“

„Peter würde leider stören“, muß ich sagen. „Er wäre eifersüchtig bis dorthinaus, wenn er merken würde, daß ich mich nicht ausschließlich mit ihm beschäftige. Er würde nach einer Weile beleidigt im Wald verschwinden oder sich mit der nächstbesten Dogge anlegen. Allerdings nur, um auf sich aufmerksam zu machen, und so, daß er bei Gefahr immer noch rechtzeitig in meine Reichweite türmen könnte. Nein, Peter hat seine eigenen Zeiten, und wenn es mit ihm in den Wald geht, strample ich auf dem Fahrrad neben, hinter oder vor ihm her. Je nachdem. Setter sind ja Jagdhunde und wollen galoppieren, bis ihnen die Zunge raushängt. Haben sie keine Lust mehr, ziehen sie ganz von selbst die Bremse und zotteln nur noch im Trab vor sich hin.“

„Sie sind also in Ihrem Grunewald und spazieren zwischen den Bäumen umher. Ich versuche mir das vorzustellen“, äußert sich der Stuttgarter Michael. Er hat inzwischen seine langen Beine übereinandergeschlagen. „Und jetzt fliegen Ihnen die Ideen nur so um die Ohren. Ist es so?“

„Manchmal, manchmal auch nicht“, gebe ich zu. „Aber wenn mir etwas einfällt, hole ich meine Notizzettel aus der Tasche und schreibe es auf. Ich hab' mir natürlich schon überlegt, was sich wohl andere Spaziergänger denken, wenn sie mich beobachten, wie ich so nach ein paar Minuten Vor-mich-hin-Gehen immer wieder stehenbleibe und mit dem Kugelschreiber auf meinen Papieren herumkritzele. Es muß für sie so aussehen, als würde ich unter die Bäume Strafzettel für verkehrswidriges Parken verteilen."

Die drei Redakteure grinsen. Thomas in seinem Kornblumenhemd kichert sogar. Ich darf annehmen, daß sie es nicht aus purer Höflichkeit tun.

„Mit den vorgeschriebenen Zetteln geht's dann an die Schreibmaschine." Ich nehme einen Schluck Kaffee. Er ist nur noch lauwarm. „So einfach ist das, meine Herren."

„Na, ich weiß nicht recht", meint Urs und schaltet sein Tonband wieder ab.

„Hätten Sie was dagegen, wenn wir jetzt ein paar Fotos von Ihnen machen?" fragt Thomas höflich, aber ziemlich Knall und Fall.

Offensichtlich strahlt mein Gesicht nicht vor lauter Begeisterung.

Jedenfalls stellt der lange Michael fest: „Das gehört leider dazu."

„Wenn es unbedingt sein muß", sage ich, „wäre es mir lieb, wenn ihr mich knipst, ohne daß ich etwas davon merke. Es soll ja so was wie Schnappschüsse geben. Auf Kommando gucke ich nämlich ziemlich idiotisch aus der Wäsche. Das war beim Fotografieren schon immer so und läßt sich leider nicht mehr ändern."

„Aber es müßte schon an der Schreibmaschine passieren", bittet Urs und hat wieder seinen Gedichteschreiberblick in den schwarzen Augen.

„Meinetwegen", sage ich. „Schließlich seid ihr meine Gäste."

Als ich dann tatsächlich in mein Arbeitszimmer hinübergewandert bin, bauen sich die drei mit ihren Fotoapparaten und Blitzlichtgeräten vor meiner Schreibmaschine auf wie gelernte Bildreporter.

„Bitte recht freundlich", versuche ich zu witzeln.

„Lieber wäre es uns, wenn das Foto nach Arbeit aussieht", bemerkt Thomas trocken und findet meine Bemerkung überhaupt nicht komisch.

„Wie es die Herren wünschen", sage ich und blicke

möglichst konzentriert auf die eingespannte Manuskriptseite.

„Man sieht es leider Ihrem Gesicht an, daß Sie im Augenblick nicht dichten“, bemängelt der lange Michael.

„Ich habe keine Ahnung, wie ein Gesicht aussieht, wenn hinter seiner Stirn gedichtet wird“, verteidige ich mich. „Im allgemeinen guckt man dabei nicht in den Spiegel.“

„Wenn Sie vielleicht eine Falte über die Nase zaubern könnten“, schlägt der Düsseldorfer Thomas vor. „Das würde Gedankenarbeit vermuten lassen.“

„Und vielleicht irgend etwas Verträumtes hinter den Brillengläsern“, gibt Michael seinen Senf dazu. Um mit seinem Apparat in die richtige Schußposition zu kommen, hat er sich wie ein Schlangenmensch verbogen.

„Oder Sie stützen das Kinn auf die Hand“, wirft Urs dazwischen. „Eine ganze Menge von bedeutenden Schriftstellern hat sich so fotografieren lassen, und von Goethe gibt es sogar ein Ölgemälde in dieser Pose.“

„Auf den Arm nehmen kann ich mich auch allein“, probiere ich liebenswürdig zu sagen und füge noch möglichst höflich hinzu: „Womit die Vorstellung beendet wäre. Steckt euch eure dämlichen Fotos an den Hut oder macht damit, was ihr wollt.“

Mittlerweile bricht ein wahres Blitzlichtgewitter über mir zusammen. Gleichzeitig jubeln die drei Redakteure hinter ihren Kameras entzückt: „Endlich ein Ausdruck im Gesicht!“ oder „Weiter so, jetzt nicht aufhören!“ und „Genau das, was wir brauchen, einfach Spitze!“ Klick. Klick. Klick. Ich starre in die Linsen ihrer Apparate und bin kurzfristig sprachlos.

Als wir hinterher wieder am Kaffeetisch sitzen, verbreiten sie die Zufriedenheit von Jägern um sich, denen gerade der Blattschuß auf ein Karnickel gelungen ist.

„Das sind bestimmt irre natürliche Bilder geworden“, stellt Thomas fest.

„Irre“, wiederhole ich mit einem Ausdruck, als ob ich auf eine Zitrone gebissen hätte.

„Nein wirklich, Thomas, ‚irre‘ ist doch schon seit den

Kreuzzügen längst aus der Mode“, bemerkt Michael und streift mich mit einem Blick, der um Nachsicht bittet.

„Ich korrigiere mich also und schlage ‚besonders natürlich‘ vor“, entgegnet der Junge mit dem blauen Hemd und der Khakihose friedlich. Dabei transportiert er in seinem Fotoapparat den Film weiter. „Wißt ihr übrigens, warum die Ostfriesen lächeln, wenn's bei einem Gewitter zu blitzen anfängt?“ Er stopft sich zwischendurch den Rest eines Apfelkuchenstücks in den Mund und gibt dann selbst die Antwort. „Weil sie glauben, daß man sie fotografieren will.“

„Uuuuuuuhhh“, stöhnt der lange Michael und schüttelt sich, als säße er plötzlich in der Gefriertruhe.

Urs dagegen schmunzelt vergnügt.

„Nichts gegen die Ostfriesen“, beteuert Thomas und klappt seine Kamera auseinander.

„Du hast doch nicht etwa mit mir den ganzen Film verdorben?“ frage ich mit dem Gedanken an sein Taschengeld.

„Da waren schon ein paar Bilder von unserer Fußballmannschaft drauf“, besänftigt er mich. „Übrigens, Sie fotografieren auch ziemlich viel, haben Sie einmal irgendwo erzählt, und zwar vor allem, wenn Sie Reisen machen.“

„Stichwort Reisen“, hakt Urs ein. „In einem Teil Ihrer Bücher gondeln die Personen ziemlich wild in der Weltgeschichte umher. Stimmt es, daß Sie diese Gegenden persönlich abgrasen, bevor sie dann von ihnen schreiben?“

„Meistens ist es umgekehrt“, antworte ich. „Zuerst mache ich die Reisen, weil ich eben neugierig bin und nur so aus Spaß. Und erst viel später kommt es dann zu einer Geschichte, die in dem einen oder anderen besuchten Land spielt, manchmal auch in ein paar Ländern gleichzeitig. Es mag sein, daß man vielleicht da oder dort in meinen Büchern irgendeinen Fehler entdecken kann, der sich so hinter meinem Rücken in das Manuskript einschleicht, von einem falschen Komma angefangen. Aber wenn ich beschreibe, welche Farbe die Taxis in Stockholm haben, in Caracas oder San Francisco, wie die Telefonzellen in London aussehen und die Straßenbahnen in Rio, dann ist daran nicht zu rütteln. Das Hotel namens soundso steht haargenau an der oder jener Ecke, ob's sich nun um Tokio handelt oder um Honolulu. Und das hat unter anderem etwas mit meiner Fotografiererei zu tun."

„Ich ahne, was kommt, und kombiniere", stellt Michael fest. Er hat längst wieder sein Tonbandgerät eingeschaltet. „Da Sie vermutlich nicht ganz das Gedächtnis von Einstein haben und weil man auch nicht andauernd aufschreiben kann, was man alle naselang sieht, weil man ja sonst gar nichts mehr sehen würde . . ."

„Du bist ein kluges Kind", stelle ich fest. „Und du hast durchaus richtig kombiniert."

„Bitte, fahren Sie fort", meinte Michael mit einer großzügigen Handbewegung. „Ich wollte Sie keinesfalls unterbrechen."

„Was du aber getan hast, du Banause", stellt Thomas sachlich fest.

„Aber, meine Herren", mahnt Urs. „Wir wollen doch ganz Ohr sein, und außerdem läuft mein Tonband." Er nickt mir stumm zu.

„Wenn ich also auf meinen Reisen unterwegs bin", erzähle ich weiter, „wird der Fotoapparat zum Notizblock umfunktioniert. Dann habe ich gar nicht den Ehrgeiz, gute Bilder mit originellen Einstellungen zu machen. Damit schlage ich mich ohnehin in jedem Jahr ein paar Monate lang herum, wenn ich Filme drehe . . ."

„Entschuldigung, wenn *ich* jetzt unterbreche", sagt Thomas. „Das ist natürlich auch noch ein Thema. Ich meine Ihre Filmerei, die doch eigentlich Ihr Hauptberuf ist. Sie machen heute auch eine ganze Menge fürs Fernsehen, und bestimmt wollen die Leser unserer Schulzeitungen erfahren, wie das Ganze angefangen hat."

„Kommen wir noch drauf", stoppt ihn Michael. „Wird bestimmt nicht vergessen, aber eins nach dem anderen", er wendet sich wieder zu mir. „Sie knipsen also einfach drauflos, wenn Sie durch Manila spazieren oder durch Kopenhagen. Nur so . . ."

„. . . und ich mache meine Aufnahmen ausschließlich auf Diafilme, die ich mir dann zu Hause möglichst groß und farbig an die Wand projiziere. Da kann ich noch Monate später nachsehen, wie es hier oder dort genau gewesen ist. Wie die Menschen aussehen, die irgendwo an Omnibushaltestellen warten, über die Straße gehen, in einer Stierkampfarena hocken, welche Art von Typen in der Medina von Marrakesch herumlungern, wie sie alle da oder dort angezogen sind, was sie mit sich tragen bis hin zu den Einzelheiten, die anderen Reisenden total gleichgültig sind, Autoschilder, Straßenbeschriftungen, Schaufensterauslagen . . .“

„Welche Farbe ein Taxi in Stockholm hat, zum Beispiel“, bemerkt der lange Michael und grinst.

„. . . oder in Caracas“, fällt Thomas ein.

„. . . beziehungsweise, worin sich Telefonzellen in London von den Telefonzellen in Rom unterscheiden“, setzt jetzt auch Urs das Spielchen fort.

„. . . nicht zu vergessen die Straßenbahnen in Rio“, gehe ich auf die drei Redakteure ein und füge dann schmunzelnd hinzu: „Mein Kompliment, ihr habt mir ja geradezu aufmerksam zugehört.“

„So was Ähnliches sollte mein Klassenlehrer mal zu mir sagen. Möglichst kurz vor den Zeugnissen“, wirft Michael dazwischen. Dabei blickt er zu Peter hinüber, der sich in diesem Augenblick seufzend und knurrend auf die andere Seite dreht. „Würde mich interessieren, was er gerade träumt“, meint der lange Stuttgarter, überlegt einen Augenblick, und dann fängt er plötzlich von Schiffsreisen zu reden an. „Weil doch eines Ihrer Bücher beinahe ausschließlich an Bord und im Bauch eines Ozeanriesen spielt.“

„Ob Sie auch diese Reise vorher selbst gemacht haben, muß man wohl gar nicht fragen“, äußert sich jetzt Thomas. „Sie haben ja bereits erzählt, daß Sie beim Schreiben auch schon mal um ein Schiff herumspaziert sind.“

„Da hat es dann allerdings keine Taxis und keine Straßenbahnen zum Fotografieren gegeben“, bemerkt Urs. Er zeigt wieder sein verschmitztes Lächeln und hält mir weiterhin unentwegt sein Mikrophon vors Gesicht.

„Dafür eine Menge anderer Dinge, weil man ja nicht wissen kann, was man hinterher vielleicht beschreiben möchte", sage ich. „Der Maschinenraum kann später in einer Geschichte so wichtig werden wie das Sonnendeck, der piekfeine Speisesaal oder die ständig überhitzte Wäscherei ganz unten dicht über dem Wasser."

„Reisen per Schiff, das muß eine enorme Sache sein, gemütlicher geht's doch gar nicht", überlegt Thomas und wischt einen Kuchenkrümel von seiner Khakihose. „Man hat sein Hotelzimmer sozusagen immer in der Hosentasche bei sich, kein Kofferpacken, keine Hetzerei zum Bahnhof oder zum Flugplatz. Während man nachts in seiner Kabine pennt, wird man zum nächsten Hafen transportiert, und wenn man aufwacht, kann man über die Gangway auf eine Insel schlendern, die man bisher nur vom Hörensagen kennt. Man blickt sich um, knallt sich in die Sonne, und wenn man Durst hat, gibt's bei einem freundlich grinsenden Neger taufrische Milch aus Kokosnüssen. Abends an Bord zurückgekehrt, dampft der Riesenkahn bereits weiter zur nächsten Pier, zu einer anderen Insel unter oder über dem Wind. Die Passagiere stochern währenddessen im Speisesaal an einem kalten Buffet herum."

„So zwischendurch ist allerdings auch ein Reisetag auf dem Meer ganz lustig", bemerke ich. „Und das ergibt sich sowieso immer wieder, weil ja der nächste Hafen nicht immer in einer einzigen Nacht zu erreichen ist."

Ein Museumsdirektor tappt in die Falle

Seelenruhig kreuzte der Luxusliner MS Europa von einer karibischen Insel zur anderen. Das Meer war spiegelglatt, und am Himmel gab es weit und breit keine Wolke.

Unter den ziemlich vermögenden und deshalb reichlich verwöhnten Passagieren aus der ganzen Welt flanierten auch die Berliner Familien Finkbeiner und Wagner über das Promenadendeck. Apotheker Finkbeiner hatte seine Frau und seinen Sohn Peter bei sich, Herr Wagner, der an der Spree Chefportier im Hotel Kempinski war, reiste mit seinem Sohn Ulli, der im gleichen Hotel vorläufig noch als Page arbeitete. Seine Mutter, also Frau Wagner, hatte leider zu Hause bleiben müssen. Einmal, weil sie schon seekrank wurde, wenn sie nur das Wasser in die Badewanne einlaufen ließ, was für Schiffsreisen eine schlechte Voraussetzung ist, und dann hatte sie ausgerechnet zum Zeitpunkt des Reiseantritts gerade ihr linkes Bein in Gips. Und leider ließ sich die Expedition nicht verschieben, weil die Finkbeiners und Wagners den Flug nach New York und von dort eine Kreuzfahrt mit dem Schiff der Hapag-Lloyd bei einem Preisausschreiben gewonnen hatten.

Sie brauchten einen Tag, bis sie die Flugreise verdauten und hinterher einen zweiten, bis sie sich einigermaßen auf dem Schiff und unter den Passagieren auskannten.

„Da sind vielleicht komische Vögel dabei", hatte Ulli Wagner festgestellt, der natürlich gleich mit dem Schiffspagen Axel Kannengießer Freundschaft geschlossen hatte. Und sozusagen von Kollege zu Kollege erfuhr er von Axel, wer sich so alles an Deck, im Speisesaal und in den Kabinen herumtrieb.

Da gab es zuerst einmal den steinreichen Mister Wilkinson, der sein Geld mit Streichhölzern gemacht hatte, und die fast genauso wohlhabende Mistreß Fuller, die sich aller-

dings von ihrem Neffen Ronny im Rollstuhl durch die Gegend schieben lassen mußte. Ronny war so alt wie die Jungen aus Berlin, hatte kurzgeschnittenes Haar und sah neben seiner mit Schmuck überladenen Tante manchmal aus wie ein kleiner Prinz.

„Aber sonst eigentlich ein ganz dufter Typ“, meinte der Schiffspage.

„Nun, wir werden ihm mal auf den Zahn fühlen“, stellte Ulli Wagner fest, was er zusammen mit Peter Finkbeiner dann später auch tat. Mit dem Ergebnis, daß sie sich mit Ronny von Tag zu Tag besser verstanden.

Selbstverständlich war die Dame Lisa Liranda nicht zu übersehen, wenn sie an Bord aufkreuzte. Sie trat abends nach dem Essen in der Europa-Halle als Schlangentänzerin auf, und zwar zusammen mit irgendeinem indischen Partner. Ein Herr namens Hobbs hielt sich mit seiner Baßgeige und seinen traurigen Fischaugen meist im Hintergrund, und das tat auch der ein wenig geheimnisvolle Herr Latenser, von dem der Page Axel Kannengießer eigentlich so gut wie nichts berichten konnte. Ein Mister Palmer war allerdings noch geheimnisvoller. Sein Name stand nämlich gar nicht in der Passagierliste, und das war doch ziemlich verdächtig. Später stellte sich dann allerdings heraus, daß dieser Mister Palmer so etwas Ähnliches wie der Kriminalkommissar einer Versicherung war und daß er aus einem ganz bestimmten Grund immer an dem Museumsdirektor des Louvre in Paris, einem gewissen Monsieur Prunelle, klebte wie dessen Schatten. Er ließ ihn kaum einen Augenblick aus den Augen. Und nicht nur ihn. Beinahe noch ein bißchen mehr kümmerte er sich um ein Ölgemälde, dessen Transport man allerdings vor den Passagieren und der Besatzung anfangs geheimgehalten hatte. Aber dann war doch so nach und nach einiges durchgesickert, bis Herr Wagner vom Hotel Kempinski in einer Daily Mail, die er noch kurz vor der Abfahrt in New York am Hafen gekauft hatte, eine Meldung fand. „Kostbare Fracht an Bord der MS Europa“, las er die Überschrift vor und ließ dann den Text folgen: „Nachdem die Mona Lisa von Leonardo da

Vinci wochenlang die Besucher der Internationalen Gemäldeausstellung in unserer Stadt begeistert hat, reist das weltberühmte Bild jetzt an Bord der MS Europa nach Puerto Rico zur dortigen Ausstellung in San Juan. Der Transport per Schiff ist von der Versicherungsgesellschaft einer Verschickung im Flugzeug vorgezogen worden. Direktor Prunelle vom Louvre in Paris, wo das einzigartige und auf mehrere Millionen geschätzte Gemälde zu Hause ist, begleitet den Transport, der später bis Japan weitergehen soll. Natürlich sind besondere Sicherheitsmaßnahmen getroffen worden . . ."

Zu diesen Sicherheitsmaßnahmen gehörte vermutlich auch das plötzliche Auftauchen eines Inspektors Brown, der seinen Kollegen Mister Palmer unterstützen sollte.

„Die echte Mona Lisa ist an Bord", ging es bald bei den Passagieren von Mund zu Mund. „Es soll ein Geheimnis bleiben, also sage ich es Ihnen nur ganz im Vertrauen."

Mister Palmer lächelte ein wenig süßsauer, als er ein Gespräch dieser Art von seinem Liegestuhl aus zu hören bekam. Er schüttelte den Kopf, nahm einen Zug aus seiner Pfeife und zwang sich dazu, sich wieder in die tägliche Schiffszeitung zu vertiefen, die für den Abend eine Weihnachtsfeier ankündigte.

Der Museumsdirektor aus Paris bummelte mittlerweile in seinem eleganten dunkelblauen Bademantel zum Swimmingpool. Dabei stellte er mit Verwunderung fest, daß ihm mehrere Passagiere freundlich zulächelten. Manche grüßten ihn sogar und sagten: „Guten Tag, Monsieur Prunelle", oder sie fragten: „Wie geht's, Monsieur Prunelle?"

Der Museumsdirektor grüßte jedesmal erstaunt und mit einem freundlichen Kopfnicken zurück.

„Da sehen Sie selbst, alles klappt ganz ausgezeichnet", flüsterte Mistreß Fuller, die ihren Rollstuhl inzwischen wieder neben Mister Wilkinson geparkt hatte. „Ich möchte behaupten, das ganze Schiff ist schon Feuer und Flamme."

„Malen Sie den Teufel nicht an die Wand", kicherte der Streichholzfabrikant. „Feuer kann auf so einem Schiff ganz schnell ins Auge gehen."

Schon eine halbe Stunde später rief der Gong auf allen Decks zum Mittagessen in den Speisesaal.

Die Passagiere wanderten in ihre Kabinen und bevölkerten dabei wieder einmal alle Korridore, Treppen und Lifts.

Die acht oder neun Delphine, die immer noch das Schiff begleiteten, schienen zu bemerken, daß sie auf einmal überhaupt keine Zuschauer mehr hatten. Sie schossen noch ein paarmal beleidigt in die Luft, dann tauchte das ganze Rudel und schwamm unter dem Schiff hindurch auf der Backbordseite weiter ins Meer hinaus.

Der ganze Speisesaal war heute so aufgeregt wie ein Bienenkorb, wenn die Königin ihre Koffer packt.

Nach den Paprikaschnitzeln und bevor der Wiener Apfelstrudel serviert wurde, klopfte Mistreß Fuller endlich mit ihrem Kaffeelöffel an eine Weinkaraffe.

„Es ist soweit“, sagte Frau Finkbeiner erfreut.

Die Tischstewards blieben stehen, wo sie gerade waren, und die Passagiere machten lange Hälse, damit sie den Kapitänstisch sehen konnten. Dort war inzwischen der Junge mit dem Bürstenhaarschnitt aufgestanden und rollte jetzt seine Tante mehr in die Mitte des Saales. Danach setzte er sich wieder auf seinen Platz.

„Herr Kapitän, meine Damen und Herren, ich will hier keine Thronrede halten, wenn das im ersten Augenblick vielleicht auch so aussieht, weil ich in meinem Rollstuhl sitzen muß“, sagte Mistreß Fuller, und ihre tiefe Stimme war bis in die letzte Ecke zu verstehen. „Ich will mich kurz fassen und den Wiener Apfelstrudel nicht zu lange aufhalten, denn er schmeckt bestimmt so gut wie alles hier an Bord.“

Die Passagiere lächelten und setzten sich jetzt tiefer in ihre Sessel. Wie im Theater, wenn der Vorhang aufgeht.

„Wir sind heute an Trinidad vorbeigedampft und haben es nicht einmal durchs Fernglas sehen können“, fuhr Mistreß Fuller fort. „Ich kenne die Insel, und ich muß Ihnen leider sagen, daß Sie etwas sehr Schönes versäumt haben.“

„Auch ich bedaure das“, bemerkte Kapitän Stahlhut dazwischen. „Aber es war leider nicht zu ändern.“

„Vielleicht doch“, erwiderte die Frau im Rollstuhl. „Wir könnten zumindest versuchen, uns zu entschädigen.“

Da die meisten Passagiere an den Tischen ja wußten, was jetzt kommen würde, schmunzelten sie wie Leute, die einen Witz hören und dabei schon ahnen, wie er ausgeht.

„Ich bin gespannt“, sagte Kapitän Stahlhut.

„Wir haben den Blick auf eine wunderschöne Insel eingebüßt“, fuhr jetzt Mistreß Fuller fort. „Lassen Sie uns diesen Verlust eintauschen gegen den Blick auf ein wunderschönes Bild, von dem wir inzwischen alle wissen, daß es sich hier an Bord befindet.“

Wie Mistreß Fuller aufrecht in ihrem Rollstuhl saß, erinnerte sie tatsächlich wieder einmal an die Königinmutter von England.

„Sehr geehrter Monsieur Prunelle“, sie wandte sich jetzt direkt an den Kapitänstisch, „Weihnachten ist ausgebrochen, bald läuten überall die Glocken, es riecht nach Lebkuchen, alle Welt macht sich Geschenke. Und das gibt uns den Mut, auch Sie um ein Geschenk zu bitten.“ Sie sprach plötzlich ganz leise und beugte sich vor dabei. „Lieber Monsieur Prunelle, machen Sie es möglich, daß wir alle heute abend bei der Weihnachtsfeier in der Europa-Halle die Mona Lisa sehen dürfen.“

Im ganzen Speisesaal brodelte es jetzt wie in einem Kochtopf, und die Passagiere riefen durcheinander: „Jawohl, möglich machen!“ oder „Wir bitten um unser Weihnachtsgeschenk!“ Schließlich einigten sie sich auf den gemeinsamen Chor „Pru – nelle! Pru – nelle!“ und klatschten dazu im Takt in die Hände. Das machte ihnen einen Heidenspaß, und sie wollten deshalb gar nicht wieder aufhören.

„Ist ja wie auf einem Fußballplatz“, bemerkte der Apotheker Finkbeiner. Dabei klatschte auch er weiter in die Hände und rief jetzt mit den anderen wieder: „Pru – nelle! Pru – nelle!“

Der Museumsdirektor aus Paris hatte aus einer Mischung von Verlegenheit und Geschmeicheltsein einen knallroten Kopf. Er wischte sich mit einem blütenweißen

Taschentuch über seine Glatze und tuschelte mit dem Schiffskapitän. Gleichzeitig kam der Erste Offizier angeflitzt.

Mister Palmer saß wie versteinert und hatte ein Gesicht so blaß wie der gekochte Fisch, den man als Vorspeise serviert hatte. Er schrieb schnell auf ein Stück Papier: „Unbedingt ablehnen!“ und schob es so vorsichtig, als handle es sich um eine Handgranate, neben den Teller des Museumsdirektors aus Paris. Aber die Warnung kam bereits zu spät.

„Seien Sie doch kein Frosch“, knurrte Monsieur Prunelle ärgerlich und schob den Zettel zu Mister Palmer zurück. „Wer klaut schon ausgerechnet an Weihnachten.“

„Haben Sie eine Ahnung“, erwiderte Mister Palmer. „Ich könnte Ihnen Dinge erzählen, daß Ihnen die Ohren schlackern . . .“

Aber dazu kam es nicht mehr.

Der Kapitän, sein Erster Offizier und Monsieur Prunelle steckten noch einmal die Köpfe zusammen, und dann rückte der Direktor des Pariser Louvre seinen Sessel zurück und stand auf: „Meine Damen und Herren!“

Es dauerte eine ganze Weile, bis sich der Saal beruhigt hatte.

„Meine Damen und Herren“, wiederholte Monsieur Prunelle. „Sehr geehrte Mistreß Fuller“, jetzt verbeugte er sich vor der Frau im Rollstuhl, „es ist nicht gerade eine Kleinigkeit, um die Sie bitten. Wie Sie wissen, ist die Mona Lisa ein Millionenobjekt und der Stolz unsres Louvre in Paris. Trotzdem . . .“

„Um Himmels willen, ich warne Sie“, zischte Mister Palmer. „Sie riskieren Kopf und Kragen!“

„Trotzdem . . .“ fuhr Monsieur Prunelle fort, als hätte er kein Wort gehört. Und vielleicht war er in diesem Augenblick vor lauter Eitelkeit tatsächlich so gut wie taub. „Trotzdem, meine Damen und Herren, soll Ihr Weihnachtswunsch in Erfüllung gehen.“

Der ganze Speisesaal sprang auf und jubelte. Die Bordkapelle spielte einen Tusch, und Mistreß Fuller schwang ihre Serviette durch die Luft wie eine Fahne. Die Passagiere trampelten, klatschten, pfiffen und riefen immer wieder: „Bravo, Prunelle!“ oder „Bravo, Mistreß Fuller!“ Einige kletterten jetzt sogar vor Begeisterung auf ihre Sessel.

Als fünf Minuten später endlich der Wiener Apfelstrudel serviert wurde, hatte Mister Palmer den Speisesaal längst verlassen.

Nach dem Essen zogen sich die meisten Passagiere dann zum Mittagsschlaf in ihre Kabinen zurück.

Die Decks waren plötzlich wie ausgestorben, und die Liegestühle standen leer in der Hitze.

Nur Herr Latenser lag in seinem altmodischen Anzug unter einem Sonnenschirm und schaute den drei Jungen zu, die ganz allein durch das Schwimmbassin tobten.

„Was haltet ihr davon, wenn ich beim nächsten Wettschwimmen den Schiedsrichter mache?“ rief er jetzt zu ihnen hinüber. Dabei zog er auch schon sein dunkles Jackett mit den grauen Nadelstreifen aus und lockerte seine Krawatte ein wenig. Er nahm noch schnell einen Schluck aus seinem Whiskyglas, und dann stellte er sich mit seinen Hosenträgern über dem weißen Hemd breitbeinig an den Beckenrand. „Also auf die Startplätze, wenn ich höflich bitten darf“, sagte er. „Und daß mir keiner mogelt. Ich habe nämlich ein regelrechtes Falkenauge.“ Er blinzelte vergnügt durch seine dicken Brillengläser. „Ich schlage vor, drei Bahnen Brust, drei Bahnen Rücken, drei Bahnen Kraulen. Der Sieger ist von mir zu einem Eisbecher mit Sahne eingeladen.“ Er kam jetzt einen kurzen Augenblick ins Schwanken. „Hoppla“, murmelte er und stützte sich auf die Leiter am Sprungbrett. Aber gleich danach richtete er sich wieder auf: „Einverstanden?“

„Einverstanden!“ Die drei Jungen lachten durcheinander und kletterten klitschnaß aus dem Wasser.

„Dann würde ich vorschlagen, Luft zu tanken“, grinste Herr Latenser. Er hob den rechten Arm steil in die Luft:

„Auf die Plätze!“

Die drei Jungen stellten sich nebeneinander an den Beckenrand.

„Fertig“, rief Herr Latenser.

Jetzt gingen die drei in die Hocke und nahmen die ausgestreckten Arme zurück.

„Los!“ kommandierte der Mann mit den Hosenträgern.

Die Jungen flogen durch die Luft, streckten sich – und keiner schlug früher auf als der andere.

„Fabelhaft“, rief der Mann, der ein wenig wie ein getürmter Bankkassierer aussah. Er ging am Beckenrand neben den drei Jungen her und paßte an der Wende genau auf, daß auch jeder richtig anschlug. „Wir nähern uns dem Ende der ersten Runde“, gab er jetzt bekannt.

Zur gleichen Zeit ließ sich zwei Decks tiefer Mister Palmer in der Kabine von Monsieur Prunelle in einen Sessel fallen. „Und das ist also Ihr letztes Wort?“ stöhnte er dabei.

„Ich kann nicht mehr zurück“, sagte der Direktor des Pariser Louvre bedauernd. „Das ganze Schiff würde mich auslachen.“

„Aber es ist so verantwortungslos wie Sie nur wollen“, entgegnete Mister Palmer grimmig.

Inspektor Brown stand mit dem Rücken an der Tür.

„Sie sehen zu schwarz“, versuchte Monsieur Prunelle einzulenken. „Aber vielleicht müssen Sie in Ihrem Beruf die Dinge so schwarz sehen.“ Er wippte jetzt auf seinen blitzblanken Lackschuhen. „Trotzdem bin ich nach wie vor der Meinung, daß uns nicht das geringste passieren kann, solange das Schiff auf dem Wasser ist.“

„Ich warne Sie zum zweitenmal, und jetzt ist Inspektor Brown mein Zeuge“, erwiderte Mister Palmer, „Sie riskieren Kopf und Kragen.“ Er paffte noch zwei kleine weiße Rauchwolken in die Luft, dann stand er auf. „Und jetzt werde ich London vorschlagen, daß man den Versicherungsschutz aufhebt. Es tut mir leid, daß ich dieses Telegramm abschicken muß. Aber Sie zwingen mich dazu.“

„Am Heiligen Abend werden Sie auch bei Lloyd’s nicht einmal den Pförtner erreichen“, entgegnete Monsieur Prunelle aalglatt.

„Verdammt“, gab Mister Palmer zu. „Daran habe ich im Augenblick nicht gedacht.“

„Jedenfalls sind Sie vorerst noch immer für das Bild verantwortlich“, stellte der Museumsdirektor fest. „Ob es Ihnen paßt oder nicht.“

„Ich hoffe, daß wir diese Verantwortung sehr bald an Sie zurückgeben können“, entgegnete Mister Palmer. „Aber bis dahin werden Inspektor Brown und meine Wenigkeit ihre Pflicht tun.“

„Ausgezeichnet“, sagte Monsieur Prunelle. „Das wollte ich hören.“

Die beiden standen sich jetzt gegenüber wie zwei knurrende Hunde.

Im Oberdeck nahm inzwischen Herr Latenser in Hosenträgern und Hemdsärmeln die Siegerehrung vor. Unter einem Sonnenschirm wartete ein Steward mit einem Tablett voller Eisbecher, und die Jungen standen naß und Luft pumpend am Beckenrand nebeneinander.

„Was bedeutet schon ein Meter mehr oder weniger“, meinte Herr Latenser. „Für mich gibt es drei Sieger und damit basta. Darf ich also bitten.“

Er winkte dem Decksteward, und gleich darauf hielten die drei Jungen ihre Eisbecher vor der Brust wie drei Goldmedaillen.

„Leider fehlt jetzt eine Fanfare“, sagte der Mann mit den dicken Gläsern in seiner Brille. „Aber wer trägt schon immer eine Fanfare mit sich herum.“

„Jedenfalls besten Dank“, sagte Peter Finkbeiner.

„Wir schließen uns an“, meinten Ronny und Ulli Wagner.

„Dann also guten Appetit, meine Herren“, entgegnete Herr Latenser und nahm dabei wieder sein Whiskyglas in die Hand.

Spätestens zum Nachmittagskaffee kamen die Passagiere wieder aus ihren Kabinen und legten sich nochmals in ihre Liegestühle.

Mister Wilkinson hatte es sich nicht nehmen lassen, Mistreß Fuller auf dem Oberdeck spazierenzufahren. Und überall, wo sie in ihrem Rollstuhl auftauchte, lächelte man ihr zu.

„Sie waren heute mittag aber auch ganz hinreißend", bemerkte der Streichholzfabrikant mit seiner weißen Segelmütze. „Vom Erfolg gar nicht zu reden."

„So was Ähnliches sagen Sie mir jetzt schon zum zehn-

tenmal“, Mistreß Fuller lachte mit ihrer tiefen Stimme, „wollen Sie mich größenwahnsinnig machen?“

Inzwischen bastelten in der Europa-Halle zwei Monteure an der elektrischen Christbaumbeleuchtung herum. Ein paar Stewards schmückten die Tische mit Tannengrün, und die Bordkapelle übte Weihnachtslieder. Dabei saß heute Mister Hobbs mit seinem Cello für die Solostellen in der ersten Reihe.

Als es dem Abend zuging, verfärbte sich der Himmel abenteuerlich. Die Sonne tauchte wie eine riesige Apfelsine ins Meer, und der Horizont glühte dabei, als ob er brennen würde.

Die Passagiere schauten zu, knipsten mit ihren Fotoapparaten und warteten, über die Reling gelehnt, bis der Mond aufging.

Während sie sich dann für den Abend in ihren Kabinen umkleideten, lächelten sie immer wieder erwartungsvoll in die Spiegel und pfiffen vergnügt vor sich hin.

Beim Abendessen im Speisesaal fing es dann allerdings damit an, daß sie unruhig wurden wie beim Kofferpacken vor den großen Ferien.

Und dann war es endlich soweit. Man wandelte zu den Lifts und fuhr hinauf zum Verandadeck.

An der großen Glastür zur Europa-Halle stand der flachsblonde Page Axel Kannengießer und wünschte den Passagieren, die hereinkamen, fröhliche Weihnachten. Und weil er sich dabei jedesmal höflich verbeugte und seine Augen strahlen ließ wie zwei Christbaumkugeln, spazierte niemand ohne Trinkgeld an ihm vorbei.

Auch die Herren Wagner und Finkbeiner griffen in ihre Taschen.

„Besten Dank“, sagte der Junge mit der Stubsnase.

„Na, Kollege“, Ulli grinste, „so ein Geschäft wünscht man sich.“

„Ich bin nicht unzufrieden“, gab der Page Axel Kannengießer zu. Aber dann strahlte er schon wieder die nächsten Gäste an und wünschte ihnen fröhliche Weihnachten.

Die beiden Familien aus Berlin fanden noch einen freien

Tisch neben der Bar. Von hier hatten sie einen guten Blick auf die Tanzfläche mit dem Weihnachtsbaum und die Bühne dahinter. Auf ihr hatte vor einem goldglitzernden Vorhang die Bordkapelle Platz genommen. Sie spielte vorerst Tanzmusik. Mister Hobbs hatte also noch Zeit, sich um seinen großen Cellokasten zu kümmern. Er brachte ihn gerade dicht neben der Bühne unter, wo er keinen Platz wegnahm und die Sicht nicht behinderte.

Der Museumsdirektor aus Paris spielte sich auf, als seien die Passagiere seine persönlichen Gäste.

Er ging in einem taubenblauen Anzug und mit viel zu hohen Absätzen von Tisch zu Tisch, schüttelte Hände und sagte: „Bon soir, mesdames et messieurs, ich bin sicher, Sie werden begeistert sein."

Als Ronny Fuller seine Tante in die Halle schob, spielte die Bordkapelle gerade einen Tango, und die ersten Passagiere begaben sich zur Tanzfläche.

„Sie ist ein Vermögen wert", flüsterte Herr Schmidt mit dt aus Düsseldorf. „Das sehe ich über zwanzig Meter weg. Ich bin Juwelier, müssen Sie wissen." Er meinte die Perlenkette, die Mistreß Fuller um ihren Hals trug.

„Ich glaube, hier im Saal ist davon eine ganze Menge unterwegs." Inspektor Brown lächelte.

Es war natürlich kein Zufall, daß der junge Mann mit der dunklen Sonnenbrille gerade an diesem Tisch Platz genommen hatte. So saß der Inspektor aus London nämlich direkt an der Tanzfläche und kaum zwei Meter von der Stelle entfernt, an der später das Gemälde aufgestellt werden sollte.

Andererseits war es wirklich ein Zufall, daß sich gerade das Ehepaar Schmidt zu ihm gesetzt hatte.

„Natürlich ist hier eine Menge Schmuck unterwegs", wiederholte jetzt der Juwelier aus Düsseldorf, „aber das da ist ein ganz besonderes Prachtstück."

„Wenn Sie das als Juwelier sagen, muß es wohl stimmen", meinte Inspektor Brown höflich.

Er sollte nachher wie ein Wachhund immer ganz dicht an dem Bild bleiben und es nicht aus den Augen lassen. Mister

Palmer hingegen wollte sich vor die große Glastüre stellen, den einzig möglichen Ausgang.

„Na, schwingen wir auch mal das Tanzbein?“ fragte Apotheker Finkbeiner seine Frau, als die Kapelle einen Walzer spielte.

„Du mußt aber auf meinen Sonnenbrand aufpassen“, meinte Frau Finkbeiner, als sie aufstand. „Auch das ist neu, daß man mit einem Sonnenbrand unterm Christbaum sitzt.“

„Und wer tanzt mit mir?“ fragte Peter.

„Ja, wer tanzt mit uns?“ fragte jetzt auch Ulli und streckte die Beine von sich.

„Ich stehe jederzeit zur Verfügung“, flötete die Schlangentänzerin Lisa Liranda vom Nebentisch. Sie kullerte jetzt mit ihren großen blauen Augen und kicherte dabei.

„Die beiden jungen Herren sind des Tanzens noch unkundig“, Herr Wagner räusperte sich, „aber vielleicht darf ich für sie einspringen, gnädiges Fräulein?“

Kurz darauf drehte sich der Portier vom Hotel Kempinski in Berlin mit Fräulein Liranda auf der Tanzfläche.

„So wie Sie tanzen“, bemerkte Herr Wagner, „muß man auf Ihre Schlangen direkt neidisch werden.“

„Das ist ja reizend.“

„Und das ist die Wahrheit.“

„Bitte nicht aufhören“, piepste die platinblonde Schönheit. „Ich bin ganz verrückt auf Komplimente.“

„Dann müssen wir unbedingt von Ihren Augen sprechen“, erwiderte Herr Wagner. Dabei winkte er den Finkbeiners zu, die sich gerade flott in die Kurve legten.

„Ja, sprechen Sie“, hauchte die Schlangentänzerin.

„Also“, Herr Wagner blinzelte sie an, „im Vergleich zu Ihren blauen Augen ist das ganze Karibische Meer bloß eine Erbsensuppe.“

Jetzt kicherte Fräulein Lisa Liranda so laut, daß sich die Leute umdrehten.

Im gleichen Augenblick kam Kapitän Stahlhut mit ein paar Offizieren in den Saal. Später trudelte noch der Streichholzfabrikant Wilkinson ein und setzte sich an den

Tisch zu Mistreß Fuller. Als Herr Latenser aufkreuzte, mußte er sich bereits durch die Männer von der Schiffsbesatzung schleusen, die sich am Eingang und im Hintergrund die Stehplätze gesichert hatten. Unter ihnen waren Deckstewards, Kabinenstewards, Matrosen, ein paar Chinesen aus der Wäscherei, Köche, Funker und Stewardessen aus dem Reisebüro.

Nach einer kleinen Pause spielte die Bordkapelle jetzt das erste Weihnachtslied. Mister Hobbs saß tief über sein Cello gebeugt ganz vorn auf der Bühne.

Der Saal verdunkelte sich, und gleichzeitig flammten am Weihnachtsbaum die elektrischen Kerzen auf.

„Ah“ und „Oh“ sagten die Passagiere durcheinander. Sie lehnten sich tief in ihre Sessel zurück und träumten vor sich hin. Als die Bordkapelle dann später „Stille Nacht, heilige Nacht“ spielte, sangen sie alle mit, jeder in seiner Sprache. Anschließend kam der Schiffsarzt als Neptun verkleidet und versprach auch für die nächsten zwei Wochen schönes Wetter mit ruhiger See.

Der Kapitän hielt eine kurze Ansprache, wünschte fröhliche Weihnachten und weiterhin gute Fahrt.

Ein Rechtsanwalt aus Leverkusen bedankte sich hinterher im Namen der Passagiere.

Und jetzt betrat zum allgemeinen Erstaunen der junge Inder namens Singh Rumi die Tanzfläche. Er hatte sich heute einen eleganten Smoking angezogen. Dazu trug er über seinen langen Haaren einen Turban aus schwarzer Seide, auf dem eine ganze Menge bunter Perlen und Pailletten aufgenäht waren. Als dann ein roter Scheinwerfer eingeschaltet wurde, glitzerten und flimmerten sie mit dem Weihnachtsbaum nur so um die Wette.

Der schlanke Inder stellte jetzt einen großen Korb neben sich und faltete die Hände vor der Stirn.

„Auch wir haben uns eine kleine Überraschung ausgedacht“, sagte Fräulein Lisa Liranda und stand dabei von ihrem Tisch auf. „Aber sehen Sie selbst.“ Sie lächelte und zeigt mit dem ausgestreckten rechten Arm zur Tanzfläche.

Dort hatte sich der junge Inder inzwischen mit gekreuzten Beinen auf den Boden gesetzt. Er holte jetzt eine Flöte hervor und öffnete den Deckel des Korbes, der vor ihm stand.

„Aha, heute kommt er uns als Schlangenbeschwörer", flüsterte Ulli und legte die Beine übereinander.

Und da verschlug es auch schon allen Passagieren die Sprache. Der junge Inder spielte nämlich auf seiner Flöte die Melodie von „O du fröhliche, o du selige". Dabei hatte er die Augen geschlossen und beschrieb mit seiner Flöte ganz kleine Kreise.

Niemand im Saal rührte sich, alle blickten gespannt auf die Öffnung des Korbes im Licht des roten Scheinwerfers.

Dort bewegte sich jetzt zuerst ein Schatten, und dann wurde der Kopf einer Kobra sichtbar. Sie spreizte ihren Nackenschild und kam immer höher. Ein Drittel ihres Körpers hatte sie schließlich senkrecht aufgerichtet und schwankte genauso wie die Flöte im Rhythmus des Liedes hin und her.

Jetzt klatschten die Passagiere in die Hände.

Darauf nahm der junge Inder seine Flöte wieder von den Lippen, die Kobra fiel in ihren Korb zurück, und Fräulein Lisa Liranda konnte sich vor Lachen kaum noch halten.

„Etwas ungewöhnlich", bemerkte der Apotheker Finkbeiner. „Eine Schlange, die auf Weihnachtslieder tanzt."

„Wenn sie dabei noch eine Christbaumkugel auf der Nase balanciert hätte", fügte Herr Wagner hinzu, „wäre die Sache perfekt gewesen."

Der junge Inder mit dem Namen Singh Rumi hatte sich inzwischen mehrfach verbeugt. Jetzt verschwand er mit seinem Schlangenkorb und dem schwarzen Seidenturban wieder hinter dem goldglitzernden Vorhang.

„So habe ich mir immer einen Maharadscha vorgestellt", bemerkte Frau Finkbeiner.

Jetzt kamen mehrere Matrosen und Stewards von ihren Stehplätzen, stellten sich nebeneinander vor den Weihnachtsbaum und sangen Lieder von der Waterkant.

Dann endlich war es soweit.

Zuerst stolzierte Monsieur Prunelle durch die breite

Glastür und verkündete: „Meine Damen und Herren, sie ist im Anzug!“

Plötzlich saß der ganze Saal wie auf Kohlen, und alle drehten die Köpfe in die Richtung zum Eingang.

Dort tauchte jetzt Mister Palmer auf. Er überflog mit einem schnellen Blick die Passagiere und die Tische. Dann postierte er sich mit undurchdringlichem Gesichtsausdruck neben der Glastür und winkte mit dem rechten Zeigefinger.

Und jetzt kam das Gemälde.

Es wurde von zwei Matrosen in frischgebügelten Uniformen getragen. Ein dritter hatte die Staffelei über der Schulter, an der sonst vor dem Speisesaal das Bordprogramm ausgehängt wurde.

Der Erste Offizier überholte jetzt die Gruppe und dirigierte sie zur Tanzfläche.

Die Passagiere verfolgten die Prozession mit ihren Blikken. Dabei saßen sie stumm und andächtig in ihren Sesseln.

Die Staffelei wurde kaum zwei Meter von Inspektor Brown entfernt auf der Tanzfläche aufgebaut, und als die zwei Matrosen das Bild jetzt ganz vorsichtig daraufstellen, sahen die Passagiere die Mona Lisa zum erstenmal.

Sie machte den Eindruck, als würde sie ein wenig verwundert in den Saal blicken.

Und da war es mit der Ruhe vorbei.

Die Passagiere waren von einem Augenblick zum anderen wie ausgewechselt. Sie klatschten jetzt in die Hände, riefen „Bravo“ und waren ganz einfach aus dem Häuschen.

Es brauchte eine ganze Weile, bis sich Monsieur Prunelle Gehör verschaffen konnte.

„Da steht sie vor Ihnen, meine Damen und Herren“, rief der Museumsdirektor aus Paris in den Saal. „Mona Lisa. Kein anderes Bild auf der ganzen Welt ist so berühmt und so bekannt. In den rund vierhundertfünfzig Jahren sind die Farben allerdings ein wenig dunkler geworden, und oben in der Mitte ist links über dem Kopf auch eine leichte Bruchstelle zu erkennen. Aber ansonsten ist uns Leonardos Gemälde in seiner ganzen Schönheit erhalten geblieben."

Man applaudierte wieder, und dann durften die Passagiere einzeln an dem Bild vorbeispazieren. Dazu stellten sie sich vor der Tanzfläche hintereinander auf, als müßten sie an irgendeinem Fahrkartenschalter Schlange stehen.

„Darf man auch eine Blitzlichtaufnahme machen?" fragte Ulli, als die Wagners und Finkbeiners an der Reihe waren.

„Aber selbstverständlich, junger Freund", lächelte Monsieur Prunelle. Und dann sagte er noch: „Bitte achten Sie darauf, daß Sie von den Augen der Mona Lisa immer voll angeblickt werden, gleichgültig ob Sie links oder rechts von ihr stehen."

„Tatsächlich", bemerkte Herr Latenser und schlich dabei wie ein Indianer im Halbkreis um das Bild herum. „Sie läßt mich überhaupt nicht aus den Augen."

„Und für eine vierhundertfünfzig Jahre alte Dame sieht sie noch sehr jung aus", witzelte Frau Schmidt mit dt aus Düsseldorf.

„Das ist also das berühmte Lächeln der Mona Lisa", piepste die Schlagersängerin Liranda. „Eigentlich hatte ich mir das Gemälde größer vorgestellt."

„Genau dreiundfünfzig Zentimeter breit und siebenundsiebzig hoch", bemerkte der Direktor des Pariser Louvre ein wenig beleidigt. „Es kommt nicht immer auf die Größe an."

Inspektor Brown machte in seinem Sessel den Eindruck, als würde er sich langweilen. In Wirklichkeit beobachtete er durch seine dunkle Sonnenbrille alles, was um das Bild herum vorging, haargenau und war wie ein Panther jederzeit zum Sprung bereit.

„Noch etwa vierzig Passagiere, und wir sind durch", flüsterte der Erste Offizier mit den drei Goldstreifen an seinen weißen Uniformärmeln. Er stand jetzt neben Mister Palmer an der Glastür. „In fünf Minuten ist alles vorbei."

Ronny rollte seine Tante gerade zur Tanzfläche, als zwei oder drei elektrische Kerzen am Weihnachtsbaum anfingen zu flackern. Kurz darauf flimmerten auch die übrigen Kerzen, und dann ging auf einen Schlag im ganzen Saal das Licht aus.

Die Passagiere lachten, redeten durcheinander und tasteten sich mit ausgestreckten Armen zu ihren Plätzen zurück.

„Komm, spiel mit mir Blindekuh", kicherte Frau Finkbeiner und nahm ihren Mann bei der Hand.

„Bitte bleiben Sie stehen, wo Sie sind", rief plötzlich die Stimme von Mister Palmer. „Und verhalten Sie sich ruhig."

„Es kann nur Sekunden dauern", sagte jetzt Kapitän Stahlhut. Und dann fragte er laut: „Was ist denn mit der Notbeleuchtung, verflixt noch mal?"

Die Passagiere blieben jetzt artig auf ihren Plätzen und hielten den Mund. Das wäre auch noch eine ganze Weile so geblieben, wenn nicht plötzlich Mistreß Fuller mit ihrer tiefen Stimme in die Stille hinein gesagt hätte: „Ich glaube, mir ist gerade eine Schlange über das linke Bein gekrabbelt."

Jetzt dachte natürlich kein Mensch mehr an die Mahnung von Mister Palmer. Alle redeten wieder durcheinander, und die meisten kletterten auf ihre Sessel oder drängten zum Ausgang.

Bordfotograf Weber war ganz aufgeregt. Er fingerte im Dunkeln an seinem Fotoapparat herum und blitzte zweimal durch die Gegend. Als er gerade zum drittenmal abdrükken wollte, leuchtete plötzlich wieder der Weihnachtsbaum auf und dann das Licht im ganzen Saal.

Zuerst wurde es daraufhin ganz ruhig, und die Passagiere blickten sich nur erstaunt an, wie sie sich da auf den Sesseln gegenüberstanden oder sogar auf den Tischen.

„Es ist bestimmt keine Schlange im Saal", sagte jetzt der junge Inder mit seinen glitzernden Perlen und Pailletten auf dem schwarzen Seidenturban. Er nahm den Deckel von seinem Korb, und sofort zeigte sich der Kopf der Kobra. „Sie ist da, wo sie hingehört", fügte er lächelnd hinzu, verbeugte sich und verschwand mit der Schlange wieder hinter dem Vorhang.

„Sollte ich mich tatsächlich getäuscht haben?“ fragte Mistreß Fuller. „Aber ich hab’ doch was gespürt.“

„Dein Schal ist dir übers Bein gerutscht“, lächelte Ronny.

„Tja, wenn es dunkel ist“, bemerkte Mister Wilkinson und strich dabei durch seinen englischen Schnurrbart, „schlägt unsere Phantasie Purzelbäume.“

„Wenn das so ist, bitte ich Sie eben alle um Entschuldigung“, sagte Mistreß Fuller.

Die Passagiere lachten und kletterten wieder von ihren Sesseln und Stühlen herunter. Dabei entdeckten sie jetzt erst, daß plötzlich ein junger Mann mit einer dunklen Sonnenbrille breitbeinig vor dem Bild der Mona Lisa stand. Er hatte die rechte Hand unter dem Jackett und blickte in den Saal, als stünde er vor einem Raubtierkäfig.

„Das sieht ja aus wie ein Banküberfall“, entrüstete sich eine dicke Dame mit einer blau eingefärbten Perücke.

Und ein Passagier aus dem Sonnendeck zielte mit dem Zeigefinger auf Mister Brown und rief: „Sie haben bestimmt eine Kanone unter Ihrem Jackett, junger Mann. Nehmen Sie die Hand weg!“

„Ich bin Ihnen eine Erklärung schuldig, meine Damen und Herren“, meldete sich jetzt Mister Palmer zu Wort. Er drängte sich dabei zusammen mit dem Oberzahlmeister durch die Passagiere zur Tanzfläche.

„Mein Name ist Mike Palmer, und das hier ist Inspektor Brown. Wir sind von der Lloyd’s Versicherung, London, und es ist unsere Aufgabe, die Mona Lisa unbeschädigt nach Puerto Rico zu bringen. Deshalb waren wir auch dagegen, daß dieses Gemälde heute abend hier ausgestellt wird. Und als vorhin das Licht ausging, mußten wir annehmen . . .“

Jetzt begriffen die Passagiere allmählich, was eigentlich los war.

„Um Himmels willen, dann haben Sie unter Umständen einen Diebstahl befürchtet?“ fragte jetzt wieder die Dame mit der Perücke. „Das wäre ja furchtbar gewesen.“

„Genau so ist es, gnädige Frau.“ Mister Palmer lächelte

höflich. „Aber da dem Bild nichts passiert ist, dürfen wir annehmen, daß der Kurzschluß in der Lichtleitung ganz einfach durch einen dummen Zufall zu erklären ist."

„Aber Sie hätten es für möglich gehalten", jetzt lachte Mistreß Fuller, „daß sich jemand von uns in dem allgemeinen Durcheinander das Bild in die Tasche steckt."

„Bei der völligen Dunkelheit wäre die Gelegenheit jedenfalls sehr günstig gewesen."

Jetzt wollten sich die Passagiere kugeln vor Lachen. Es machte ihnen einen Heidenspaß, sich vorzustellen, wie sie mit dem Gemälde unter dem Arm in ihre Kabinen schlichen.

„Was ist denn mit Ihnen passiert?" fragte Frau Finkbeiner auf einmal durch das allgemeine Gelächter hindurch. „Sie haben ja plötzlich eine Beule am Kopf."

Herr Latenser drehte sich um und sagte: „Sieh mal an." Dabei holte er ein Taschentuch heraus. „Vielleicht bin ich in der Dunkelheit mit einem Ellbogen oder einem Kronleuchter zusammengestoßen." Dabei grinste er.

„Merkwürdig", murmelte Mister Palmer, und dann forderte er Inspektor Brown auf, wieder in seinem Sessel Platz zu nehmen. Anschließend durften die Passagiere, die das Gemälde noch nicht aus der Nähe betrachtet hatten, das nachholen.

„Es ist schon hinreißend", sagte der Streichholzfabrikant, als er wieder an seinen Tisch zurückkam.

„Es ist einmalig", gab Mistreß Fuller zu.

„Mich faszinieren diese Augen", meinte Herr Latenser. Er ging jetzt schon zum zweitenmal im Halbkreis um das Gemälde herum. „Sie verfolgen einen geradezu, ganz egal, wo man steht."

„Ja, davon spricht man in der ganzen Welt", bemerkte Mister Palmer kurz angebunden, und dann gab er bekannt, daß die Mona Lisa jetzt wieder in ihrem Versteck verschwinden würde.

Die drei Matrosen in ihren frischgebügelten Uniformen erschienen erneut auf der Tanzfläche und nahmen das Bild und die Staffelei mit.

„Da liegt ja auf einmal ein Handschuh“, rief in diesem Augenblick Juwelier Schmidt mit dt aus Düsseldorf. „Ich fresse meinen Hut, wenn dieser Handschuh vorhin auch schon da gelegen haben soll.“

Mister Palmer blickte zuerst zu Herrn Schmidt und dann zu dem gelben Lederhandschuh.

Er lag ziemlich genau dort, wo bisher die Staffelei mit dem Bild gestanden hatte.

Inzwischen trugen die Matrosen das Gemälde bereits wieder zum Ausgang. Der Erste Offizier marschierte ein paar Schritte voraus, und Inspektor Brown kam mit seiner dunklen Sonnenbrille hinterher. Der ganze Saal applaudierte wieder, die Bordkapelle spielte, und das Ganze machte den Eindruck, als würde ein siegreicher Boxer aus dem Ring getragen.

Mister Palmer hatte die Gruppe unterdessen eingeholt. Aber plötzlich blieb er stehen und bekam eine senkrechte Falte auf die Stirn; dann flitzte er zur Tanzfläche zurück. Da die Passagiere zur Mona Lisa hinüberklatschten, bemerkten sie gar nicht, wie Mister Palmer blitzschnell den gelben Lederhandschuh vom Boden aufhob und in seine Jackentasche steckte. Gleich darauf flitzte er wieder los und holte das Gemälde kurz hinter der großen Glastür ein.

Die Bordkapelle spielte einen Tusch, und dann betrat Kapitän Stahlhut noch einmal die Tanzfläche: „Ich bitte für alles, was eigentlich nicht im Programm stand, um Entschuldigung“, sagte er. „Und jetzt wünsche ich Ihnen endgültig fröhliche Weihnachten.“

Gleich darauf galoppierten die Stewards wieder mit Getränken von einem Tisch zum anderen, und die Passagiere sangen noch einmal Weihnachtslieder.

„Man lernt doch nie aus“, bemerkte Frau Finkbeiner. „Ein Heiliger Abend kann auch ganz schön aufregend sein.“

„Und Zufälle gibt’s, die gibt’s gar nicht“, fügte ihr Mann, der Apotheker, wieder einmal hinzu. Dabei blinzelte er durch seinen Zigarrenrauch in die elektrischen Weihnachtskerzen.

Zur selben Zeit fuhr die vierhundertfünfzig Jahre alte Dame Mona Lisa mit ihrer Begleitung im Lift zum B-Deck.

„Als da auf einmal das Licht ausging", sagte Monsieur Prunelle nach einer Weile, „also ich glaubte, mir bricht der Boden unter den Füßen zusammen." Er blickte zuerst zu Inspektor Brown und dann zu Mister Palmer. „Ich möchte mich entschuldigen, meine Herren. Ich hätte es niemals erlauben dürfen."

„Wir sind ja mit einem blauen Auge davongekommen", sagte Mister Palmer kurz und steckte sich eine Pfeife an.

Und weil er im Augenblick tatsächlich glaubte, was er da

gerade gesagt hatte, schlief er in seiner Kabine ganz ausgezeichnet. Er wachte erst auf, als es zum viertenmal leise an die Tür klopfte. Er knipste die Nachttischlampe an und fragte: „Wer ist da?“

Aber anstelle einer Antwort wurde ein zusammengefaltetes Stück Papier durch den Türspalt in die Kabine geschoben.

Mister Palmer sprang aus dem Bett. Er drehte den Schlüssel herum und riß die Tür auf.

„Hätte ich mir denken können“, murmelte er ärgerlich.

Kein Mensch war zu sehen. Der Korridor war links genauso leer wie rechts. Nur die ungeputzten Schuhe der Passagiere standen herum.

Mister Palmer fuhr sich durchs Haar und schlurfte in seine Kabine zurück. Er machte die Tür wieder hinter sich zu, und dann bückte er sich nach dem Stück Papier, das jetzt direkt vor seinen nackten Füßen lag.

Irgend jemand hatte folgendes mit großen Druckbuchstaben darauf geschrieben:

DIE MONA LISA IN IHREM TRESOR
IST EINE FÄLSCHUNG.
DAS ORIGINAL WURDE HEUTE ABEND
AUS DER EUROPA-HALLE GEKLAUT.

„Das darf nicht wahr sein“, sagte Mister Palmer zu sich selbst. „Da will mich nur jemand auf den Arm nehmen.“

Er las den Zettel zum zweitenmal, und dann drehte er ihn von der einen Seite auf die andere. Er prüfte das Papier zwischen Zeigefinger und Daumen. Schließlich hielt er es gegen die Nachttischlampe und suchte nach einem Wasserzeichen oder dergleichen. Als er sich wieder aufrichtete, sah er sein Gesicht im Spiegel.

„Und wenn es doch . . .?“ fragte er sich. Aber er hatte nicht den Mut, sich zu antworten.

Er starrte sich noch acht oder zehn Sekunden in die eigenen Augen. Dann wußte er, was er zu tun hatte, und stürzte los.

„Ich trommle sie alle aus den Betten“, knurrte er, als er

sich seinen Morgenmantel mit den blau-roten Streifen über die Schultern warf. Er zerrte den gelben Lederhandschuh aus seiner Jackettasche, und gleich darauf flitzte er an den abgestellten Schuhen vorbei durch den Korridor zum Lift.

Erst nachdem er fünfmal auf den Knopf gedrückt hatte, fiel ihm ein, daß die Aufzüge um diese Zeit ja längst abgestellt waren. „Jetzt ist schon alles egal", schimpfte er und rannte die Treppe hoch.

Es war inzwischen kurz vor Mitternacht, und das Schiff nahm seine Geschwindigkeit noch einmal um zwei Knoten zurück.

„So werden wir genau um sieben Uhr vor Barbados aufkreuzen", meinte der Erste Offizier.

Die See war ruhig, und die Kommandobrücke stand wie ein hell erleuchtetes Schaufenster mitten in der Nacht.

Die Passagiere schliefen in ihren Kabinen, und das Schiff lag im Dunkeln. Bis auf die Europa-Halle.

Hier hatte Mister Palmer vor einer Viertelstunde die Saalbeleuchtung und die elektrischen Kerzen am Weihnachtsbaum einschalten lassen.

„Wir brauchen genau dieselbe Situation wie heute abend bei der Weihnachtsfeier", hatte er gesagt.

Deshalb war auch der goldglitzernde Vorhang auf der kleinen Bühne wieder zugezogen, und die Staffelei mit dem Gemälde der Mona Lisa stand wieder an der alten Stelle auf der Tanzfläche. Schließlich lag dicht daneben auch wieder der gelbe Handschuh.

Monsieur Prunelle hing völlig verzweifelt in einem Sessel. Er starrte an die Decke, und seine Arme baumelten ins Leere.

Etwa zehn Meter von ihm entfernt lag in einem anderen Sessel Inspektor Brown. Er streckte seine langen Beine von sich und spielte mit einer leeren Streichholzschachtel.

Der Erste Offizier lehnte am Podium, auf dem die Notenständer und die Stühle noch genauso herumstanden, wie die Bordkapelle sie verlassen hatte. Er rauchte eine Zigarre und blickte ziemlich verschlafen über die vielen leeren Tische.

Im Gegensatz zu ihm war Mister Palmer hellwach. Er stapfte in seinem blau-rot gestreiften Morgenmantel wie ein angeschossener Elefantenbulle durch die Gegend und qualmte wie ein Schlot aus seiner Pfeife.

„Unter diesen Umständen werden Sie es mir wohl verzeihen, wenn ich Ihre Nachtruhe gestört habe", sagte er bereits zum zweitenmal und spazierte dabei weiter auf der leeren Tanzfläche hin und her.

„Was für ein Bubenstück", jammerte der Museumsdirektor aus Paris. „Was für ein schändliches Bubenstück!"

„Ach was", knurrte Mister Palmer. „Sagen Sie mir lieber noch einmal, ob Sie wirklich ganz sicher sind, daß dieses Bild da eine Fälschung ist." Er war auf seinem Spaziergang jetzt vor dem Gemälde gelandet und paffte der Mona Lisa respektlos eine Wolke Pfeifenrauch ins Gesicht.

„Noch nie in meinem Leben war ich einer Sache so sicher." Monsieur Prunelle stöhnte. Auch er hatte sich in der Eile nur seinen seidenen Morgenmantel über den Schlafanzug ziehen können. „Als wir vorhin im Tresor-

raum das Bild aus seiner Kiste geholt haben, brauchte ich nur den Rahmen zu sehen . . ."

„Wieso, was ist mit dem Rahmen?" fragte Mister Palmer.

„Alles an ihm ist künstlich alt gemacht", seufzte Monsieur Prunelle. „In Wirklichkeit ist das Ding so neu, wie Sie nur wollen. Das sieht doch jedes Kind."

Mister Palmer fuhr herum und nahm die Pfeife aus dem Mund: „Aber als heute abend das Licht wieder anging, haben Sie es nicht gesehen!" schnauzte er. „Warum denn nicht, wenn es so einfach ist?"

„Weil ich mit keinem Auge daran dachte, daß mit dem Bild etwas passiert sei", seufzte der Direktor des Pariser Louvre. Tränen standen jetzt offenbar bevor, wenn sie nicht schon unterwegs waren.

„Bitte nehmen Sie sich doch zusammen", sagte Inspektor Brown bittend. Dabei zerdrückte er jetzt krachend die leere Streichholzschachtel zwischen seinen Händen.

Der Erste Offizier zuckte zusammen, und dann gähnte er. „Es tut mir leid, meine Herren, aber ich muß jetzt allmählich wieder in meine Kabine", stellte er fest. „Man erwartet von mir, daß ich in vier Stunden einigermaßen ausgeschlafen zum Dienst erscheine. Ihre Mona Lisa hin, Ihre Mona Lisa her. Das Schiff ist sowieso nur für den Transport verantwortlich, und die Sicherheit ist nicht unser Bier. Wir sind keine Kriminalpolizei."

„Trotzdem bitte ich Sie, noch zehn Minuten zu bleiben, Herr . . ."

„Rössler ist mein Name", bemerkte der Erste Offizier in seiner weißen Uniform. „Also schön, auf eine Viertelstunde soll's jetzt auch nicht mehr ankommen."

„Besten Dank, Herr Rössler", sagte Mister Palmer. Dann wanderte er hinüber zu dem Museumsdirektor aus Paris. „Also zum letztenmal, Monsieur Prunelle." Er blieb stehen und zeigte mit seiner Pfeife zur Staffelei. „Dieses Bild ist eine Fälschung, darauf schwören Sie Stein und Bein?"

„Sie können damit die Fische füttern, wenn Sie wollen",

antwortete der Franzose. „Es ist nicht mehr wert als ein alter Hut."

„Und Sie könnten auch beschwören", fragte Mister Palmer unbeirrt weiter, „daß wir heute abend zur Weihnachtsfeier das echte Gemälde in diesen Saal hereingebracht haben?"

„Daran ist überhaupt nicht zu rütteln", versicherte der Museumsdirektor. „Wie Sie sich vielleicht erinnern, sagte ich ein paar Worte zur Einführung. Dabei habe ich das Bild genau betrachtet. Zu diesem Zeitpunkt war es noch die echte Mona Lisa. Da gibt es gar keinen Zweifel."

„Dann ist vermutlich folgendes passiert", sagte Mister Palmer. Er spazierte jetzt wieder nachdenklich über die Tanzfläche und paffte weiter kleine weiße Rauchwölkchen vor sich hin. „Das Licht im Saal geht aus. Ein ziemliches Durcheinander entsteht. Und in diesen acht oder zehn Sekunden verschwindet das Original von der Staffelei. Als dann das Licht wieder angeht, steht an seiner Stelle die gefälschte Mona Lisa. Und niemand hat den Umtausch bemerkt." Er blieb stehen. „Glauben Sie, daß ein Kurzschluß die Ursache war?"

„Die Technik hier ist eine verdammt kitzlige Sache", antwortete der Erste Offizier. „Wir können das erst untersuchen, wenn die Elektrowerkstatt wieder im Dienst ist. Bis dahin lasse ich von einem Matrosen die Sicherungskästen bewachen."

„So weit, so gut." Mister Palmer nickte. Er wanderte jetzt an dem hellerleuchteten Weihnachtsbaum vorbei. „Es steht also wohl fest, daß wir seit der Einschiffung in New York eine Person an Bord haben, die von Anfang an hinter dem Bild her ist." Er blickte beim Gehen hinter einer Rauchwolke her. „So wie es aussieht, müssen wir sogar davon ausgehen, daß es sich um mehrere Personen handelt. Um Personen, die nicht unerfahren sind."

„Wer weiß, wie lange der ganze Coup schon geplant war!" stöhnte Monsieur Prunelle und ließ sich noch tiefer in seinen Sessel sinken. „Sie müssen ja mit dem gefälschten Gemälde schon an Bord gekommen sein."

„Also schön“, fuhr Mister Palmer fort, ohne sich stören zu lassen. „Das Licht geht wieder an, und das Gemälde steht nach wie vor auf dieser Staffelei. Ein paar Passagiere betrachten es noch, und dann bringen wir es zurück ins B-Deck, packen es wieder in seine Kiste und verschließen es im Tresor. Das falsche Gemälde, wohlgemerkt. Aber das wissen wir noch nicht.“ Mister Palmer blieb stehen und blickte mit seinen himmelblauen Augen von einem zum anderen: „Das Original verschwindet inzwischen irgendwo auf diesem Schiff.“

„Wie eine Nadel im Heu“, stöhnte Monsieur Prunelle wieder.

Gelegentlich ging ein ganz leichtes Zittern durch die Halle, und aus dem Maschinenraum war das Pochen der Turbinen zu hören.

„Und nun kommen wir dazu“, sagte Mister Palmer nach einer Weile. Er bückte sich und hob den gelben Lederhandschuh mit zwei gestreckten Fingern vom Boden auf. „Ist irgendwas Auffälliges an ihm?“

„Er ist ziemlich schmutzig“, stellte Inspektor Brown fest. „Ölflecke oder so was Ähnliches.“

„Ja, das ist sonderbar“, meinte der Erste Offizier namens Rössler. „Solche Handschuhe trägt unsere Schiffsbesatzung bei der Arbeit.“

„Stimmt“, sagte Mister Palmer. „Und ein paar Männer der Besatzung waren ja auch hier im Saal.“

„Aber ich sehe da keinen Zusammenhang“, bemerkte der Offizier in der weißen Uniform. „Jedenfalls hatte bestimmt keiner seine Arbeitshandschuhe dabei.“

„Trotzdem bitte ich Sie, feststellen zu lassen, wem dieser Handschuh fehlt“, sagte Mister Palmer freundlich. „Das wird doch möglich sein?“

„Da sehe ich keine Schwierigkeiten“, meinte Herr Rössler. „Wir haben eine Kleiderkammer an Bord und registrieren genau, was rein- und rausgeht.“ Er mußte wieder gähnen. „Ich sollte mich jetzt wirklich aufs Ohr legen, meine Herren.“

„Da der Diebstahl sowieso nicht vertuscht werden kann,

möchte ich den Passagieren die Wahrheit sagen", meinte Mister Palmer. „Vielleicht haben sie Beobachtungen gemacht, die uns weiterhelfen."

„Das kann Ihnen nur der Kapitän erlauben", erwiderte der Erste Offizier.

„Und wenn wir anlegen", fuhr Mister Palmer fort, „sollte uns eine gewisse Kontrolle möglich sein."

„Auch das ist Sache des Kapitäns."

„Gehen morgen irgendwelche Kisten oder Pakete von Bord?" wollte jetzt Mister Palmer wissen.

„Nein, ich glaube nicht", erwiderte Herr Rössler.

„Was heißt hier Kisten oder Kartons", warf jetzt Inspektor Brown dazwischen. „Wenn jemand die Leinwand aus dem Rahmen schneidet, kann er sich das Gemälde wie ein Korsett um den Bauch binden und verschwindet damit, ohne daß wir es spitzkriegen."

„Hören Sie auf!" rief Monsieur Prunelle. „Das würde das Bild ja gar nicht aushalten. Schon wenn es aus dem Rahmen genommen würde, bräche es auseinander und wäre wertlos. Nein, das wäre barbarisch und ist absolut undenkbar."

„Wann kann ich den Kapitän sprechen?" fragte jetzt Mister Palmer.

„Er ist bestimmt ab sechs Uhr auf der Brücke", erwiderte der Erste Offizier.

„Dann besten Dank, Herr Rössler", sagte Mister Palmer. „Ich habe im Augenblick keine weiteren Fragen mehr."

„Ich wünsche einen wunderschönen guten Morgen", grinste der Erste Offizier. Er schaltete noch die elektrischen Kerzen am Weihnachtsbaum aus, und dann trollte er sich.

„Ich muß Paris benachrichtigen", sagte Monsieur Prunelle und blickte plötzlich auf: „Und was machen Sie mit Ihrer Direktion in London?"

„Ich habe mir bis morgen abend Zeit gegeben", antwortete Mister Palmer. „Wenn ich jetzt telegrafieren würde, könnte ich genausogut gleich meine Kündigung einreichen.

Und wer weiß, vielleicht sieht morgen alles schon ganz anders aus."

„Und notfalls haben wir die Weihnachtstage zur Entschuldigung", bemerkte der Museumsdirektor. „Aber wenn ich offen sein soll, ich mache mir keine Hoffnung mehr."

„Kopf hoch, Monsieur Prunelle", kommandierte Mister Palmer. „Solange sich das Original noch an Bord befindet, ist nichts verloren."

„Aber wie lange bleibt es noch hier?" fragte der Museumsdirektor. „Wo haben es diese Halunken versteckt? In welchem Hafen wollen sie es an Land bringen und für immer verschwinden lassen?"

„Das ist nicht unser erster Fall", sagte Mister Palmer ein wenig vorwurfsvoll.

„Wir sind keine Anfänger", fügte Inspektor Brown höflich hinzu.

Plötzlich sprang Monsieur Prunelle auf und griff sich an den Kopf. „Ich kann es immer noch nicht fassen!" schrie er. „Das ist doch heller Wahnsinn!"

„Jetzt dreht er durch", bemerkte Inspektor Brown seelenruhig und schlug seine langen Beine übereinander.

„Das kann doch alles überhaupt nicht wahr sein", brüllte der Museumsdirektor weiter. „Sagen Sie mir, daß das alles . . ." Plötzlich brach seine Stimme ab, und es hörte sich fast so an, wie wenn der Tonabnehmer über eine Schallplatte rutscht. Er fiel wieder in den Sessel zurück und starrte zu der gefälschten Mona Lisa hinüber. Mister Palmer paffte seinen Pfeifenrauch in die Luft und wußte nicht recht, was er sagen sollte. Er blickte verlegen auf seine Schuhspitzen.

Eine Weile hörte man jetzt nur das Pochen der Maschinen.

„Vielleicht sollten Sie jetzt auch ins Bett gehen", sagte Mister Palmer schließlich. „Ich habe mit Inspektor Brown noch eine Menge zu besprechen." Er sprach wie ein Arzt zu einem Kranken.

„Ich bitte Sie um Entschuldigung, meine Herren", sagte

der Museumsdirektor und stand auf. Aber mitten auf dem Weg zu der breiten Glastür blieb er überraschend stehen und drehte sich um. „Sie haben keine Ahnung, wer Ihnen diesen Zettel in die Kabine geschoben hat?“

„Nicht die geringste Ahnung“, antwortete Mister Palmer.

„Und das Papier ist von derselben Sorte, wie es an Bord überall in den Schreibzimmern ausliegt?“ fragte Monsieur Prunelle weiter.

„Genauso ist es“, erwiderte Mister Palmer.

„Wer um alles in der Welt steckt wohl dahinter?“ Der Museumsdirektor aus Paris schüttelte den Kopf.

„Wer immer es ist“, meinte Mister Palmer, „er hätte einen Blumenstrauß von uns verdient.“

„So etwas ließe sich an Bord ja besorgen“, sagte der Franzose. „Nur wüßten wir nicht, wohin damit.“

In diesem Augenblick waren die jungen Berliner Detektive Peter Finkbeiner und Ulli Wagner zusammen mit dem Pagen Kannengießer und Ronny den beiden Herren bei der Aufklärung des frechen Diebstahls bereits eine ganze Nasenlänge voraus . . .

Die drei Redakteure lehnen in ihren Sesseln und schweigen. Der lange Michael liegt allerdings mehr da, als daß er sitzt. Er hat wieder einmal seine Beine ausgestreckt und die Füße mit den mehr oder weniger weißen Tennisschuhen übereinandergekreuzt.

Der Rest Kaffee ist in den Tassen kalt geworden, die Servietten liegen wieder neben den Tellern, und die Kuchenplatte ist bis auf den letzten Krümel leergeputzt.

Mein kastanienbrauner Setter kommt verschlafen angetrottet und legt seine Schnauze dem Urs aufs Knie.

„Er scheint mich zu mögen", meint der dunkelhaarige Junge und streichelt Peter über den Kopf.

„Wenn er dich mag, dann nur gekocht in seinem Futternapf", bemerkt der Düsseldorfer Thomas trocken. Dabei verstaut er Notizblock und Kugelschreiber in einer der großen Taschen seiner khakifarbenen Hose.

„Sehr witzig", erwidert Urs und fängt damit an, seinen Fotoapparat und sein Mikrophon einzupacken. „Hunde fliegen nun mal auf mich. Es isch gspässig, aber es isch so."

Auch Michael hat seine langen Beine wieder auseinandergeknotet, klappt seinen Kassettenrecorder zu und nimmt sein Blitzlichtgerät vom Tisch. „Es war wirklich sehr freundlich von Ihnen“, meint er, während er irgendein Kabel über seinen ausgestreckten Fingern zusammenrollt. „Ich meine, daß Sie es uns erlaubt haben, Ihnen Ihre Zeit zu klauen. Aber jetzt ist’s allerhöchste Eisenbahn. Wir haben ja schon bei unserem Telefongespräch gesagt, daß wir heut noch zum Training müssen. Schließlich sind wir zum Fußballspielen in Berlin.“

„Um auf die verschwundene Mona Lisa zurückzukommen“, meint Urs ein wenig übergangslos. „Ist es nicht doch ziemlich unwahrscheinlich, daß eine Versicherung dieses unbezahlbare Bild ausgerechnet auf einem Schiff um die halbe Welt transportieren läßt?“

„Flugzeuge sind auch nicht ganz ohne Risiko“, versuche ich die Frage zu beantworten. „Im vergangenen Monat sind zum Beispiel irgendwo in den USA ganze Container mit Goldbarren aus einer Halle für Luftfracht geraubt worden. Vielleicht befürchtet man auch Entführungen, die ja immer häufiger vorkommen. Jedenfalls hab’ ich gelesen, daß südafrikanische Bergwerksgesellschaften und Banken ihre Diamatenfunde neuerdings nur noch auf dem Wasserweg nach Europa bringen.“

„Das stimmt tatsächlich?“ fragt Urs ein wenig ungläubig.

„Und im übrigen soll man beim Bücherschreiben ja auch ein bißchen phantasieren dürfen“, füge ich noch hinzu. „Solange das, was ich erzähle, unter Umständen gerade noch möglich sein könnte, bleibe ich ja immer so am Rande der Wahrheit und mogle nicht.“

„Einverstanden“, meint Urs und lächelt.

Im gleichen Moment blickt der Düsseldorfer Thomas auf seine Armbanduhr. Danach springt er auf und hat einen Kopf so rot wie ein Feuermelder. „Du lieber Herr Gesangverein, wenn ich in einer halben Stunde nicht im Olympiastadion bin, geht leider die Welt unter. Wie lange braucht die S-Bahn?“

Da ein Weltuntergang im Augenblick nicht in mein Programm gepaßt hätte, hole ich meinen hellgrauen BMW mit seinen acht Zylindern aus der Garage. Er hat inzwischen über zwanzig Jahre unter der Motorhaube, aber weil ich ihn pflege wie ein unschuldig erkranktes Eichhörnchen, ahnt man sein Alter nur, weil eben das Modell schon seit einer halben Ewigkeit nicht mehr fabriziert wird. Er ist ein Oldtimer, der sich blendend gehalten hat. Selbstverständlich wird er allerseits bestaunt, wenn ich ihn irgendwo stehenlasse.

Auch die drei Redakteure betrachten ihn neugierig. Aber da sie in Eile sind, hält sich ihre Begeisterung in Grenzen. Sie klettern in ihn hinein, müssen sich dicht nebeneinander in den Fond drücken, während Peter seinen angestammten Platz auf dem Beifahrersitz einnimmt. Ich öffne das Fenster, damit er seine Schnauze in den Wind halten kann. Auch das erwartet er nicht anders.

„Übrigens, weshalb Hunde in Ihren Büchern meistens kastanienbraune Setter sind, das haben wir ja inzwischen begriffen“, bemerkte Michael, als wir gerade zur Clayallee einbiegen. „Aber Sie haben auch für gewisse Namen eine besondere Vorliebe.“

„Eben vor allem für Peter“, pflichtet Urs bei. „Hat das eigentlich was zu bedeuten?“

„Peter klingt für mich irgendwie lustig“, antworte ich kurz vor dem Roseneck. „Und wenn man mich vor meiner Taufe gefragt hätte, welchen Vornamen ich mir wünsche – leider hat man es unhöflicherweise nicht getan –, würde ich euch vermutlich jetzt als Peter zum Stadion kutschieren.“ Ein rotes Stopplicht zwingt mich zum Halten. „Daß ihr mich jederzeit wieder besuchen könnt, muß ich wohl nicht sagen. Ihr solltet mich nur vorher anrufen, damit ich nicht gerade durch den Grunewald spaziere.“

„Morgen haben wir eine Ausscheidung nach der anderen“, stellt Thomas fest. „Aber am Tag darauf ist Spielpause, und der Senat hat für den Nachmittag sämtliche Tournierteilnehmer zu einem Besuch in den Zoo eingeladen. Es würde überhaupt nicht auffallen, wenn wir da die Kurve kratzen!“

„Also anstelle der Besichtigung von Känguruhs, Pinguinen und Schimpansen habe ich dann das Vergnügen“, stelle ich fest.

„Nur wenn es Ihnen recht ist“, grinst der dunkelhaarige Urs aus Luzern.

Inzwischen sind wir auf der Stadtautobahn.

„Abgemacht“, sage ich.

„Pünktlich um vier tanzen wir an“, erklärt der lange Michael.

„Und selbstverständlich mache ich euch gelegentlich im Stadion einen Gegenbesuch“, sage ich. „Aber erst in der Endrunde, wenn's um die Wurst geht.“

„Hoffentlich sind wir dann nicht schon in hohem Bogen rausgeflogen“, meint der Stuttgarter Michael. Er sitzt eingeklemmt zwischen den beiden anderen und hat seine langen Beine verbogen wie ein Schlangenmensch. „Jetzt noch zwei volle Halbzeiten“, seufzt er theatralisch. „Und das mit einem Kilo Kuchen im Bauch.“

„Du liebe Zeit, als Torwart stehst du doch bloß in deinem Kasten herum“, erwidert Thomas. „Uns Außenstürmern dampfen dagegen pausenlos die Socken. Aber was soll's“, seufzt er jetzt gleichfalls, „das Leben an der Küste ist halt eines der härtesten!“

Vor dem Olympiastadion wimmelt es nur so von Zuschauern und Turnierteilnehmern, die an ihren Trainingsanzügen oder an den prall gefüllten Segeltuchtaschen, die sie mit sich schleppen, leicht zu erkennen sind. Manche tragen ihre Fußballschuhe an den Schnürsenkeln über der einen oder der anderen Schulter. Omnibusse mit allen nur denkbaren Nummernschildern kommen angerollt, entleeren sich, parken auf dem weiten Vorplatz.

„Da ist ja vielleicht der Affe los“, stellt Michael fest, als er seine langen Beine aus dem Wagen schraubt. „Also, dann bis übermorgen.“

„Und besten Dank für heute“, sagt Urs.

„Er nimmt mir das Wort aus dem Mund“, bemerkt Thomas aus Düsseldorf.

„Keine Ursache“, erwidere ich, und schon verschwinden die drei im Laufschritt in dem allgemeinen Gedränge.

Als ich über die Stadtautobahn zurückfahre, bin ich mit meinen Gedanken schon wieder bei meiner augenblicklichen Geschichte, deren vorläufig letzte Manuskriptseite ja noch in der Schreibmaschine steckt.

„Morgen wird früh aufgestanden", nehme ich mir vor, „damit Kriminalkommissar Papenbrock, der bisher für den Leser sozusagen nur unsichtbar telefoniert hat, endlich persönlich auftreten kann, bevor mir die drei Redakteure wieder ins Haus schneien. Nach dem Frühstück geht's zuerst auf dem Fahrrad mit Peter in den Wald und hinterher zu Fuß mit meinen Notizzetteln –"

Inzwischen biege ich bei der Halenseebrücke wieder von der Autobahn über den Zubringer in Richtung Dahlem.

Meine neue Geschichte hat noch keinen Namen, überlege ich und denke dabei an die Fragen der drei Redakteure. Ob wohl DER GROSSE COUP gut wäre? Zu dem strohblonden Häftling Manfred Zasche würde so etwas wie DER GROSSE COUP jedenfalls genauso hauteng passen wie seine dünnen Lederhandschuhe. Und was ich vorhin gesagt habe, das stimmt tatsächlich. Es ist enorm wichtig, daß ein Titel die Phantasie in Bewegung setzt und neugierig macht. Eine ganze Menge guter und spannender Bücher – übrigens auch Filme – sind für die „Blindenanstalt" geschrieben beziehungsweise gedreht worden, wie man dazu flapsig in der Fachsprache sagt, nur weil ihr Titel keinen Hund hinter dem Ofen hervorgelockt hat. Also, ich werde DER GROSSE COUP vorerst mal einfach so hintippen. Ändern kann ich's ja immer noch, falls mir beim Rasieren oder Rasenmähen etwas anderes und Besseres einfällt.

Ich muß bremsen, weil ein Doppeldeckerbus Vorfahrt hat. Während ich warte und automatisch den Blinker einschalte, weil es ja gleich wieder nach rechts in die Clayallee geht, sitze ich in Gedanken bereits wieder mehr oder weniger hinter meiner Schreibmaschine.

Ich stelle mir vor, wie sich der Häftling Manfred Zasche und sein Gefängnisboß immer noch in den nicht mehr ganz nagelneuen Ledersesseln gegenübersitzen.

Vor dem vergitterten Fenster des Direktorbüros wandert die Sonne von der Straße her über die hohe Backsteinmauer. Es ist der erste schöne Frühlingstag in diesem Jahr.

Der große Coup

„Aber Sie haben ja nicht die blasseste Ahnung, mein lieber Zasche", stellte der Gefängnisdirektor fest. Er beugte sich vor und stützte seine Ellbogen auf die Knie, weil er jetzt möglichst eindringlich wirken wollte. „Ich möchte um alles in der Welt nicht in Ihrer Haut stecken. Wenn wir Sie nachher in die Freiheit spazieren lassen, geht ein Feuerwerk los, das sich gewaschen hat. Seit gestern klingeln bei mir die Telefone, als ob ich was umsonst zu verkaufen hätte."

„Ich verstehe kein Wort", meinte der Häftling aus dem Block D verblüfft. „Was meinen Sie?"

„Die Zeitungen, mein Bester", erklärte die Goldrandbrille. „Reporter sind so was wie zweibeinige Hyänen, und sie haben sich natürlich an ihren Fingern zusammengezählt, wann auf den Tag genau Ihre sieben Jahre vorbei sind. Jetzt wollten sie nur noch die Uhrzeit der Entlassung wissen. Aber wenn ich ihnen auch nichts verraten habe, können Sie doch Gift darauf nehmen, daß sich die Burschen bereits seit Stunden drunten vor unserem Hauptausgang die Füße in den Bauch stehen."

„Daß die Polente auf mich wartet, das war mir sonnenklar", sagte der kräftige Mann mit den strohblonden Haaren. „Aber was die Presse betrifft, da hatte ich mir so ein bißchen eingebildet, daß ich für sie inzwischen ein alter Hut bin und daß sie mich längst ein für allemal vergessen hat."

„Mit einer geklauten Dreiviertelmillion in irgendeinem geheimnisvollen Versteck?" fragte der Direktor und ließ ein glucksendes Lachen aus der Tiefe seines Bauches hervorschießen. „Das kann wohl nicht Ihr verehrter Ernst sein? Jetzt geht der Zirkus doch erst richtig los."

„Nicht gerade angenehm, aber auch kein Beinbruch", bemerkte Manfred Zasche. „Was kann schon viel passieren? Die Herrschaften werden ein paar dämliche Fragen abschießen, und ich werde ihnen genauso dämlich antworten. Vielleicht fotografieren sie mich auch. Aber damit hat sich dann der Salat, und schon übermorgen bin ich wieder endgültig Schnee von gestern für sie. Da läßt sich dann ein amerikanischer Filmstar scheiden, irgendwo fabriziert man zum erstenmal Zwillinge in der Retorte, oder ein Flugzeug wird gekidnappt. Und schon ist ein gewisser Manfred Zasche so uninteressant wie ein altes Fahrrad. Die liebe, gute Polizei allerdings wird mich auf Schritt und Tritt beschatten. Darüber bin ich mir im klaren, wie gesagt . . ."

„Nicht zu vergessen die Inspektoren der Versicherung, die schließlich den ganzen Verlust ersetzen mußte", unterbrach ihn der Gefängnisdirektor.

„Jedenfalls werde ich den Herren nicht den Gefallen tun und die Piepen vor ihren Nasen aus dem Versteck holen", murmelte der Häftling vor sich hin. „Sieben Jahre Knast haben meine Nerven ganz enorm beruhigt. Ich bin jetzt sozusagen Weltmeister im Warten und hab' wahnsinnig viel Zeit."

„Aber nicht, daß Sie sich etwa einbilden, die Dreiviertelmillion würde jetzt tatsächlich Ihr rechtmäßiger Besitz sein", stellte der Gefängnisdirektor fest. „Nur weil Ihnen das Gericht dafür, daß Sie das Versteck nicht verraten haben, zusätzlich zwei Jahre aufgebrummt hat . . ."

„. . . die ich ohne Knurren brav abgesessen habe", fuhr Manni Zasche, wie ihn seine Freunde nannten, treuherzig fort. „Ich hab' den amtlich festgelegten Preis bezahlt, und dafür darf ich auch kassieren. Doch, ich glaube schon, daß die Dreiviertelmillion jetzt mir gehört. Ehrlich verdient in zwei Jahren, die ja nun wirklich kein Honiglecken waren."

„Das ist doch blanker Nonsens", widersprach der Mann mit der Goldrandbrille. „Und das wissen Sie selbstverständlich genausogut wie ich."

„Bedauerlicherweise sind wir da völlig verschiedener Meinung, Herr Direktor", meinte der strohblonde Häftling seelenruhig. Er schlug jetzt anstelle des linken Beins das rechte über sein Knie. „Wenn es nur um das Geld geht, können Sie sich jedes weitere Wort sparen."

„Schön, sprechen wir also nicht mehr davon." Bevor der Gefängnisdirektor fortfuhr, veranstaltete er eine kleine Pause und ließ kräftig seine Finger knacken. „Ihre Tat allerdings muß ich Ihnen leider noch einmal in Ihre Erinnerung zurückrufen, bevor ich Sie wieder auf die Menschheit loslasse. Aber da auch das kaum so etwas Ähnliches wie Reue oder dergleichen bei Ihnen bewirken wird, wollen wir diese Formalität möglichst rasch und schmerzlos hinter uns bringen. Andererseits existiert eine Gefängnisordnung, damit sie eingehalten wird. Einigen wir uns also auf eine Art Telegrammstil!"

„Sie sprechen mir aus der Seele", bemerkte Manfred Zasche bescheiden. „Schon ganz am Anfang unserer Unterhaltung habe ich Ihnen angeboten, daß Sie sich von mir nicht Ihre Zeit stehlen lassen sollen. Sie haben schließlich eine ganze Menge Wichtigeres um die Ohren."

„Also kurz und knapp", sagte der Direktor und tat so, als hätte er gar nicht hingehört. „Machen wir einen Sprung zurück bis zu dem Augenblick, als Sie zusammen mit Ihrem Komplizen Ekkehard Krumpeter auf Socken, die Schuhe in der Hand, durch die Spielwarenabteilung im fünften Stock schleichen. Das Kaufhaus ist menschenleer und dunkel. Lediglich ein paar kleine rote Lampen der Notbeleuchtung brennen da und dort." Er lehnte sich wieder tief in seinen Sessel zurück. „So, und jetzt sind Sie selbstverständlich zuerst einmal ins Erdgeschoß hinuntergetrabt, weil sich ja dort der Kassenraum befand und in ihm, allerdings hinter einer verdammt dicken eisernen Tür, der Tresor mit den ganzen Samstagseinnahmen aus dem fabelhaften Sommerschlußverkauf. Es muß für Sie doch enorm wichtig gewesen sein, zuerst einmal festzustellen, ob Ihre Geräte und das Handwerkszeug, das Sie mitgebracht hatten, überhaupt ausreichten, um tatsächlich an das aufgestapelte Geld heranzukommen. Immerhin hätte es ja eine böse Überraschung geben können –"

„Ach, wissen Sie, ganz so eilig hatten wir es damit gar nicht", erwiderte Manfred Zasche und schmunzelte zufrieden. „Wir haben ja genau gewußt, was uns da unten erwartet. Wir kannten das Modell des Geldschranks so gut wie unsere eigene Hosentasche, und die dicke Eisentür war auch kein Problem mehr . . .“

„Wieso, wenn ich fragen darf?“ unterbrach ihn der Direktor neugierig.

„Na ja, da gab's doch Paule“, antwortete der Häftling. „Paul Schulz, Sie erinnern sich vielleicht?“

„Der mit dem Blinddarm?“

„Ja, der mit dem Blinddarm“, sagte der strohblonde Mann nachdenklich, und dann blickte er plötzlich auf. „Ich bin schon wieder dabei, Dinge auszuplaudern, von denen die Polizei keine Ahnung hat und die deshalb auch in keiner Gerichtsakte stehen. Aber was kann schon passieren, der ganze Quatsch ist ja inzwischen . . .“ Er unterbrach sich und kniff sein linkes Auge zu. „Ist er doch oder etwa nicht?“

„Verjährt“, versicherte der Gefängnisdirektor. „Ein für allemal endgültig verjährt, daran gibt's nichts zu rütteln.“

„Also dann weiter mit diesem Paul Schulz, der übrigens seither so blitzblank geblieben ist wie ein frisch gewaschenes Tischtuch. Vermutlich, weil er nach unserer Geschichte damals bloß so knapp am Knast vorbeigesegelt ist und weil ihm das für den Rest des Lebens einen grandiosen Schock verpaßt hat. Aber seinerzeit baldowerte Paule noch für uns so ein bißchen durch die Gegend, schnüffelte hier und dort, hatte immer die Ohren spitz. Und dabei ist ihm dann eines Tages geflüstert worden, daß die Kaufhausdirektion vorübergehend verdammt knapp an technischem Personal sei, und er hat blitzschnell geschaltet. In so einem Riesenkasten brennen am laufenden Band Sicherungen durch, zischt es in den Steckdosen oder kippen Lichtschalter aus den Latschen. Wenn man dann nicht genügend Leute zum Reparieren hat, fragt man nicht immer gleich nach dem Geburtsschein und nimmt jeden, der was von dem Krempel versteht. Und Paule hat geschickte Finger. Er versteht sein Handwerk als Elektriker. Er hat sich als Aushilfe einstellen lassen und ist schon am zweiten Tag über die Alarmanlage gestolpert. ‚Das ist vielleicht ein vorsintflutlicher Kasten‘, hat er uns abends in der Kneipe erzählt und sich beinahe schiefgelacht. ‚Ballert nur los, wenn jemand mit Gewalt von außen durch ein Schaufenster oder eine Tür herein will, ist man aber irgendwie drinnen, piept er mit keinem Ton. Da stiefeln dann als einzige Sicherung in der Nacht nur einmal oder auch zweimal irgendwelche Männer vom Wach- und Schließverein durch die verschiedenen Etagen und kratzen wieder beruhigt die Kurve, wenn sie ihre Runde hinter sich haben. Das sind harmlose und echt gemütliche Typen. Lediglich am Kassenraum gibt's noch so was wie Fotozellen, die noch nicht allzulange installiert sein können. Die will ich mir mal morgen näher vor die Pupille nehmen.' Das hat sich natürlich sehr verführerisch angehört. Und wenn ich einigermaßen ehrlich bin, hat Paule mit seinem Bericht mir und meinem Freund Ekke Krumpeter das Maul ganz schön wäßrig gemacht. ‚Mensch, Wuschelköpfchen', haben wir zu ihm gesagt, ‚das ist ja ein Geschenk des Himmels, dieses Warenhaus, ein Ding, von dem man nur träumen kann. Bleib dran, Junge, guck dich um, bis dir die nebensächlichsten Einzelheiten aus den Ohren raushängen.' Und Paule hat das auch getan. Erst als es dann brenzlig geworden ist, weil die Personalabteilung endlich seine Papiere sehen wollte, hat er die Fliege gemacht und war ganz plötzlich verschwunden. Aber da hatte er ohnehin schon im ganzen Haus seine Nase in alle Ecken gesteckt."

„Also regelrechte Werkspionage, wenn man bei der Wahl seiner Worte nicht zimperlich ist", bemerkte der Gefängnisdirektor. „Du meine Güte, man kann immer nur wieder mit den Ohren schlackern, wenn man hört, wie bodenlos unbekümmert manche Betriebe sind und wie einfach sie's euch machen." Er räusperte sich. „Nehmen Sie das bitte nicht persönlich." Anschließend schüttelte er gleichzeitig besorgt und ein wenig nachdenklich den Kopf.

„Ja, es ist wirklich kaum zu fassen", pflichtete der Häftling bei und zeigte ein genauso besorgtes Gesicht. „Da werfen diese riesigen Warenhauskonzerne allein für Reklame das Geld nur so aus dem Fenster, aber wenn es darum geht, sich nur einigermaßen zeitgemäß gegen Einbruch zu schützen, dann haben sie ein Brett vor dem Kopf und machen die Schotten dicht. Vielleicht, weil sie sich auf ihre Versicherung verlassen, die am Ende ja doch alle Schäden berappen muß.“

„Mag durchaus was dran sein“, meinte der Direktor und murmelte jetzt mehr für sich: „Jedenfalls sträflich leichtsinnig –“

„Hanebüchen“, murmelte der Häftling genauso leise und schüttelte den Kopf.

Inzwischen hatte die Sonne das Fenster erreicht und warf die Schatten der Gitterstäbe auf den Teppich.

„Aber lassen wir das“, sagte der Gefängisdirektor und rückte dabei wieder einmal seine Goldrandbrille zurecht. „Fahren Sie jetzt in Ihrer Erzählung fort, lieber Herr Zasche, ich hatte Sie leider unterbrochen.“

„Also, was uns da unten im Erdgeschoß erwarten würde, haben wir gewußt! Gleichzeitig war es ein klarer Fall, daß der Tresor, den mein Freund Ekke nicht im Handumdrehen knacken kann, erst noch erfunden werden muß. Geldschränke sind für ihn bloß bessere Ölsardinenbüchsen, das ist Gott sei Dank nun mal so.“ Der Häftling räkelte sich jetzt in seinem Sessel herum, als sei er bei sich zu Hause. „Und weil es zu unserem Plan gehörte, die Ärmel erst hochzukrempeln und uns an die Arbeit zu machen, wenn sich die englische Königin am nächsten Vormittag durch die sonntägliche Stadt jubeln ließ, hatten wir ja noch eine Unmenge Zeit. Wir wanderten also seelenruhig und gemütlich von einer Etage in die andere. In der Lebensmittelabteilung genehmigten wir uns ein Fläschchen französischen Champagner, ein bißchen Kaviar, Lachs und Gänseleberpastete. Die Auswahl war erfreulich, und wir mußten ja nur zugreifen. War mal eine der großen Kühltruhen verschlossen, kostete es meinen Freund Ekke nur ein müdes Lächeln und zwei oder drei Handgriffe, um sie aufzumachen. In der dritten Etage haben wir uns anschließend ein paar besonders hübsche Armbanduhren ausgesucht und sie schön nebeneinander um unsere Handgelenke gebunden. Wieder eine Etage tiefer bedienten wir uns in der Lederabteilung mit zwei wirklich sehr schicken Handkoffern, die wir dann später für den Geldtransport verwenden wollten. ‚Ein Jammer, wir könnten uns hier ohne einen Pfennig für den Rest unseres Lebens mit den teuersten Klamotten eindecken‘, seufzte Ekke, ‚gar nicht zu reden von all dem stinkfeinen Zeug, das sonst noch überall rumliegt. Aber wir müssen beweglich bleiben und dürfen uns nicht mit irgendwelchem Kram belasten. Wenn's morgen um die Wurst geht, müssen wir topfit sein. Trotzdem ist es ein Jammer, wie gesagt.‘ Dabei zog er eine Visage, daß es einem wirklich an die Nieren gehen konnte. Dabei ist Ekke alles andere als ein pflaumenweicher Typ. Übrigens hat er genauso blonde Haare wie ich, und wenn man nicht zu genau hinguckt oder uns nicht gerade mitten ins Neonlicht stellt, könnte man uns für Zwillinge halten. Ach ja, Ekke Krumpeter, so was gibt's nicht im Dutzend –“

Der Häftling aus dem Block D blickte versonnen und ein wenig traurig zu der Stehlampe hinüber. Er sah ganz so aus, als würde er mit offenen Augen vor sich hin träumen.

Der Mann mit der Goldrandbrille zeigte, daß auch Gefängnisdirektoren Taktgefühl und Herz haben können. Er ließ seinem Gesprächspartner eine ganze Weile Zeit, um seinen Gedanken nachzuhängen, bis er dann sehr behutsam den Faden wieder aufnahm. „Aber irgendwann in der Nacht haben doch diese Sicherheitsleute ihre Kontrollgänge gemacht. Sie hätten euch doch überraschen und entdekken können?“

„Deshalb haben wir anfangs ja auch höllisch aufgepaßt und waren sozusagen immer auf dem Sprung“, erwiderte Manfred Zasche. „Aber dann hat es sich gezeigt, daß sich die Herrschaften ihren Dienst ziemlich bequem machten. Sie waren offensichtlich keine Freunde vom Treppensteigen und ließen sich, wenn sie kamen, durch einen der großen Fahrstühle von einer Etage in die andere transportieren. Und da sich in einem so menschenleeren Gebäude schon ein Knacken in der Heizung wie eine Telefonklingel anhört, waren die Geräusche, die sie mit dem Lift fabrizierten, jedesmal fast so wie Telegramme, die manche Leute losjagen, wenn sie ganz sicher sein wollen, daß man ja über ihre genaue Ankunft Bescheid weiß."

„Sehr praktisch und enorm rücksichtsvoll", meinte der Gefängnisdirektor anzüglich. „Sobald ihr also irgendwelche Türen und dann das Summen eines Aufzugs gehört habt, ging es auf Tauchstation. So einfach ist das."

„Ja, und jedesmal verdrückten wir uns woanders", bestätigte der Häftling. „Es kam immer drauf an, in welcher Etage wir uns gerade herumtrieben. Mal versteckten wir uns in einer auf antik getrimmten Bauerntruhe der Möbelabteilung, dann wieder im Zelt einer Campingausstellung mit künstlichem Rasen und einer auf himmelblaue Leinwand gemalten knallgelben Sonne, oder wir rollten uns im Stockwerk für Teppiche in einen mehr oder weniger echten Perser. Wir konnten die uniformierten Männer beobachten, wie sie irgendwelche Stechuhren bedienten, auch mal eine verschlossene Tür überprüften und mit ihren Stablaternen herumleuchteten. Sie kamen zweimal. Ziemlich genau um Mitternacht und dann wieder in aller Herrgottsfrühe. Da pennten wir dann bereits in der sechsten Etage, wo für die Kunden die verschiedensten Kombinationen von Schlafzimmern zusammengestellt waren. Wir hatten uns für ein rosarotes Doppelbett mit Schleiflack entschieden, ein Sonderangebot für jungverheiratete Ehepaare, mit Matratzen so weich wie Badeschaum. Aber vor allem stand es ziemlich abgelegen und hatte beinahe undurchsichtige Tüllvorhänge.

„Da habt ihr euch dann lediglich die Bettdecken über die Köpfe gezogen, als sich dieser Wach- und Schließdienst wieder geräuschvoll angemeldet hat", bemerkte der Gefängnisdirektor. „Und die sauberen Herren sind dann völlig ahnungslos an euch vorbeispaziert."

„Als ob Sie dabeigewesen wären, Herr Direktor", grinste Manfred Zasche. „Genauso ist es gewesen. Als die Luft wieder sauber war, sind wir dann allerdings noch einmal aufgestanden und ganz nach oben ins siebte Stockwerk geschlichen. Von dort führte eine Eisentreppe zu einer Art

Dachgeschoß mit den Umkleideräumen für das technische Personal. Wir haben nicht lange suchen müssen. Mit zwei ziemlich vergammelten Overalls, auf deren Rücken groß der Name des Kaufhauses aufgedruckt war, sind wir kaum eine Viertelstunde später wieder zurückgestiefelt, haben die Dinger zu unseren übrigen Klamotten gelegt und sind dann endgültig in unser Schleiflackbett gekrochen."

„Mit Overalls meinen Sie doch wohl diese ganzteiligen Arbeitsanzüge, die heute immer mehr üblich werden, nehme ich an?" fragte der Direktor dazwischen. „Welche Rolle haben die denn bei Ihrem Plan gespielt?"

„Sie werden es noch erfahren", versicherte der Häftling geheimnisvoll und fügte nach kurzem Überlegen hinzu: „Selbstverständlich haben wir keine Sekunde ohne sehr dünne, aber auch sehr stabile Lederhandschuhe gearbeitet. Sie klebten sozusagen an unseren Fingern, bis alles vorbei war. Auch beim Essen und beim Schlafen haben wir sie nicht ausgezogen. Fingerabdrücke am Tatort zu hinterlassen, ist nämlich in unserem Job so ziemlich der dämlichste Fehler, der nur einem Anfänger passieren darf. Da könnte man ja gleich der Kripo eine Ansichtskarte mit seiner genauen Adresse schicken, mit freundlichem Gruß einschließlich Geburtsdatum und Blutgruppe. Übrigens, wenn ich das noch sagen darf: An diese Badeschaummatratze von dem rosaroten Doppelbett hab' ich während der sieben Jahre in meiner Zelle ziemlich oft denken müssen –"

„Was ich durchaus verstehen kann", räumte der Direktor ein. Er schmunzelte kurz und fuhr dann fort. „Aber inzwischen sind wir an dem Punkt angelangt, wo die Sache ernst wird. Vor den Fenstern wird es allmählich hell, und der erwartete Sonntag kündigt sich an. So etwa kurz vor Mittag soll die Wagenkolonne mit der englischen Königin und ihrem Gefolge über die Straße dicht an eurem Warenhaus vorbeirollen."

„Genau um elf Uhr fünfzig hatten die Zeitungen geschrieben", bemerkte der Häftling. „Wir hatten nach dem Aufstehen also noch genügend Zeit, um uns ein perfektes Frühstück zu genehmigen. In der Lebensmittelabteilung kannten wir uns ja inzwischen aus wie in der eigenen Küche. Und nur ein zufriedener Magen befähigt den Menschen zu Höchstleistungen. Zudem war es ja ganz unsicher, wann wir das nächstemal wieder etwas zwischen die Zähne kriegen würden. Ja, und dann auf einmal lief uns die Zeit wie das Feuer an einer Zündschnur unter den Socken davon." Jetzt hielt es den strohblonden Mann nicht mehr in seinem Sessel. Er sprang auf, machte ein paar Schritte, und dann federte er herum. Er hatte tatsächlich die Modellfigur eines Stabhochspringers. Die sieben Jahre Knast waren spurlos an ihm vorbeigegangen. „Jetzt schleppten wir unsere bis dahin versteckten Werkzeuge und Geräte nach unten ins Erdgeschoß. Früher wäre das ein zu großes Risiko gewesen. Die Männer vom Wach- und Schließdienst, so blöd und sorglos sie auch waren, hätten sie doch entdecken können. Sei es auch nur, daß sie durch Zufall darüber gestolpert wären." Der Häftling fuhr sich mit dem Handrücken über den Mund. „Ja, die schwere Eisentür zum Kassenraum war wirklich der härteste Brocken. Aber zuerst mußte die elektronische Alarmanlage vor und neben ihr gekippt werden. Ekke Krumpeter nahm sich den von Paule aufgezeichneten Schaltplan vor die Nase und machte sich an die Arbeit. Inzwischen hatte ich mich, so wie es abgesprochen war, etwa fünfzehn Meter von ihm entfernt neben einem Fenster postiert. Dieses Fenster war einigermaßen in meiner Kopfhöhe, ziemlich lang, schmal und wohl schon seit einer Ewigkeit nicht mehr richtig geputzt worden. Trotzdem konnte ich noch genügend sehen. Und das Beobachten der Straße war vorerst meine ganze Aufgabe. Die Polizei war gerade dabei, am Rand der Gehsteige Seile zu spannen, und die ersten Zuschauer pflanzten sich bereits dicht hinter ihnen auf. ‚Wie sieht's aus?' fragte Ekke, ohne sich umzudrehen. Er stand mittlerweile auf einer kleinen Leiter, blickte abwechselnd in Paules Schaltplan und dann wieder in einen Kasten mit einem Durcheinander von Sicherungen, Relais und Kabeln. Ich schilderte ihm mit gedämpfter Stimme wie ein Fernsehreporter, was sich draußen abspielte. ‚Na fein, da liegen wir ja mit unserer Zeit genau richtig!‘ stellte Ekke Krumpeter fest. Er hantierte mit seinen Instrumenten so konzentriert wie ein Chirurg am Operationstisch, war dabei kalt wie eine Hundeschnauze und funktionierte exakt wie ein Automat. Er war eben ein ausgekochter Profi, und im stillen zog ich meinen Hut vor ihm. ‚Was gibt's draußen Neues?‘ fragte er nach einer Weile. Dabei hatte er seine Nase immer noch

ganz dicht über dem Kasten, der vor lauter Technik fast aus den Nähten platzte. Ein falscher Griff seiner Finger, und die Alarmanlage konnte uns hochgehen lassen. ‚Immer mehr Menschen versammeln sich, haben Fähnchen und Blumen zum Winken mitgebracht', berichtete ich. ‚Schräg gegenüber baut sich neben dem Zeitungskiosk gerade eine Musikkapelle auf!' Ekke schien jetzt gar nicht mehr zuzuhören. Er biß sich immer wieder auf die Unterlippe, war mit seinen Gedanken nur noch bei dem Kabelsalat und dem Schaltplan. ‚Ich muß den richtigen Stromkreis unterbrechen, dann ist der Impulsgeber ausgeschaltet', murmelte er vor sich hin. ‚Erwisch' ich den falschen, sitzen wir in der Falle. Aber ich verlaß mich auf unser Goldstück Paule. Er hat ja lang genug hier herumgeschnüffelt, und von Elektronik versteht er was, da kann man sagen, was man will.' Mir schlotterten allmählich ganz schön die Hosen, muß ich zugeben. Meine Blicke wanderten ständig hin und her. Einerseits zu Ekke und dann zu meinem schlecht geputzten Fenster. Draußen fing es allmählich an, von Menschen nur so zu wimmeln. Und dann sagte mein Kumpel Krumpeter wie aus heiterem Himmel und so seelenruhig wie eine Großmutter auf der Parkbank: ‚Dusel gehabt, es hat geklappt.' Er schob seine ausgebreitete rechte Hand ganz langsam vor die Strahler der Alarmanlage. Sie war tatsächlich lahmgelegt und rührte sich nicht. Aber Ekke wollte ganz sichergehen. Er schob sich Zentimeter um Zentimeter auf die schwere Eisentür zum Kassenraum zu. Mein Magen zog sich zusammen, aber nichts tat sich. Als Ekke schließlich dicht vor der Tür stand und ihre Klinke berührte, ohne daß irgendeine Sirene auch nur ganz müde piep gesagt hätte, wirbelte er herum, stampfte ein paarmal ganz schnell wie ein spanischer Flamencotänzer mit seinen Schuhabsätzen auf den Betonboden und knallte dabei die Hände zusammen. ‚Wir haben die erste Hälfte geschafft, alter Junge! Die Piepen sind fast schon in unseren Koffern', frohlockte er mit leuchtenden Augen. Aber gleich danach fragte er: ‚Was ist inzwischen draußen los? Wieviel Zeit haben wir noch?' Ich versuchte, jetzt auch meinerseits witzig zu sein, und grinste: ‚Alles klar an Deck der Andrea Doria.‘ Mein Magen hatte sich wieder mehr oder weniger erholt, und ich war natürlich heilfroh, daß Ekke die Alarmanlage so glatt umgelegt hatte. Ich blickte auf meine Armbanduhr. ‚Wenn es nach den Zeitungen geht, müßte die Dame in einer Viertelstunde aufkreuzen. Und genauso sieht es auch aus. Die Gehsteige sind schon schwarz von Menschen.‘ Ekke Krumpeter war einstweilen bereits dabei, irgendeine lehmartige Masse sorgfältig über die Fläche der schweren Eisentür zu verteilen. Er tat es mit so sanften Bewegungen, als würden seine Hände einen Kanarienvogel streicheln. Die dicksten Batzen bekamen das Schloß und die Scharniere ab. Das Zeug sah so harmlos aus wie Knetmasse, mit der Kinder irgendwelche Männchen, Giraffen oder kleine Häuser modellieren. Ekke, der jetzt in dem schummrigen Licht wieder so aussah wie mein Zwillingsbruder, hatte einstweilen einen Schaltkasten aus seiner Werkzeugtasche gezaubert, stellte ihn hinter einer Ecke in sichere Deckung und holte jetzt eine Menge ganz dünner Drähte heraus, die er mit den verschiedenen Klumpen der Sprengmasse an der Eisentür vorsichtig in Verbindung brachte. ‚Es kann nicht mehr lange dauern‘, mahnte ich. ‚Bin gleich soweit‘, beruhigte mich Ekke Krumpeter. Und dann . . .“ fuhr der Häftling fort und wanderte mit schnellen, unregelmäßigen Schritten hin und her.

Der Gefängnisdirektor rückte sich ein wenig anders in seinem Sessel zurecht. Möglicherweise, um besser hören zu können. Jedenfalls sagte er kein Wort.

„Und dann“, wiederholte Manfred Zasche, „kam die Wagenkolonne mit der englischen Königin auf unser Warenhaus zu. Selbst durch das ziemlich dicke Fenster waren zuerst entfernte, dann allmählich näher kommende Jubelrufe zu hören. Es dauerte nicht lange, und zwei Jeeps mit englischen Soldaten brausten in ziemlichem Tempo über die abgesperrte Straße. Gleich darauf folgten ihnen noch vier andere. Und dann tauchten auch schon die üblichen ‚weißen Mäuse‘ auf ihren Motorrädern auf. Sie knatterten jeweils fünf nebeneinander und gestaffelt wie eine Pfeilspitze. In einigem Abstand folgte dann ein breiter Laster mit den Pressefotografen und den Kameraleuten vom Fernsehen. Sie saßen dicht nebeneinander, übereinander und mit dem Rücken zur Fahrtrichtung wie Hühner auf Bänken, die man treppenartig quer über die Ladefläche gebaut hatte. Dadurch konnten sich die Herrschaften nicht gegenseitig die Sicht auf den offenen Rolls-Royce nehmen, der jetzt mit der englischen Königin kaum fünfzehn Meter vor und zugleich hinter ihnen sehr majestätisch über die Mitte der Straße gerollt kam. Männer, die ganz gewiß zum Geheimdienst gehörten, hingen wie Klammeraffen an den Wagenseiten oder liefen mit ihren an der linken Brustseite verdächtig ausgebeulten Jacketts nebenher."

„Das war genau der Augenblick, auf den ihr gewartet hattet", stellte der Gefängnisdirektor fest. Er konnte sich diese Unterbrechung nicht verkneifen. „Nur wegen der jetzt folgenden Sekunden ist euer Plan überhaupt möglich gewesen."

„Ja, genau auf diesen Augenblick war das Ganze ausgeknobelt", stimmte Manfred Zasche zu. Schweigend ging er ein paar Schritte hin und her, als überlegte er sich seine Antwort noch einmal. „Ja, so war es, durch diese Idee kam der ganze Plan überhaupt erst auf die Beine." Er blieb stehen. „Die schwere Eisentür zum Kassenraum mußte aufgesprengt werden, anders war sie einfach nicht zu knakken. Aber der Krach der Detonation hätte das halbe Stadtviertel alarmiert. Nur ein gleichzeitiger ähnlich gewaltiger Lärm von außen konnte unter günstigen Umständen den Bums unserer Explosion zudecken – sozusagen. Nun ja, einen solchen Radau erhofften wir uns vom Eintreffen der Queen direkt vor dem Warenhaus. Und es hat ja dann auch geklappt."

„Ohne den zufälligen Besuch der englischen Königin zu dieser Zeit wäre das Warenhaus also ungeschoren geblieben?" unterbrach der Mann mit seiner goldgeränderten Brille noch einmal.

„Der Papst oder der amerikanische Präsident, beide wären uns genauso hilfreich gewesen", meinte der strohblonde Häftling. „Aber irgendwas in dieser Größenordnung brauchten wir schon." Er lächelte und hatte jetzt die Daumen im Gürtel seiner Hose.

„Obgleich ich eure Geschichte inzwischen in- und auswendig kenne, ist sie für mich immer noch so spannend, als hörte ich sie zum erstenmal", sagte der Gefängnisdirektor. „Fahren Sie fort, Herr Zasche."

Und der Häftling tat es.

„Vor unserem Kaufhaus kam der Wagen der Queen nur im Schrittempo voran, beinahe sah es so aus, als würde er ganz zum Stehen kommen. Die Menge drängte immer neugieriger über die Gehsteige zur Straße. Und als der hohe Gast jetzt auch noch von dem dicken Lederpolster aufstand und nach allen Seiten lächelnd grüßte, gab es kein Halten mehr. Der allgemeine Jubel überschlug sich, Feuerwerkskörper wurden in den Himmel geschossen, wie das ja inzwischen auch auf den Fußballplätzen Mode geworden ist, und die Musikkapelle drüben neben dem Zeitungskiosk spielte, so laut es eben ging, ‚Das ist die Berliner Luft'. Ich hatte mein Taschentuch mit dem ausgestreckten rechten Arm schon eine ganze Weile senkrecht in die Luft gehalten. Jetzt riß ich es wie eine weiße Fahne nach unten. Das war für Ekke Krumpeter das Zeichen. So ziemlich im selben Augenblick sprangen wir beide in Deckung, und dann zündete er die Explosion. Es gab hintereinander einige Stichflammen und dann einen so fürchterlichen Krach, daß wir befürchteten, jetzt käme das ganze Warenhaus mit allen seinen sieben Etagen auf uns herunter. Aber das schien sich nur im Inneren des Gebäudes so angehört zu haben. Als ich mich wieder aus meiner Deckung wagte und durch das Fenster blickte, war das Bild auf der Straße völlig unverändert. Kein einziger Zuschauer hatte sich auch nur umgedreht. Nach wie vor schwenkte man begeistert die mitgebrachten Fähnchen, brüllte sich jubelnd die Stimmen aus dem Hals, böllerte vergnügt Feuerwerkskörper in die Luft, und Englands gekröntes Haupt lächelte dazu immer noch artig nach rechts und links und wieder nach rechts und wieder nach links."

„Eure Rechnung war also voll und ganz aufgegangen", stellte der Gefängnisdirektor fest. „Kaum zu fassen, daß die Explosion von niemandem gehört worden ist."

„Ja, es war wie ein Wunder, an das wir zuerst selber nicht glauben wollten", gab der Häftling Zasche zu. „Eine ganze Weile standen wir nur da. Der aufgewirbelte Staub legte sich wieder. Wir hielten den Atem an und warteten darauf, daß jetzt irgend etwas passieren würde. Denn es mußte doch was passieren. Aber nichts rührte sich. Da flüsterte Ekke Krumpeter beinahe andächtig: ‚Wir müssen heute ein besonders gutes Horoskop haben.' Die schwere Eisentür lag mit herausgerissenem Schloß ziemlich zerbeult auf dem Fußboden, und man mußte nur über sie hinwegklettern, um in den Kassenraum zu kommen, der noch verqualmt und nicht richtig zu erkennen war. ‚Los, jetzt geht's vielleicht um Sekunden', zischte Ekke, und damit hatte er selbstverständlich recht, das wußten wir beide ganz genau. Oft genug hatten wir diese undichte Stelle in unserem Plan besprochen und abgeklopft. Jetzt kam es nämlich darauf an, wann die Männer vom Sicherheitsdienst ihren nächsten Kontrollgang durch das Warenhaus machen würden. Spätestens zu diesem Zeitpunkt mußten wir aus dem Gebäude verschwunden sein. Da sie bisher noch nicht aufgetaucht waren, konnten wir annehmen, daß sie wohl genauso neugierig seien wie die übrige Bevölkerung und daß sie sich das Schauspiel der königlichen Stadtrundfahrt sicher nicht entgehen ließen. Und da glücklicherweise alle Zeitungen angekündigt hatten, dem Wagen der Queen sollte in einigem Abstand die komplette königliche Garde folgen, die samt Pferden und Bärenfellmützen eigens per Flugzeug nach Berlin verfrachtet worden war, wiederum gefolgt von einem schottischen, Dudelsack spielenden Musikkorps der Berliner Garnison, würden die Herren vom Wach- und Schließdienst nicht sofort nach der Besichtigung der Hauptperson des Programms auf den Absätzen kehrtmachen – noch das Gedränge eingerechnet, bis sich die angestauten Massen wieder verlaufen haben würden. Und falls die Herrschaften überhaupt die Absicht hatten, heute am hellichten Tage aufzukreuzen, durften wir uns vielleicht noch eine kurze halbe Stunde vor ihnen sicher fühlen. Dann aber konnten sie zu jeder Sekunde hier hereinplatzen. Und dann, lieber Herr Gesangverein! Nun, jedenfalls war Ekke Krumpeter mit seinen Werkzeugen längst in den Kassenraum gespurtet, während ich mir den Schneidbrenner zur Brust genommen hatte und über den abgesplitterten Mörtel und die herausgesprengte Tür hinter ihm herschleppte. ‚Laß das Ding vorläufig noch in Ruhe', erklärte Ekke. ‚Vielleicht brauchen wir's gar nicht.' Er streichelte mit seinen Handschuhen über die großen Metallflächen des Tresors, der mitten im Raum an der Wand stand, tastete sein Schloß ab und daneben das Rad aus Stahl und Messing, das den Durchmesser einer mittleren Bratpfanne hatte. ‚Du bist doch ein K 712 aus der 78er Serie, wie schön, dich zu sehen', murmelte mein Freund Krumpeter. Er ging in die Hocke und beäugte die Schlösser. ‚So gut, wie wir uns schon kennen, müßte das mit uns zwei beiden doch eigentlich ein Kinderspiel sein!' Und das war es dann auch. Für Ekke selbstverständlich. Von mir hätte man genausogut verlangen können, daß ich mit verbundenen Augen auf den Kilimandscharo klettern soll. Schon knappe fünf Minuten später machte es ein paarmal ganz leise ‚klick', kurz darauf wieder. ‚Hol schon die Koffer', flüsterte Ekke. Er hatte sein rechtes Ohr an dem Metall und schien sich seiner Sache vollkommen sicher zu sein. Als ich kurz danach mit den beiden piekfeinen und nagelneuen Prachtstücken der Lederabteilung wieder zurückkam, blieb ich wie angewurzelt stehen. Krumpeter war nämlich gerade dabei, ganz behutsam die schwere Geldschranktür aufzuziehen. Dabei gab sie ein kaum hörbares, saugendes Geräusch von sich. Und dann lag das Geld vor uns. Zuerst noch so im Halbdunkel, aber je weiter sich der Tresor öffnete, je mehr wanderte mit jedem Zentimeter die Helligkeit über die ordentlich nebeneinander gestapelten Notenbündel. Sie waren, von Tausendmarkscheinen angefangen, sauber nach ihrem Wert sortiert und so hübsch verpackt wie kleine Pralinenschachteln zu Weihnachten. Nur eben nicht mit Goldkordeln, sondern mit nüchternen Banderolen. Wir genossen den Anblick eine Weile und bekamen dabei ganz verklärte Augen. Von der Straße her war in diesem Augenblick Dudelsackmusik zu hören. Da brach Ekke das Schweigen: ‚Wir wollen keine Zeit verlieren', sagte er geschäftsmäßig und trocken. Es war zwischen uns ausgemacht, daß die Beute gleich an Ort und Stelle geteilt werden sollte und daß wir uns trennen würden, sobald wir das Warenhaus wieder verlassen hätten. Die Chance, geschnappt zu werden, war größer, wenn wir als Paar zusammenblieben. Der einzelne kann leichter untertauchen. Zudem hatten wir beide völlig verschiedene Vorstellungen davon, wie wir verschwinden und was jeder mit seinem Geld anfangen wollte. Jedenfalls war es kein Problem, unsere Koffer gleichmäßig zu füllen. Von denselben Notenstapeln landete ganz einfach jeweils dieselbe Anzahl von Bündeln zuerst bei Ekke und dann bei mir. Wir arbeiteten stumm und wie ausgefuchste Bankkassierer. Nur einmal sagte Krumpeter so zwischendurch: ‚Eine Million pro Mann, schätze ich über den Daumen, das wäre nicht gerade schlecht, Herr Specht.' Als der Tresor dann schließlich so leer war wie eine umgekippte Mülltonne, waren gleichzeitig unsere piekfeinen Handkoffer so voll, daß sie sich kaum noch zumachen ließen. Wir mußten uns gegenseitig helfen."

„Fabelhaft, würde ich sagen", meinte der Gefängnisdirektor, wenn es um eine bessere Sache gegangen wäre."

„Ja, alles lief mehr als geschmiert", erwiderte der Häftling aus dem Block D. „Ich hab' es ja schon zugegeben. Wir müssen an diesem Sonntag tatsächlich ein blendendes Horoskop gehabt haben. Jupiter ganz oben oder so was in der Art."

„Und wie ging's nun weiter?"

„Wir schlüpften in die Overalls, die wir uns ja in der vergangenen Nacht aus dem Dachgeschoß besorgt hatten."

„Aha, endlich die Overalls, auf die ich so neugierig war. Von denen steht nämlich in den Polizeiakten keine einzige Silbe."

„Ich wollte dem Gericht ja nicht alles auf die Nase binden“, meinte Manfred Zasche. Er ließ sich wieder in seinen Sessel fallen und schlug die Arme um seine Knie. „Wir mußten jetzt mit unseren prallgefüllten Koffern aus dem Warenhaus hinaus, und zwar so schnell wie möglich. Da gab es nur einen einzigen Weg, eine Tür am Ende eines schmalen Korridors direkt vom Vorraum des Kassenraums zur Tiefgarage. Wir ließen alle mitgebrachten Werkzeuge und Geräte liegen, wo sie gerade lagen. Mit einer Million an den Beinen kann man großzügig sein. Zudem hatten sie ja mit Sicherheit keine Fingerabdrücke von uns, konnten uns also nicht verraten, jedenfalls nicht, ohne daß die Polente zeitraubende Nachforschungen anstellte. Und wir hatten ja vor, uns ziemlich umgehend aus dem Staub zu machen. Damit fingen wir dann auch sofort an. Wir sprinteten also durch diesen Korridor und zu dieser Tür. Ekke Krumpeter hatte sie schon am Tag zuvor unter die Lupe genommen und wußte genau, wie er sie im Handumdrehen aufkriegen konnte. Die Sache hatte allerdings einen Haken. Wir mußten befürchten, daß das Ding mit der zentralen Alarmanlage verbunden war, von der Paule Schulz wohl behauptet hatte, daß sie ziemlich vorsintflutlich wäre, aber der Teufel ist ein Eichhörnchen, und sie hätte ja trotzdem funktionieren können. Deshalb die Overalls mit dem großgedruckten Namen des Warenhauses auf dem Rücken. Falls tatsächlich irgendeine Sirene losheulen sollte, und zwar genau in dem Augenblick, wenn wir uns aus dem Gebäude endgültig in Sicherheit bringen wollten, mußte ein zufälliger Beobachter in der Tiefgarage annehmen, daß wir betriebseigene Techniker seien, also unverdächtig und augenblicklich darum bemüht, den Alarm aufzuklären. In Wirklichkeit passierte vorerst nichts. Erst als wir die Tür schon vier oder fünf Schritt hinter uns hatten, war der Teufel los. Es dröhnte aus dem Warenhaus heraus, als sausten drinnen wenigstens ein halbes Dutzend Funkstreifen mit eingeschalteten Martinshörnern und Blaulicht durch die sieben Etagen. Die Tiefgarage war zum Glück menschenleer. Aber dann kam doch ein Mann ange-

Tür schliessen!

laufen, der hier vermutlich zur Aufsicht angestellt war. Bevor er etwas fragen konnte, rief ihm Ekke zu, er solle auf der Stelle das Überfallkommando anrufen. ‚Sie würden uns damit in jeder Weise einen großen Gefallen tun. Vermutlich spielt die Anlage ja nur wieder einmal verrückt, aber sicher ist sicher.‘ Der Mann kam sich in diesem Moment bestimmt ungeheuer wichtig vor, hatte einen knallroten Kopf und keuchte: ‚Wird erledigt!‘ Damit verschwand er, so schnell ihn seine Füße tragen konnten. Wir hatten es nicht weniger eilig, rissen unsere Overalls herunter, feuerten sie in irgendeine Ecke und jagten mit unseren Koffern wie Raketen an den geparkten Autos vorbei oder zwischen ihnen hindurch zum Ausgang an der Hinterfront des Warenhauses auf die Straße. Auch sie lag freundlicherweise noch wie ausgestorben in der Sonne. Alles, was an Menschen unterwegs war, drängelte sich ja immer noch an der Vorderseite auf den abgesperrten Gehsteigen, um den festlichen Aufwand des königlichen Besuchs bis zu den letzten vorbeimarschierenden Trompeten mitzuerleben. ‚God save the Queen!‘ Es reichte zwischen Ekke Krumpeter und mir gerade noch zu einem letzten Schubs mit der Faust, jeder an die Schulter des anderen, zu einem ‚Mach's gut, alter Junge‘, zu einem Zwinkern mit dem linken oder rechten Auge. Und dann trabten wir auch schon in verschiedene Richtungen auseinander. Ekke würde sich das nächste Taxi zum Flugplatz Tegel angeln, soviel hatte er mir noch verraten, mehr nicht.“ Der Häftling blickte auf und fragte: „Man hat wirklich nichts mehr über ihn erfahren?“

„Überhaupt nichts“, gab der Gefängnisdirektor zu. „Die deutsche Kripo schaltete damals sofort Interpol ein, und beide haben sich die Schuhsohlen heißgelaufen. Ergebnis gleich Null.“

„Ja, Ekke ist ein ausgekochter Junge“, erklärte Manfred Zasche und starrte wieder einmal zu dem vergitterten Fenster hinüber, das inzwischen voll von der Sonne getroffen wurde. „Sein Köpfchen hätte ich haben sollen . . .“

Jetzt räkelte sich der Mann mit der Goldrandbrille aus

seinem Sessel und machte ein paar Schritte. „Was mit Ihnen passiert ist, wollen Sie wohl lieber nicht erzählen?“

„Es ist ja kein Geheimnis geblieben, daß ich mich wie ein Anfänger benommen habe“, meinte der Häftling.

„Sagen wir lieber, wie ein normaler Mensch“, korrigierte der Direktor und fügte hinzu: „Allerdings erleichtert alles Normale der Polizei ihre Arbeit ganz ungemein.“ Er war stehengeblieben und setzte jetzt die Wanderung durch sein Büro weiter fort. „Sie hatten eine Braut . . .“

„Yvonne war eigentlich nur eine Freundin, wie man so sagt. Aber ich hing an ihr. Ich mußte sie unbedingt noch einmal treffen, bevor ich mich aus dem Staub machen würde, und vielleicht wollte ich sogar, daß sie mitkommt.“

„Die Kripo hat am Tatort tatsächlich keine Spuren entdeckt und guckte vorerst mal ziemlich dumm aus der Wäsche. Die Zeitungen machten sich bereits lustig über die Herren. Aber dann machte man, was die Polizei in solchen Fällen immer macht. Sie ging die Listen ihrer prominenten Kunden durch und grübelte bei jedem Namen darüber nach, ob er wohl für einen so frechen und gleichermaßen raffinierten Einbruch in Frage käme. Es mußten Routiniers gewesen sein und Tresorspezialisten. Das war wie eine Lotterie. Leider zogen Sie und Ihr Freund Krumpeter dabei ziemlich schnell das Große Los. Man setzte Sonderdezernate in Bewegung, die zur selben Minute überfallartig Ihre beiden Wohnungen auf den Kopf stellten. Aber die gesuchten Vögel waren ausgeflogen. Die Mitbewohner wußten nichts oder wollten nichts wissen. Bis auf Ihre freundliche Zimmervermieterin, Herr Zasche. Bei der hatte inzwischen die ausgesetzte Belohnung in den Ohren geklingelt. Sie rückte nach einigem Zögern, das ihre Gewissensnot deutlich machen sollte, damit heraus, daß Sie in Lichtenrade ein Verhältnis namens Yvonne hätten, eine Französin, die in einem Nightclub als Tänzerin auftrat. Ganz zufällig kannte die liebe Frau auch die genaue Adresse samt Telefonnummer.“

„Nie und nimmer hätte ich damit gerechnet, daß mich diese Person verpfeifen würde“, murmelte der Häftling.

„Dabei hab' ich ihr jeden Samstag einen ganzen Berg Kuchen ins Haus geschleppt. Sie war wie wild auf Süßes und konnte so treuherzig dreinblicken wie ein zahmes Eichhörnchen."

„Jedenfalls hat man Sie und diese Yvonne zwei oder drei Tage lang beschattet", fuhr der Direktor fort, „denn man wollte Sie ja nicht nur festnehmen, man wollte vor allem das gestohlene Geld wiederhaben. Als Sie dann irgendwann einmal am hellichten Tag mit Ihrem nagelneuen Koffer in der Hand auf eine belebte U-Bahnstation zusteuerten, wurde den Kripoleuten die Sache zu mulmig. In dem Gewühl von Menschen hätten Sie bei aller Aufmerksamkeit der Beamten in einem geeigneten Moment untertauchen und verschwinden können. Das wollte man nicht riskieren und hat zugegriffen."

„Gleichzeitig stürzten sich aus allen Richtungen ein halbes Dutzend Zivilbeamte auf mich. Es gelang mir, mit ein paar Sprüngen noch die Treppe zu erreichen. ‚Bleiben Sie stehen, Krumpeter, Sie sind verhaftet!' rief eine aufgeregte Stimme. ‚Das ist ein Irrtum!' brüllte ich zurück. ‚Sie verwechseln mich, Krumpeter sieht allerdings aus wie mein Zwillingsbruder.' Ich hoffte, durch einen kurzen Wortwechsel Zeit zu gewinnen. Aber die Burschen hörten mir gar nicht zu, rissen mir die Arme hinter den Rücken und ließen ihre Handschellen zuschnappen."

„Bedauerlicherweise war der Koffer, den Sie bei sich hatten, vollkommen leer. Er verhalf lediglich dazu, Sie zu überführen. Die Lederabteilung des Warenhauses erkannte das gestohlene Prachtstück selbstverständlich auf den ersten Blick wieder, und Sie saßen in der Klemme." Der Direktor setzte sich hinter seinen großen Schreibtisch mit der imponierenden Telefonanlage. „Später kamen dann nach und nach immer mehr Beweise hinzu. Ihr Freund Paule Schulz wurde aufgetrieben, und in der Wohnung Ihrer Freundin Yvonne, wo Sie sich aufgehalten hatten, fanden sich Ihre hauchdünnen Lederhandschuhe. Auch Spuren Ihrer Schuhsohlen wurden im Kassenraum des beraubten Kaufhauses sichergestellt . . ."

„Und so weiter, und so weiter", brummte der Häftling aus dem Block D. „Haben wir damit unser Gespräch vorschriftsmäßig hinter uns gebracht?"

Ein paar Sekunden lang war es jetzt totenstill in dem kleinen Büro. Nur das kratzende Geräusch der Feder war zu hören, mit der der Gefängnisdirektor die Entlassungspapiere für den Häftling Manfred Zasche unterschrieb. Als er das erledigt hatte, lehnte er sich mit beiden Ellenbogen schwer auf seinen Schreibtisch und starrte dem Mann mit den strohblonden Haaren ins Gesicht. „Sie könnten sich viel ersparen, wenn Sie jetzt sagen, wo Sie das Geld versteckt haben."

„Aber ich besitze das Geld ja gar nicht mehr", erwiderte Manfred Zasche in aller Ruhe. „Es muß aus der Wohnung von Yvonne geklaut worden sein. Jedenfalls war es auf einmal weg, und bei meiner Verhaftung war der Koffer doch so leer wie eine weggeworfene Streichholzschachtel."

„Mann Gottes, seien Sie doch nicht so stur", meinte die Goldrandbrille ärgerlich. „Mal haben Sie die Piepen und ein anderes Mal wieder nicht. Zasche, nur weil Sie das Versteck nicht verraten wollten, haben Sie zusätzlich zwei Jahre kassiert, das sagten Sie doch selbst noch vor einer Viertelstunde. Was soll man davon halten?" Er schüttelte den Kopf und wiederholte: „Wirklich stur, stur wie ein Maulesel!"

„Ach was, diese zwei Jahre waren vom Richter doch nur ein müder Trick", meinte der Häftling. Er zeigte nicht die geringste Erregung und lächelte sogar. „Der hätte mich in jedem Fall für sieben volle Jahre hinter Gitter geschickt. Für ihn stand das Urteil bestimmt schon fest, als er vor der Verhandlung zu Hause beim Frühstück sein weichgekochtes Ei geköpft hat. Ich hab' ihm ja immer wieder gesagt, daß ich nicht weiß, wo die Dreiviertelmillion geblieben ist. Aber er hat mir das eine nicht geglaubt und nicht das andere. Ein Gericht spielt doch mit dem Angeklagten Fußball."

„Ich geb's auf, aber Sie werden noch sehen, was Sie davon haben", murrte der Gefängnisdirektor. Dabei klingelte er seine ältliche Sekretärin ins Zimmer. „Sie können jetzt dem Wachtmeister in der Kantine Bescheid sagen, Fräulein Köhler. Der Häftling Manfred Zasche ist zur Entlassung freigegeben.“

„Klingt in meinen Ohren wie Orgelmusik“, bemerkte der großgewachsene Mann mit den strohblonden Haaren. Er lehnte sich in seinem Sessel zurück und schlug seine langen Beine wieder übereinander.

Die Sekretärin blickte ihn vielsagend an und warf ihren Kopf in den Nacken, bevor sie wieder hinausging.

Gleichzeitig hatte sich der Gefängnisdirektor aufgestützt und war hinter seinem Schreibtisch hervorgekommen. Er streckte seine rechte Hand aus. „Na, dann alles Gute, Herr Zasche. Leider habe ich Sie nicht zur Vernunft bringen können. Trotzdem hat uns die vergangene Stunde irgendwie nähergebracht . . .“

„Sagen Sie jetzt um Himmels willen nicht auf Wiedersehen!“ fiel ihm der Häftling ins Wort.

„Das hab’ ich mir inzwischen abgewöhnt“, meinte der Gefängnisdirektor. „Obwohl ja die meisten . . .“ Er unterbrach sich und winkte ab. „Wenn Leute wie Sie doch endlich begreifen wollten, daß Verbrechen sich nicht lohnen.“

Pustekuchen, dachte Zasche, gleichzeitig sagte er leise und so, als ob er nun ganz plötzlich gerührt sei: „Sie sprechen mir aus der Seele, Herr Direktor. Lassen wir’s dabei bewenden.“

Kaum zwei Minuten später verschloß der Wachtmeister die schmale Eisentür neben dem Haupteingang, die er kurz zuvor geöffnet hatte. Er drehte drinnen zweimal den Schlüssel herum, und dann entfernten sich seine Schritte im Korridor.

Nach sieben langen Jahren stand Manfred Zasche mit einem ziemlich armseligen Koffer aus grauer Leinwand wieder auf der Straße vor dem Gefängnis. Und in diesem Augenblick, da er endlich nicht mehr der Sträfling aus dem Block D war, trafen auch schon die ersten Blitzlichter sein Gesicht. Also doch, dachte er nur und probierte zu lächeln.

„Hallo, Manni, wie geht's, wie steht's?"

„Junge, du siehst ja blendend aus, wie vom Urlaub zurück."

„Das kommt von der karierten Luft in den Zellen, stimmt's, oder hab' ich recht?"

„Was hat dir denn so am meisten gefehlt, Sportsfreund?"

„He, was ist los mit dir? Sag schon was!"

„Fast eine Million Mäuse, das ist eine ganze Menge Moos . . ."

„Holst du dir die geklauten Scheinchen heute noch ab oder erst morgen?"

Das runde Dutzend Zeitungsreporter kam sich ungeheuer witzig vor. Es kicherte und schubste sich durcheinander wie eine Bande übermütiger Gassenjungen. Jeder wollte selbstverständlich ein gutes Foto schießen, und weil sie sich ständig gegenseitig im Weg standen, versuchten sie es mal so halb aus der Hocke, oder sie streckten sich in die Höhe und hielten zum Knipsen mit beiden Armen ihre Apparate über die Köpfe der anderen.

„Wie war die Küche, Manni?"

„Sind die Betten im Knast genauso weich wie die Matratzen in Warenhäusern?"

„Nun sei kein Spielverderber, mach endlich den Mund auf, du Schlitzohr!"

„Also, erstens zahlt man da drin keine Miete", sagte Manfred Zasche endlich. „Es gibt keinen Ärger mit dem Finanzamt, keine Telefon- oder Gasrechnung, keinen Heizungszuschlag, keine Strafzettel für falsches Parken. Die Garderobe ist gratis, das Licht ist gratis und das Fernsehen ist gratis. Das Essen ist nicht immer allererste Klasse. Aber ansonsten ist so ein Knast das reine Schlaraffenland. Es fällt einem ordentlich schwer, das alles hinter sich zu lassen."

Die Zeitungsleute grinsten, machten sich Notizen und feuerten weiter ihre Blitzlichter ab. Selbstverständlich ritten sie immer wieder und immer mehr auf der verschwundenen dreiviertel Million herum.

Aber Zasche lächelte zu allen Fragen nach dem Geld

jedesmal so unschuldig wie ein neugeborenes Kind und entschuldigte sich am laufenden Band. „Dazu kann ich Ihnen beim besten Willen nichts sagen, die Piepen sind mir ja leider geklaut worden, wie Sie wissen."

„Nehmen wir dir aber nicht ab, Manni!"

„Schade, dann ist das Ihr Problem, meine Herren."

Ein aalglatter Politiker hätte die Burschen auch nicht besser abservieren können. Der soeben entlassene Häftling zeigte ein pausenlos lächelndes Pokergesicht und gab artig Rede und Antwort, ohne in Wirklichkeit etwas zu sagen.

Schon nach einer Viertelstunde stand Manfred Zasche wieder allein da.

„Mach jetzt keine dämlichen Fehler", rief noch einer der Fotografen, bevor er in seinen VW kletterte. Und ein anderer wünschte: „Laß es dir gutgehen und halt die Ohren steif!" Dabei ratterte er auf einem schweren Motorrad an ihm vorbei. Wie aufgescheuchte Hühner waren die ganzen Pressefritzen plötzlich wieder in alle Himmelsrichtungen auseinandergeflattert. Ihre Redaktionen warteten ja auf ihre Artikel und Bilder.

Manfred Zasche blickte sich um.

Auf der anderen Straßenseite wurde vor einer Wäscherei gerade ein Lieferwagen ausgeladen, vor einem Gemüseladen warteten ein Paar Kunden darauf, bedient zu werden, und auf einer Bank saßen drei alte Leute in der Sonne nebeneinander.

Der strohblonde Mann war mißtrauisch. Jener junge Bursche, der in einem weißen Kittel gerade drüben einen Stapel Wäsche zu dem wartenden Lieferwagen trug, konnte ein verkleideter Kriminaler sein. Vielleicht hatte sich die Polente aber auch unter die Leute vor dem Gemüsegeschäft gemogelt oder unter die Senioren auf der Parkbank.

Denn daß er jetzt auf Schritt und Tritt beschattet wurde, darüber war sich Manfred Zasche im klaren.

Als ein Taxi angerollt kam, hob er den Arm. Schließlich hatte er runde tausend Mark Entlassungsgeld kassiert. Arbeitslohn für sieben Jahre abzüglich, abzüglich, abzüglich – Schwamm drüber.

„In die Uhlandstraße zur ‚Melone', gleich nach der Lietzenburger", sagte Manni, als sein Leinwandkoffer im Gepäckraum verstaut war.

„Man hat Sie wohl grade . . ." erkundigte sich der Fahrer nach einer Weile neugierig. Er beobachtete seinen Gast immer wieder aus den Augenwinkeln im Rückspiegel.

„Ja, man hat mich grade . . ." knurrte Zasche patzig. „Ist ja wohl die superdämlichste Frage, wenn Sie mich mit meinem Koffer direkt vor dem Knast aufpieken. Lassen Sie Ihr blödes Gequatsche und schalten Sie lieber das Radio lauter."

Der Taxifahrer zog ein beleidigtes Gesicht und schwieg für den Rest der Strecke.

Manfred Zasche drehte sich gelegentlich um und blickte hinter sich. Es gab aber nichts zu entdecken, was nach Verfolgung gerochen hätte.

Die „Melone" war eine echte Berliner Kneipe. Und in der „Melone" wartete Paule Schulz. Als er seinen kräftigen und großgewachsenen Freund umarmte, hatte er nasse Augen. Neben Zasche wirkte er klein und dünn wie ein Handtuch oder ein Bügelbrett. Er trug dicke Brillengläser und hatte eine Fistelstimme.

„Mensch, Manni", sagte er.

„Mensch, Paule", sagte Zasche. „Jetzt fang nicht an zu heulen, ich bin ja wieder draußen."

„Ja, nach sieben Jahren bist du wieder draußen –"

„Lange Zeit", meinte der gerade entlassene Häftling, und jetzt sah es beinahe so aus, als ob auch seine Pupillen ins Schwimmen kämen. „Ach was, vorbei ist vorbei, laß uns was trinken. Hallo, du da, zwei Bier vom Faß, aber dalli!"

„Sehr wohl, zwei Bier vom Faß", wiederholte der Junge höflich. Er servierte am Nebentisch in diesem Moment Erbsensuppe mit Würstchen. Er war allerhöchstens fünfzehn Jahre alt, trug ein buntes Hemd mit Blue jeans und keine der üblichen Kellnerjacken. Der Knabe hieß Wolf-Dieter und war ein selten cleverer, ausgeschlafener Typ.

„Entschuldige, wenn ich bei meinem letzten Besuch

diese Kneipe als Treffpunkt nach deiner Entlassung vorgeschlagen habe", flüsterte Paule Schulz, nachdem sich die beiden Männer gesetzt hatten. „Aber ich konnte mir natürlich an der Nase abklavieren, daß dich die Knilche von der Presse abfangen würden, und bei meiner jetzigen Stellung kann ich es mir einfach nicht erlauben, zusammen mit dir auf einem Foto in der Zeitung abgedruckt zu werden. Entschuldige, wie gesagt."

„Und die Polente kratzt dich nicht?" fragte Zasche belustigt. „Du kannst Gift drauf nehmen, daß einer von ihnen hier irgendwo hinter einer Zeitung sitzt und uns bespitzelt. Zumindestens steht draußen einer auf der Straße herum."

„Ich darf doch wohl noch einen alten Freund begrüßen, wenn er nicht mehr aus dem Verkehr gezogen ist", stellte Paule fest. „Das wäre ja gelacht. Du hast deine Strafe abgesessen, und ich bin inzwischen ein harmloser und unbescholtener Bürger dieser Stadt."

„Dank deines Blinddarms", frotzelte Manni Zasche.

„Und dank deiner Aussage beim Prozeß", fistelte Paule. „Das werd' ich dir nie vergessen, einfach gigantisch." Er war bereits wieder kurz davor, nasse Augen zu bekommen. Übrigens war „gigantisch" sein Lieblingswort.

„Schwamm drüber."

„Von wegen, da kennst du deinen Paule Schulz aber schlecht. Nie vergessen werd' ich dir das." Er rückte näher heran. „Das kann ich dir beweisen, und zwar auf der Stelle, wenn du es willst . . ."

„Zwei Bier vom Faß", sagte in diesem Augenblick die Stimme des Knaben mit dem bunten Hemd und den Blue jeans. „Zum Wohl, meine Herren."

„Du bist ein Engel, mein Freund", strahlte Manfred Zasche. „Wenn du eine Ahnung hättest –" Er holte tief Luft und betrachtete die Gläser eine ganze Weile lang, so wie Kinder einen Weihnachtsbaum begucken, wenn nach einem Jahr Pause seine Kerzen wieder angezündet werden. Er prostete schließlich seinem Freund Paule zu, und dann leerten beide ihre Gläser in einem einzigen langen Zug. „Mannometer, wie das zischt."

„Ich sehe, es schmeckt Ihnen“, bemerkte Wolf-Dieter höflich.

„Und ob es schmeckt“, grinste Manfred Zasche. Er wischte sich mit dem Handrücken den Schaum vom Mund. „Aber für einen Kellner bist du doch viel zu jung?“

„Das Lokal gehört meinen Eltern, und ich mache heute nur Aushilfe, weil unser Ober mit Grippe im Bett liegt“, erwiderte der Junge. „Ich heiße Wolf-Dieter Konopka, wenn ich mich vorstellen darf.“

„Natürlich darfst du das“, lachte Manfred Zasche. „Aber jetzt hätten wir gern gleich zwei neue Bierchen, Herr Konopka junior, und dann die Speisekarte. Hoffentlich gibt's bei euch Eisbein mit Sauerkraut?“ Er drehte sich nach Paule Schulz um. „Magst du doch auch, oder?“

„Und ob“, bemerkte das dünne Handtuch mit den dikken Brillengläsern. „Eisbein immer!“

„Sie haben Glück, das ist sogar unsere Spezialität“, meinte der Junge, dessen Ohren ein klein wenig abstanden. Aber er hatte sein Haar so geschickt gekämmt, daß es gar nicht weiter auffiel.

„Dann kannst du dir die Speisekarte schenken, mein Sohn“, sagte Zasche. „Zwei Eisbeiner sind also hiermit gebongt, und laß die Biere nicht in Vergessenheit geraten!“

„Ich fliege bereits“, bemerkte der Knabe Wolf-Dieter.

„Du hast vorhin etwas gesagt, da stolpere ich erst jetzt drüber“, meinte Manfred Zasche wie aus heiterem Himmel. „Daß du nicht gerade wild drauf bist, mit mir zusammen für die Zeitung fotografiert zu werden. Das versteh' ich, und das ist ja auch ganz vernünftig so. Aber du hast da was von einer ‚Stellung‘ gefaselt, die dir das nicht erlaubt. Was für eine Stellung ist denn das? Davon hast du mir bei deinen Besuchen im Knast keine Silbe gehustet. Wenn ich dich fragte, wie es dir so geht, hast du nie mehr gesagt, als daß du dich eben so durchschlägst.“

„Man kann sich recht und schlecht durchschlagen“, antwortete Paul Schulz behutsam, „aber auch gut oder sogar sehr gut. Seit einiger Zeit darf ich mich zur dritten Kategorie zählen.“

„Dunnerlittchen, das mußt du mir erklären, alter Fuchs."

Und Paul Schulz erklärte, was in der Zwischenzeit mit ihm passiert war. Nach dem damaligen Prozeß und seinen drei Monaten auf Bewährung hatte er tatsächlich ein ganzes Jahr lang von der Hand in den Mund gelebt. Bis ihm eines Tages eine jüngere Frau über den Weg gelaufen war. Eine gewisse Marie Mühlbach, blond, ein wenig üppig und sehr auf der Suche nach Zärtlichkeit. Das traf sich gut, denn auch Paule sehnte sich danach, endlich einmal in den Arm genommen und bemuttert zu werden. Sein Herz platzte schon beinahe vor lauter angestauter Liebe, die bisher kein Mensch von ihm hatte haben wollen. Jetzt öffnete er die Schleusen, und Marie Mühlbach tat ihrerseits dasselbe. Ihr Vater betrieb eine kleine Fabrik für Scherzartikel mit angeschlossenem Großhandel im Stadtteil Schöneberg. Paul Schulz gefiel ihm auf Anhieb, und sein Vorstrafenregister war ihm piepegal. Marie durfte ihren Geliebten heiraten, und Vater Mühlbach nahm den Schwiegersohn in seine Arme und in seine Firma. Paule mußte sich allerdings ganz von unten und eigenhändig hochdienen. Aber das schaffte er spielend und eigentlich im Handumdrehen. Er war ja ein kluges Kind und, wenn es sein mußte, auch ein fleißiges. Inzwischen war er so was wie der erste Geschäftsführer und Herrn Mühlbachs rechte Hand.

Manfred Zasche war zuerst einmal geplättet, und bevor er etwas sagen konnte, kam der viel zu junge Aushilfskellner Wolf-Dieter mit der zweiten Lage Bier vom Faß.

„Trinken wir erst mal", schlug Manni vor. Und das taten sie dann auch. Anschließend schüttelte er den Kopf und guckte verwirrt. „Warum hast du mir das alles jahrelang verschwiegen?"

„Glaubst du etwa, das wäre mir leichtgefallen?" fragte Paule Schulz zurück. „Anlügen wollte ich dich nicht, ausgerechnet nicht dich. Da hab' ich mich eben um deine Fragen, wie es mir denn so ginge, mehr oder weniger herumgemogelt. Mensch, Manni, ich hab' doch bei jedem Besuch gemerkt, daß zwölf Quadratmeter Zelle sieben Jahre lang

nicht gerade das Gelbe vom Ei für dich waren. Du sitzt da rum, hast überall Gitter vor der Nase, und da soll ich dir erzählen, wie's mir draußen immer besser und besser geht? Das konntest du nicht von mir verlangen. Das wäre ja genauso gewesen, als hätte ich dir Reiseprospekte fürs Mittelmeer oder von Florida auf dem Tisch im Besucherzimmer liegenlassen."

„Vielleicht hast du recht", gab Manfred Zasche zu. Er starrte vor sich in sein Bierglas. „Ja, sogar ganz bestimmt hast du recht. Wer weiß schon, wann und wie einem was an die Nieren geht –"

Die zwei Eisbeine munterten die Freunde wieder auf.

„Hatte ich zuviel versprochen?“ fragte der Junge namens Wolf-Dieter, als er die Teller später abräumte. „Unsere Spezialität, wie gesagt, jeden Tag frisch vom Fleischer . . .“

„. . . und das Sauerkraut ein paarmal aufgekocht, wie es sich gehört“, fügte Paule hinzu. „Das war wirklich ganz prima.“

„Ja, Gratulation an die Küche“, lobte auch Manni Zasche. „Und jetzt noch mal zwei Bier und zwei klare Schnäpse dazu.“

„Ist geritzt“, sagte der Junge mit den etwas abstehenden Ohren. Er verstaute Besteck und Teller auf seinem Servierbrett und verdrückte sich wieder.

„Sag mal, Scherzartikel, was versteht man denn darunter?“ fragte Zasche, als sie wieder allein an ihrem Tisch saßen. „Ich hab' da überhaupt keine Vorstellung.“

„Das geht von Gartenzwergen in allen Größen kreuz und quer bis zu Streichholzschachteln, die natürlich noch echter aussehen müssen als die echten, aber wenn man sie aufmacht, kommt eine Maus herausgesprungen“, erklärte Paule Schulz. „Wir haben sämtliche Tricks für Amateurzauberer auf Lager, Gummibälle, die wie Pferde wiehern, wenn man sich draufsetzt. Je nach Wunsch liefern wir auch Hühnergegacker oder ein Tuten, daß man glaubt, ein Dampfer schwimme im Zimmer herum.“

„Es gibt tatsächlich Leute, die so was kaufen?“ fragte Zasche ungläubig.

„Mehr als du denkst“, versicherte Paule. „Ein ganzer Teil unserer Kundschaft könnte ohne unsere Artikel gar keine Einladungen mehr geben. Wenn ihre Gäste vor Schreck fast an die Decke gehen, quietschen sie vor Vergnügen. Du kannst dir kaum vorstellen, wie vielen Menschen es einen höllischen Spaß macht, andere reinzulegen.“

„Eine seltsame Art von Vergnügen ist das“, meinte Manfred Zasche.

„Ja, mit dem Humor ist das so 'ne Sache“, stimmte Paule

zu. „Aber unser Laden floriert, und das ist die Hauptsache. Womit wir beim Thema sind.“ Er blickte auf. „Du kannst jederzeit bei uns einsteigen, wenn du Lust hast. Mit meinem Schwiegervater hab' ich schon gesprochen.“ Paule lehnte sich auf dem Tisch weiter vor und fing mit seiner Fistelstimme zu flüstern an. „Irgendwie mußt du doch jetzt zuerst einmal über die Runden kommen. Ob du nun diese angebliche Dreiviertelmillion in irgendeinem Mauseloch versteckt hast oder nicht. Vorerst, und ich fürchte, noch eine ganze Zeitlang, läßt du jedenfalls besser die Finger in der Tasche. Sie werden dich keine Stunde aus den Augen lassen. Du mußt also warten können, und was du dazu brauchst, damit dir keiner was ans Bein binden kann, ist eine Lohnsteuerkarte, geregelte Arbeit, ordentlicher polizeilicher Wohnsitz. Und genau das ist es, was dir die Firma Mühlbach bieten kann.“

„Es interessiert dich wirklich nicht“, fragte Manfred Zasche so harmlos wie möglich, „ich meine, ob ich das Geld wirklich habe?“

„Hast du's denn?“

Manni blickte seinem Freund in die Augen und schwieg.

„Hast du's?“

„Besser, du weißt es nicht“, grinste Zasche. „Aber falls ich es haben sollte, gehst du nicht leer aus, Paule.“

„Quatsch keine Opern, ich will keinen Pfennig. Mensch, Manni, begreif doch endlich, ich hab' mein früheres Leben total umgekrempelt. Ich bin wirklich ganz sauber geblieben, hab' 'ne Familie mit zwei Kindern, Waschmaschine, Farbfernseher, Kühltruhe, Telefon, was du willst.“

„Davon ist für mich das Telefon vielleicht das wichtigste“, bemerkte Zasche belustigt. „Gibst du mir die Nummer?“

„Mehr hast du nicht zu sagen“, meinte der dünne Kerl mit den dicken Brillengläsern enttäuscht.

„War doch bloß ein Witz“, lachte Manfred Zasche. „Im übrigen, als du gerade von deiner Familie gesprochen hast, mußte ich zum erstenmal nach meiner Entlassung an Yvonne denken. Hast du je wieder etwas von ihr gehört?“

„Sie soll seit zwei Jahren wieder in Paris auftreten“, meinte Paule. „Nichts Genaues weiß man nicht.“

„Also, abhaken und vergessen!“

Sie hockten noch, quatschten und erzählten. Immerhin konnten sie sich jetzt unterhalten, wie ihnen der Schnabel gewachsen war. Zum erstenmal nach sieben Jahren hatte kein Gefängniswärter seine Ohren auf dem Tisch liegen.

Als sich draußen die Straßenbeleuchtung einschaltete und kurz darauf die Lichtreklamen zu zucken anfingen, wußte Manfred Zasche, wo er vorerst zusammen mit seinem grauen Leinwandkoffer unterkriechen konnte. Sie hatten mit Tante Frieda telefoniert, die unter ihrem Namen in der Motzstraße eine kleine Pension betrieb. Sie kannte Manni noch aus seinen besten Zeiten und hatte nichts dagegen, ihn noch heute abend als neuen Mieter zu begrüßen. „Ist mir eine Ehre“, meinte sie und lachte, bevor sie den Hörer wieder auflegte. „Ich freue mich auf dich.“

Selbstverständlich hatte Paule Schulz anfänglich angeboten, daß der Freund bei ihm wohnen könnte.

„Mit deiner Familie zusammen, das haut doch nicht hin“, war ihm Zasche ins Wort gefallen, und Paule hatte nicht widersprochen. Sein Angebot war sowieso ziemlich halbherzig gewesen, weil auch er Schwierigkeiten ahnte.

„Schön, bring’ ich dich in die Motzstraße“, sagte er, nachdem er hinter dem Rücken seines Freundes so zwischendurch bei Vater Konopka an der Theke die Rechnung bezahlt hatte. „Mann, du hast ja keine Ahnung, wo die Kirchenglocken hängen“, winkte er lachend ab, als Zasche protestieren wollte. „Mein Wagen steht gleich gegenüber auf dem Parkplatz.“

„Wagen?“ fragte Zasche. „Du fährst einen eigenen Wagen?“

„Bloß einen alten Volvo.“

„Immerhin.“

Es zeigte sich dann, als sie einstiegen, daß der Volvo ziemlich neu war.

„Du hast dich ja wirklich gemausert“, stellte Zasche trocken fest.

„Na ja, es rappelt sich so zusammen. Scherzartikel sind eben tatsächlich nicht das schlechteste, wie du siehst.“

„Scherzartikel“, wiederholte Manfred Zasche. „Ich bin fast schon davon überzeugt, daß ich auf dein Angebot zurückkomme. Eine schöne lupenreine Existenz könnte ich jetzt schon ganz gut gebrauchen. Du bist ein echter Freund, Paule, danke schön.“

„Ich wäre sauer, wenn du daran nur eine Sekunde gezweifelt hättest, Manni. Ich bin ein paar Meter tief in deiner Schuld, vergiß das nicht.“

„Aber, Paule, jetzt muß *ich* sagen, daß ich dir das nie vergesse.“

„Gigantisch, dann ist ja alles in bester Butter“, trompetete das schmale Bügelbrett mit den dicken Brillengläsern und drehte den Zündschlüssel herum. Leise fing der Motor zu schnurren an.

Aus einer einsamen, dunklen Stelle zwischen den Lichtkreisen zweier Straßenlampen glitt in diesem Augenblick ein schwarzer Mercedes, der nun allerdings wirklich nicht mehr ganz neu war, neben den Wagen von Paule Schulz. Sein Auspuff machte blubb-blubb-blubb in die noch ziemlich kühle Abendluft. Als er bremste, stand er in entgegengesetzter Fahrtrichtung neben dem Volvo. Ein schmales, glattrasiertes Gesicht mit kurzgeschorenen Haaren darüber und einer dicken Zigarre mittendrin schob sich an das offene Fenster.

Die beiden Freunde erkannten den Kommissar auf den ersten Blick. Sie blickten sich kurz an, und Manni nickte mit dem Kopf. Darauf kurbelte auch Paule Schulz sein Seitenfenster herunter.

Die Entfernung zwischen den Männern war nicht größer, als wenn sie an einem Tisch zusammen gesessen hätten.

„Ich wollte mich mit dir unterhalten“, sagte Kommissar Papenbrock.

„Wir sind doch schon dabei“, stellte Manfred Zasche höflich fest. „Freut mich, Sie nach so vielen Jahren wieder gesund zu sehen.“

„Man trifft sich eben wie Billardkugeln“, bemerkte ein

jüngerer Mann mit einer ziemlich auffallenden und leicht schiefen Nase, der einen grauen Flanellanzug trug. Es war Kriminalassistent Berger, Papenbrocks ständiger Schatten. Er saß neben seinem Chef auf dem Beifahrersitz im Dunkeln.

„Nicht gerade wie Billardkugeln“, widersprach Zasche. „Es ist ja wohl nicht der reine Zufall, daß Sie uns über den Weg laufen.“

Der Kommissar zündete sich seine Zigarre an. Er hatte bisher nur trocken an ihr gekaut. Eine Weile starrte er in den bläulichen Rauch, dann blickte er zu Manfred Zasche hinüber und meinte: „Wir könnten uns beide eine Menge Ärger ersparen, Manni.“

„So was ganz Ähnliches hat mir heute morgen schon mal jemand gesagt“, entgegnete Zasche. „Aber ich wüßte nicht, wie ich Ihnen behilflich sein kann?“

„Du spuckst ganz schnell aus, wo sich die Dreiviertelmillion rumtreibt, und anschließend haben wir beide unsere Ruhe“, knurrte Papenbrock.

„Ich hab' keine Ahnung von den Moneten. Wie oft soll ich denn noch sagen, daß man sie mir geklaut hat? Es ist, als redeten Sie mit mir von Eskimos, Herr Kommissar. Dabei hatte ich noch nie das Vergnügen, einem Eskimo zu begegnen!“

„Nein, ich rede von Sommersprossen“, raunzte Papenbrock. „Wissen Sie, was Sommersprossen sind, Herr Zasche?“

„Klar, diese kleinen bräunlichen Flecken auf der Haut“, bemerkte Paule Schulz eifrig. „Meistens um die Nase herum.“

„Richtig“, schnauzte der Kriminalkommissar, „und wenn man die Dinger mal hat, wird man sie lebenslang nicht mehr los.“ Er kniff die Augen zusammen und peilte zu Zasche hinüber. „Wir sind deine Sommersprossen, Manni. Du kommst an deine goldenen Eier nicht ran, jedenfalls nicht, ohne daß wir dabei sind, das schwör' ich dir. Wir kleben an deinen Absätzen, ganz egal, wie lange es dauert.“

„Wenn ich das Geld tatsächlich hätte", bemerkte Manni Zasche, „aber dabei sag' ich gleich zum x-tenmal, daß ich keine Ahnung hab', wo's geblieben ist, jedenfalls könnte ich es dann ja auch von einem anderen abholen lassen, den Sie gar nicht kennen."

„Ach, da sagst du mir was Neues, glaubst du jetzt", entgegnete Papenbrock und schüttelte den Kopf. „Ihr denkt immer, die Polente hat das Gehirn eines Kolibris, und deshalb fallt ihr auch immer wieder auf die Schnauze. Es ist ein Jammer mit euch."

„Trotzdem könnten Sie sich den Aufwand wirklich sparen, Herr Kommissar", beharrte Manni treuherzig. „Bedenken Sie, was so eine Beschattung den armen Steuerzahler kosten wird, und schließlich haben Ihre Beamten doch auch noch genug anderes um die Ohren."

„Das laß gefälligst meine Sorge sein", zischte Papenbrock.

„Selbstverständlich, aber schade ist es schon, daß Sie mir nicht glauben wollen."

„Dir und glauben", kläffte der Kommissar anzüglich. „Da kichern ja die Hühner." Er drehte seinen Kopf mehr nach rechts. „Und unser Freund Schulz ist auch wieder mit von der Partie. Kannst es wohl doch nicht lassen, wie?"

„Jetzt sind Sie unfair, Herr Kommissar", protestierte Paule. „Sie wissen genau, daß ich umgestiegen bin und seit Jahren einer ehrlichen Arbeit nachgehe. Schließlich hab' ich geschickte Finger . . ."

„. . . wovon eine Menge aufgebrochener Schlösser ganze Opern singen könnten", lachte Papenbrock in sich hinein.

„Und fleißig bin ich auch immer gewesen."

„Eben", stellte der Kommissar trocken fest.

„Ich hab' inzwischen Familie und eine Stellung, die ist nicht von Pappe . . ."

„Firma Mühlbach, Scherzartikel und so weiter", unterbrach ihn Papenbrock. „Meinst du, wir sind von gestern? War doch wohl selbstverständlich, daß wir dich nie so ganz aus den Augen verlieren wollten."

„Ach, so ist das –“ murmelte das schmale Halstuch mit den dicken Brillengläsern bedrückt.

„Lassen Sie Paule aus dem Spiel, Kommissar. Wir haben uns wirklich wie alte Freunde getroffen, völlig harmlos.“

„Und selbstverständlich war das verschwundene Geld kein Thema“, ließ sich Kriminalassistent Berger vernehmen. Dabei verzog er ironisch sein Gesicht.

„Etwas, das es nicht gibt, kann kein Gesprächsthema sein“, gab Manfred Zasche ärgerlich zurück. Als er sich wieder beruhigt hatte, wandte er sich an den Kommissar. „Ist es erlaubt, ausnahmsweise auch einmal eine Frage zu stellen?“

„Ich kann mir fast denken, was kommt“, meinte der Kommissar. „Schieß los!“

„Es geht um Ekke Krumpeter“, sagte Manni zögernd.

„Na also“, lachte Papenbrock und ließ eine Zigarrenwolke aufsteigen. „Den krieg’ ich auch, jeder macht mal einen Fehler.“

„Ausgenommen Ekke“, wagte Zasche zu bemerken.

„Abwarten und Tee trinken.“

„Und Sie haben wirklich keine Ahnung, wo er steckt?“

„Nicht die blasseste –“ Kommissar Papenbrock blickte wieder einmal gedankenvoll eine Weile den Rauchwolken seiner Zigarre nach. „Aber er hat sich mal gemeldet, weshalb soll ich das nicht zugeben. Das hat er sich nicht verkneifen können.“

„Tatsächlich gemeldet?“ fragte Manfred Zasche ungläubig. „So von sich aus und per Telefon oder wie?“

„Mit einem Brief auf Allerweltspapier. Er hat eine Art Ehrenplatz in meiner Schreibtischschublade.“ Kommissar Papenbrock zog zwischendurch wieder an seiner Zigarre. „Etwa vor zwei Jahren, aufgegeben in Frankfurt, vermutlich von einem ahnungslosen Touristen, den er in irgendeinem Land um den Gefallen gebeten hatte, nach seiner Rückkehr den Brief in einen bundesdeutschen Briefkasten zu werfen. Er war ganz unauffällig an mich adressiert, ohne Dienstanschrift und Titel, um den Überbringer nicht argwöhnisch zu machen.“

„Und was hat er geschrieben?“ wollte Manni Zasche wissen.

„Nichts, was sehr schmeichelhaft für mich gewesen wäre“, gab der Kommissar zu, aber er schien belustigt zu sein. „Der Text wird mir wohl immer in Erinnerung bleiben.“ Papenbrock tat mit seiner Stimme jetzt so, als würde er den Brief vorlesen. „Habe mich gestern hier neben einen Steckbrief von Interpol mit meinem Foto gestellt und schallend gelacht. Sehe heute selbstverständlich ganz anders aus. Besitze mittlerweile eine eigene Farm in sonniger Gegend mit einer Menge Rinder, Kälber und einer riesigen Schafherde. Den Leithammel habe ich auf den Namen Tobias getauft. Es soll ein kleiner Dank sein für Ihre nutzlosen Bemühungen, mich zu schnappen. Mit freundlichem Gruß aus der Sonne, Ihr Ekkehard Krumpeter, der sich an diesen Namen bereits kaum mehr erinnern kann.“ Papenbrock nahm einen Zug aus seiner Zigarre und fügte hinzu: „Tobias ist mein Vorname, was noch gesagt werden muß.“

Manfred Zasche hatte Mühe zu verhindern, daß er losplatzte. Es blieb bei einem breiten Feixen. Paule Schulz wagte lediglich zu schmunzeln. Aber als Kommissar Papenbrock schließlich höchstpersönlich loslachte, da schlossen sich dann auch hemmungslos die übrigen an, einschließlich des Assistenten mit der schiefen Nase.

„Ekke – wie er leibt und lebt!“ gluckste Zasche. „Ein waschechter Krumpeter, Kinder, ist das eine Marke!“

Von einem Augenblick zum anderen hatte Kommissar Papenbrock wieder seine undurchsichtige, fast mürrische Miene von vorhin. Er kaute auf seiner dicken Zigarre herum und knurrte: „Also, zum letzten Male, du bleibst dabei, daß man dir die Piepen geklaut hat, Manni?“

„Weil es halt die lautere Wahrheit ist“, meinte Zasche und wischte sich dabei mit dem Handrücken die Lachtränen aus den Augen.

„Ich dagegen bin sicher, daß du nur darauf wartest, bis du dir die Dreiviertelmillion unter den Nagel reißen kannst“, schnauzte Papenbrock. „Und das wird dir nie und nimmer gelingen.“

Manfred Zasche hielt jetzt die Klappe, und nicht einmal mit der Brechstange hätte der Kommissar noch etwas über das verschwundene Geld aus ihm herausbekommen. Die beiden blickten sich an wie Boxer vor dem Gong zur ersten Runde.

„Gut, dann läuft es so“, sagte der Kommissar.

„Ja, dann läuft es so“, sagte Zasche.

„Ich höre deine Zähne klappern bis hierher“, grinste Papenbrock.

„Was Sie hören, ist das Tellerscheppern aus der Küche“, grinste jetzt auch Manni Zasche und machte eine Kopfbewegung zur „Melone“ hinüber.

„Also, gute Nacht, die Herren“, grüßte der Kommissar. Er hob die Hand mit der Zigarre. „Und fahr nicht zu schnell, Paule. Wir wollen euch im Verkehr nicht verlieren.“

Die drei Redakteure kommen heute mit Verspätung.

„Der Bus ist uns vor der Nase davongefahren“, entschuldigt sich Michael, bevor ich noch die Gartentür aufgeschlossen habe. „Und auf den nächsten haben wir eine geschlagene Viertelstunde warten müssen.“

„Tut uns wahnsinnig leid“, fügt Urs hinzu. „Grüezi.“

„Wir sind ja nicht in der Schule“, beruhige ich meine Besucher. „Und jetzt zuerst einmal guten Tag.“

„Der Tag ist nicht gut“, widerspricht Thomas. „Wir sind schon so gut wie rausgeflogen.“

„Also noch nicht ganz und endgültig?“ frage ich.

„Trotzdem schleifen meine Nerven am Boden“, erklärt Thomas. „Unentschieden, und das ausgerechnet gegen Pisa, es ist nicht zu fassen!“

„Wieso Pisa?“ will ich ahnungslos wissen. „Und wieso ‚ausgerechnet‘, was meinst du damit?“

„Man sollte glauben, die beste italienische Schülermannschaft käme selbstverständlich aus Rom“, mischt sich Michael ein. „Aber in diesem Jahr hat Pisa das Rennen gemacht.“

„Und mit ‚ausgerechnet‘ will er vermutlich andeuten, daß man gegen eine Stadt, die nichts als den Schiefen Turm aufzuweisen hat, nicht unentschieden spielen darf", bemerkt Urs in einwandfreiem Hochdeutsch. Er hat sich heute angezogen wie ein Buntspecht. Sein T-Shirt hat so ziemlich alle Regenbogenfarben auf sich versammelt, und seine Hose ist grasgrün. „Übrigens ist die Schweiz auch durch Luzern vertreten und nicht durch Zürich."

„Aber beim Rückspiel hauen wir sie garantiert in die Pfanne", verkündet Thomas feierlich. „Wenn wir nur einen ganz klitzekleinen Funken Glück haben."

„Wenn", wiederholt der Lange aus Stuttgart und grinst.

„Ich hab' auf der Terrasse gedeckt", gebe ich bekannt, um das Thema zu wechseln. „Es ist eine Affenhitze heute."

„Sollen dreißig Grad sein", stellt Thomas fest. Er wirkt vorerst noch ein wenig zappelig. Aber gleichzeitig macht ihn seine Unruhe scheinbar vergnügt. Jedenfalls reibt er sich die Hände und fragt leutselig: „Und wie war's bei Ihnen, sind Sie mit Ihrer Geschichte weitergekommen?"

„Kein Grund zur Klage", rufe ich nach hinten, während ich zur Küche gehe. „Aber ich hätte mich auch durch nichts als das Jüngste Gericht stören lassen. Wie wär's übrigens, wenn mir einer von euch hier ein bißchen helfen würde?"

Im nächsten Augenblick sind alle drei um mich versammelt. Als ich den Kühlschrank öffne und sie eine ziemlich große Glasschale mit verschiedenen Eissorten entdecken, überschlagen sie sich beinahe vor lauter Anerkennung.

„Das ist für Vaters Sohnemann jetzt genau das richtige!" flötet der Lange.

„Von so was träum' ich schon seit dem miesen Eintopf im Stadion", meint Thomas.

„Ich liebe Eis", sagt Urs ganz sachlich, „vor allem Vanille und Schokolade."

„Kannst du gleich haben", verspreche ich ihm.

Ein paar Minuten später sitzen wir auf der Terrasse unter einer Jalousie mit gelben und blauen Streifen um den runden Gartentisch herum.

Mein Hund hat sich in die hinterste Ecke verkrochen, liegt ausgestreckt im Hausschatten auf den kühlen Steinplatten. Er leidet bei dieser Hitze unter seinem dicken Fell.

Bisher hat er die Besucher nur einmal lange und ein wenig traurig angeblickt. Und dieser Blick sagte: Wer was von mir will, der hat sich gefälligst zu mir zu bemühen. Heute mache ich keinen einzigen Schritt, und im übrigen erwarte ich, daß man mich bedauert.

Eine ganze Weile wird jetzt in Ruhe und Stille Eis gelöffelt.

Aber ich spüre, daß irgend etwas in der Luft liegt. Immer wieder gucken die Burschen über den Rand ihrer Becher zu mir herüber. Ihre Kassettenrecorder, Mikrophone und Notizblöcke liegen neben den Kuchentellern und Kaffeetassen.

Es riecht nach einer abgekarteten Verschwörung. Diese Strolche planen eine Art Überfall.

So ist es dann auch.

Plötzlich hört der lange Michael mit seinem Eisessen auf, lehnt sich zurück und kommt dabei mit dem Gesicht voll in die pralle Sonne. Er schließt die Augen und sagt nach einer Weile: „Wir haben uns vorgenommen, heute Ihre Bücher einmal ganz zu vergessen und Sie in Sachen Film auszuquetschen."

„Aha", sage ich und muß innerlich schmunzeln. Wenn die drei auch gewitzte Knaben sind, mit der Schauspielerei hapert es noch. Sie lassen sich durchschauen.

„Weil Regie doch Ihr eigentlicher Beruf ist", meint Urs, und das klingt so, als habe er das Bedürfnis, sich entschuldigen zu müssen. „Ihre Bücher indessen schreiben Sie . . ."

„Gratuliere", unterbricht ihn Michael. „Der Gebrauch des wunderschönen Wortes ‚indessen' ist für einen Schwyzer genauso wie ein Tortreffer direkt unter die Latte."

„Ist denn in deiner Birne nichts anderes als dieser dämliche Fußball", meutert Thomas.

„Entschuldigung", erwidert Michael und heuchelt Mitgefühl.

„. . . Ihre Bücher indessen schreiben Sie mehr oder weniger nebenbei und nur so als eine Art Hobby", fährt Urs unbeirrt fort.

„Ich zitiere“, mischt sich jetzt Thomas ein und plappert herunter: „‚Aber wie erfolgreich er sein Steckenpferd reitet, beweist er immer wieder neu.‘ Ende des Zitats irgendeiner Tageszeitung.“

„Hört sich an, als seien wir auf einmal im Bundestag“, bemerke ich.

„Wie wird man Filmregisseur?“ fragt Urs ganz direkt. „Braucht man dazu irgendeine Schule oder eine Ausbildung?“

„Was ist Regie überhaupt?“ will Thomas wissen. „Ganz egal, ob beim Theater, beim Film oder beim Fernsehen.“

„Kurz und gut“, faßt der Lange aus Stuttgart die Fragen zusammen, „wie sind Sie Regisseur geworden und wenn Sie einen Film drehen, was machen Sie dabei?“

Beinahe gleichzeitig drücken die drei auf irgendwelche Tasten an ihren Bandspielern und halten mir ihre Mikrophone entgegen.

Ich nehme jetzt auch meinen Eisbecher, den ich bisher noch nicht angerührt habe, und fange an zu löffeln.

„Was ihr da wissen wollt, ist eine ganze Menge und gar nicht so leicht zu beantworten“, breche ich das Schweigen nach einer Weile. „Am besten, ich erzähle euch einfach meine Geschichte, und zwischendurch stellt ihr eure Fragen, falls ihr mehr wissen wollt oder etwas anderes.“

„Einverstanden“, murmeln Michael und Thomas wie im Duett. Urs nickt nur stumm mit dem Kopf.

„Wie man Filmregisseur wird, dafür gibt’s keine Lehre, kein Studium und keine Gebrauchsanweisung. Jedenfalls war das so, als ich es mir in den Kopf gesetzt hatte, irgendwann einmal selber Filme zu machen. Und das passierte bereits, als ich etwa in eurem Alter war. Ihr seht, ich muß ziemlich weit ausholen, um zu antworten.“

„Nichts dagegen“, bemerkt Michael. „Je weiter Sie ausholen, um so besser für unsere Leser.“ Er hatte sein Mikrophon inzwischen in ein kleines Stativ montiert und vor sich auf den Tisch gestellt. So konnte er wieder mit ausgestreckten Beinen in seinem Gartenstuhl liegen.

„Inzwischen gibt es zwei oder drei Filmakademien, soweit ich weiß. Da kann man eine Menge Technik lernen und bestimmt auch noch mehr. Aber damit hat's sich dann auch. Was hinterher kommt, daran hat sich bis heute kaum etwas geändert. Man schlägt sich mit Ideen und mehr oder weniger kühnen Plänen herum, muß sich irgendwie durchwursteln, bis man früher oder später eines schönen Tages das Glück hat, eine Filmproduktion zu finden, die einem den ersten Film anvertraut. Diesen ersten Film zu bekommen, das ist das schwierigste an der ganzen Sache. Es gibt in diesem Beruf ja kein Gesellenstück, mit dem man beweisen kann, daß man nicht auf den Kopf gefallen ist, keinen Test, keine Prüfung, kein Vorsprechen wie zum Beispiel beim Theater. Man kann auch nicht sozusagen als Kostprobe für sein Talent ein paar Meter Film drehen und den entscheidenden Herrschaften vorführen. Es bleibt nur der Sprung ins kalte Wasser, was für den Produzenten in dürren Worten bedeutet, daß er gleich eine runde Million mit dir riskiert oder auch eine Menge mehr. Er muß an dich glauben und ziemlich blind auf dich setzen, so etwa wie auf einen Außenseiter beim Pferderennen, den kein Mensch kennt. Beim zweiten Film ist dann alles schon viel einfacher. Da weiß die ganze Branche bereits, ob du eine Niete bist oder nicht. Jetzt flutscht es weiter, oder aber du hast gleich zwei Filme auf einmal gedreht, deinen ersten und deinen letzten. Der Start ist eben das schwierigste." Ich lasse einen Löffel Zitroneneis auf meiner Zunge zergehen. „Aber soweit sind wir ja noch nicht, ich habe einen Hopser gemacht, und zwar gleich über ein halbes Dutzend Jahre hinweg."

„Schön, Sie hatten es sich bereits in unserem zarten Alter fest vorgenommen, irgendwann und irgendwie einmal beim Film zu landen", bemerkt Thomas. „Das ist natürlich picobello, wenn man schon so früh weiß, wo es später einmal langgehen soll. Man ist damit vielen anderen gegenüber im Vorteil, spart sich Umwege und das Herumquälen mit der Frage, auf welchen Zug man schließlich aufspringen soll." Er beugt sich vor und balanciert ein Stück Streuselkuchen auf seinen Teller. Dann blickt er kurz zu Urs und dann zu Michael, der sein Gesicht immer noch in die Sonne hält. „Bei uns dreien gibt's diesbezüglich ja auch keine Probleme. Unsere Schülerzeitungen machen uns Spaß, wir opfern ihnen unsere ganze Freizeit, und eigentlich ist es sonnenklar, daß wir eines Tages Journalist werden wollen oder zumindest etwas Ähnliches."

„Stimmt", meint der lange Michael, ohne seine Augen zu öffnen. „Aber bei den meisten in unseren Klassen sieht's anders aus. Schön, einer spielt schon ganz prima Klavier und ist komplett verrückt auf Musik. Ein anderer sammelt in seinen Glaskästen Laubfrösche und Eidechsen, so wie man sonst Briefmarken sammelt. Bestimmt wissen die beiden heute auch schon ganz genau, wo sie einmal landen wollen. Aber die übrigen haben nicht die blasseste Ahnung, was aus ihnen werden soll. Sie haben keinen Schimmer, ganz ehrlich. Für jeden gibt's fünf oder sechs Berufe, von denen jeder mehr oder weniger in Frage kommt. Der eine könnte es sein, aber der andere auch, keiner *muß* es sein. Man hat schon einen Mordsdusel, wenn man von Anfang an weiß, was man will, und dann einen Beruf findet, der einem Spaß macht. Schließlich muß man mit ihm den größten Teil seines Lebens zubringen. Eine Art Begabung, Talent oder Steckenpferd, ganz egal, wie man dazu sagt, schon von Anfang an, das ist wirklich eine mordsmäßige Erleichterung, keine Frage. Aber die übrigen haben eine Art Schubladendenken. Im Unterricht sind sie in jedem Fach ziemlich gleich gut oder gleich schlecht, so im großen und ganzen gesehen jedenfalls. So war's bei denen sogar schon, als sie noch Kinder waren. Ihre Eltern wußten nie so recht, was sie ihnen als Spielzeug schenken sollten, weil sie gar keine speziellen Wünsche hatten. Eine elektrische Eisenbahn machte ihnen genausoviel Freude wie eine Schiausrüstung, Schallplatten, ein Zauberkasten oder irgendwelcher technischer Krimskrams."

„Also, bei der Auswahl von irgendwelchen Geschenken haben meine Eltern nie Schwierigkeiten gehabt", überlege ich laut. „Entweder wünschte ich mir Dinge, die ich zum Zeichnen und Malen brauchen konnte. Das fing mit einfachen Wasserfarben an und endete schließlich bei Öl und Leinwand. Es durften aber auch jede Menge Bücher sein oder eines dieser aufstellbaren Theater mit einer Auswahl von kostümierten Figuren als Schauspieler, für die ich Stücke schreiben und Kulissen entwerfen konnte. Bis eines Tages Marcel aufkreuzte. Er schneite als Austauschschüler aus Toulouse in den Sommerferien in unsere Familie. Er hatte ständig einen Fotoapparat vor der Brust baumeln und knipste so ziemlich alles, was ihm vor die Linse kam. In meiner Vorstellung hatte er bestimmt auch beim Schlafen seine Bildmaschine unter dem Kopfkissen. Als er wieder abreiste, wobei er wie ein Verrückter noch aus dem Abteilfenster fotografierte, bis der Zug mit ihm aus der Bahnhofshalle verschwunden war, hatte er mich mit seiner Knipsleidenschaft bis in die Fingerspitzen und bis unter die Haarwurzeln hoffnungslos angesteckt. Ich lag meinen Eltern so beharrlich in den Ohren, bis sie mir mitten im Jahr, ohne Geburtstag, Weihnachten oder Ostern, meine erste Kamera kauften. Und damit war es passiert." Ich lehne mich zurück und verschränke die Arme. „Dieser erste Fotoapparat mußte noch mit einem Lederbalg, der an eine Ziehharmonika erinnerte, gebrauchsfertig gemacht werden, und man konnte ihn nur auf dem Stativ benutzen, weil seine Belichtungszeiten noch nicht kurz genug waren. Bilder aus der Hand wären mit Sicherheit verwackelt gewesen. Aber das änderte sich natürlich mit der Zeit. Dem ersten Apparat folgte gelegentlich ein zweiter, und als die Technik immer weiter vorwärtsspazierte, ein dritter und vierter, bis mir die Entwicklung schließlich die erste 16-mm-Filmkamera in die Hand spielte. Es war eine Kodak und ein Gelegenheitskauf bei unserem Fotohändler um die Ecke, einem gewissen Herrn Hirrlinger, der mir im Laufe der Zeit schon so manche Filmspule und auch so manche Packung Fotopapier über den Ladentisch zugeschoben hatte, ohne mein Taschengeld zu belasten."

„Also war der Tag, an dem Sie Ihren Eltern den ersten eigenen Fotoapparat abgeknöpft haben, so was Ähnliches wie die Weichenstellung auf einem Rangierbahnhof", faßt

Thomas sachlich zusammen. „Dieser Tag hat Sie schließlich und endlich auf Umwegen zur Filmerei gebracht."

„Ja, so kannst du das sagen", wende ich mich an den Düsseldorfer, der sich auch heute von seiner khakifarbenen Fallschirmspringerhose nicht getrennt hat. „Fotografieren ist plötzlich das wichtigste, und eigentlich existiert kaum noch etwas anderes für mich. Allerdings knipse ich nicht nur so durch die Gegend, wie es der wildgewordene Marcel gemacht hat. Ich möchte von Anfang an nur besondere Bilder schießen, suche mir ausgefallene Motive und möglichst originelle Blickwinkel, so wie ich es eben damals verstand. Dazu gehört eines Tages ganz automatisch, daß ich meine Aufnahmen selber entwickeln, kopieren und auch vergrößern kann, um vom Gesamtnegativ den richtigen Ausschnitt zu bekommen. Also richte ich mir im Keller eine Dunkelkammer ein und pinsle an die Tür ‚Bitte keinesfalls stören!'. Wer mich allerdings trotzdem laufend stört, das ist die Schule. Sie stiehlt mir ganz einfach die Zeit, die ich für mein neues Hobby so dringend brauche. Doch an ihr geht kein Weg vorbei, ich kann sie nicht einfach schwänzen. Aber mit der Zeit für die Hausaufgaben läßt sich unter Umständen etwas machen, überlege ich und reduziere sie radikal auf ein Minimum. Leider ließen die Folgen nicht lange auf sich warten. Mein Vater bekam vom Klassenlehrer persönlich einen jener berüchtigten blauen Briefe mit dem Hinweis, daß die schulischen Leistungen seines Herrn Sohnes seit einiger Zeit unverständlicherweise beträchtlich nachgelassen hätten, was in Anbetracht der bevorstehenden Zeugnisse leider nicht unerwähnt bleiben könnte. Ein Besuch in der Sprechstunde des Klassenlehrers sei dringend angeraten."

„Es scheint sich von damals bis heute doch nicht allzuviel geändert zu haben", grinst Urs.

„Mein Vater folgte der Aufforderung mit der Bemerkung: ‚Das hat mir gerade noch gefehlt, als ob ich nichts Wichtigeres zu tun hätte.' Und als er wieder nach Hause kam, sagte er nur: ‚Die Lage ist mies, aber noch nicht hoffnungslos. Ich verlange ja gar nicht, daß du der Klassenerste bist, aber wenn du im Frühjahr durchrasselst, muß ich deine Dunkelkammer unter Mißachtung dessen, was du an ihre Tür gemalt hast, leider in die Luft sprengen, und dein ganzer Fotokram inklusive Stativ und Kamera landet dann bei der Heilsarmee oder beim Roten Kreuz. Sei also vernünftig und klemm dich wieder mehr hinter deine Schulbücher. Ich hoffe, ich hab' mich klar genug ausgedrückt.' Das war ein knallhartes Ultimatum."

„Immer dieselbe Leier", seufzt der lange Michael und bewegt seine ausgestreckten Beine. Jetzt liegt der linke Fuß über dem rechten. „Auch mir hat mein Vater schon die Arbeit an unserer Zeitung verbieten wollen, weil ich zeitweise in Mathe und Englisch ganz schön in den Keller gesackt war. Was bleibt? Man ist der Vernünftigere und gibt nach. Haben Sie wohl auch gemacht, oder?"

„Ja, auch gemacht", gebe ich zu. „Aber ich hab' mir dann doch so etwas Ähnliches wie eine Retourkutsche erlaubt. Und zwar ausgerechnet mit meiner Fotografiererei, die mir den blauen Schulbrief eingebrockt hatte."

„Wie das?" fragt Thomas.

„Ich schmuggelte meine Kamera immer wieder mal unbemerkt in den Unterricht, knipste so nach und nach sämtliche Lehrer, ohne daß sie eine Ahnung davon hatten, und selbstverständlich wartete ich jeweils Momente ab, in denen sie sich nicht gerade von ihrer günstigsten Seite zeigten. Den Geographielehrer erwischte ich beispielsweise, als er gerade ungeniert gähnte und dabei nicht im geringsten daran dachte, sich die Hand vor den weit aufgerissenen Mund zu halten, und unseren Klassenlehrer konterfeite ich während einer Klassenarbeit, als er gerade über das Katheder gebeugt ein Nickerchen machte. Kein Mitglied des Lehrkörpers blieb verschont. Schließlich gelang es mir sogar, den Direktor auf meine Platte zu kriegen, während er, mit den Armen rudernd, die Schüler nach der Pause wie Hühner vom Schulhof scheuchte. Natürlich wäre meine Fotosafari ohne die Hilfe von etwa einem halben Dutzend verschworener und schweigsamer Helfer aus meiner Klasse nicht möglich gewesen. Aber da die Sache ein

Heidenspaß zu werden versprach, waren sie im Handumdrehen gefunden und zum Mitmachen bereit. Sie deckten mich und meine Kamera beim Unterricht mit ihren Rükken, meldeten sich zur Ablenkung des Lehrers überraschend zu Wort und standen auch unaufgefordert auf, wenn es irgendwie brenzlig wurde. Im entscheidenden Augenblick gaben sie mir dann das Schußfeld frei, nämlich dann, wenn sich das Wild gerade ruhig verhielt und gleichzeitig einigermaßen günstig im Licht stand, sei es vor einem Fenster oder an irgendeiner anderen Stelle, die inzwischen voll in der Sonne lag. Denn mein Filmmaterial war ja nicht besonders empfindlich und für Schnappschüsse noch ungeeignet. Es war dann beim jährlichen Schulfest, als wir die Galerie der abfotografierten Lehrer dicht neben dem Haupteingang zum Sportplatz mit Reißzwecken auf ein großes Brett pickten. Jedes Foto im Format dreizehn/achtzehn, selbstverständlich auf Hochglanzpapier kopiert und schön dem Rang entsprechend nebeneinander und untereinander. Das Bild des Oberstudiendirektors führte den Reigen an. Die Wirkung war enorm und verblüffend unterschiedlich. Klar, daß sich die gesamte Schülerschaft zusammendrängelte und wie eine Hammelherde schob und quetschte, ganz offen feixte und ihre nicht immer schmeichelhaften Kommentare grölend durch die Gegend posaunte. Die Herren Lehrer reagierten teils mit süßsaurer Miene, teils mit schallendem Gelächter. Der Rest zeigte ganz deutlich seine Entrüstung, nannte das Ganze eine bodenlose Frechheit, Mangel an Ehrfurcht vor der Autorität der Schule und machte nach flüchtiger Betrachtung brüsk auf dem Absatz kehrt."

„Hat es hinterher irgendein Nachspiel gegeben?" Urs schließt seine Arme um die Knie, während er seine Frage stellt.

„Zuerst schon", sage ich. „Der Hausmeister bekam ziemlich schnell die Anweisung, alle Fotos einzuziehen. Er machte es unbemerkt und sehr diplomatisch in dem Augenblick, als sich die ganze Schule zum Beginn der Wettkämpfe auf den Sportplatz verzogen hatte. Tags darauf gab es dann eine Lehrerkonferenz, die sich aber in der Beurteilung der Geschichte wohl nicht einigen konnte. Allerdings mußte mein geplagter Vater erneut in der Schule antanzen, und diesmal beim Direktor höchstpersönlich. Der breitete meine fotografischen Werke vor ihm auf dem Schreibtisch aus und fragte: ‚Nun, was sagen Sie dazu?' Mein Vater soll die Bilder eine Weile stumm betrachtet und dann geantwortet haben: ‚Wenn man in Betracht zieht, unter welch schwierigen Umständen die Fotos geschossen werden mußten, finde ich ihre Qualität durchaus bemerkenswert. Besonders Ihr Bild, sehr geehrter Herr Oberstudiendirektor, wird Ihrer Familie bestimmt Vergnügen bereiten.' Daraufhin soll der Boß unserer Penne gelacht und zugegeben haben, daß dies sicherlich zu befürchten sei. Im übrigen ging die ganze Sache aus wie das Hornberger Schießen. Keine Verwarnung, kein Eintrag ins Klassenbuch. Lediglich das Verhalten einiger Lehrer änderte sich mir gegenüber ein wenig. Ein paar von ihnen blieben sauer und ließen mich das auch mit ihren Noten spüren, vermutete ich. Andere schlugen sich auf meine Seite, fanden die ganze Geschichte auch hinterher noch lustig und waren mit ihren Zensuren weniger zimperlich."

„Ausgleichende Gerechtigkeit also", bemerkt Michael.

„Ausgleichen", wiederhole ich und greife das Stichwort auf, „das war übrigens in unserem Schulsystem der springende Punkt, wenn ich das so dazwischenwerfen darf. Wir haben schon davon gesprochen, daß es Schüler gibt, die schon sehr früh ganz spezielle Talente, Begabungen und Interessen zeigen. Sie passen nicht in die allgemeine Schablone, und natürlich sind sie in den Fächern, die ihnen besonders liegen, auch besonders gut und in anderen dafür miserabel. Ich war beispielsweise in Mathe eine komplette Niete, jedenfalls von dem Augenblick an, als es mit der Geometrie, die ja irgendwie auf dem Papier in Zeichnungen sichtbar ist, aufhörte und dann mit Algebra anfing. Noch heute kriege ich Ohrensausen, wenn ich an die ellenlangen Wurzelrechnungen auf unserer Wandtafel denke. ‚Ein hoffnungloser Fall', konstatierte mein Mathepauker, und wir einigten uns darauf, daß ich bei Klassenarbeiten lediglich meinen Namen mit Ort und Datum, im übrigen aber ein völlig unbeschriebenes Blatt Papier abgab. ‚Wir ersparen uns auf diese Weise eine Menge Ärger und Arbeit', meinte er. ‚Du mußt dir beim Blindflug kein Bein brechen, und mir wachsen beim Korrigieren keine grauen Haare. Auf Wiedersehen.' Damit war ich verabschiedet, ging spazieren oder setzte mich in die Sonne, falls sie gerade unterwegs war, bis ich das Bimmeln der Schulglokke hinter mir hörte und wieder in unser Klassenzimmer zurückschlenderte."

„Aber wie war so was möglich, ohne mit Pauken und Trompeten durchzufallen?" fragt Thomas.

„Eben durch unser fabelhaftes Schulsystem", erklärte ich. „Die Bewertungen waren den Zahlen nach genau umgekehrt wie heute. ‚Acht' bedeutete ‚vorzüglich' und ‚Eins' hieß soviel wie ‚völlig ungenügend', während eine ‚Vier' für ‚genügend' stand. Wer diese ‚Vier' hatte, und zwar im Durchschnitt wohlgemerkt, der wurde gerade noch versetzt. Und dieser Durchschnitt errechnete sich so: Es gab Hauptfächer und Nebenfächer. Deutsch, Mathematik und Latein waren Hauptfächer und zählten vierfach. Englisch zählte beispielsweise nur dreifach, Geschichte zweifach, Zeichnen, Geographie, Gesangsunterricht und Leibesübungen lediglich einfach. Am Ende des Schuljahres wurden die Noten, die man kassiert hatte, zusammenmultipliziert. So brachte jetzt eine Fünf in Latein viermal diese Fünf, also schon mal zwanzig Punkte. Oder eine Drei in Geographie blieb, weil das Fach nur einfach zählte, eine Drei. Zum Schluß wurden die insgesamt erreichten Punkte durch die ja feststehende Zahl, die sich aus der Bedeutung der einzelnen Fächer ergab, ganz einfach dividiert. Sprang dabei dann als Ergebnis eine ‚Vier' heraus, war man aus dem Schneider. Mit einer Drei Komma Acht konnte man noch zur Probe versetzt werden, und beim Durchschnitt von ‚Sechs' oder gar noch mehr tummelten sich die Paradepferde der Klasse herum. Habt ihr mir folgen können?"

„Ich glaube schon", meint Urs ein wenig zögernd.

„In meinem Fall hat das bedeutet“, fahre ich fort, „daß ich in Mathematik, das ja als Hauptfach vierfach zählte, durch besonders gute Noten in anderen Fächern viermal vier Punkte ausgleichen mußte. Aber das war glücklicherweise kein Problem, denn in Deutsch war ich auf eine ‚Sieben‘ so gut wie abonniert, und diese Sieben brachte mir bereits mit drei über der erforderlichen ‚Vier‘ nach Adam Riese genau vier mal drei, also zwölf Punkte zum Ausgleichen. Dazu noch drei Punkte im Zeichnen, dreimal zwei Punkte in Englisch. Es läpperte sich zusammen. Verständlich, daß wir alle ständig mit Tabellen in der Tasche herumliefen und immer wieder nachprüften, in welchem Fach man zubuttern mußte und in welchem man was zu verschenken hatte.“

„Heute gehst du erbarmungslos baden, schon wenn du in zwei Fächern eine ‚Fünf‘ oder eine ‚Sechs‘ baust“, stellt Thomas fest. „Auch wenn du in Physik genausoviel auf dem Kasten hast wie ein junger Newton.“

„War kein blödes System“, meint Urs. „Jedenfalls hat jeder seine Chance gehabt, auch der Außenseiter und Einzelgänger.“

„Nicht alles, was reformiert wird, muß schlecht gewesen sein“, philosophiert Thomas. Er trinkt einen Schluck Kaffee und tupft dann seine Lippen mit der Papierserviette ab. „Aber wir haben uns ziemlich vom Thema abgeseilt“, fügt er hinzu und fixiert mich grinsend. „War das Absicht?“

„Du hast recht, ich mache Sprünge wie ein Känguruh“, gestehe ich ein.

„Känguruhs sind an sich putzige Tiere“, bemerkt Urs.

„Nein, Absicht war es wirklich nicht“, versichere ich. „Ich hab’ mich ganz einfach verplaudert, weil mich diese Zeugnisprobleme interessieren. Ich bitte um Entschuldigung. Will übrigens noch einer von euch Eis aus dem Kühlschrank?“

„Im Augenblick noch nicht“, macht sich der lange Michael zum Sprecher, und die beiden anderen nicken zustimmend. Urs hat sich inzwischen ohnehin mit einem Mohrenkopf bedient.

„Sie hatten sich Ihre erste Filmkamera ergattert“, meint Thomas, „nehmen wir da den Faden wieder auf, wenn ich mir diesen Vorschlag erlauben darf.“ Er lehnt sich in seinem Gartenstuhl zurück wie in einem Theatersessel und blickt mich erwartungsvoll an.

„Zuerst machte ich mit ihr, was wohl die meisten machen, wenn sie so ein Ding, das bewegliche Bilder fabrizieren kann, in der Hand haben“, antworte ich. „Man filmt die Stadt, in der man lebt . . .“

„Stuttgart in Ihrem Fall“, wirft Michael dazwischen.

„. . . man filmt sein Haus, seine Wohnung, die liebe Verwandtschaft, wenn sie zu Besuch kommt, und vor allem natürlich die eigene Familie. Mal beim Kaffeetrinken auf dem Balkon, mal beim Sonntagsspaziergang oder im Urlaub. Aber im Grunde wollte ich natürlich mehr –“ Ich mache eine kleine Pause und gucke zu Peter hinüber, der sich in diesem Augenblick ganz langsam hochrappelt und anschließend, ohne einen Blick zu verschwenden, ins Haus trottet, in der Hoffnung, daß es dort kühler ist.

„Es gab am unteren Ende der Calwer Straße . . .“ sage ich und wende mich an Michael. „Du weißt, wo das ist?“

„Ich kenn' mich da aus wie in meiner Hosentasche“, grinst der Lange.

„. . . also dort gab es ein kleineres Kino, und sein Vorführer war der Vater von Hardy Bürckle. Dieser Hardy wiederum war einer meiner dicksten Spezis, und wenn wir grade nichts anderes vorhatten, weil es regnete oder weil es draußen saukalt war, klebten wir in der engen Vorführkabine an den kleinen Fenstern, durch die man in den Zuschauerraum des Kinos und auf die Leinwand gucken konnte. Das Theater wechselte sein Programm so etwa alle zwei Wochen, und es gab kaum einen Film, den wir auf diese Weise nicht kostenlos gesehen hätten. Manchen sogar mehrmals und darunter wohl auch einige, die nicht unbedingt für Jugendliche gedacht waren. Aber Vater Bürckle war nicht besonders pingelig, und oft bemerkte er uns auch gar nicht, wenn wir zwischen den riesigen Maschinen hinter ihm vorbeischlichen. Er hatte mit dem ständigen

Wechseln der schweren Filmrollen und ihrem Umspulen ohnehin alle Hände voll zu tun. Nun ja, an Anregungen fehlte es also nicht, und zudem bildete ich mir ab einem gewissen Zeitpunkt auch ein, bei einem so intensiven Anschauungsunterricht genügend gelernt zu haben. Der Ehrgeiz, selber einen Film zu drehen, regte sich. Es mußte ja nicht gleich BEN HUR sein. Andererseits hatte ich durch das kleine Fenster im Vorführraum eine Unmenge Western gesehen, die um diese Zeit sehr in Mode waren. Sie brachten mich auf die Idee zu einem Indianerfilm. Ich schrieb mein erstes Drehbuch ‚Die Rache der Sioux', überredete die halbe Penne zum Mitmachen, beförderte den besten Brustschwimmer unserer Schulstaffel zum Häuptling und unseren Klassensprecher, der ein wenig dicklich war, zum Sheriff. Wegen der Besetzung von anderen Rollen gab es noch eine Serie kleiner Machtkämpfe. Aber schließlich begriffen die Herren Schüler, daß es beim Film auch Statisten geben muß, und sie fanden sich damit ab, in Kriegsbemalung und nur mit einem Lendenschurz bekleidet, jedoch mit Speer und Schild bewaffnet, lediglich die kämpfenden Stämme darzustellen. Wir bastelten pechschwarze Perükken, wer eine Indianerausrüstung zu Hause hatte, brachte sie mit, vom Federschmuck angefangen bis zu Tomahawk und bis zu buntbemalten Zelten. Der Bärensee ganz dicht am Stadtrand gab mit seinen dichten Wäldern eine ideale Kulisse ab. Ich mußte später nur darauf achten, daß keine Spazierwege ins Bild kamen. Es konnte losgehen. Schon am ersten Drehtag merkte ich, wie schwierig es war, zugleich Kameramann und Regisseur zu sein. Und weil wir ja einen Stummfilm drehten, leisteten sich meine jungen Schauspieler oft ziemlich starke Stücke mit maßlos übertriebenen Gesten und hemmunglosem Gesichterschneiden. ‚Was wir ausdrücken, muß doch auch ohne Ton verständlich sein', maulten sie, wenn ich um mehr Zurückhaltung flehte und gleichzeitig darauf hinwies, daß Indianer so ziemlich alles bewegungslos und ohne eine Miene zu verziehen hinnehmen würden. Das sei schon bei Karl May nachzulesen. Bei der Premiere in unserer Schulturnhalle wurde das fertige Werk schließlich auf vier zusammengenähte Bettücher projeziert. Unser Musiklehrer spielte auf dem Flügel eine einigermaßen zu den Bildern passende Eigenkomposition mit aufwühlendem Fortissimo bei den Kampfszenen und einem zu Herzen gehenden Piano, als am Ende des Films ‚Schwarzer Adler', der Häuptling der Sioux, von einer weißen Kugel getroffen, ins Gras beißen mußte.Der Beifall des Publikums war ohrenbetäubend. Allerdings in der Hauptsache wohl deshalb, weil jeder, der mitgewirkt hatte, seine eigene Leistung beklatschte. Immerhin war es ein Erfolg . . ." Ich unterbreche mich und suche nach einer Wespe oder Biene, die ganz nahe in der Luft sein muß. Aber dann stellt es sich heraus, daß Michaels Kassettenrecorder das summende Geräusch fabriziert.

„Einen Moment", sagt der Lange. „Ich muß ein neues Band einlegen."

„Meins ist auch gleich am Ende", stellt Thomas fest.

„Gleichfalls", schließt sich Urs an.

„Also Pause", bemerke ich und greife nach der Kaffeekanne. „Jetzt etwas Eis gefällig? Es gibt noch genug davon. Ich werde mir den Magen verkorksen, wenn ich's hinterher allein aufessen muß."

Die drei nicken gnädig mit ihren Köpfen, während sie an ihren Geräten herumhantieren, und ich stiefle in die Küche.

Ein paar Minuten später drücken die Redakteure wieder auf die Tasten ihrer Bandspieler, füllen anschließend ihre Eisbecher, und Thomas fragt zwischen einem Löffel und dem anderen: „Aber wie ist das jetzt mit der Schule zusammengegangen? Hat's da nicht wieder neuen Ärger gegeben?"

„Sosolala", antworte ich. „Nach ‚Der Rache der Sioux' brachte ich ein Zeugnis mit dem nicht sehr imposanten Durchschnitt von vier Komma eins nach Hause und hatte ein mulmiges Gefühl in der Magengrube. Aber mein Vater paffte aus seiner Zigarre zufrieden eine große Rauchwolke ins Zimmer und meinte. ‚Na ja, den Arm hast du dir damit auch nicht gerade ausgekugelt. Andererseits hätte eine

Sheriff

glatte Vier ausgereicht. Die Eins hinter dem Komma ist reine Verschwendung.“ Schließlich war er Kaufmann von Beruf.

„Damals gab's ja auch noch keinen numerus clausus“, wirft Thomas ein. „Aber zu Ihrer Filmerei zurück. Wie ging's weiter? Bei Ihrem ersten Film ist es ja nicht geblieben.“

„Bereits während wir die Sioux-Geschichte drehten, hatte ich damit angefangen, ein neues Buch zu schreiben. Diesmal für einen Kriminalfilm. Wenn die Bäume auch nicht gleich in den Himmel wachsen sollten, so plante ich doch eine Expedition auf die Nordsee-Insel Langeoog. Ich kannte sie von einem Sommerurlaub her, und schon durch einen neuen und fremden Schauplatz sollte der zweite Film den ersten übertreffen. Die Organisation war vorerst das schwierigste Problem. Weil auch jetzt wieder meine Mitschüler und zusätzlich eine Pfadfindergruppe mitwirken sollten, mußte unbedingt in den Schulferien gedreht werden. Schon im Frühjahr fing ich damit an, alle mehr oder weniger großen Firmen rund um Stuttgart herum mit Bettelbriefen zu bombardieren. Ich schrieb, was wir vorhatten, und tatsächlich kamen schon nach kurzer Zeit die ersten Kartons mit Konserven, Mehl, Nudeln, Backobst und Dauerwurst von Lebensmittelfabriken. Mercedes aus dem nahen Untertürkheim versprach für die Reise in den Norden einen Omnibus samt Fahrer und Benzin. Das war mehr, als wir erwartet hatten. Kodak stiftete Filmmaterial, und ein Schokoladenfabrikant spendierte Kakao, einen ganzen Sack Bonbons und natürlich Schokolade. Ein paar Schüler mußten absagen, weil ihre Eltern sie im Urlaub bei sich haben wollten. Aber andere Väter und Mütter spendeten bares Geld, ebensoviel, wie sie ohnehin für die Ferienreise ihrer Sprößlinge ausgegeben hätten. Manche legten noch einen Schein für die Gemeinschaftskasse dazu. Unser Sportlehrer übernahm die Verwaltung, und ein junger Angestellter meines Fotohändlers Hirrlinger ließ seinen Jahresurlaub sausen, damit er als Kameramann dabeisein konnte. Ich wollte bei diesem zweiten Film lediglich Regie führen, denn es hatte sich bei ‚Die Rache der Sioux' oft genug gezeigt, daß man nicht durch die Kamera blicken und gleichzeitig auch die ganze Szene kontrollieren kann. Noch am Abend des letzten Schultags vor den großen Ferien rollten wir los, und es wurden herrliche vier Wochen. So im großen und ganzen gesehen jedenfalls. Auch für diesen Film schenkte uns der Himmel wieder wolkenloses Bilderbuchwetter, keiner bekam Zahnschmerzen, und keiner brach sich den großen Zeh. Wir lebten in den Dünen in einer Baubaracke und in Zelten. Und wir filmten und filmten und filmten. Die verzwickteste und kompliziertestete Szene hatten wir immer wieder und schließlich bis zum letzten Drehtag vor uns hergeschoben. Ein Haus mußte brennen, in dem sich drei Gangster versteckt hielten. Um sich zu retten, sollten sie ins Freie stürzen und damit der wartenden Polizei genau in die Handschellen. Nach hartem Verhandeln und nach Bezahlung einer Summe, die eigentlich teilweise für die Rückfahrt eingeplant war, stellte uns ein rothaariger und breitschultriger Mann, der glücklicherweise vom Zirkus kam und daher schon mancher Gefahr furchtlos ins Auge geblickt hatte, seine Kate zur Verfügung. Ich hatte inzwischen natürlich einige Bücher über Filmtricks gewälzt und fühlte mich meiner Sache einigermaßen sicher. Holz war in gerade noch vertretbarer Entfernung vom Mauerwerk und den Fenstern aufgeschichtet worden. Die drei als Gangster verkleideten Pfadfinder wurden im letzten Augenblick mit Wasser übergossen, damit ihnen nichts passieren konnte, falls sie beim Laufen mit den Flammen in Berührung kämen. Solchermaßen präpariert, gingen sie mutig hinter der Tür in ihre Startposition. Auf einen Pfiff aus meiner Trillerpfeife sollten sie herausgeflitzt kommen. Draußen im Dünengras versteckt, lagen Schüler meiner Klasse als Polizisten auf der Lauer. Wir hatten ein paar Kilo Rauchpulver besorgt, das den Schwindel vernebeln mußte, und nur das Feuer des aufgestapelten Holzes sollte glauben machen, daß das ganze Haus tatsächlich in Flammen stünde. Zur Sicherheit war die Freiwillige Feuerwehr mit zwei Motorspritzen hinter der Kamera aufgefahren. Zuerst gab ich das Kommando zum Anzünden der Holzstöße. Als sie zu brennen anfingen, ließ ich das Rauchpulver zünden. Wir alle und auch die Zuschauer, die sich so allmählich angesammelt hatten, hielten den Atem an. Jetzt kam es darauf an, Nerven zu behalten und so lange zu warten, bis der Rauch die völlig unbeschädigte Kate ganz zugedeckt hatte. Ich kam mir vor wie ein Hollywood-Regisseur, der ganz Karthago niederbrennen läßt. ‚Kamera ein!' brüllte ich. Vom Haus waren durch den Dunst nur noch die Umrisse zu erkennen. Gleichzeitig schlugen die Flammen der brennenden Holzhaufen durch den Rauch. Es funktionierte. Die Illusion war perfekt und diese Sekunde der richtige Augenblick. Ich fingerte nach meiner Trillerpfeife und pustete das Signal in die Luft. Augenblicklich flog die nur noch schemenhaft zu ahnende Tür auf, und meine drei Pfadfinder-Gangster kamen angelaufen. Die Arme vor den Gesichtern spurteten sie durch die Mauer aus Rauchpulver, schienen direkt durch die Flammen eines Holzstoßes rennen zu wollen, schlugen aber im letzten Augenblick einen Haken und galoppierten auf die Kamera zu. Und jetzt traten meine Klassenkameraden in Aktion. Sie stellten sich den Pfadfindern entgegen, warfen sie zu Boden und bogen ihnen die Arme in einem waschechten Polizeigriff auf den Rücken. ‚Los jetzt', flüsterte ich meinem Kameramann zu. ‚Begriffen', murmelte der Fotogehilfe aus Stuttgart unter seinem schwarzen Tuch und schwenkte jetzt ganz allmählich den dunklen Rauchwolken nach, die in den wolkenlosen Himmel hinaufstiegen und sich dort schließlich langsam auflösten. ‚Das war's', sagte ich glücklich. ‚Ende des Films'. Aber die drei letzten Worte sollten sich ziemlich schnell als böser Irrtum herausstellen. Vorerst allerdings beeilten wir uns, zusammen mit der Freiwilligen Feuerwehr die brennenden Holzhaufen zu löschen, und als die Dämmerung vom Meer heraufzog, feierten wir den erfolgreichen Abschluß der Dreharbeiten mit einem grandiosen Fest. Kakao floß in Strömen, wer Lust hatte, konnte sich mit Zitronenlimonade betrinken, und dazu gab es Wurstbrote oder Nudeln mit Backpflaumen. Die Wände wackelten, und die Dünen tanzten."

„Ich warte auf das angekündigte faule Ei", meint der lange Michael. „Rundherum strahlt es doch nur vor Freude, Frieden, Eierkuchen. Ich kann mir beim besten Willen nicht vorstellen, wo da noch 'ne Mine vergraben sein soll."

„Die Mine hieß Franz-Otto Hanfstängel, ich werde den Namen nie vergessen", erwidere ich, „und dieser Franz-Otto Hanfstängel war der junge Angestellte meines Stuttgarter Fotohändlers. Mitten im rauschenden Festtrubel steht er plötzlich mit der Trauermiene eines beleidigten Schimpansen und käseweiß im Gesicht vor mir. Er guckt mich eine Weile an und sagt wie aus heiterem Himmel: ‚Hau mir eine runter, und zwar so kräftig, wie du zuschlagen kannst.' Er habe wohl nicht alle auf der Latte, antworte ich. ‚Was ist los mit dir, du Doofmann?' Er guckt mich wieder ein paar Sekunden stumm an, und dann stottert er: ‚Vorhin bei der letzten Aufnahme hab' ich die falsche Kassette erwischt.' Er flüstert jetzt nur noch. ‚Es tut mir leid, aber als wir das brennende Haus drehten, war kein Film in der Kamera.'"

„Du lieber Herr Gesangverein", stöhnt Urs.

„So, wie du jetzt grade gestöhnt hast", meine ich zu dem jungen Schweizer gewandt, „so ähnlich hat damals auch unser Sportlehrer gestöhnt, der ja die Finanzen unserer Expedition unter sich hatte. ‚Eine Katastrophe von geradezu biblischem Ausmaß', jammerte er. Und damit kam er der Wahrheit ziemlich nahe. Schon am nächsten Tag sollte der Mercedes-Bus aus Untertürkheim an der Küste eintrudeln, um uns wieder nach Stuttgart zu transportieren. Und das Geld in der Gemeinschaftskasse reichte gerade noch für die Überfahrt mit der Fähre. Kein Wunder, daß die bisherige Hochstimmung mit einem Schlag auf Null sank und im Eimer war. ‚Einen Film ohne Schluß, so was gibt's gar nicht', wagte ich zu behaupten, als ich mich vom ersten Schock erholt hatte. ‚Und wenn die Welt untergeht, wir müssen die Szene wiederholen.'"

Die drei Redakteure unterbrechen ihr Eislöffeln und

luchsen neugierig zu mir herüber. Aber sie sagen absolut nichts.

„Wiederholen, also eine Szene, die man schon im Kasten hat, noch einmal nachdrehen müssen, das ist so ziemlich das Blödeste, was einem beim Film passieren kann“, rutsche ich schon wieder einmal aus und mache einen Gedankensprung. „Auch später, als ich dann professionelle Filme für die Kinos gemacht habe, ist es immer wieder vorgekommen, daß beim Entwickeln in der Kopieranstalt das Material regelrecht zerfetzt wurde oder daß eine ganze Rolle Licht bekam und dadurch unbrauchbar wurde. Ein paarmal haben sich irgendwie Unschärfen eingeschlichen, weil ein Objektiv falsch justiert war oder weil bei Fahrten oder Schwenks der Assistent ganz einfach Mist gebaut hat. Einmal hat ein Garderobier gepennt und ließ eine Schauspielerin in einem dunklen Pelzmantel aus ihrem schicken Wagen klettern und dann in der direkten Anschlußszene mit einer hellen Nerzjacke in einem Restaurant durch die Tür kommen. So was kann selbstverständlich passieren, wenn man weiß, daß die einzelnen Szenen ja nicht nach der Reihenfolge gedreht werden, in der sie später im fertigen Film zusammengeschnitten sind. Wir drehen kreuz und quer durcheinander. Manchmal schon am ersten Tag eine Schlußszene und am dritten oder vierten Tag den Anfang. Weil man wegen der Kosten ja nicht mit dem ganzen technischen Aufwand alle naselang umziehen will. So werden beispielsweise sämtliche Szenen, die in einem Schloß spielen, auf einer Pferderennbahn etwa oder in einer Discothek, zusammen abgedreht, ganz egal, wie weit sie in der Geschichte auseinanderliegen. Da müssen die verantwortlichen Mitarbeiter wegen der Anschlüsse, wie wir es nennen, manchmal schon ganz höllisch Obacht geben. Wenn ein Schauspieler zum Exempel klitschnaß aus dem Regen kommt, was vielleicht vor sechs Wochen gedreht wurde, kann er heute nicht plötzlich knochentrocken in die Szene spazieren, die den Anschluß bildet. Da darf der Regieassistent nicht vergessen, ihm vom Requisiteur einen Kübel Wasser über den Mantel schütten zu lassen,

bevor die Kamera eingeschaltet wird. Oder wenn eine Geschichte im Sommer spielt, aber im Winter gedreht wird, und sich wegen der Kälte vor den Lippen der Schauspieler hübsche kleine Dampfwolken bilden, dann helfen eben nur Eiswürfel, die von den Damen und Herren kurz vor der Aufnahme wie Kaugummi im Mund hin und her bewegt werden müssen. Kurz vor der Klappe wird das Zeug wieder ausgespuckt, und der Dialog ist sozusagen wolkenlos und sommerlich. Aber auch das muß durchgehalten werden, weil ja hinterher beim Zusammenschnitt der Atem nicht das eine Mal sichtbar sein darf und dann wieder nicht. Übrigens, die ärgerlichste Wiederholung passierte uns bei dem Film ‚Scampolo' mit Romy Schneider auf Ischia. Da hatte der Kameraassistent dasselbe Pech wie jener Franz-Otto Hanfstängel in den Langeooger Dünen, nur umgekehrt und sozusagen auf den Kopf gestellt. Er legte nämlich eine bereits abgedrehte Filmrolle zum zweitenmal in die Kamera, so daß sie doppelt belichtet wurde. Das unerfreuliche Ergebnis war, daß wir die Szenen von zwei kompletten Filmspulen wiederholen mußten. Der Spaß kostete die Produktion mehr als zwei Wochen zusätzliche Drehzeit und damit ein mittleres Vermögen. Abgereiste Schauspieler mußten wieder eingefangen und zurückgeflogen werden, Starverträge waren zu verlängern, und schließlich schlug das Wetter um, und wir verloren wiederum teure Tage durch Nichtstun und Herumstehen im Regen. Was mich an den Film ‚Die Buddenbrooks' erinnert, den wir zum größten Teil original in Lübeck gedreht haben . . ."
ich unterbreche und schüttle über mich selbst den Kopf. „Pardon, ich bin schon wieder dabei, Känguruh zu spielen. Also ganz schnell zurück auf die Nordsee-Insel Langeoog. Was sollten wir mit einem Film ohne Schluß anfangen? Ich bin ins Dorf geradelt, hab' meinen Vater angerufen und ihn um eine telegrafische Überweisung gebeten. ‚Du bist immer gut für Überraschungen, das muß man dir lassen', meinte er. ‚Schöne Bescherung, woher nehmen und nicht stehlen. Aber du läßt mir ja keine Zeit zum Überlegen. Doch falls ich was auftreibe und es dir schicken kann, dann

ist das bloß ein Darlehen, wenn du weißt, was das ist.‘ Am nächsten Morgen war das notwendige Geld bei der Dorfpost. Unser rothaariger und breitschultriger Zirkusmann blieb knallhart und verlangte für das Zurverfügungstellen seiner Kate wieder dieselbe Summe wie beim erstenmal. ‚Hier auf der Insel gibt's keinen Winterschlußverkauf‘, knurrte er. Die Freiwillige Feuerwehr kam allerdings wieder angerasselt, ohne einen Pfennig zu verlangen, und zum Glück reichte das restliche Rauchpulver auch noch für den zweiten Versuch. Schließlich war der inzwischen eingetroffene Bus aus Untertürkheim bereit, einen Tag zu warten. Und bei der Wiederholung der Aufnahme klappte alles wie am Schnürchen. Nur daß diesmal einer der drei Pfadfinder seine Sache besonders gut machen wollte. Er wagte sich beim Hinauslaufen aus dem Haus bis dicht an einen der lichterloh brennenden Holzstöße heran, seine Jacke fing Feuer, und nur weil sie ihm von den Polizisten aus meiner Klasse blitzschnell vom Leib gerissen wurde, passierte ihm weiter nichts. Lediglich sein hellblonder Wuschelkopf war angesengt. Später, bei der ersten Vorführung in Stuttgart, wirkte die Szene dann besonders echt und gefährlich.“ Ich lehne mich zurück und mache eine Pause. „Was dann hinterher kam, ist schnell erzählt.“

„Wir haben keine Eile“, versichert Thomas.

„Es gab seinerzeit einen Verband oder Verein für Filmamateure, der in jedem Jahr einen Wettbewerb veranstaltete. Zugelassen waren nur Schmalfilme mit einer Spielhandlung.“ Ich will aufstehen, um ein paar Schritte hin- und herzugehen. Aber die drei Redakteure stoppen mich bereits im Ansatz meiner Bewegung und zeigen unmißverständlich auf ihre Mikrophone. So bleibe ich eben sitzen. „Ohne allzuviel Hoffnung schickte ich mein zweites Zelluloidprodukt sorgfältig verpackt an die bekanntgegebene Auswahlkommission. Monatelang Funkstille. Bis eines Tages zuerst ein Telegramm kam, ich hätte den ersten Preis gewonnen, und dann ein dicker Brief mit der Einladung zur Verleihung dieses Preises in Hamburg. Bahnfahrkarte und Anschrift des Hotels, in dem ich erwartet wurde, lagen bei.

‚Scheint also doch was an dir dran zu sein', bemerkte mein Vater, während meine Mutter hinzufügte, sie habe es ja schon immer gewußt. Dabei glitzerte es verdächtig in ihren Augen. Das war auch noch so, als sie meinen Koffer packte und mich schließlich auf dem Bahnsteig verabschiedete. Nun, Hamburg war eine enorm feierliche Angelegenheit. Man hatte ein Kino gemietet, das bis auf den letzten Platz gefüllt war, rund um die Bühne herum standen Blumen, und nachdem verschiedene Herren ihre Reden absolviert hatten, wurde es dunkel, der Vorhang ging auseinander, und über die Leinwand flimmerten nacheinander die prämiierten Filme. Zuerst der dritte, dann der zweite und schließlich der erste Preis. Es war für mich ganz kolossal, den eigenen Film auf einer so riesigen Leinwand zu sehen. Die Bilder von Langeoog hatten auf einmal ein ganz anderes Gesicht, und als sich schließlich unsere dunkle Rauchpulverwolke am Himmel auflöste, prasselte der Beifall los wie ein Platzregen. Ich mußte auf die Bühne, Blitzlichter zuckten auf, und der damalige große Ufa-Star Matthias Wiemann überreichte mir eine kleine vergoldete Statue, eine Urkunde und gab mir die Hand. Später, als sich die Zuschauer wieder verkrümelt hatten, nahm er mich auf die Seite, machte mir freundliche Komplimente und meinte: ‚Du mußt uns unbedingt mal in Babelsberg besuchen. Vielleicht solltest du aus deiner Filmerei einen Beruf machen. Jedenfalls bist du herzlich eingeladen.' Dabei gab er mir seine Visitenkarte und einen Klaps auf die Schulter. Dieser Augenblick war entscheidend für meine Zukunft –"
Ich blicke eine Weile in den Garten, zu den Birken und Fichten hinüber. „Ich hatte von einem Augenblick zum anderen einen Draht zur größten Filmproduktion Deutschlands, und in Babelsberg, das wußte ich natürlich, standen ihre riesigen Ateliers dicht bei Berlin. Das war ein Sprung, den viele andere, die bestimmt genauso begabt waren, nie geschafft haben. Nur weil sie in der Provinz versauerten und nicht soviel Glück hatten."

„Wie alt waren Sie damals", will Thomas wissen.

„Ich war gerade siebzehn geworden."

„Ganz schön frühreif", witzelt Michael und verknotet wieder einmal seine ausgestreckten langen Beine zu einer neuen Variante.

„Als ich aus Hamburg zurückkam, hatten die Stuttgarter Zeitungen in ihren Morgenausgaben bereits über die Preisverleihung berichtet und auch einige der Fotos abgedruckt, die dort auf der Bühne des Filmtheaters geblitzt worden waren. Wenn man im Spiegel sein eigenes Gesicht sieht, ist das die selbstverständlichste Sache der Welt, an die man sich allmählich gewöhnt hat. Wenn einem dasselbe Gesicht aber aus Zeitungen entgegenguckt, ist das zumindest beim erstenmal ein Schlag in die Magengrube."

„Sie scheinen zum Abfotografiertwerden tatsächlich ein gestörtes Verhältnis zu haben", meint der Düsseldorfer Thomas und grinst dabei.

„Auf dem Bahnhof erwarteten mich meine Eltern", fahre ich fort, ohne seinen Einwurf zu beachten. „Aber auch unser Sportlehrer, sozusagen unser Verwaltungsdirektor, wartete zusammen mit einem Teil der Schüler und Pfadfinder, die auf Langeoog mit dabeigewesen waren, und denen ich zumindest die Arme oder die Beine der gewonnenen vergoldeten Statue zu verdanken hatte. Wir waren alle ziemlich zufrieden miteinander, feierten bei uns zu Hause auf der Terrasse, und ich mußte immer wieder erzählen, was ich an der Alster erlebt hatte. Als der Tag dann schließlich auf Zehenspitzen heimging und wir allein waren, schenkte mir meine Mutter zur Erinnerung und wohl auch, weil sie ein ganz klein wenig stolz auf mich war, diesen Ring, den ich heute noch trage. ‚Er soll dir Glück bringen', sagte sie." Ich zeige den ziselierten Goldring mit dem wasserklaren Amethyst an meiner linken Hand. „Er hat mir bis heute wirklich eine ganze Menge Glück gebracht. So viel, daß er inzwischen mein Talisman ist. In der russischen Kriegsgefangenschaft habe ich mir zum Beispiel eingeredet, daß ich überleben werde und wieder herauskomme, solange er bei mir bleibt. Die Wachmannschaften, die auf alle Arten von Ringen genauso scharf waren wie auf Armbanduhren und goldene Halsketten, haben mich auf den Transporten und vor jedem neuen Lagertor oft bis auf die Haut gefilzt. Aber es gelang mir immer wieder, ihn rechtzeitig verschwinden zu lassen. Auf den langen Fußmärschen von Berlin bis über die Oder habe ich ihn am kleinen Zeh gehabt, einmal links und einmal wieder rechts, auch wenn der Stiefel noch so drückte. Vorläufige Endstation war ein riesiges Barackenlager bei Küstrin. Ich hatte immer noch nicht richtig begriffen, was ein verlorener Krieg für die Besiegten bedeutet, und ließ mich bereits kurz nach der Einlieferung beim russischen Kommandanten melden. Das war eine ausgesprochen verrückte Idee, und sie hatte eigentlich keine Aussicht auf Erfolg. Aber es war an meinem Geburtstag, und Geburtstage haben mir oft Gutes gebracht. Tatsächlich wurde ich vorgelassen. Ich hätte in Berlin einen Film mit dem Titel ‚Die Schenke zur ewigen Liebe' gedreht, eine Geschichte, die unter Bergarbeitern spielt, bat ich den Dolmetscher zu übersetzen. Außer mir würde niemand das Material zusammenschneiden und diesen Streifen fertigmachen können. Zuerst blickte mich der etwas korpulente Kommandant an, als sei ich gerade in diesem Augenblick aus einem Ufo geklettert, und ich befürchtete schon das Schlimmste. Aber dann strich er sich plötzlich über seine Glatze und platzte los, als wolle er vor Gelächter explodieren. ‚Ihr Deutschen werdet nie mehr Filme drehen.' Ob ich denn keine Ahnung davon hätte, was jetzt in Berlin und im ganzen Land los sei? Ich solle gefälligst, und zwar im Laufschritt, an meine Arbeit zurück und weiter Maschinen für den Abtransport nach Rußland auseinandermontieren. Schon hatte ich die Türklinke in der Hand, da rief er mich zurück. ‚Stoi!' Er beugte sich vor. ‚Wenn du wirklich ein Regisseur bist, dann kannst du doch hier ein Lagertheater auf die Beine stellen? Paß auf, die erste Vorstellung will ich, sagen wir, in einer Woche sehen. Ist sie gut, bleibst du hier, ist sie schlecht, laß ich dich mit dem nächsten Transport nach Sibirien abschieben.'"

„Reizende Aussichten", bemerkte Michael.

„In unserem Lager waren mehr als dreißigtausend Gefangene“, fahre ich fort. „Unter ihnen konnte ich mir hundert Mann aussuchen und keinen mehr. Ich durfte über Lautsprecher und auf Transparenten nach Schauspielern, Musikern, Artisten, Maskenbildnern, Bühnentechnikern und vor allem nach Zirkusleuten fahnden. Denn die besondere Schwierigkeit war ja, daß unser Programm vor allem von den Russen verstanden werden mußte, auch wenn das Theater für die Gefangenen gedacht war. Und die Wachmannschaften sprachen ja kaum ein einziges Wort Deutsch. Viele Gefangene meldeten sich, darunter bekannte Opernsänger, ein Dirigent war dabei, Maskenbildner, Garderobiers und Beleuchter, die ich teilweise in den Babelsberger Ateliers kennengelernt hatte. Unter ständiger Begleitung von Wachsoldaten durften wir im völlig zerbombten Küstrin Möbel, Vorhangstoffe, Papier, Farbe, Handwerkszeug und was immer wir eben zur Herstellung von Dekorationen und Kulissen brauchten, aus den verlassenen Häusern schleppen. In Schulruinen stöberten wir Musikinstrumente auf, darunter sogar ein Klavier, das noch nagelneu und unbeschädigt war. Nachts überlegten wir uns irgendwelche Szenen, knobelten mit rauchenden Köpfen an ihnen herum, und am Tag stellten wir sie, um zu sehen, wie sie wirkten. Währenddessen ließ die russische Lagerleitung durch Bautrupps am Ende des Sportplatzes und gar nicht so weit von der elektrisch geladenen Umzäunung entfernt, eine riesige Theaterbühne förmlich aus dem Boden stampfen. Zwei Tage vor Ablauf der vom Kommandanten befohlenen Frist war sie fix und fertig, samt einem niedrigen Podium für unsere Musiker, primitiven Garderoben und einem mehr als zwanzig Meter breiten Vorhang. Wir konnten also unsere Kulissen aufstellen, unser Programm ausprobieren und auch den möglichst schnellen Wechsel der Dekorationen, damit es zwischen den Nummern keine Pausen gab. Die Premiere fand dann vor ausschließlich russischem Publikum statt. In der ersten Reihe thronte in organisierten Sesseln der ordensgeschmückte Kommandant zwischen seinen gleichfalls ordensgeschmückten Offizieren, dahinter auf Stühlen die niedrigeren Dienstgrade und schließlich, auf dem Grasboden sitzend, die einfachen Wachsoldaten. Uns allen war klar, daß es um die Wurst ging. Einerseits hockte uns die Furcht im Genick, aber wir hatten auch ein wenig Hoffnung. Denn immerhin hatte ein Orchester von rund dreißig Mann dicht vor der Bühne Platz genommen. Sie legten jetzt mit einer Ouvertüre los, als ginge es um ihr Leben, und als dann der Vorhang auseinanderschlug, spielten wir allesamt genauso. Die meisten Nummern waren Pantomimen, und vor allem unsere Artisten und Zirkusleute hatten mir dabei mit ihren Erfahrungen helfen können. Clowns lösten Kunstradfahrer ab und Feuerschlucker saltoschlagende Akrobaten. Dazwischen gab es immer wieder Szenen wie in einem Stummfilm. Eine davon sollte geradezu schicksalhaft werden. Sie zeigte zwei als Putzfrauen verkleidete Gefangene, die einen mit ein paar Grasnarben angedeuteten Park säuberten. Unweit von ihnen stand ein Denkmalsockel, auf dem ein weiterer Gefangener, nur mit einer Badehose bekleidet, aber von oben bis unten mit Mehl eingepudert, in völliger Erstarrung eine Marmorstatue darzustellen versuchte, und zwar Herrn Neptun, den Gott der Meere, mit seinem dreigezackten Speer in der ausgestreckten Hand. Nach kurzer Zeit hörten die beiden Raumpflegerinnen mit ihrer Arbeit auf, setzten sich auf eine Bank direkt unter dem Denkmal und machten Pause. Sie holten belegte Brote heraus, aber immer, wenn sie mal so zwischendurch in die Gegend guckten, klaute ihnen der marmorne Neptun mit seinem Dreizack die Wurst vom Brot. Er schluckte seinen Raub gierig hinunter und erstarrte wieder, bis sich die Gelegenheit zum nächsten Diebstahl bot. Die Putzfrauen purzelten von einem Erstaunen ins andere, was sie nicht sehr diskret mit rollenden Augen darstellten. Da sie aber keine Erklärung fanden, gingen sie schließlich kopfschüttelnd wieder an ihre Arbeit. Jetzt befaßten sie sich mit der sorgfältigen Reinigung der Statue, die jedesmal zusammenzuckte, wenn die Damen mit ihren Putzlappen zu Körperregionen kamen, an denen der Gott der Meere augenscheinlich kitzelig war. Das bemerkten die zwei Frauen allerdings nicht, weil die Sache ja so eingeübt war, daß sie immer wegblicken oder sich lauthals streiten mußten, wenn Neptun sein Gesicht verzog, erneut erschauerte oder zusammenfuhr. Musik. Mächtiger Tusch. Vorhang. Ende der Szene. Schon während der ganzen Nummer hatten die Zuschauer immer wieder schallend losgelacht. Jetzt waren sie außer Rand und Band, klatschten, trampelten mit den Füßen vor Vergnügen. Wir atmeten auf und strahlten uns hinter dem geschlossenen Vorhang an wie Weihnachtskugeln. Jetzt ganz schnell weitermachen, dachte ich, die gute Stimmung des Publikums weiter anheizen. Unsere Ballettnummer kam da gerade richtig. Als der Vorhang wieder auseinanderging, spielte unser Orchester einen kessen Tango, und fünfzehn als Tänzerinnen verkleidete Gefangene wirbelten über die Bühne. Gerade wollte der Star in einem Kleid mit vielen glitzernden Pailletten und mit einer Federboa um die Schultern tänzelnd über eine Treppe herunterkommen, als der Dolmetscher atemlos zu mir hinter die Bühne gestürzt kam. Der Lagerkommandant sei wütend und außer sich, weil die Nummer mit der Marmorstatue schon zu Ende sei. ‚Er befiehlt, daß dieses Stück wiederholt wird, und zwar sofort!' Um es kurz zu machen, die Neptun-Szene mußte am selben Abend noch dreimal wiederholt werden, wurde immer wieder beklatscht und bejubelt. Und die drei Darsteller wurden vom Kommandanten bereits am nächsten Morgen auf die Liste für Unabkömmliche gesetzt, was bedeutete, daß sie keinesfalls aus dem Lager abtransportiert werden durften. Es gab künftig kein Programm mehr, in dem sie nicht zumindest zweimal ihre Nummer abziehen mußten. Auf der Liste für Unabkömmliche stand übrigens auch der deutsche Lagerarzt, früher Chef eines Berliner Krankenhauses, dem der Kommandant seine Gesundheit anvertraut hatte, sowie der Veterinäroffizier, der täglich das Fleisch untersuchen mußte, bevor es in die russischen Küchen wanderte."

„Ein vorsichtiger Herr, dieser Kommandant", bemerkt Michael.

„Jedenfalls war unsere erste Premiere rundherum ein voller Erfolg. Sibirien sollte mir vorerst erspart bleiben. Dafür gab es für alle hundert Mann der Theatergruppe Pferdeleber aus der russischen Kantine. Gemessen daran, daß wir sonst nur mit klitschigem Brot und Kartoffelscha-

len in einer lauwarmen Brühe abgespeist wurden, war das eine fürstliche Gage."

„Sachen gibt's, die gibt's gar nicht", murmelte Urs.

„Das Theater wurde im Lager allmählich zu einer Institution wie etwa die Kleiderkammer oder das Krankenrevier. Wir durften jeden Abend für die deutschen Gefangenen spielen und mußten alle zwei Wochen mit einem neuen Programm aufwarten, dessen Premiere den russischen Besuchern vorbehalten blieb. Im übrigen ließ man uns in Ruhe. Wir durften Salat, Radieschen und Karotten zwischen unseren Baracken pflanzen, und die Pferdeleber alle vierzehn Tage war für uns so sicher wie das Gewecktwerden an jedem Morgen vor Tagesanbruch."

„Gibt es noch so eine Geschichte wie die mit dem Neptun und seinen zwei Putztanten?" fragt Michael neugierig.

„Vielleicht noch eine, aber die ist nicht ganz so lustig", antworte ich. „Die Geschichte mit dem Roboter. Sie fängt damit an, daß mich eines Tages ein Mann ansprach, der Ingenieur bei Siemens gewesen war. Er hatte Wasser in den Beinen wie so viele andere auch. Ob er nicht zu uns in die Theatergruppe kommen könnte, die schwere Arbeit in den Fabriken und der schlechte Lagerfraß würden ihn kaputtmachen. Leider haben wir nicht allen, die zu uns kamen, helfen können. Aber dieser Mann hatte sich eigenhändig eine Nummer ausgedacht, die wohl etwas aufwendig war, aber uns allen sofort gefiel. Der Siemens-Ingenieur machte sich an die Arbeit. Er bastelte und bastelte. Als sich bei der nächsten Premiere der Vorhang öffnete, war die Bühne geradezu übersät mit technischem Gerät, Apparaturen und Schaltbrettern, mit einer Unmenge von Glühbirnen, die ziemlich kompliziert geschaltet waren und immer wieder an den verschiedensten Stellen aufblitzten. Der Ingenieur hatte sich in einen alten schrulligen Professor verwandelt, mit weißem Arbeitsmantel, Brille und zerzaustem Haar. Durch ein Kissen hatte er sich bucklig gemacht, und um noch unheimlicher zu erscheinen, ging er vorgebeugt und zog den linken Fuß nach. In der Mitte, ganz im Vordergrund der Bühne stand ein früherer deutscher Unteroffizier in der eisernen Rüstung eines Roboters versteckt, und immer, wenn der geheimnisvolle Professor einen Schalter betätigte, machte der Roboter so steif wie ein Storch und mit eckigen, abgehackten Bewegungen zwei Schritte nach links oder zwei Schritte nach rechts. Er bückte sich, konnte mit den Eisenhaken an seinen Armen Gewichte heben und wieder auf die Erde setzen. Dabei glühten seine Augen wie zwei Autoscheinwerfer. Die Schlußpointe der Geschichte war, daß der alte Professor schließlich die Kontrolle über den eisernen Koloß verlor. Er rannte hin und her, kurbelte wie verrückt an seinen Rädern, riß in wilder Panik die Schalter hinauf und herunter. Aber der Roboter gehorchte nicht mehr. Staksig drehte er sich um und stampfte nach hinten, erreichte die Wand mit den Apparaten, zertrümmerte sie wie Streichholzschachteln und stolzierte immer weiter. Die Glühbirnen zuckten wie aufgescheuchte Blitze durcheinander, der machtlose Professor lag am Boden, das Orchester jaulte auf, und der Vorhang fiel über dem Chaos zusammen. Eine ganze Weile lang herrschte atemlose Stille. Aber dann knallten laute militärische Kommandos, und russische Soldaten stürzten los, zogen im Laufen ihre Waffen und rannten hinter die Bühne, um den rabiat gewordenen Roboter abzuknallen, bevor er weiteren Schaden anrichten würde."

„An diesem Abend gab's aber keine Pferdeleber", vermutet Michael grinsend.

„Doch, wir bekamen sie auch an diesem Abend, allerdings mit Verspätung", erwidere ich. „Zuerst mußte ich nämlich dem aufgeregten Kommandanten erklären, daß der scheinbar eiserne Roboter nur aus Sperrholz zusammengebastelt war und daß er sich nur bewegen konnte, wenn ein Gefangener in ihn hineinkroch. Das ließ sich der Russe von unserem ehemaligen Unteroffizier vorführen. ‚Serrrr gut', lachte er jetzt und erklärte verschmitzt, daß er zur nächsten Vorstellung sämtliche Generale seiner Division einladen würde. ‚Ich freue mich schon heute über ihre

Gesichter', ließ er übersetzen. Anschließend wurde die Pferdeleber serviert."

Die drei Redakteure lachen, und Michael schlägt sich mit der flachen Hand vor lauter Spaß auf die Schenkel.

„Dieser Lagerkommandant ist mir immer ein Rätsel geblieben", sage ich nach einer Weile. „Er konnte gutmütig sein, und gleich darauf war er wieder knallhart. Als ich einmal erkältet war, brachte er mir persönlich heiße Milch mit Honig in die Baracke. Milch und Honig, das war unter diesen Umständen so unwahrscheinlich wie eine Giraffe auf dem Mond. Oder jene Nacht, als ich aus dem Bett gerissen wurde. Man ließ mir gerade noch Zeit, meine Klamotten zusammenzupacken, dann mußte ich auf dem Appellplatz antreten. Dort warteten bereits der deutsche Lagerarzt und der Veterinär, auch im Mantel und mit gepackten Sachen. Man hatte mich ja während des Krieges zum Leutnant gemacht, und wir drei waren inzwischen die letzten Offiziere unter den Gefangenen. Alle anderen waren längst abtransportiert worden. Nur uns hatte der Kommandant immer wieder zurückgehalten. Aber jetzt mußte ein Befehl gekommen sein, der ihm keinen Ausweg mehr ließ. Da standen wir also, Bewacher mit Hunden um uns herum. Aber trotz Nacht und Regen kam der Kommandant aus seinem Quartier, ließ uns übersetzen, daß er gegen die neue Anordnung machtlos sei, gab jedem von uns die Hand, bedankte sich und wünschte Glück. In diesem Augenblick kamen die hundert Mann der Theatergruppe durch den Regen getrabt, bauten sich in drei schnurgeraden Linien auf und ließen durch den Dolmetscher sagen, daß es ohne mich in Zukunft kein Lagertheater mehr geben würde. Zuerst brüllte der Kommandant wütend los. Das sei ja ungeheuerlich, eine offene Meuterei. Aber dann, als er sich wieder beruhigt hatte, befahl er uns drei Offizieren, wegzutreten und in einer Stunde wieder an derselben Stelle zu erscheinen. Im übrigen habe die Theatergruppe eine Woche lang in den Fabriken zu arbeiten. Fünf Minuten später ließ er mich in sein Quartier holen. Dort riß er mir wortlos die Offiziersschulterstücke herunter und sagte: ‚Du nicht mehr Offizier, du Soldat ab sofort.‘ Damit schickte er mich wieder in meine Baracke zurück. Anderntags erfuhr ich vom Dolmetscher, daß der Arzt und Veterinär noch in der vergangenen Nacht zur Division gebracht worden seien. Mich aber habe der Kommandant in der heutigen Lagerliste als verstorben gemeldet.“

Michael will etwas sagen, aber ich blocke ab.

„Damit noch nicht genug“, fahre ich fort. „Monate später wurde das Lager aufgelöst und per Eisenbahn ans Schwarze Meer verlegt. Täglich rollten Züge ab, mit Getreide, Kohle und Gefangenen. Mit dem letzten Transport verließ der Kommandant selbst das Lager und zusammen mit ihm die Theatergruppe. Um möglichst bequem zu reisen, hatte er sich in einem Waggon eine Art Salon mit Möbeln, Bett und Tapeten und auch mit unserem in Küstrin gefundenen Klavier einrichten lassen, denn wir sollten ihm durch gelegentliche Sondervorstellungen unterwegs die Zeit verkürzen. Deshalb waren unsere zwei Wagen auch direkt hinter sein fahrbares Quartier gekoppelt. Als der Zug anfuhr, hatten wir die Hoffnung auf baldige Heimkehr endgültig aufgegeben. Plötzlich Bremsgeräusche und Halt. Kurz darauf werden die Türen aufgeriegelt und auseinandergeschoben. Der Kommandant steht da, die Hände in die Hüften gestemmt, lächelt und zeigt auf mich. ‚Du frei‘, sagt er und läßt mir dann übersetzen, daß ich noch fünf andere aus der Theatergruppe bestimmen sollte, die auch nach Hause fahren dürften. Wir hätten aber nicht viel Zeit. Ich bin wie vor den Kopf geschlagen. Was soll ich machen? Das kommt so überraschend und muß so schnell gehen. Schließlich nenne ich Kumpels, die schwach und krank sind, einer von ihnen fast ein Kind noch mit seinen sechzehn Jahren, dünn wie ein Handtuch, ein anderer, den seine Familie unbedingt braucht. Nun haben noch zwei die Chance. Mir fällt nichts Besseres ein, als das Los entscheiden zu lassen. ‚Einverstanden‘, läßt der Kommandant übersetzen, die Idee belustigt ihn. Er stößt mich zur Seite, wirbelt herum und läßt in die offenen Waggons hineinrufen: ‚Wer ein Taschentuch hat, der soll es in die Höhe halten.‘ Er grinst über seinen Einfall. Wer hat hier schon ein Taschentuch bei sich? Tatsächlich sind es vier. Er läßt sie aus den Güterwagen klettern. Ein Königreich für ein Taschentuch! Jetzt läßt er die vier Taschentuchbesitzer der Reihe nach eine Münze in die Luft werfen. Fünfmal müssen die das Spielchen wiederholen, weil es nicht aufgehen will, bis dann tatsächlich zwei gleichzeitig Glück haben. Die Verlierer müssen in die Waggons zurück, die ganz schnell wieder geschlossen und zugeriegelt werden. Der Kommandant setzt sich auf ein Fahrrad. Er würde uns bis zur Grenze begleiten, läßt er uns erklären, es seien bloß etwa drei Kilometer. ‚Schließlich befinden wir uns auf polnischem Gebiet, und wenn euch diese Hundesöhne schnappen, ist's mit eurer Freiheit schon nach fünf Minuten wieder vorbei.‘ Daraufhin radelt er los, bleibt jetzt stumm, und wir traben neben ihm her. Am Grenzübergang wollen die polnischen Soldaten tatsächlich Schwierigkeiten machen, aber unser Kommandant hört sie gar nicht an. Er zischt sie mit ein paar russischen Worten einfach nieder und legt dabei seine Hand flach auf die Pistolentasche. Die Polen maulen, doch sie ziehen den Schlagbaum hoch und lassen uns durch. Dreißig Meter weiter ist Deutschland. Der Kommandant wartet, bis wir drüben in Sicherheit sind. Jetzt legt er die Hand an die Mütze, und wir heben so halb die Arme, als wollten wir winken. Gleich danach sehen wir nur noch seinen Rücken in der prall spannenden Uniform über das Lenkrad gebeugt davonfahren und kleiner werden. Das war am 23. Dezember 1945. Am Heiligen Abend komme ich zu Fuß in die Badenschenstraße in Berlin-Schöneberg, wo ich zuvor in Untermiete gewohnt hatte. Straßenbahnen fuhren ja nicht.“

„Riesiges Schwein, was Sie da gehabt haben“, bemerkt der lange Michael.

„Der Ring des Polykrates“, meint Thomas und fügt hinzu, als stünde er beim Deutschunterricht in der Penne neben seiner Bank, „wenn ich nicht schiefliege, 1782, und zwar von Friedrich von Schiller . . .“

„. . . von meiner Mutter“, korrigiere ich ihn jedoch sofort. „Im übrigen hatten wir ausgerechnet an diesem Tag . . .“

„Ich hätte da nicht in Ihrer Haut stecken mögen“, unterbricht mich der schwarzhaarige Urs aus Luzern. „So Hals über Kopf und völlig unvorbereitet für fünf Kameraden Schicksal spielen müssen, ich weiß nicht . . .“

„Wir haben auch kaum ein Wort gesprochen und hatten alle zusammen ein ganz mieses Gefühl, ich meine, die fünf und ich. In einem Bummelzug stotterten wir mehr, als wir fuhren, von der polnischen Grenze nach Berlin. Vom Anhalter Bahnhof stiefelten wir in meine Wohnung, das heißt natürlich zur Wohnung meiner Zimmervermieterin. Ich war länger als ein Jahr verschollen gewesen, und ich konnte kaum erwarten, daß ich alles wieder so antreffen würde, wie ich es verlassen hatte. Tatsächlich fand ich meine Bude und meine Sachen wieder so vor, als sei ich gestern nur mal kurz zum Zigarettenholen aus dem Haus gegangen. Die Zimmervermieterin war mir treu geblieben. Sie zauberte als Weihnachtsessen Buletten aus Fischmehl, stellte eine Schüssel Kartoffeln dazu und organisierte von einem ihrer anderen Untermieter, der im Schwarzmarkt mitmischte, Wein und eine Flasche Apfelschnaps. An einem kleinen Weihnachtsbaum brannten sogar ein paar Kerzen. Trotzdem kam keine Stimmung auf. Es blieb einfach nicht aus, daß wir mit unseren Gesprächen und Gedanken bei den anderen waren, die in diesem Augenblick in ihren Waggons nach Rußland rumpelten. Schon sehr früh am nächsten Tag verabschiedeten wir uns. Die fünf wollten auf dem schnellsten Weg zu ihren Familien. Alle anderen aus der Theatergruppe wurden übrigens wirklich bis zum Schwarzen Meer gebracht und mußten teilweise in Bergwerken arbeiten. Manchmal erreichten mich noch Briefe, die meistens zensiert und zum Teil unleserlich gemacht waren. Erst nach drei Jahren etwa kamen die ersten zurück, unter ihnen der ‚Roboter-Ingenieur‘. Er hatte ja auch in Berlin gelebt und besuchte mich bereits zwei oder drei Tage, nachdem er wieder in der Stadt war.“

„Was für ein Mensch muß dieser Kommandant eigentlich gewesen sein?“ fragt Michael ziemlich unvermittelt.

„Gut, daß du noch einmal auf ihn zu sprechen kommst“, erwidere ich. „Ich vergaß nämlich zu erzählen, daß er noch zu seinem Salonwagen ging, bevor er sich aufs Rad setzte. Er hatte auf einmal eine große Kaffeekanne in der Hand, von der an manchen Stellen bereits die Emaille abgeblättert war. Er nahm den Deckel ab, griff durch die Öffnung und hatte plötzlich die Hand voller Armbanduhren. Er guckte sich Stück für Stück an, wählte eine aus und gab sie mir. ‚Kannst du verkaufen und in den ersten Tagen von dem Geld leben. Es ist nicht einfach in Berlin‘, ließ er dolmetschen. Dann brachte er uns wie gesagt zur Grenze.“

„Hat er das nun aus Mitleid getan, oder was war es?“ fragt Urs ein wenig nachdenklich.

„Darüber hab’ ich mir selbstverständlich auch immer wieder Gedanken gemacht. Weshalb hat er vor allen anderen gerade mich nach Hause geschickt? Weshalb hat er nur für mich eine Uhr aus dem Versteck geholt? Weshalb hat er meinetwegen die Meldeliste gefälscht? Hat es ihm etwa imponiert, daß ich trotz seiner Drohung mit Sibirien das Lagertheater wagte? Wohl kaum. Kommt es vielleicht aus der Vorliebe für Kunst, für Kultura, wie sie es nennen, die man den Russen als zweite Seele nachsagt? Aber was wir bei unseren Premieren abgeliefert haben, das hatte nun wirklich nichts mit Kultur zu tun. Und daß unser Orchester sonntags für die Gefangenen Mozart oder Beethoven spielte, daß wir Gedichte von Heine oder Rilke lasen, davon hatte er ja keine Ahnung.“

„Maybe, daß ein Astrologe die Erklärung wüßte“, grinst Michael wieder einmal. „Vielleicht gab’s da was mit verwandten Aszendenten, schleierhaften Sonnenquadranten oder so was.“

„Jedenfalls muß mich damals Jupiter, der Glücksbringer, sehr freigebig umärmelt haben“, bemerke ich und füge hinzu, „allerdings hat er sich dann in Berlin ziemlich schnell aus dem Staub gemacht und das Feld seinem weit weniger freundlichen Kollegen Saturn überlassen. Ich fand keine Arbeit und versetzte nach und nach beim Pfandleiher so ziemlich alles, was mir der Krieg noch übriggelassen hatte." Ich lehne mich wieder in meinem Gartenstuhl zurück. „Aber jetzt sind wir endgültig vom Thema abgekommen, und bestimmt langweile ich euch allmählich."

„Wenn das so wäre", meint Thomas ein wenig nachdenklich, „hätten wir bestimmt schon längst eine Ausrede gefunden und uns davongeschlichen." Jetzt grient er.

„Ist es erlaubt, einen Salto nach rückwärts zu machen?" fragt Michael verblüffend höflich und fährt gleich fort, ohne weder meine noch die Zustimmung seiner beiden Kollegen abzuwarten. „Wie ist es seinerzeit weitergegangen, als Sie mit dieser vergoldeten Statue im Gepäck aus Hamburg zurückgekommen sind? Man hatte Sie aufgefordert, nach Berlin und vor allem in das damalige Film-Mekka Babelsberg zu kommen. Sind Sie da gleich hingepilgert?"

„Erst eine ganze Weile später", antworte ich. „Ich schrieb Matthias Wiemann und damit der Ufa, daß ich doch wohl noch zu grün hinter den Ohren sei, um in einem so riesigen Filmbetrieb schon jetzt eine echte Möglichkeit zu finden. Und man antwortete sehr freundlich, daß die Einladung zeitlich ja nicht befristet sei. Ich pflegte diese Verbindung natürlich weiter und hielt sie mit gelegentlichen Briefen sozusagen am Kochen. Aber im Augenblick mußte ich mich zuerst einmal mit meinem Schulabschluß herumschlagen, der mit jeder Woche bedrohlich näher rückte. Und schließlich gab es ja da noch dieses Darlehen, das Geld, das mir mein Vater telegraphisch nach Langeoog überwiesen hatte. Es war nie mehr die Rede davon gewesen. Aber vielleicht war ich gerade deshalb um so mehr darauf erpicht, meine Schulden loszuwerden. Sie drückten mich wie ein Hemdkragen, der ein wenig zu eng ist. Dazu kam, daß mein Ehrgeiz angeschubst war. Ich mußte nicht lange überlegen, wie ich unter einigermaßen günstigen Umständen zu Geld kommen konnte. Da Lotteriegewinne meistens bei den Falschen zur Tür hereinschneien und leider nie, wenn man sie gerade dringend brauchen könnte, kam nur ein einziger Weg in Frage. Ich klapperte nacheinander die Stuttgarter Jugendbuchverlage ab. Davon gab es seinerzeit fünf oder sechs zwischen dem Hasenberg, dem Weisenhof und rund um den Schloßplatz herum. ‚In Ihrem Alter sollten Sie unsere Bücher vielleicht lesen, sie aber keinesfalls schreiben wollen', gab mir der erste Lektor, den ich aufstöberte, seinen Rat. Er war sehr höflich, jedoch mit seiner Zeit so knapp dran, daß wir bei unserem Gespräch nicht einmal zum Sitzen kamen. Der zweite Versuch hatte ein ähnliches und auch wenig ermutigendes Ergebnis. Ein wiederum sehr freundlicher Herr schenkte mir zwar für eine gute halbe Stunde sein Ohr, aber hinterher lächelte er nur nachsichtig, verkündete die enorme Neuigkeit, daß ein Buch was ganz anderes sei als ein Schulaufsatz, und klopfte mir leutselig auf die Schulter. ‚Kommen Sie in ein paar Jahren wieder.' Erst beim vierten Anlauf hatte ich Glück. Da steckte der Verlagsleiter zufällig den Kopf durch die Tür, als ich gerade damit angefangen hatte, seiner Sekretärin mein Anliegen klarzulegen. Sie wollte mich bereits abwimmeln, aber er hatte wohl im Hintergrund eine Weile unbemerkt zugehört. ‚Nein, lassen Sie mal, der Knabe interessiert mich', mischte er sich ein und betrachtete mich eine Weile durch die Gläser einer dunklen Hornbrille. Er war bestimmt über fünfzig, aber so wie er sich bewegte, aufrecht und federnd wie ein Gardeleutnant, wirkte er viel jünger. Er hatte eine Menge kleiner Äderchen im Gesicht, was besonders auffiel, als er jetzt durch ein Fenster voll vom sonnigen Tageslicht getroffen wurde. ‚Kommen Sie rein in die gute Stube, junger Freund, und schießen Sie los.' Sein Büro war ein einziges Bücherregal, sein Schreibtisch von Manuskriptstapeln zugedeckt. Nachdem ich losgeworden war, was ich auf dem Herzen hatte, organisierte er noch für denselben Nachmittag eine Vorführung unseres Langeoog-Films. ‚Gefällt mir', erklärte er hinterher. ‚Und daß er einen ersten Preis kassiert hat, muß nicht unbedingt ein Nachteil sein. Das läßt sich vielleicht für die Reklame ausschlachten.' Ich hatte nämlich vorgeschlagen, nach der Krimigeschichte des Films ein Jugendbuch zu schreiben und es mit Fotos, die wir während der Dreharbeiten fast von jeder Szene gemacht hatten, zu illustrieren. ‚Nun schreiben Sie mal schön', meinte er. ‚Wie lange werden Sie brauchen?' Ich versprach, bis zum Ende der Sommerferien mit dem Manuskript fertig zu werden. Schließlich sei mit dem vorhandenen Drehbuch ja bereits die Hälfte der Arbeit getan. ‚Ich bin wirklich neugierig, ob Sie es schaffen. Ein Buch zu schreiben, das ist leichter gesagt als getan. Im übrigen wäre es fabelhaft, wenn wir noch das Weihnachtsgeschäft mitnehmen könnten.' Dabei hatte er sich zu seiner gepolsterten Bürotüre verfügt und rief seine Sekretärin aus dem Vorzimmer zu sich. ‚Ich werde jetzt einen Vertrag diktieren, schließlich und endlich muß alles seine Ordnung

haben.‘ Schon Ende des Herbstes ging das Manuskript in Druck. Mit dem ersten Exemplar meines ersten Buches bekam ich zugleich den ersten Scheck meines Lebens. ‚Damit Ihr Vater Sie nicht in den Schuldturm sperren läßt‘, meinte der Herr mit dem kerzengeraden Gang und den vielen kleinen Äderchen im Gesicht. ‚Notfalls werden wir den Verlust dieser Honorarvorauszahlung verschmerzen, falls Ihr Buch auf die Nase fällt.‘ Es fiel aber nicht auf die Nase, und an dem Verlag bin ich bis heute klebengeblieben. Auch als er viel später in Stuttgart seine Siebensachen zusammenpackte und nach Bayreuth gewandert ist.“

„Wie kann man aus Stuttgart wegziehen?“ bemerkt der Schwabe Michael und rümpft die Nase.

„Vielleicht weil in Bayreuth mehr Musik in der Luft ist“, vermutet Urs.

„Das muß doch ein irres Gefühl sein, wenn man so jung das eigene Buch in den Schaufenstern sieht“, äußert sich Thomas und guckt mich dabei fragend an. „Da würde ich glatt vor lauter Stolz rotieren.“

„Jedenfalls heißt das im Klartext“, stellt Michael fest, hebt dabei seine Stimme und betont jedes Wort, „daß Sie über Schulden ins Bücherschreiben hineingestolpert sind.“

„So kann man es auch ausdrücken“, gebe ich zu.

„Jetzt fehlt bloß noch, daß im Hintergrund ein Harmonium zu orgeln anfängt“, meint Urs. Er lehnt sich zurück und faltet die Hände hinter seiner schwarzen Haarmähne.

„Halt! Stopp!“ ruft Thomas. „Mein verdammtes Band läuft wieder einmal aus!“

Und da die beiden anderen auch wieder neue Spulen in ihre Geräte einlegen müssen, darf ich endlich aufstehen und ein paar Schritte auf der Terrasse hin- und hermachen. „Was haltet ihr davon, wenn wir uns zwischendurch über die neuesten Schallplatten unterhalten oder über Mopeds?“ schlage ich vor.

„Das könnte Ihnen so passen“, meint der lange Michael reichlich unverfroren und lacht sich eins, während er sich über seinen Kassettenrecorder beugt. „Grade jetzt, wo wir an den Nerv der Sache kommen.“

„Ich hab' mir sagen lassen, daß die Japaner mit ihren Suzukis und Yamahas ziemlich an der Spitze liegen", fahre ich fort, als hätte ich seinen Einspruch gar nicht gehört. „Aber auch Honda soll nicht übel sein."

„Was mich betrifft, so träum' ich von einer Harley Davidson, aber da muß ich wohl noch ein paar Jährchen warten", meint Michael. „Womit wir Ihren durchsichtigen Versuch, uns auf ein anderes Thema abzuschieben, beenden wollen. Würden Sie die Freundlichkeit haben, nochmals vor unseren Mikrophonen Platz zu nehmen, wir sind wieder aufnahmebereit." Er macht eine einladende Handbewegung in die Richtung meines leeren Gartenstuhls. „Wissen ist Macht, das gilt auch für Redakteure von Schülerzeitungen."

„Aber alles nicht wissen, macht auch nichts", kalauere ich, setze mich gehorsam in meinen Stuhl und entschuldige mich mit einem Lächeln.

„Sie haben wohl nichts dagegen, wenn ich diesen Spruch bei Gelegenheit meinem Mathelehrer gegenüber zitiere", meint Thomas und fährt ohne Atem zu holen fort: „Das erste Buch war also da. Wie ist's hinterher weitergegangen?"

„Wir können einige Jahre wie nichts überspringen", schlage ich vor. „Zum Teil hab' ich euch einiges von dem, was dann passiert ist, bereits erzählt, und im übrigen bleibt vorerst nichts Besonderes zu berichten. Ich brachte die Schule mit dem sparsamen, aber ausreichenden Durchschnitt von 4,3 hinter mich, spazierte durchs Portal der Kunstakademie, lernte zuerst mal ganz konkret einen Stuhl oder eine Hausfassade nachzuzeichnen, Schriften malen, richtig mit Farbe umgehen, und vor allem lernte ich Fotografie jetzt von der Pike auf, wobei ich feststellte, daß ich trotz meiner Dunkelkammer im Keller bisher von Tuten und Blasen keine Ahnung hatte. Die Semesterferien benutzte ich, um meine neuen Kenntnisse auszuprobieren. Mit Berichten und Bildreportagen für Tageszeitungen und Illustrierte verdiente ich mir meine ersten Auslandsreisen durch Europa, von Portugal bis Bulgarien, nach Griechenland und in die Türkei. In diese Zeit fällt etwas später dann auch meine erste Fahrt nach Berlin. Ich hatte inzwischen ein neues Jugendbuch geschrieben, und die Tobis, die nach der Ufa der zweitgrößte Kinokonzern war, hatte die Verfilmungsrechte gekauft. Kein Mensch dachte daran, mir die Regie anzubieten. Aber als zwei filmerfahrene Autoren das kurbelfertige Drehbuch abgeliefert hatten, wollte man doch hören, was ich als Erfinder der Geschichte denn davon hielte, und ließ mich kommen. Der Film hieß ‚Jakko'. Die Handlung spielte in einem Zirkus. Und da ich nun schon in der Stadt war, wenn auch auf Kosten der Konkurrenz, verabredete ich mich nach den Gesprächen mit der Tobis auch gleich mit Matthias Wiemann und einigen Herren der Ufa. Ich mußte auf dem Babelsberger Filmgelände nur ein paar Türen weitergehen. Und da fiel ich dann fast aus den Wolken, als man mir eine Regie anvertrauen wollte. Im Augenblick allerdings nur für einen Kulturfilm. Nun hatte ich gleichzeitig zwei Eisen im Feuer, Kontakt mit den beiden wichtigsten Filmproduktionen. Jetzt mußte ich in Berlin unbedingt am Ball bleiben, was unter anderem bedeutete, daß ich mir hier eine zweite Bleibe suchte. Ich fand sie schließlich in der Badenschenstraße 54 bei einer typischen Berliner Zimmervermieterin, was wir ja schon wissen. Es gab jetzt Momente und ganze Phasen, in denen ich mir manchmal nicht so ganz sicher war, ob ich tatsächlich versuchen sollte, Regisseur zu werden oder ob mir der Journalismus am Ende mehr Spaß machen würde. Diese Entscheidung blieb mir dann aber, zumindest für den Augenblick, erspart. An einem besonders schönen Frühlingstag platzte mir der Einberufungsbefehl zum Reichsarbeitsdienst, der damals ab einem gewissen Alter für alle jungen Männer und Frauen Pflicht war, mitten ins Frühstück. Er kündigte sich durch ein lautes Klingeln an der Tür unserer Stuttgarter Wohnung an, weil der Postbote eine Unterschrift verlangte. Kaum einen Monat später schippte ich ein halbes Jahr lang mit dem Spaten nassen, schweren Lehm aus versumpften Wiesen in der Umgebung von Speyer. Immer schön in akkurate Würfel gestochen, die so groß waren wie etwa vier nebeneinander gestellte Ziegelsteine. Nahtlos ging es dann weiter von einer Uniform in die andere, jetzt zum damals sogenannten Wehrdienst, und zwar nach Hanau. ‚Artillerie' stand im Gestellungsbescheid. ‚Wenigstens nicht Infanterie', stellte mein Vater fest, der im Ersten Weltkrieg zu Fuß bis Verdun marschiert war. ‚Du wirst im Kübelwagen oder auf einem Motorrad in der Gegend herumkutschieren. Da bist du noch fein raus, glaub' es mir.' Aber es kam anders. Wir hatten das kleine b mit einem Punkt vor der Bezeichnung der Waffengattung übersehen, und dieses kleine b plus Punkt dahinter bedeutete ‚bespannt'. Also keine Motoren, sondern Pferde. Und damit uns ja gleich klarwurde, daß diese lieben Vierbeiner die Seele des Regiments waren und deshalb nur wie Watte behandelt werden durften, mußten wir zumindest für den Anfang ihren Mist mit bloßen Händen gegen frische Streu auswechseln. ‚Da hätten wir ja nur noch angestochene Gäule in den Boxen, wenn wir euch mit einer Heugabel zu ihnen ließen', knurrte der ostpreußische Futtermeister. Reiten lernten wir in den ersten zwei Wochen ohne Sattel und ohne Trense. Wir hätten die meist braunen Hoheiten ja in die Mäuler zwicken oder ihre Rücken aufscheuern können. Wenn so etwas umgekehrt den grasgrünen Rekruten passieren sollte, war das weit weniger schlimm. Noch bevor die Sonne aufging, saßen wir täglich auf unseren Rössern. Die meisten von uns hatten bisher Pferde und Sägemehl vermutlich nur mit Flitter, Glanz und Musik im Zirkus erlebt. Die Reithalle mit ihrem fahlen Licht konnte aber nur sehr entfernt an eine Manege erinnern. Wir mußten uns in dünnen Drillichhosen durchschütteln und durchrütteln lassen. Die Pferde trabten dicht hintereinander immer an den Wänden entlang, und ein paar Unteroffiziere sorgten dafür, daß sie keine Pause einlegten. Damit wir nicht allzuoft wie hilflose Säcke das Gleichgewicht verloren und herunterpurzelten, durften wir uns im äußersten Notfall und nur im letzten Moment an den Mähnen der Tiere festklammern. Abends saßen wir dann in unseren Stuben im Kreis herum auf Eimern, die durchgerittenen und blanken Hintern im Wasser, stopften dabei Socken oder schrieben auf unseren Knien mehr oder weniger verlogene Briefe nach Hause. Nach zwei Jahren war ich Oberfähnrich und damit Offiziersanwärter. Ich freute mich auf meine Entlassung. Aber vier Tage, bevor ich wieder Zivilist werden sollte, kam der deutsche Überfall auf Polen und damit der Zweite Weltkrieg. Die Uniform, die ich in Gedanken bereits voreilig eingemottet hatte, wurde lange Zeit für mich wie für viele Millionen andere zur zweiten Haut. Jetzt zeigte es sich, daß unsere Pferde auch ihre verteilhafte Seite hatten. Sie waren für die ersten Angriffe und Offensiven ganz einfach zu langsam und ersparten uns zunächst das Schlimmste. Wir befanden uns zwar in andauernder Alarmbereitschaft, aber wir blieben in unseren Kasernen. Erst als es gegen Frankreich losging, erinnerte man sich an uns. Auf einem Wallach, so kastanienbraun wie mein Setter, zottelte ich zwischen den schweren Geschützen unseres Regiments über die Grenze. Weit hinter den Panzern und der motorisierten Infanterie, die bereits kilometerweit voraus waren. Wir hatten die Nacht vor einem zehnten Mai. Aber diesmal brachte mir mein Geburtstag kein Glück. Es sei denn, man sieht es so, daß der Krieg für mich ja eigentlich erst in dieser Nacht angefangen hatte und daß ich ihn gesund überleben durfte."

„Und hinterher auch die Kriegsgefangenschaft", wirft Michael ein. „Nicht zu vergessen . . ." er guckt kurz zu mir über den Tisch herüber und läßt seinen Blick über den Stamm einer der hohen Kiefern nach oben wandern, bis er die Spitze erreicht. Er hat den Kopf im Nacken, so wie man etwa beim Zahnarzt im Behandlungsstuhl sitzt oder beim Friseur, wenn er einen zum Rasieren einseift. „Bestimmt könnten Sie uns eine ganze Menge über Ihre Erlebnisse im Krieg erzählen", meint er. „Und dazu kommen wir hoffentlich auch noch. Aber für den Augenblick möchte ich wieder eimal einen Sprung vorschlagen."

„Diese Springerei wird allmählich zur Manie", stellt Thomas fest. „Wohin willst du denn springen, wenn ich fragen darf?"

„Gleichzeitig voraus und zurück“, meint Michael mit der geheimnisvollen Miene einer Sphinx. Er hat inzwischen seinen Blick aus der Luft wieder zu uns zurückgeholt. „Ich muß zwischendurch unwillkürlich immer wieder an die Wochen und Monate denken, nachdem alles vorbei war. Das muß doch unheimlich gewesen sein. Man katapultiert Sie aus einem russischen Kriegsgefangenenlager nach Berlin hinein. Da sitzen Sie jetzt, keinen Pfennig in der Tasche bis auf die Armbanduhr des Kommandanten, die aber erst ein paar Mark bringen soll. Haben Sie ihretwegen zum erstenmal den Pfandleiher aufgesucht?“

„Nein, der Pfandleiher kam etwas später dran“, sage ich. „Aber durch diese Armbanduhr hab' ich den schwarzen Markt kennengelernt. Alle Schaufenster waren ja so gut wie leer, Lebensmittel gab es nur sehr knapp und außerdem auf Karten, die ganze Stadt hatte Hunger. Kein Wunder, daß der Schwarzmarkt blühte. Auf ihm konnte man so ziemlich alles bekommen, verkaufen oder eintauschen. Ohne ihn lief so gut wie nichts. Er war wie ein Tausendfüßler. Viele lebten von ihm, obgleich sie weder etwas zu verkaufen hatten noch etwas ergattern konnten. Aber man wollte dabeisein, als Trittbrettfahrer sozusagen, stellte die Ohren auf, hörte von Angeboten und versuchte, sich mit ein paar Prozent Provision da und dort als Vermittler dazwischenzudrängeln. Die meisten dieser Geschäfte waren oft Luftballons von phantastischem Ausmaß. Jeder hoffte, irgendwann einmal den ganz großen Fischzug zu machen. Da versprach einer, eine ganze Waggonladung Nähnadeln besorgen zu können, ein anderer hatte angeblich einen Vierkaräter an der Hand, lupenrein und klar wie Quellwasser. Jeder war damals ein Diamantenfachmann. Die Stiefkinder im Schatten der Großen tauschten einen Sack Kartoffeln gegen einen eisernen Heizofen, den sie aus einer der vielen Hausruinen herausgebuddelt hatten. So verstrickt waren alle in diese größeren oder kleineren Schiebereien, daß ich mich beispielsweise mit einem Dramaturgen traf, den ich noch bei der Ufa kennengelernt hatte, und erleben mußte, daß auch er vom Bazillus jener

Tage komplett angesteckt war. Bei einem ziemlich dünnen Kaffee erzählte ich ihm erfreut, daß ich vermutlich zwei ganz fabelhafte Stoffe hätte. ‚Wirklich echte Wolle und kein solches Kunstzeug?' fragte er beinahe gierig. Er hatte keinen Augenblick daran gedacht, daß meine Stoffe Geschichten für Filme sein könnten, die ich ihm erzählen wollte. Ihr grinst, aber so ist es gewesen. Ich müßte schwindeln, wenn ich sagen würde, wie ich so über die Runden gekommen bin. Es ging einfach irgendwie immer wieder weiter. Es erschienen nur wenige Zeitungen, trotzdem konnte ich hin und wieder eine Kurzgeschichte loswerden oder an den Rundfunk ein Hörspiel verscheuern. Den deutschen Film gab es nicht mehr. Die ersten Kinos, die sich allmählich wieder rührten, zeigten, was Hollywood in den letzten zehn Jahren gedreht hatte. Der Nachholbedarf war groß. Alles, was bisher verboten war, konnte gelesen, gehört und gesehen werden. Nach zwei oder drei Monaten wagte ich es, mich auf Schleichwegen von bezahlten Grenzgängern über die Demarkationslinie schmuggeln zu lassen, und schlug mich bis Stuttgart durch, um meine Familie wiederzusehen. Selbstverständlich besuchte ich auch meinen Verleger. Seine Büroräume waren bei einem Luftangriff ausgebombt worden, er wirkte gealtert, kämpfte aber zäh und verbissen um Zuteilung von Papier. Er wollte endlich wieder drucken können. Aber die Lage war ziemlich hoffnungslos. Trotzdem erwischte ich mich immer wieder beim Überlegen der Geschichte für ein neues Buch. Sie ging mir schon seit einer ganzen Weile durch den Kopf, versteckte sich vorerst aber noch hinter einer undurchsichtigen Nebelwand, die nur gelegentlich auseinanderriß, so daß ich manchmal hier oder dort ein Stück blauen Himmel sehen konnte. In solchen Momenten wurden dann bereits Teile der Handlung deutlich, bekamen Personen ihre Gesichter und teilweise auch schon ihre Namen. Ein großes Luxushotel sollte dieses Mal der Schauplatz sein, mit einem kessen Pagen im Mittelpunkt und dem Sohn eines schwerreichen amerikanischen Gastes, der Mister Overseas heißen sollte. Auch als ich von Stuttgart an die Alster trampte, bohrte sich meine Geschichte immer tiefer in meine Gehirnwindungen. Hamburg wollte ich auf dem Rückweg nach Berlin einen Besuch abstatten, weil dort die ersten Theater wieder von sich reden machten und weil dort die meisten neuen Zeitungen erschienen. Auch der Film regte sich hier wieder, allerdings nur zaghaft und zunächst lediglich in leerstehenden Hallen und Scheunen, die man behelfsmäßig zu Studios umfunktioniert hatte. In Berlin war mir klargeworden, daß es wohl Jahre dauern würde, bis sich unser Land wieder einigermaßen erholt hätte. Es ging darum, eine längere Durststrecke durchzustehen. Also setzte ich mich hinter meine alte Reiseschreibmaschine. Wenn es irgendwann tatsächlich zu einem Neubeginn kommen sollte, war es bestimmt kein Fehler, ein fertiges Manuskript in der Schublade zu haben. Ich quälte mich ziemlich lange mit meiner Idee herum, die aber immer noch recht unklar blieb. Vieles erschwerte die Arbeit: das tägliche Besorgen von irgendwas Eßbarem, von Kohlen zum Heizen, Papier und Farbbändern, das Schlangestehen auf den Zuteilungsämtern für Lebensmittelkarten und so weiter. Das Schreiben selbst machte keine Schwierigkeiten. Zuerst hatte ich nach den langen Pausen befürchtet, es würde mir schwerfallen, wieder damit anzufangen. Aber es ist mit dem Schreiben wohl so wie mit dem Radfahren oder Schwimmen, man vergißt nie ganz, was man einmal gelernt hat. Eines Tages fiel endlich der Groschen. Ich lag zwischendurch mal ganz in der Nähe der Badenschenstraße mitten in der Stadt auf einem Trümmergrundstück in der Sonne. Wenn man die Augen schloß, konnte man davon träumen, auf Capri oder am Bosporus zu sein. Im Hinterkopf puzzelte ich Bilder von Meer und Palmen zusammen, während andere Gedanken, sozusagen im Unterbewußtsein, meine Geschichte und ihre Personen hin und her schoben. Aber alles, was mir bisher eingefallen war, blieben Handlungsfetzen, die noch nicht zusammenpaßten. Da machte es plötzlich klick, und der Dreh mit dem Gepäckschein plumpste zwischen meine Träumereien und mein Nachgrübeln. Ich war mit einem Schlag hellwach, aber ich blieb liegen und rührte mich nicht. Ja, jetzt griffen die Zahnräder ineinander, und die ganze Handlung lief wie auf Kugellagern. Selbstverständlich wollte ich in dem neuen Buch auch etwas von meinen bisherigen Filmerfahrungen unterbringen. Dafür bot sich ein Banküberfall an, den ich gleich für den Anfang dringend brauchte. Ich ließ mir also vier Gangster einfallen, die sich als maskierte Statisten in die Aufnahmen einer sogenannten ‚Global Film' hineinmogeln, weil die Firma für einen Kriminalfilm gerade den Überfall auf eine Bank dreht – mit Genehmigung von deren Direktion und auch der Polizei. Kein Mensch ahnt, daß die vier Ganoven verdammt echt sind, bis sie sich mit den erbeuteten Piepen aus dem Staub machen."

„Und das Geld bleibt vorerst verschwunden", meint Thomas. Er verschränkt die Arme, lehnt sich zurück und grinst. „Womit ich nur so ganz nebenbei feststellen möchte, daß ich Ihren ‚Gepäckschein 666' selbstverständlich gelesen habe. Ich bin im Bilde."

„Das ist dann im Laufe der Zeit Ihr Buch mit den höchsten Auflagezahlen geworden", meint Michael, „mit Übersetzungen in mehrere Sprachen."

„Es hat vor den übrigen Büchern ja auch einen ganz schönen Vorsprung gehabt, und den hat es ausgenutzt", sage ich ein wenig belustigt. „Mein nächstes Buch kam erst Jahre später hinterher." Ich unterbreche mich selbst, weil mir etwas einfällt. „Wir haben im Verlag übrigens schon so manches Mal überlegt, ob man das Manuskript vom ‚Gepäckschein' überarbeiten und sozusagen auf den neuesten Stand bringen sollte. Da ist von Zigarettensorten die Rede und von Autotypen, die heute kein Mensch mehr kennt. Die Mark ist noch hundert Pfennig wert, und bei den besagten Filmaufnahmen am Anfang des Buches werden noch Jupiterlampen verwendet, die man bereits vor einer halben Ewigkeit auf den Schrotthaufen geworfen hat. Auch Schuhputzerjungen gibt's heute in Hamburg nicht mehr. Andererseits spielt die Geschichte eben in dieser etwas zurückliegenden Zeit, und da sollte man sie auch belassen."

„Jedenfalls hat mein Vater den ‚Gepäckschein 666' als Junge schon gelesen, und er muß in seiner Erinnerung so spannend geblieben sein", bemerkt Thomas, „daß er ihn mir geschenkt hat, als ich alt genug geworden war."

„Hoffentlich hat er ihn nicht auf dem Dachboden aus einer Kiste gekramt, sondern aus einer Buchhandlung geholt", bemerkt Michael verschmitzt.

„Ja, das würde mich beruhigen", gebe ich zu und blicke mit einem kleinen Grienen in die Runde.

„Weil Ihnen jedes verkaufte Buch Honorar einbringt", schaltet Urs sofort und grient dabei auch seinerseits. „Sie händ scho rächt, aber Sie wissed gwüss . . ."

„Sssssssst", zischt Michael leise. „Wir sind hier nicht in Luzern, du Papagei!"

„Entschuldigung", erwidert der junge Schweizer in seinem Regenbogenhemd und den grasgrünen Hosen. Er muß hell auflachen und sagt anschließend wieder einmal mehr: „I khuma verruggt . . ."

„Erst mal beruhigen", meint Michael übertrieben höflich. „Und dann übersetzt du uns in einwandfreies Hochdütsch, was du sagen wolltest."

„Mir ist grade so durch den Kopf geschossen", antwortet Urs, „wie viele Exemplare der Verlag wohl verkaufen muß, damit ein gewisser Irish Setter täglich sein gutes Kilo Fleisch in den Bauch bekommt." So wie es aussieht, wird Urs gleich wieder loswiehern. Seine Mundwinkel zucken schon. Aber bevor es soweit ist, sprudelt es noch aus ihm heraus. „Bisher hab' ich geglaubt, es gibt nur Fleisch-, Fisch- oder Pflanzenfresser. Jetzt weiß ich, daß es auch Jugendbuchfresser gibt. Ihr Peter ist einer davon."

Ein verhängnisvoller Irrtum

Als Mister Overseas zusammen mit seinem Sohn Francis in dem piekfeinen Hotel ATLANTIC mit seinen weißen Außenfronten abgestiegen war, mußte er sich auch schon wieder auf die Socken machen. Mister Overseas war eben ein vielbeschäftigter Mann. Er gab seinen Sohn für die Tage seiner Abwesenheit in die Obhut der Hoteldirektion, und die wiederum beauftragte den Hotelpagen Peter Pfannenroth mit der Aufgabe, sich um den Millionärssohn zu kümmern. Die beiden Jungen hatten sich ja ohnehin schon angefreundet.

„Hier ist der Gepäckschein", sagte Francis. „Ich schreibe jetzt schnell an Daddy, und währenddessen holst du mit Jimmy das Gepäck. Anschließend frühstücken wir zusammen, und dann geht's los. Einverstanden?"

Jimmy war übrigens der dunkelhäutige Chauffeur von Mister Overseas.

„Einverstanden", antwortete Peter.

„Sechshundertsechsundsechzig – komisch, wie das aussieht, drei Sechsen hintereinander!"

An der Tür blieb Peter noch einmal stehen, verbeugte sich und sagte: „Ich werde mich beeilen, Mister Overseas."

Schwupp! flog ein Kissen in seine Richtung.

Aber Peter war bereits auf dem Korridor.

Kurz darauf stand er vor dem Hoteleingang und sah sich um. „Suchst du was Bestimmtes?" fragte Wagenmeister Krause.

„Den Cadillac von Mister Overseas."

„Der ist in der Garage und wird gewaschen. Man soll dort anrufen, wenn er gebraucht wird. Sonst sei er in einer halben Stunde wieder zurück."

„Schönen Dank, Herr Krause", sagte Peter. Er überlegte kurz, und dann ließ er sich von dem Hausdiener eine Gepäckkarre geben.

Am Bahnhofseingang hatten der Sheriff und Carlos gerade Hochbetrieb, sie sahen Peter gar nicht, als er an ihnen vorbeischob.

Um diese Zeit kamen die ersten Fernzüge an.

Auch drüben vor der Gepäckaufbewahrung standen mehrere Gruppen von Reisenden. Allerdings hauptsächlich vor dem Annahmeschalter.

Bei der Ausgabe ging es noch.

„Was ist es?“ fragte der Beamte und nahm den Gepäckschein.

„Ein Koffer“, antwortete Peter.

„Wir haben hier zweiunddreißig Regale und von oben bis unten nichts als Koffer!“ knurrte der Mann hinter der Ausgaberampe. „Weißt du wenigstens, wann er aufgegeben worden ist?“

„Vielleicht vor vier oder fünf Tagen.“

„Vielleicht! Was soll ich damit anfangen?“ knurrte der Beamte wieder und verschwand jetzt hinter einem von den zweiunddreißig Regalen. Es dauerte eine ganze Weile, bis er wiederkam.

„Genau neun Tage steht er hier! Pro Tag zwanzig Pfennig, macht einsachtzig. Dazu noch eine Mark Versicherung. Und beim nächsten Mal läßt du dir wenigstens sagen, was du abholen sollst“, meinte der Beamte noch. Dann hob er einen Koffer auf die Rampe. Dieser Koffer war ziemlich groß, aber beileibe kein Schrankkoffer. Im übrigen war er aus grobem Segeltuch und rundherum mit einer regelrechten Wäscheleine verschnürt wie ein Paket.

Peter sah zu, daß er mit seinem Koffer aus dem Gedränge kam, und schob seine Karre zum ATLANTIC zurück.

Francis war nebenan im Bad, als Peter ins Zimmer 310 zurückkam. Auf dem Tisch lag der Brief an Mister Overseas, verschlossen und mit der Londoner Adresse.

„Soll ich den Brief inzwischen aufgeben?“ fragte Peter und stellte den Koffer auf die Gepäckbank.

„Das machen wir nachher, wenn wir losfahren!“ rief Francis durch die angelehnte Badezimmertür. „Aber du kannst schon auspacken. Die Kofferschlüssel liegen in der Schreibtischschublade. Hast du sie?“

„Ja, ich hab' sie", rief Peter nach einer Weile zurück. „Zum Frühstück gibt es Kakao! Hoffentlich magst du Kakao?"

„Und ob!" gab Peter zu.

„Dann ist ja alles in bester Ordnung!" rief er noch. Gleich darauf hörte es sich an, als sei Francis in seiner Badewanne überraschend mit einem Haifisch ins Handgemenge geraten.

Peter beschäftigte sich inzwischen mit der Wäscheleine. Sie ging dreimal rund um den ganzen Koffer herum und war genau achtundzwanzigmal geknotet.

„Ich bin gleich soweit!" ließ sich Francis wieder hören. Er hatte den Kampf mit dem Haifisch offenbar gut überstanden.

„Eigentlich hatte ich mir Kricketschläger länger vorgestellt!" meinte Peter und machte sich jetzt mit dem Schlüsselbund zu schaffen. „Sie können ja höchstens so lang sein wie der Koffer hier."

„Das genügt!" rief Francis. „Nachher beim Spiel wäre es dir bestimmt lieber, wenn sie kürzer wären!" Vermutlich hatte Francis seine Dusche jetzt auf kalt gestellt. Er sang nämlich plötzlich in den höchsten Tönen.

Nebenan schnappten währenddessen zwei Kofferschlösser, zuerst das eine, dann das andere. Peter hatte eine ganze Weile vergeblich versucht, sie mit den Overseasschen Schlüsseln zu öffnen, aber diese Schlüssel paßten nicht.

Und jetzt zeigte es sich, daß die Schlösser gar nicht verschlossen waren. Ein Druck mit den Daumen hatte genügt.

Deshalb also das Wäscheseil mit seinen achtundzwanzig Knoten, dachte Peter und schlug den Kofferdeckel hoch. Eine knappe halbe Minute später blieb ihm die Luft weg.

„Das – das ist ja –" stammelte er, und dann sprang er auch schon hoch, stürzte zum Bad und riß die Tür auf.

Francis hatte mit Singen aufgehört und drehte gerade seine Dusche ab. „Was gibt's?" fragte er und lachte. Aber dann sah er Peters Gesicht. Dieses Gesicht war weiß wie ein Handtuch.

„He, was hast du?“

„Der – der Koffer!“ japste Peter.

Das genügte.

Klitschnaß und nackt, wie er war, sprang Francis aus seiner Badewanne. Nach fünf oder sechs ziemlich deutlichen Fußabdrücken auf dem Zimmerboden stand er vor dem Koffer.

„Ist er das?“ fragte Peter.

Francis schüttelte den Kopf. „Noch nie gesehen!“

In dem Koffer lag nichts als alte Wäsche. So sah es wenigstens aus. Aber als Peter einen Teil dieser alten Wäsche zur Seite schob, wurde Zeitungspapier sichtbar. Und als Peter jetzt auch dieses Zeitungspapier auseinanderschlug – lag da eine Menge Banknotenpakete, sauber gebündelt und nebeneinander wie die Bücher in einer Bibliothek. Ein paar Hundertmarkscheine lagen lose obenauf.

Wenn man von den paar alten Wäschestücken und dem Zeitungspapier absah, nichts als Geld!

Der ganze Koffer war voll Geldscheine.

Francis verschränkte seine Arme vor der Brust und pfiff durch die Zähne.

Peter war noch völlig fassungslos, alles drehte sich plötzlich um ihn.

„Ich hab' einen Kopf wie ein Karussell. Ich glaube, daß ich mich gleich übergeben muß“, gestand er.

„Wie – wie ist so etwas überhaupt möglich?“

„Ganz einfach!“ grinste Francis. Er tippte mit seinem nassen großen Zeh links auf die Querseite des Koffers, da klebte noch eine Nummer, und zwar war es die Nummer 999.

„Der Mann bei der Gepäckaufbewahrung hat entweder den Gepäckschein auf den Kopf gestellt oder dieser Koffer da hat verkehrtherum im Regal gestanden. Jedenfalls hat man dir anstelle des Gepäckstücks 666 das Gepäckstück 999 ausgehändigt!“ Francis holte tief Luft.

„Je mehr ich darüber nachdenke, um so toller wird die Geschichte!“

In diesem Augenblick klopfte es.

Die Jungen sahen sich an, und dann schlug auch schon der Kofferdeckel zu. Peter feuerte die Wäscheleine unters Bett, und Francis türmte zum Bad zurück. Dabei rief er „Herein!“ Die Tür öffnete sich, und der Etagenkellner kam mit dem Frühstück.

Peter konnte gerade noch einen Sessel über die Stelle schieben, auf der Francis gestanden hatte. Dort war nämlich auf dem Teppich jetzt ein großer nasser Fleck.

„Guten Morgen!“ sagte Peter. „Mister Overseas ist nebenan!“

Der Etagenkellner trat also an die Badezimmertür und klopfte:

„Das Frühstück, mein Herr!“

„Danke schön!“ sagte Francis und zeigte sich jetzt in einem kornblumenblauen Bademantel, der ihm bis an die Fußknöchel ging.

„Ich hoffe, ich habe nichts vergessen“, meinte der Etagenkellner noch und wollte sich entfernen. Da erregte irgend etwas auf dem Teppich seine Aufmerksamkeit.

„Gestatten Sie!“ sagte er, hob einen nagelneuen Hundertmarkschein auf und legte ihn auf den Tisch. Dann entfernte er sich.

„Der – der muß beim Zuschlagen des Kofferdekkels . . .“

„Ob – ob der Kellner was bemerkt hat?“

Die beiden Jungen hatten knallrote Köpfe und sprachen plötzlich abgehackt wie Morseapparate.

„Am besten, wir geben den Koffer gleich zurück!“ schlug Peter vor. „Oder wir rufen wenigstens die Polizei an!“

Francis sagte nichts. Er ging zu dem Koffer und klappte den Deckel hoch. Dann legte er den Hundertmarkschein zurück. Gleichzeitig nahm er eines der Banknotenbündel und las die Aufschrift.

„Also *ein* Bündel fünftausend Mark“, jetzt zählte er die Anzahl der Geldpakete. „Achtundzwanzig“, stellte er schließlich fest.

„Und dann noch das übrige.“

Jetzt hatte Peter plötzlich eine Idee. Er untersuchte aufgeregt das Zeitungspapier, in dem das Geld eingepackt war. Endlich hatte er es. Nämlich das Datum oben am Kopf einer Zeitungsseite: Es war eine Ausgabe des „8-Uhr-Blattes“ vom Montag, dem 4. März. Peter überlegte und rechnete nach.

„Tags darauf war ich im ATLANTIC. Ja, es stimmt! Genau am Montag dem vierten war der Banküberfall!“ Unnötigerweise sagte er noch dazu: „Morgens gegen elf Uhr.“

„Und die Summe stimmt auch“, meinte Francis. „Es sieht so aus, als ob kein Pfennig fehlt“, dabei schlug er den Kofferdeckel zu und ließ die Schlösser einschnappen.

„Wir müssen sofort die Polizei anrufen!“ mahnte Peter jetzt schon zum zweitenmal. „Oder wir verständigen wenigstens Direktor Adler!“

Francis gab keine Antwort. Er nahm nur den Koffer und schob ihn so unter das Sofa, daß nichts mehr von ihm zu sehen war.

„Weißt du, was ein Yogi ist?“ fragte er dabei. Das klang so harmlos, als fragte er nach dem Wetter.

Peter schüttelte den Kopf.

„Daddy war lange Zeit in Indien. Dort gibt es die Yogi. Die haben ausprobiert, daß es eine bestimmte Art von Übungen gibt, die beruhigend wirken und die Konzentration fördern. Wenn Daddy aufgeregt ist und irgendeine wichtige Konferenz vor sich hat, legt er sich zum Beispiel einfach auf den Rücken, stellt die Beine an der Wand hoch und holt tief Luft. Das ist so eine Yogi-Übung. Sogar so ziemlich die wichtigste!“

„Na und?“ fragte Peter.

„Ich bin dafür, daß wir uns jetzt erst einmal beruhigen und konzentrieren“, schlug Francis vor.

„Du meinst . . .?“

„Am besten, wir legen uns hier nebeneinander und die Beine gegen die Sessel.“ Francis setzte sich bereits. „Die Sessel sind genausogut wie die Wand; Hauptsache, die Beine stehen senkrecht in der Luft!“

Kurz darauf lagen die beiden Jungen nebeneinander auf dem dicken Hotelteppich, hielten ihre Beine senkrecht in die Höhe wie Fahnenstangen und holten tief Atem.

„Du darfst an nichts denken und mußt nur tief atmen, ganz tief und langsam!" meinte Francis noch.

Das war leichter gesagt als getan.

Schließlich rasten in beiden Gehirnen die Gedanken im Kreis herum wie Elektronen im Atom um den Protonkern. Und dann lag da einerseits, links unter dem Sofa, ein Koffer mit dem kompletten Inhalt einer Bankkasse, andererseits roch es rechts vom Tisch her nach frischem Kakao.

Es war wirklich nicht einfach, jetzt an nichts zu denken und nur Luft zu holen.

Aber es gibt Augenblicke im Leben, da wachsen wir über uns selbst hinaus. Sie sind selten, aber es gibt sie. Francis und Peter waren jetzt in so einem Augenblick mittendrin. Und sie benahmen sich dementsprechend. Sie dachten wirklich an rein gar nichts und pumpten nur mit ihren Lungen. So etwas beruhigt das zentrale Nervensystem ungemein.

Mister Overseas wußte schon, was er sich von den Yogis aus Indien mit nach Hause gebracht hatte!

„Allright!" sagte Francis nach fünf Minuten.

Die beiden Jungen nahmen ihre Beine wieder aus der Luft und standen auf.

Francis ging zum Tisch und goß zwei Tassen Kakao ein.

Peter klopfte seine Pagenuniform sauber und zog den Rock mit den goldenen Knöpfen wieder glatt.

„Prost!" sagte Francis und nahm seine Tasse.

„Prost!" antwortete Peter und bediente sich ebenfalls. Die beiden Jungen tranken, bis die Tassen leer waren. Der Kakao war allererste Klasse.

„Marmelade, Honig, Butter", Francis machte mit der Hand eine einladende Bewegung über den Frühstückstisch. „Ich bitte zuzugreifen!"

„Sehr freundlich", meinte Peter, „aber wenn du gestattest", er nahm die Kakaokanne, goß zuerst die Tasse von Francis wieder voll und dann seine eigene. Der Erfolg der

„indischen Atemübungen“ war wieder einmal enorm, nur Jungen mit einem völlig beruhigten Nervensystem konnten so höflich sein.

Das Frühstück wurde allerdings im Stehen eingenommen, ganz einfach, weil gewisse Dinge an Größe einbüßen, wenn man sie im Sitzen erledigt.

„Zuerst die nackten Tatsachen“, erklärte Francis und nahm sich von der Erdbeermarmelade. „Was ist überhaupt passiert?“

Das war eine rein rhetorische Frage, und Francis beantwortete sie sich gleich selbst. Dabei spazierte er mit seinem Erdbeermarmeladenbrot zum Fenster. „Am Montag, dem 4. März, werden in einer Bank einhundertzweiundvierzigtausend Mark geraubt.“

„Und zwar von einer insgesamt neunköpfigen Bande“, bemerkte Peter. Er griff gerade nach dem Honig.

„Die Polizei schnappt sieben“, fuhr Francis fort, „aber

die sieben behaupten, nicht zu wissen, wo das geraubte Geld geblieben ist, beziehungsweise die Polizei kriegt es einfach nicht aus ihnen heraus; sie erfährt auch nichts über den Chef der Bande."

„Dieser Chef soll ein internationaler Verbrecher namens ‚Schwarze Rose' sein", ergriff jetzt Peter wieder das Wort und nahm einen Schluck aus seiner Kakaotasse. „Bei ihm ist noch sein Komplize, über den überhaupt nichts bekannt ist."

Francis wippte auf den Zehen und überlegte, dabei bekam er eine Falte quer über die Stirn und sah vor sich auf den Zimmerteppich. „Allright", sagte er jetzt wieder einmal und marschierte los, immer zwischen dem Fenster und dem Frühstückstisch hin und her. „Heute, am Freitag, dem 15. März, also rund zehn Tage später, liegt das ganze geraubte Geld hier im Hotel ATLANTIC, Zimmer 310, unterm Sofa."

„Es ist einfach nicht zu glauben!" bemerkte Peter geradezu feierlich.

Francis unterbrach seinen Spaziergang für einen Augenblick. Aber dann stellte er abschließend fest: „Das sind also die Tatsachen!" Dabei zog er seinen Bademantelgürtel enger zusammen und verknotete den Gürtel. Dann erklärte er: „Von jetzt ab wird die Sache erst interessant! Jetzt geht es nämlich darum, aufgrund der Tatsachen, die man kennt, richtig zu *kombinieren.* Wenn du auch nur eine oder zwei Detektivgeschichten gelesen hast, mußt du wissen, daß es allein auf die richtigen Schlußfolgerungen ankommt. Ein Detektiv muß richtig kombinieren können, das ist es!"

Francis nahm ein Stück Würfelzucker vom Frühstückstisch, er warf es in die Luft und fing es im Mund wieder auf. „Ich kombiniere also", sagte er jetzt: „Die ‚Schwarze Rose' ist nach dem Banküberfall zuerst einmal untergetaucht. Das viele Geld brannte ihm auf den Fingern, und so wollte er es los sein, zumindest, bis sich die Polizei wieder etwas beruhigt hatte. Er packte es also in diesen völlig unauffälligen Koffer und gab es zur Gepäckaufbewahrung –"

„Kein Mensch glaubt natürlich, daß in so einem Koffer, der mit einer Wäscheleine zugeschnürt ist, einhundertzweiundvierzigtausend Mark liegen", überlegte Peter weiter. „Gar nicht so dumm!"

„Wenn wir jetzt diesen Kriminalkommissar Lukkas anrufen würden", überlegte Francis, „was würde er tun?" Peter biß sich auf die Unterlippe und legte seinen Zeigefinger an die Nase. Die Sache fing an, schwierig zu werden.

Plötzlich sah er auf: „Wir hätten den Koffer gar nicht berühren dürfen!"

„Wieso?" fragte Francis.

„Wegen der Fingerabdrücke!"

„Wenn diese ‚Schwarze Rose' wirklich international ist, arbeitet sie mit Handschuhen", meinte Francis. „Ganz abgesehen davon, daß der Koffer inzwischen von den Leuten bei der Gepäckaufbewahrung wie auch jetzt von dir und mir angefaßt worden ist."

„Das stimmt", gab Peter zu und überlegte weiter.

„Ganz einfach", sagten plötzlich beide Jungen gleichzeitig.

„Bitte!" ließ Francis dem anderen den Vortritt. Wie man sieht, waren sie immer noch sehr höflich zueinander.

„Wie gesagt: ganz einfach", fuhr also Peter fort. „Vorerst weiß der Kerl ja nicht, daß sein Koffer weg ist. Er wird also über kurz oder lang zur Gepäckaufbewahrung kommen, um sich sein Geld, also den Koffer, abzuholen."

„Sehr richtig!" stimmte Francis zu. „Oder er schickt wenigstens seinen Genossen oder einen Mittelsmann."

„Wir müssen Kriminalkommissar Lukkas anrufen, damit er sofort die Gepäckaufbewahrung überwachen läßt!" Peter wurde schon wieder aufgeregt.

„Hm", überlegte Francis und grub seine Hände tief in die Taschen des kornblumenblauen Bademantels, „eigentlich ist es jetzt ein Kinderspiel, diese ‚Schwarze Rose' und ihren Helfer zu fassen. Aber so, wie sich dieser Lukkas gestern benommen hat, verdient er es nicht, daß wir ihm die Sache so leicht machen! Nachher bläst er sich bestimmt auf wie ein Luftballon, und uns lacht er wieder aus! Übrigens bezweifle ich seine Fähigkeiten!“ Francis nahm sich wieder einmal ein Stück Würfelzucker. „Wer garantiert uns, daß er nicht gleich ein ganzes Überfallkommando in der Bahnhofshalle aufmarschieren läßt? Zuzutrauen ist es ihm!“

„Trotzdem müssen wir ihn anrufen!“ beharrte Peter.

„Das wäre *eine* Möglichkeit“, gab Francis zu und sah zum Fenster hinaus.

„Und die zweite?“ wollte Peter wissen.

„Die zweite?“ wiederholte Francis und machte eine lange Pause. Dann drehte er sich um, hielt den Kopf schief und sah Peter an. „I think that is a . . .“ Mitten im Satz merkte er, daß er unwillkürlich wieder einmal englisch sprach. Er grinste und meinte kurz: „Entschuldigung! Ich meine nur, daß wir die Sache höchstpersönlich und allein in die Hand nehmen sollten.“

Peter schluckte zuerst dreimal, völlig sinnlos, denn er hatte nichts im Mund. Dann sagte er mit einer Stimme, als ob er plötzlich Mandelentzündung hätte: „Und – und warum, wenn ich fragen darf?“

„Ganz einfach“, Francis machte wieder ein paar Schritte zwischen dem Fenster und dem Sofa, dann sagte er nur: „Wegen der Belohnung!“ Nach einer Weile meinte er: „Wir müßten die Zeitung haben, aus der du gestern im Zoo vorgelesen hast. Da stand's drin.“

„Augenblick!“ sagte Peter und rannte los.

Als er von der Treppe her im ersten Stock um die Kurve kam, boxte er beinahe mit Herrn Meyer von 477 zusammen.

„Entschuldigung!“ murmelte Peter und flitzte weiter.

„Hallo, Page!“ rief Herr Meyer. „Ich habe einen Auftrag!“

„Leider belegt, ich schicke gleich einen Kollegen!“ rief Peter zurück, und dann war er auch schon in der Halle und im Lesezimmer. Zum Glück hatte man die Zeitungen von gestern noch nicht ausgewechselt. Peter griff sich also das „8-Uhr-Blatt“ und sauste zurück. Natürlich, da war doch eine Belohnung ausgesetzt. Daß er daran noch nicht gedacht hatte!

Atemlos stürmte er zu Francis ins Zimmer und warf ihm die Zeitung zu.

„Auf der ersten Seite", japste er, ließ sich in einen Sessel fallen und schnappte wie ein Fisch in sauerstoffarmem Wasser nach Luft. „Rechts unten!"

Francis las laut vor: „– hat sich die Handels- und Creditbank entschlossen, die für die Ergreifung der Täter und Wiedererlangung des Geldes ausgesetzte Belohnung von bisher 1000 Mark auf 5000 Mark zu erhöhen."

„Fünftausend", wiederholte Peter. „Davon für jeden von uns die Hälfte." Er dachte an Mutter Pfannroth und daß sie sich damit eine piekfeine elektrische Nähmaschine kaufen könnte, zwei sogar! Man würde sich dann noch jemanden zur Hilfe nehmen. Peter sah auf. „Es ist einfach nicht zu glauben", sagte er wieder.

„Das Geld hätten wir also!" stellte Francis fest und setzte sich auf das Sofa, unter dem der Koffer lag. „Aber hier in der Zeitung steht ganz klipp und klar, daß die Belohnung auch für die ‚Ergreifung der Täter' ausgesetzt ist." Er faltete das „8-Uhr-Blatt" wieder zusammen und legte es zur Seite. „Wenn wir jetzt also den Koffer so einfach aus der Hand geben, laufen wir Gefahr, daß man uns nur einen Teil der fünftausend Mark gibt. Da jagt man doch noch weiter hinter den Gangstern her, eine Menge Leute sehen etwas, geben Hinweise, und alle verlangen sie nachher ein Stück von der ausgesetzten Belohnung." Francis stand auf und spazierte wieder zum Fenster zurück. „Wie gesagt, ich bin dafür, daß wir vorerst zu keinem Menschen etwas sagen. Was andere können, können wir auch. Im übrigen habe ich eine ganze Menge Kriminalfilme gesehen und Detektivgeschichten gelesen. Ich weiß Bescheid!"

Peter zog in seinem Sessel die Knie bis unters Kinn und dachte nach.

Da kam Francis vom Fenster her, setzte sich vor Peter auf den Zimmerteppich und kreuzte seine Beine. „Was kann schon passieren? Das Geld haben wir jedenfalls, und das nimmt uns auch niemand mehr weg!"

Francis kam dichter an Peter heran. „Es ist wirklich ein

Kinderspiel, jetzt auch noch die ‚Schwarze Rose' und ihren Genossen aufzustöbern! Es wäre eine Affenschande, wenn wir es nicht wenigstens probieren würden! Wer weiß, wie lange der Koffer vielleicht noch in seinem Regal bei der Gepäckaufbewahrung gestanden hätte!"

„Das stimmt", überlegte Peter. Und dann meinte er nach einer Weile: „Gut, nehmen wir also an, der Koffer würde erst morgen abend von uns abgeholt worden sein."

„Ich versteh' kein Wort!" gab Francis zu.

„Das bedeutet: Wenn wir bis morgen abend keine Spur von den Gangstern entdeckt haben, wird Kriminalkommissar Lukkas angerufen. Einverstanden?"

„Einverstanden!" rief Francis und sprang auf. Er hüpfte in seinem kornblumenblauen Bademantel durchs Zimmer und rieb sich die Hände.

Anschließend nahmen die beiden Jungen den grauen Segeltuchkoffer mit der Nummer 999 an der Seite, verschnürten ihn wieder und stellten ihn in den Kleiderschrank. Dann schlossen sie zweimal ab. Der Schlüssel kam unter den dicken Zimmerteppich, und zwar etwa in die Mitte an die Stelle, über der der Tisch stand. Das kostete einige Mühe.

Dann gab Francis bekannt, daß er sich in einer neuen Rekordzeit anziehen werde.

„Aber bitte nicht ganz so farbig und ohne den Cowboy auf der Brust", schlug Peter noch vor. Damit stand er auch schon an der Tür und sauste seinerseits zum Erdgeschoß in den Umkleideraum. Er hielt nämlich auch eine zinnoberrote Pagenuniform als Kleidung eines Detektivs für doch etwas zu auffallend.

Fünf Minuten später kamen die beiden nebeneinander, Peter in seinem Sonntagsanzug, durch die Halle. Darauf hatte Mutter Pfannroth nämlich bestanden. „Damit du dich neben diesem jungen Amerikaner auch zeigen kannst, wenn er mit dir durch die Gegend kutschiert", hatte sie gesagt.

„Guten Morgen, Mister Overseas", grüßte Chefportier Krüger.

„Guten Morgen“, antwortete Francis, gab seinen Zimmerschlüssel ab und legte den Luftpostbrief an Mister Overseas auf den Tisch.

„Wird sofort besorgt“, versicherte Herr Krüger.

„Besten Dank! Es ist übrigens ungewiß, wann wir zurück sind“, sagte Francis noch und spazierte zur Drehtür.

„Auf Wiedersehen, Herr Krüger!“ verabschiedete sich Peter und spazierte mit.

Die Jungen auf der Pagenbank rissen die Augen auf, vor allem der kleine Rothaarige. Er hätte gerne etwas gesagt, war aber leider völlig sprachlos.

Jimmy saß draußen im Wagen.

„Hay, Jimmy!“

„Hay, Francis!“ grüßte der Negerchauffeur und tippte an seine Mütze. Dann sagte er noch: „Guten Tag, Mister Peter!“

„Morning, Jimmy!“ lachte Peter. Dann ging's los, zum Parkplatz vor dem Hauptbahnhof.

„Pay attention, Jimmy!“ meinte Francis, als sie ausstiegen. „Mit unserem Gepäck stimmt etwas nicht!“

Jimmy machte große Augen und ging sofort in Boxerstellung: „What can I do?“

„Quiet, Jimmy!“ beruhigte Francis den Neger. „Schön, daß du uns helfen willst. Und das kannst du bestimmt auch. Vielleicht müssen wir mit dem Wagen jemanden verfolgen.“

„Okay“, grinste Jimmy, krümmte seinen Rücken und tat so, als säße er hinter dem Steuerrad eines Rennwagens.

„Aber das kann eine Weile dauern. Vorerst mußt du warten, vielleicht sehr lange.“

„Okay“, meinte Jimmy wieder und holte grinsend gleich zwei von diesen amerikanischen Kriminalromanen im Taschenformat unter seinem Sitz hervor.

„Dann ist ja alles in Ordnung, Jimmy“, stellte Francis fest und tigerte los, Peter neben ihm.

Der Sheriff saß am Bahnhofseingang, wieder über ein Kreuzworträtsel gebeugt. Carlos polierte einem Straßenbahner den linken Schuh.

„Exotische Pflanze mit ‚K‘ am Anfang und sechs Buchstaben“, wollte der Sheriff als erstes wissen.

Aber Peter winkte ab und holte ihn etwas zur Seite. „Paß auf, du Knalltüte!“

„Wenn hier jemand Knalltüte sagt, dann ich!“ protestierte der Sheriff. Im übrigen spitzte er die Ohren.

„Da ist etwas mit Mister Overseas’ Gepäck“, meinte Peter und erzählte nicht viel mehr, als kurz zuvor auch Francis seinem Jimmy erzählt hatte.

„Gestohlen?“ fragte der Sheriff schließlich und trat aufgeregt von einem Bein aufs andere.

„Das müssen wir jetzt erst feststellen“, gab Peter zu.

„Das wäre was für mich! Aber leider . . .“ bedauerte der Sheriff und zeigte auf seinen Drehstuhl! „Aber wenn es brenzlig wird, stehe ich natürlich zur Verfügung. Vor allem, wenn ihr jemanden braucht, der gut schleichen kann. Ich schleiche wie ein Indianer!“ Der Sheriff wurde jetzt wieder einmal ganz förmlich und verbeugte sich vor Francis und selbst Peter.

„Vielleicht dürfen wir bei Bedarf auf dein Angebot zurückkommen“, meinten die beiden Detektive und verbeugten sich ebenfalls.

In diesem Augenblick rief der Straßenbahner, dem Carlos gerade wieder die zurückgekrempelten Hosenbeine in Ordnung brachte, ganz laut: „Ich hab’s! *Kaktus!*“

Er meinte Sheriffs exotische Pflanze mit den sechs Buchstaben und dem K am Anfang.

Francis setzte sich inzwischen im Gehen eine große Sonnenbrille auf die Nase und zog über sein kurzgeschorenes Haar eine graue Sportmütze. Da er sich diese Sportmütze aus Mister Overseas’ Zimmer geholt hatte, ging sie ihm ziemlich tief in die Stirn. Aber das war nur gut so.

„Jetzt braucht jeder von uns nur noch eine Zeitung“, erklärte Francis, „damit wir uns notfalls dahinter verstekken können, wenn wir unsere Beobachtungen machen. Das ist nicht neu, aber immer noch das beste!“

Die beiden Detektive kauften sich also eine „Morgenpost“ und ein „8-Uhr-Blatt“. Dann nahmen sie Kurs in

Richtung Gepäckaufbewahrung. „Ausgezeichnet!“ sagte Francis plötzlich und blieb stehen. Das war vor dem Schaufenster des Bahnhofsfriseurs.

„Was gibt’s?“ fragte Peter. Aber dann sah er es auch. Im Glas der Schaufensterscheibe war der Ausgabeschalter der Gepäckaufbewahrung so deutlich zu sehen wie in einem Spiegel.

„Das ist geradezu ideal“, meinte Francis begeistert.

„Allerdings ist alles seitenverkehrt. Das ist zu beachten!“ stellte Peter fest.

Der Schalter drüben lag wie ausgestorben.

Im Augenblick schienen nur zwei Beamte Dienst zu haben. Der eine war älter und ziemlich dick. Er war gerade beim Frühstücken und hatte eine Thermosflasche vor sich stehen. Der andere war noch ziemlich jung und las in einem Heft.

„Eigentlich müßten wir feststellen, ob das Gepäckstück 999 überhaupt noch da ist“, überlegte Francis.

„666“, korrigierte Peter.

„Jedenfalls unser Schrankkoffer“, entschied Francis.

„Es kommt ganz darauf an, ob er auf dem Kopf steht oder nicht.“

„Ich könnte sagen, daß ich vom Städtischen Wasserwerk komme und irgend etwas nachsehen muß“, schlug Peter vor. „Da mache ich mich dann bei den Regalen zu schaffen und gucke mich um.“

„Wir müssen uns vorerst ganz zurückhalten“, meinte Francis. „Wenn du dich jetzt schon zeigst, kennt man dich nachher. Im übrigen ist mir die Sache mit dem Wasserwerk zu gefährlich.“

„Hm“, überlegte Peter und schob die Unterlippe vor.

Drüben an der Gepäckaufbewahrung regte sich noch immer nichts.

„Und wenn der Sheriff rübergeht?“ fragte Peter plötzlich. „Er müßte einfach möglichst doof durch die Gegend quatschen. Das kann er blendend. Und vielleicht erfährt er dabei, was wir wissen wollen.“

„Einverstanden!“ erklärte Francis. „Es muß auf jeden

Fall probiert werden!“ Dann gab er noch eine genaue Beschreibung des Overseasschen Koffers.

„Ich sage ihm also Bescheid“, meinte Peter schließlich und schlenderte möglichst harmlos durch die Halle.

Francis hielt nach wie vor die Gepäckaufbewahrung scharf unter Beobachtung.

Der Sheriff war sofort Feuer und Flamme. „Kleinigkeit“, behauptete er und zwinkerte vergnügt mit dem linken Auge. „Wir treffen uns dann um die Ecke bei den Fahrkartenschaltern!“ meinte Peter abschließend.

„Geritzt!“ grinste der Sheriff und spazierte los. Zuerst sah es so aus, als interessierte ihn der Ausgabeschalter der Gepäckaufbewahrung überhaupt nicht. Aber als er an den beiden Beamten vorbeikam, blieb er doch plötzlich stehen, stemmte die Fäuste in die Hüften und sagte nur: „So schön möcht' ich's auch mal haben! Die Herren frühstücken und lesen Romane!“

„Und was machst du, wenn dir gerade keiner die Schuhe unter die Nase hält?“ lachte der Dicke und schraubte seine Thermosflasche wieder zu.

„Dann fange ich Fliegen!“ grinste der Sheriff und setzte sich auf die Ausgaberampe. „Heute ist doch nicht viel los“, meinte er dann. „Bei euch wohl auch nicht?“

„Das hängt mit den Zügen zusammen“, meinte jetzt der Jüngere. „Immer, wenn Züge kommen oder abfahren, gibt's hier Betrieb.“

„Ich glaube, das wäre nichts für mich. Da stehen doch mindestens so tausend Koffer in den Regalen.“

„Mindestens fünftausend“, beteuerte der Dicke.

„Mir geht der Hut hoch!“ gab der Sheriff bekannt. „Da käme bei mir bestimmt alles durcheinander.“

„Das ist einfacher, als es aussieht“, beschwichtigte der Dicke und nahm seine Thermosflasche. „Jedes Regal hat ganz bestimmte Nummern.“

„Würde mich eigentlich wahnsinnig interessieren!“ Der Sheriff machte bereits einen langen Hals und hielt den Kopf schief.

„Kannst es dir ja mal ansehen“, brummte der Dicke und

trabte mit seiner Thermosflasche los. „Zeig's ihm mal“, meinte er dabei zu dem Jüngeren.

„Sehr freundlich!“ erwiderte der Sheriff und kletterte auch schon über die Rampe.

Drüben vor dem Schaufenster des Bahnhofsfriseurs hätten die beiden Detektive jetzt am liebsten einen Freudentanz aufgeführt, aber in Anbetracht der besonderen Umstände verschoben sie es auf später.

Am Ausgabeschalter der Gepäckaufbewahrung geschah jetzt eine ganze Weile nichts mehr.

Der Sheriff war mit dem jüngeren Beamten zwischen den Regalen verschwunden, der Dicke blieb ebenfalls unsichtbar, bis die drei dann gemeinsam zurückkamen.

Der Sheriff schüttelte sich gerade aus vor Lachen, und die beiden anderen lachten mit. Dann kletterte Emil Schlotterbeck wieder über die Rampe. Man unterhielt sich noch zwei Minuten lang, und dann kam eine junge Frau mit einem Kind an der Hand und hielt ihren Gepäckschein hin. Da tippte der Sheriff mit dem Zeigefinger irgendwo in die Luft und trottete wieder los. Zuerst am Zeitungskiosk vorbei und dann in einem eleganten Bogen zu den Fahrkartenschaltern.

Die beiden Detektive warteten schon.

„Alles in bester Butter, meine Herren!“ erklärte der Sheriff.

„Vielleicht haben Sie es beobachtet, man war sehr freundlich zu mir.“

„Ist der Koffer noch da?“ fragten Francis und Peter beinahe gleichzeitig. Sie waren natürlich heillos gespannt.

„Leiser, meine Herren!“ mahnte der Sheriff. „Als ich mit dem jüngeren Beamten zwischen den Regalen stand, fragte ich ihn: ‚Wenn jetzt zum Beispiel jemand die Nummer 660 will, was geschieht dann?‘ Ich sagte 660, weil die 666 ja in der Nähe sein muß. ‚Du bist niedlich‘, meinte der junge Gepäckaufbewahrer und marschierte los. Dann blieb er stehen und zeigte auf ein Regal, ‚da sind alle Nummern von 650 bis 700 drin. Links fängt es an. Also hier ganz rechts 660!‘ Er war ganz stolz, denn da stand natürlich ein

Gepäckstück mit der Nummer 660, ein Rucksack. ‚Enorm', sagte ich und guckte weiter. Und da sah ich ihn auch schon, den Schrankkoffer, auf den ich scharf war, und an dem ganz deutlich der Zettel mit den drei Sechsen klebte. Was sagt ihr nun?"

„Ein grauer Schrankkoffer mit hellbraunen Ledereken?" fragte Francis.

„Jawohl", versicherte der Sheriff. „Eigentlich wollte ich noch ein zweites Beispiel durchexerzieren, die Nummer 1 000 wegen der 999, na, ihr wißt schon. Aber das war ja dann nicht mehr nötig."

„That's okay!" sagte Francis. „Wir sind dir wirklich sehr dankbar. Damit ist uns viel geholfen!"

„Keine Blumen!" grinste der Sheriff. „Und wenn noch einmal was sein sollte, wie gesagt, ich stehe zu Diensten!" Er verbeugte sich wieder und zog ab.

„Bitte notiere", meinte Francis und sah auf die Uhr. Peter holte ein Oktavheft und einen Bleistift aus der Tasche.

„Drittens", diktierte Francis, „um neun Uhr vierzehn stellt Sheriff fest, daß der Schrankkoffer von Mister Overseas unter der Nummer 666 noch bei der Gepäckaufbewahrung steht."

Unter „erstens" stand die Ankunft des Gepäckstückes 999 im Hotel ATLANTIC verzeichnet, unter „zweitens" der Beschluß, morgen spätestens um 19 Uhr Kriminalkommissar Lukkas zu verständigen.

„. . . bei der Gepäckaufbewahrung steht", wiederholte Peter und machte einen Punkt. Dann steckte er Bleistift und Oktavheft wieder in seine Tasche.

„Ich meine, wir beobachten weiter", sagte Francis.

Und das taten sie dann auch.

Sie entwickelten eine ganz erstaunliche Phantasie und taten alles, um ja nicht aufzufallen.

Nachdem sie lange genug vor dem Schaufenster des Bahnhofsfriseurs gestanden hatten, spazierten sie zu den großen Holztafeln mit den aufgeklebten Fahrplänen. Nach einer halben Stunde wußten sie auswendig, wann und

woher die letzten Züge ankamen und ob sie Speisewagen hatten oder Schlafwagenabteile.

Dann ging's hinüber zu den Fahrkartenschaltern. Einer dieser Schalter blieb heute offenbar geschlossen. Vor ihm setzten sie sich auf das Messinggeländer. Sie nahmen ihre Zeitungen aus der Tasche und versteckten ihre Köpfe hinter ihnen, aber nur bis dicht über die Nase, denn selbstverständlich ließen sie die Gepäckaufbewahrung keinen Augenblick aus den Augen.

Die Zeit verging langsam.

„Vielleicht kommen sie erst zu Pfingsten oder Weihnachten“, meinte Peter und blätterte in seiner Zeitung.

Allmählich wurde es Mittag, und die beiden Detektive bekamen Magenknurren.

„Ich mutmaße“, meinte Francis, „du hast genauso einen Hunger wie ich.“

„Stimmt!“ gab Peter zu.

„Essen wir also Würstchen mit Kartoffelsalat.“

„Einverstanden!“

Die beiden Detektive steckten ihre Zeitungen weg und schlenderten los.

Die Hände in den Hosentaschen.

Am Zeitungskiosk kaufte sich Francis eine Ansichtskarte. Zwischendurch müßte er heute noch an seinen Vater nach London schreiben, daß das Wetter gut sei und im übrigen nichts Besonderes passiert wäre –

Auch vom Würstchenstand aus war die Gepäckaufbewahrung noch zu übersehen. Die beiden Jungen konnten sich also Zeit lassen und bestellten zu ihren Würstchen und dem Kartoffelsalat noch zwei Orangelimonaden.

Anschließend bekam auch Jimmy sein Mittagessen. Francis brachte es ihm.

Keines der Gepäckstücke, die abgegeben oder geholt wurden, hatte auch nur eine entfernte Ähnlichkeit mit dem Overseasschen Schrankkoffer.

Von den Bahnsteigen her war immer wieder der Lautsprecher zu hören, Lokomotiven zischten, und wenn die Hochbahn einfuhr, schien es jedesmal so, als zitterte der ganze Bahnhof.

Allmählich wurde es nachmittag vier Uhr.

Die ersten Hafenarbeiter kamen aus den Werften, und die Büroangestellten fuhren aus der Stadt in ihre Wohnungen zurück.

Die beiden Detektive standen wieder einmal vor dem Schaufenster des Bahnhofsfriseurs.

„Irrtum“, stellte Peter gerade fest, „wenn man glaubt, daß Kriminalisten ein aufregendes Leben führen.“

„Abwarten“, meinte Francis und ging los, in Richtung zu den Fahrplänen.

Kurz nach sieben erschien der Sheriff. Er hatte gerade Schluß gemacht, kam durch die Halle gebummelt und sah sich um, als ob er hier völlig unbekannt sei.

Die Detektive saßen gerade auf ihrem Messinggeländer vor dem geschlossenen Fahrkartenschalter und lasen heute nun schon zum vierundzwanzigstenmal in ihren Zeitungen.

Der Sheriff stellte sich einen Meter abseits und drehte ihnen den Rücken zu. Er sah in die Luft und flüsterte: „'n Abend, die Herren! Wie geht's, wie steht's?“

„Danke“, flüsterte Francis zurück. „Leider hat sich noch nichts gezeigt!“

„Ich bewundere eure Ausdauer!“ gab der Sheriff zu.

„Könntest du vielleicht Frau Pfannroth Bescheid sagen?“ fragte Peter. „Vielleicht dauert es die ganze Nacht, und dann telefoniert sie nach der Feuerwehr, wenn ich nicht komme.“

„Ehrensache!“ stellte der Sheriff fest und wollte schon los. Aber da zischte Francis: „Stopp!“

Der Sheriff blieb also stehen.

„Vielleicht ist es wichtiger, daß ich mich zuerst mal wieder im Hotel zeige“, gab Francis zu bedenken. „Direktor Adler alarmiert bestimmt gleich die Polizei, wenn er merkt, daß ich verschwunden bin!“

„Du kannst ja sagen, daß du heute nacht bei mir bleibst“, schlug Peter vor.

„Ich bin in Null Komma nichts wieder da!“ meinte Francis und sprang von dem Messinggeländer. „Paßt mir auf wie die Schießhunde!“

„Und wenn du schon dort bist“, überlegte Peter, „für alle Fälle kannst du ja mal in dem Kleiderschrank nachschauen –“

„Ich höre immer Kleiderschrank?“ fragte der Sheriff. „Habt ihr da jemanden eingesperrt?“

„Du hast zuviel Phantasie!“ sagte Peter nur und ließ die Gepäckaufbewahrung nicht aus den Augen.

Nach zehn Minuten kam Francis zurück. „Alles okay“, berichtete er, „Chefportier Krüger weiß Bescheid.“

Es wurde immer dunkler. Drüben am Schalter der Gepäckaufbewahrung kam die Nachtschicht und löste die bisherigen Beamten ab.

Der Sheriff war inzwischen zur nächsten Telefonzelle getigert. Er sollte Peters Mutter anrufen und ihr sagen, daß es heute vielleicht sehr, sehr spät werden könnte. Anschließend rief er auch seinen eigenen Vater an, um ihm Bescheid zu sagen.

„Ist der Koffer noch da?“ wollte Peter wissen, als er mit Francis allein war.

„Alles in Ordnung. Der Schlüssel zum Kleiderschrank liegt wieder unter dem Teppich.“

Als der Sheriff wieder zurückgeschlendert kam, fragte ihn Peter, was seine Mutter gesagt hätte. „Macht sie sich Sorgen?“

„Jedenfalls hat sie es nicht zugegeben. Sie sagte nur, daß du ja alt genug seist und wissen müßtest, was du tust.“

Der Sheriff steckte jetzt seine Hände in die Hosentaschen und lehnte sich neben Peter und Francis an die Tafel mit den aufgeklebten Fahrplänen.

Die drei Jungen sagten nichts. Sie sahen nur zu der Gepäckaufbewahrung hinüber, und dabei dachten sie alle drei ganz plötzlich an ihre Eltern.

Erst nach einer ganzen Weile sagte der Sheriff: „Übrigens – ich darf auch bleiben. Mein alter Herr hat zwar mit dem Kopf gewackelt, aber dann hat er was Ähnliches gesagt wie Frau Pfannroth.“ Der Sheriff machte eine kleine Pause. Seine Zungenspitze erschien für kurze Zeit im linken Mundwinkel. Dann meinte er noch: „Er kriegt jetzt so links und rechts schon ganz weiße Haare. Mein alter Herr, meine ich. Hm – eigentlich ulkig – aber es ist so. Je älter sie werden, um so netter werden sie. Die Eltern, meine ich jetzt.“

„Und eines Tages sind sie zu alt, um noch netter werden

zu können“, meinte Peter und biß sich auf die Unterlippe.

„Das Leben fliegt einem richtig weg“, stellt Francis fest. Das hatte er wohl irgendwo gelesen.

„Ja, ja“, seufzte der Sheriff. „Nächste Woche werde ich schon vierzehn!“

Überall flammten Lichtreklamen auf, von irgendwoher war Tanzmusik zu hören, und das Aktualitätenkino am Ende der Bahnhofshalle begann mit der letzten Vorstellung. Von den Bahnsteigen herauf zischte und donnerte es immer noch von anfahrenden Zügen und Hochbahnen. Allerdings jetzt immer seltener.

Der Mann vom Zeitungskiosk nahm seine Illustrierten herein und ließ die Rolläden herunter.

Wenn man mit den Nächten nie etwas anderes angefangen hat, als sie zu verschlafen, dann nimmt die erste Nacht, die man wach bleibt, überhaupt kein Ende.

Die drei Jungen lösten sich ab.

Einer lag immer für eine Stunde bei Jimmy im Wagen. Trotzdem schlich die Zeit, als habe sie Sirup an den Schuhsohlen.

Die Halle war manchmal völlig leer. Dann kam wieder ein Zug und spuckte eine Menge Menschen aus. Aber das dauerte nie lange. Die Leute hatten es eilig, nach Hause zu kommen.

Wenn die Polizei ihren Rundgang machte, drückten sich die Detektive jedesmal hinter die Fahrpläne.

Morgens gegen drei Uhr kamen Putzfrauen und fingen an, die Halle auszufegen. Um vier erschienen bereits die ersten Arbeiter, die zur Frühschicht in den Hafen fuhren. Ab fünf wurden die Morgenzeitungen angeliefert, frische Brötchen und Milch für das Bahnhofsrestaurant. Und dann kamen auch schon die Geschäftsleute und schlossen ihre Läden wieder auf. Pünktlich um sieben bog Herr Schimmelpfeng um die Ecke.

„Na, dann ist's Zeit, daß ich auch meine Bürsten und Schuhwichsen wieder raushole“, gähnte der Sheriff.

Die drei Jungen waren jetzt wieder vollzählig beieinander.

„Es wäre gelogen, wenn ich sage, daß ich ausgeschlafen bin", gähnte jetzt auch Peter.

„Ihr seid mir die richtigen Kriminalisten!" stellte Francis fest. Aber dann wurde er angesteckt und gähnte mit.

So gähnten sie also alle drei gleichzeitig.

Und mitten im Gähnen blieb ihnen der Mund offenstehen!

Drüben an der Gepäckaufbewahrung war nämlich plötzlich die Hölle los.

Mit einem Schlag waren die drei Detektive wie elektrisiert. „Umzingeln!" zischte Francis nur. Gleichzeitig wies er Peter und dem Sheriff ihre Plätze zu, und zwar in der Richtung zum Eingang und in der Richtung zum Inneren der Halle. „Vorerst haltet ihr etwa fünfzehn Meter Abstand. Wenn ich mir den Rock aufknöpfe, kommt ihr ganz nahe. Und wenn ich mir mit dem linken Zeigefinger an die Nase tippe, bedeutet das Angriff! Alles klar?" Francis hatte ganz leise gesprochen, aber so schnell wie ein Maschinengewehr.

„Glasklar!" versicherten Peter und der Sheriff.

„Dann hauen wir ab!" meinte Francis und spazierte auf die Gepäckaufbewahrung zu.

Die beiden anderen Jungen schwenkten in eleganten Bögen zu ihren angewiesenen Positionen.

Vor dem Schalter der Gepäckausgabe stand ein dicker Dienstmann. Er hatte eine Messingnummer 32 vorn an der Mütze und schimpfte mit sich überschlagender Stimme. Zwischendurch spuckte er immer wieder aus.

„So etwas ist mir in meiner ganzen Dienstzeit noch nicht vorgekommen, und ich bin jetzt genau vierundzwanzig Jahre dabei. Nächstes Jahr hab' ich Jubiläum, ihr Seifensieder! Mir könnt ihr nichts vormachen! Mir nicht! Wo ist das Gepäckstück? frage ich zum letzten Mal! Hier ist der Schein mit der Nummer 999! Und diesen Schein habt ihr nur hergegeben, weil ihr dafür etwas bekommen habt, einen Koffer, wenn ihr's genau wissen wollt, ihr Banditen! So ein Koffer löst sich doch nicht mir nichts, dir nichts in Luft auf!"

Die beiden Gepäckaufbewahrungsbeamten waren völlig aus dem Häuschen. Trotzdem wagte jetzt einer von ihnen zu protestieren: „Die Banditen verbitten wir uns!“

Der Dienstmann holte tief Luft und spuckte wieder einmal, dem Beamten, der gerade gesprochen hatte, genau auf die linke Schuhspitze.

„So!“ rief er. „Das verbittet ihr euch! Aber das könnt ihr ja gar nicht! Solange ihr euch nämlich irgendwelche Gepäckstücke einfach unter den Nagel reißt, seid ihr nichts anderes! Banditen, sag' ich noch mal, und ich nehm's erst zurück, wenn ihr mir das Gepäckstück 999 hier auf die Rampe knallt!“

„Der Koffer ist bestimmt nicht weg! Irgendwie wird sich das noch klären!“ versuchte der Beamte zu begütigen.

„Und was soll ich meiner Kundschaft sagen?“ pustete sich der Dienstmann wieder auf. „Die sitzt schon im Zug und hat keine Ahnung! In zehn – ach was, in genau sieben Minuten ist Abfahrt! Ich muß los! Aber ihr werdet noch was erleben! Die Herren sehen nicht so aus, als ob sie sich das einfach gefallen ließen!“

Der Dicke schnaubte ab und rannte, so gut er konnte – sehr gut konnte er es nicht –, zu den Bahnsteigen.

Francis überlegte blitzschnell, ob er hinterher sollte. Peter und der Sheriff sahen mit fragenden Blicken herüber, auch sie schienen zu erwarten, daß etwas geschehen sollte! Aber Francis winkte ab. Er zog sich unmerklich immer weiter zurück und gab den anderen Jungen ein Zeichen.

Dicht vor Herrn Schimmelpfengs Blumengeschäft trafen die drei zusammen.

„Alles bleibt wie verabredet!“ zischte Francis. „Bestimmt klettern die beiden Gauner jetzt wieder aus ihrem Zug und kreuzen hier auf. Also, wieder auf die Plätze!“

Peter und der Sheriff zogen sich ohne jeden Widerspruch zurück. Es war ein gewagtes Spiel. Aber alles sprach dafür, daß Francis richtig vermutet hatte.

Und so war es auch.

Kaum zwei Minuten später kam ein jüngerer Mensch mit kurzgeschorenen schwarzen Haaren, in einem hellen

Staubmantel von den Bahnsteigen herübergerannt. Als er etwas näher heran war, rissen Peter und der Sheriff die Augen auf. Dann sahen sie sich an.

Der junge Kerl war nämlich kein anderer als Joe Louis, der Schwergewichtler von „Rot-Weiß“!

„Mein Gepäck!“ rief Joe Louis schon, als er noch gute vier Meter von der Gepäckaufgabe entfernt war. „Aber dalli! Unser Zug geht in drei Minuten!“

Jetzt nahm einer der Beamten den Schein, er sah seinen Kollegen an, dann den jungen Mann mit den kurzgeschorenen schwarzen Haaren.

„Wir bedauern es außerordentlich, aber der Dienstmann wird es Ihnen schon gesagt haben, das Gepäckstück 999 ist im Augenblick unauffindbar.“

„Das gibt's doch nicht!“ japste Joe Louis. Er zog aufgeregt an einer Zigarette und sah sich immer wieder nach allen Seiten um.

Peter und der Sheriff waren für alle Fälle in volle Deckung gegangen. Vielleicht kannte er sie doch.

Francis hatte die Hände in den Hosentaschen und hörte interessiert zu.

„Das gibt's doch nicht!“ japste Joe Louis noch einmal, etwas anderes fiel ihm offenbar nicht ein.

„Leider doch!“ versicherte einer der Beamten. „Leider gibt's so etwas!“

„Und – und wie erklären Sie sich das?“

„Ich habe mich gerade mit meinem Kollegen darüber unterhalten“, meinte einer der Gepäckaufbewahrer, „bei der eigenartigen Nummer wäre es möglich – sehen Sie selbst!“

Er stellte jetzt dicht vor dem Gesicht des jungen Mannes den Gepäckschein 999 auf den Kopf.

„Was lesen Sie jetzt?“

„Sechshundertsechsundsechzig“, sagte Joe Louis so langsam, als müßte er ein sehr schwieriges Fremdwort buchstabieren.

„Und ein Koffer mit der Nummer 666 ist noch hier!“ stellte der Beamte fest. „Es ist also möglich, daß ein

Reisender mit dem Gepäckschein 666 aus Versehen Ihren Koffer erhalten hat."

„Das hätte er doch sofort gesehen", meinte der junge Mann mit den kurzen schwarzen Haaren.

„Oft holen die Reisenden ihr Gepäck nicht selbst ab!"

„Könnte ich dann vielleicht mal den anderen Koffer sehen?" fragte Joe Louis. „Ich meine den mit der Nummer 666."

„Selbstverständlich", sagte der Beamte und ging zu den Regalen.

Als er wieder zurückkam, hatte er den Overseasschen Schrankkoffer bei sich.

„Sie können wirklich beruhigt sein", stellte der Beamte fest, „der Besitzer dieses Koffers ist offenbar ein Ausländer und dem Gepäck nach zu schließen ziemlich vermögend. Wenn er wirklich aus Versehen Ihren Koffer bekommen hat, dauert es bestimmt nicht lange, und er läßt ihn wieder zurückbringen."

„Hatten Sie in Ihrem Gepäck etwas Besonderes?" wollte der andere Beamte jetzt wissen. „Ich meine, Wertgegenstände oder wichtige Papiere?"

„Das letztere", meinte Joe Louis.

„Ziemlich wichtige Papiere! Gestatten Sie?" Jetzt interessierte er sich eingehend für den Overseasschen Koffer. Vor allem für die Visitenkarte, die in einer Lederhülle am Handgriff hing.

„Ich hab' leider nichts zum Schreiben bei mir. Wenn Sie so freundlich wären, mir den Namen zu notieren? Vielleicht kann ich den Besitzer ausfindig machen und die Sache klären."

„O-V-E-R-S-E-A-S." Der Beamte malte Buchstaben für Buchstaben ab, alles, was auf der Karte stand, einschließlich der New Yorker Telefonnummer.

„Mit meiner Abreise ist es jetzt natürlich Essig!" stellte der junge Mann im Staubmantel fest, als er den Zettel mit der Anschrift in seine Tasche steckte. Trotzdem sagte er: „Schönen Dank!"

In diesem Augenblick tauchte der Dienstmann mit der

32 an seiner Mütze wieder auf. „Ihr Begleiter erwartet Sie am Eingang in einer Taxe. Sie sollen sich beeilen."

Das war für Francis wie ein Startschuß. Er schob sich Schritt für Schritt zur Seite. Bis er Peter erreicht hatte.

„Zu Jimmy! Warte mit dem Wagen am Eingang! Motor eingeschaltet!"

„. . . müssen Sie eben einen Suchantrag stellen!" ließ sich gerade einer der Beamten hören.

Der junge Mann, der Joe Louis genannt wurde, grinste so sauersüß, als habe er in eine Essiggurke gebissen, und verabschiedete sich. Der dicke Dienstmann ging vor ihm her, beide wandten sich zum Eingang der Bahnhofshalle. Francis und der Sheriff folgten in einem Abstand von etwa zehn Metern.

Kurz vor dem Eingang zur Bahnhofshalle blieb der junge Mann mit den kurzgeschorenen schwarzen Haaren und dem hellen Staubmantel plötzlich stehen. So, als ob jemand bei ihm die Bremse gezogen hätte.

Er schien zu überlegen. Dann sah er sich um und verschwand kurz darauf in einer Telefonzelle.

Der Dienstmann mit der Nummer 32 an der Mütze wartete. Francis und der Sheriff warteten ebenfalls, allerdings in einiger Entfernung.

Durch die Glastür der Telefonzelle konnte man sehen, wie Joe Louis im Telefonbuch blätterte. Er suchte offenbar einen ganz bestimmten Anschluß. Nach einer Weile schien er die Nummer gefunden zu haben und nahm den Hörer ab.

Er führte genau vier Gespräche, dicht hintereinander, sehr kurze Gespräche übrigens. Dann legte er plötzlich den Hörer auf und kam wieder ins Freie.

„Bleib ihm auf den Socken!" flüsterte Francis und ging jetzt seinerseits auf die Telefonzelle zu. Er sah sich noch einmal um, dann drückte er sich blitzschnell durch die Tür.

Francis interessierte sich nur für das Telefonbuch, er pfiff durch die Zähne. Die aufgeschlagene Seite zeigte nichts als Hotel-Anschlüsse, von A bis Z, und unter A stand ziemlich am Anfang das ATLANTIC.

Francis war plötzlich ausgesprochen vergnügt. Er klappte das Telefonbuch zu und türmte los.

Draußen stieg Joe Louis gerade in eine wartende Taxe. Der Dienstmann Nummer 32 zog mindestens dreimal die Mütze. Er mußte ein gutes Trinkgeld bekommen haben.

Kaum zehn Meter hinter der Taxe parkte der Overseassche Wagen. Peter hielt die Türe offen und Francis sprang hinein.

„Er hat die Hotels abtelefoniert“, grinste Francis, und dann sagte er plötzlich: „33 46 60!“

Peter und der Sheriff sahen sich an.

„Das ist die Nummer der Taxe, und ich empfehle, sie aufzuschreiben!“

„33 46 60“, wiederholte Peter und angelte nach seinem Notizbuch.

In diesem Augenblick fuhr die Taxe los.

„Go on, Jimmy!“ Peter setzte sich ganz tief in den Vordersitz, nur seine Augen und seine Haare mußten jetzt von außen zu sehen sein. „Du mußt Abstand halten, damit er nichts merkt. Aber laß ihn ja nicht ausreißen!“

Jimmy nickte.

Trotzdem wiederholte Francis das Ganze nochmals auf englisch. Jetzt sagte Jimmy: „Okay.“

Es ging vom Bahnhofsplatz in die Mönckebergstraße, über den Rathausplatz und dann dem Hafen zu. Die Taxe fuhr wie das Überfallkommando. Aber Jimmy jagte hinter ihr her, ohne einen Meter zu verlieren.

„Prima!“ quietschte der Sheriff vor Begeisterung.

„Wenn wir jetzt die Polizei verständigen, haben wir sie!“ wagte Peter zu bemerken.

„Und *wie* machen wir das?“ Francis sah zu Peter. „Wir brauchen nur kurz anzuhalten, dann sind wir sie los.“

„Allerdings“, gab Peter zu.

„Ich versteh' nur die Hälfte, aber es ist einfach prima!“ gab der Sheriff wieder bekannt und schlug die Beine übereinander.

„Ich finde, wir müssen ihm jetzt Bescheid sagen“, schlug Peter vor. „Er hat es verdient.“

„Einverstanden", meinte Francis.

„Paß auf, Sheriff", fing Peter an.

„Zuerst dein Ehrenwort, daß du keinen Ton weitersagst, zu niemandem!" unterbrach Francis.

„Ehrenwort!" versicherte der Sheriff, saß plötzlich kerzengerade und gab jedem der Jungen die Hand.

„Ganz einfach“, erklärte Peter, „die beiden Burschen da vorne in der Taxe sind die ‚Schwarze Rose‘ und sein Genosse, und das geraubte Geld liegt im Hotelzimmer von Francis im Kleiderschrank. Das wär’s!“

„. . . und wenn sie nicht gestorben sind, dann leben sie noch heute!“ grinste der Sheriff. Dann mußte er plötzlich husten. „Stimmt das wirklich, ihr Knalltüten?“

„Ehrenwort!“ sagten Francis und Peter gleichzeitig. In diesem Augenblick geschah es, und zwar an einer Kreuzung. Die Verkehrsampel rückte bereits auf Gelb. Trotzdem jagte die Taxe noch weiter. Jimmy wollte hinterher, aber da sprang ein Schupo vor den Wagen und zeigte in die Höhe. Dort stand das Licht bereits auf Rot. Die Taxe verschwand jenseits der Kreuzung und wurde immer kleiner.

„I beg your pardon!“ rief Jimmy.

Der Schupo drohte wohl mit dem Zeigefinger, aber er grinste dabei. Auch Jimmy grinste jetzt. Und dabei war es ihm gar nicht danach zumute.

„Fröhliche Weihnachten!“ quietschte der Sheriff.

Als die Kreuzung wieder frei war, schoß der Overseassche Cadillac los wie ein Düsenjäger. Aber es nützte nichts, die Taxe blieb verschwunden.

„Was jetzt?“ fragte Peter.

„Zurück zum Hotel“, entschied Francis, „und zwar so schnell wie möglich!“

„Dann die nächste Straße links“, übernahm Peter jetzt das Kommando.

„Es wäre ausgesprochen freundlich, wenn ihr mich wieder am Bahnhof absetzen würdet“, meinte der Sheriff nach einer Weile, „ab acht Uhr habe ich feste Kunden.“

„Das sowieso“, sagte Peter nur und bedeutete Jimmy, daß er jetzt nach rechts abbiegen müßte.

„Um zwölf versammeln sich übrigens alle Jungen an der Shell-Tankstelle bei Kuhlenkamp. Wir gehen ja doch geschlossen zu den Meisterschaften, und da treffen wir uns schon vorher, um einiges zu besprechen.“ Der Sheriff ließ seine Zungenspitze in den linken Mundwinkel wandern.

„Vielleicht könnt ihr uns brauchen, jedenfalls wißt ihr, wo wir sind."

„Das ist vielleicht ganz wichtig", überlegte Francis.

Dann war man am Hauptbahnhof, und der Sheriff stieg aus.

Im Hotel steuerte Francis zuerst auf die Telefonvermittlung zu.

„Denken Sie bitte scharf nach", sagte er zu dem Fräulein am Stöpselkasten, „ist heute früh irgendein Gespräch für Mister Overseas angekommen?"

Das Fräulein sah aus wie ein Filmstar. „Da brauch' ich gar nicht scharf nachzudenken", lächelte sie. „Für Mister Overseas direkt ist kein Gespräch angekommen, aber vor etwa einer halben Stunde erkundigte sich jemand, ob hier ein Mister Overseas wohnt."

„Danke!" sagte Francis wie ein Kriminalbeamter. „Das genügt!"

„Bitte sehr", lächelte das Fräulein wieder, und dann sagte es: „Hotel Atlantic". Es hatte nämlich gerade an ihrem Stöpselkasten aufgeleuchtet.

„Guten Morgen, Herr Krüger!" grüßte Peter, als er mit Francis an der Portierloge vorbeikam.

„Guten Morgen, die Herren!" grüßte Chefportier Krüger zurück, hielt den Kopf schief und sah durch seine Brille. Francis ließ sich die Zimmerschlüssel geben und fuhr mit Peter zum dritten Stock.

Der Fahrstuhlführer hatte eine ganze Menge Zeitungen zum Verkauf ausliegen. Aber das wäre weiter nichts Besonderes gewesen, nur zeigten heute so ziemlich alle Zeitungen auf der ersten Seite das gleiche Bild, ein Foto, das Foto eines Mannes von etwa dreißig Jahren.

Erst zwischen dem zweiten und dem dritten Stockwerk sah sich Peter dieses Foto genauer an. Und da wurde es ihm plötzlich ganz weich in den Knien.

„Eine Morgenpost!" stammelte er und kramte zwei Groschen aus seiner Hosentasche.

Natürlich sah Francis, daß Peter in Sekundenschnelle die Gesichtsfarbe gewechselt hatte. Er wollte auch schon etwas sagen, aber da hielt der Fahrstuhl. Die beiden Jungen stiegen aus.

Peter ging wie im Nebel, er hatte regelrecht „Mattscheibe“, und der dicke Korridorteppich schien ihm plötzlich so weich, als versinke er in ihm bis zu den Knöcheln.

„Was hast du denn?“ fragte Francis besorgt.

„Schnauze!“ zischte Peter.

Da kam nämlich Herr Meyer von 477 auf sie zu. Er hatte unter beiden Armen prall gefüllte Aktentaschen und drückte sich jetzt etwas seitlich an die Wand.

„Guten Morgen, die Herren!“ grüßte er auffallend freundlich. „Ein herrliches Wetterchen heute, nicht wahr?“

Die beiden Detektive sagten weiter nichts als ebenfalls „Guten Morgen“ und beeilten sich, so schnell wie möglich auf ihr Zimmer zu kommen.

Sie hatten kaum die Tür von 310 hinter sich zugemacht, da platzte Peter los, wie ein Gartenschlauch, der Überdruck hat: „Das ist der Kerl im Ledermantel, der sich während des ganzen Banküberfalls bei mir die Schuhe putzen ließ. Schlangenlederschuhe mit Kreppsohle, aus der ein Stück so groß wie eine Schuhwichseschachtel herausgebrochen ist.“

Francis hatte inzwischen unter dem Fußteppich nach dem Kleiderschrankschlüssel getaucht und nachgesehen. Der Koffer war noch da. Jetzt kam er zum Tisch, strich die Zeitung glatt und sah sich das Foto genauer an. Der Herr auf dem Bild lächelte, obwohl er der Unterschrift nach dazu keinen Grund gehabt hätte. Da stand nämlich:

„Der Chef der Bankräuber, genannt ‚Schwarze Rose‘, ein Meter zweiundachtzig groß . . .“

Der nachfolgende Steckbrief ging bis in die letzte Einzelheiten: Zahnlücke links oben und Narbe von einer Blinddarmoperation, zum Schluß folgte noch der übliche Hinweis, daß man „sachdienliche Mitteilungen“ an die Kriminalpolizei Zimmer soundso, Telefonnummer soundso zu richten habe.

Kriminalkommissar Lukkas hatte also endlich aus Paris die richtigen Fotos bekommen.

„Ich bin dafür, daß wir erst einmal ganz kalt duschen“, schlug Francis vor.

„Aber wir müssen doch etwas unternehmen!“ widersprach Peter.

„Und anschließend frühstücken wir!“ Francis nahm den Telefonhörer ab.

„Und dann – was tun wir dann?“ wollte Peter wissen.

„Immer nur kommen lassen! Der Name Overseas wirkt jetzt wie ein Fliegenfänger“, antwortete Francis. Und gleich hinterher sagte er ins Telefon: „Zweimal Frühstück für 310. Den Kakao bitte heute besonders heiß.“

Mitten in den Kakao hinein, der wirklich besonders heiß serviert worden war, klopfte es an die Tür. Die beiden Jungen sahen sich an. Dann warf Francis für alle Fälle den Kleiderschrankschlüssel in eine Blumenvase und rief: „Herein!“

„Ich bitte um Entschuldigung, wenn ich störe“, sagte es, und dann wurde eine zinnoberrote Pagenuniform sichtbar.

„Das ist Conny“, stellte Peter vor.

„Guten Morgen, Conny!“ Francis hielt dem Jungen die Hand hin.

„Guten Morgen, Mister Overseas“, Conny nahm die Hand und verbeugte sich ein wenig. „Ich wollte Sie von einem Vorfall unterrichten.“

„Setz dich doch.“

„Sehr freundlich, aber ich bin im Dienst.“

„Also, was gibt's?“

„Seit etwa acht Uhr stehe ich an der Drehtür. Und seit etwa zwanzig Minuten fällt mir eine schwarze Limousine auf, die drüben auf der anderen Straßenseite parkt!“ Der hellblonde Junge atmete schnell.

„Und?“ fragte Francis gespannt.

„Vor etwa fünf Minuten bekomme ich den Auftrag, für 278 aus der Apotheke Spalttabletten zu holen. Zur Apotheke sind es höchstens zweihundert Meter, und ich renne los. Plötzlich, als ich an der Limousine vorbei will, winkt mir jemand und grinst mich an. Als ich näher komme, denke ich, mich laust der Affe! Sitzt da in der Limousine, die ich beobachtet hatte, hinter dem Steuerrad ein Bekannter aus meinem Boxverein. Er hat kurze schwarze Haare und wird von uns allen . . ."

„Joe Louis genannt!" unterbrach Peter und sah zu Francis.

„Sehr interessant!" meinte der junge Overseas und goß eine Tasse Kakao ein. „Willst du?"

„Ich bin so frei!" sagte der hellblonde Hotelboy und bediente sich.

„Sie kennen den Kerl also?" fragte er dabei.

„Flüchtig", wich Francis aus.

„Er sitzt also hinterm Steuerrad der Limousine und grinst mich an", fuhr Conny fort, „dann quatscht er durch die Gegend: ‚Wußte gar nicht, daß du in so einem piekfeinen Laden bist', und so weiter. Bis er die Katze aus dem Sack läßt. ‚Prima, daß ausgerechnet du mir über den Weg kommst', sagte er. Er wisse, daß ein Mister Overseas bei uns wohne. Welches Zimmer er habe, ob er allein sei und ob er gerade im Hotel wäre? Zuerst denk' ich mir nichts dabei und sage, was ich weiß: daß Mister Overseas die Zimmer 310 und 312 belegt habe, daß er seit zwei Tagen in London sei und daß Sie, Mister Overseas junior, im Augenblick allein wären. Wie alt Sie seien, wollte er dann noch wissen, wie Sie aussähen, und ganz plötzlich faselte er etwas von einem Koffer, der mit einer Wäscheleine verschnürt sei. Jetzt wird mir die Sache langsam unheimlich, und ich sage, daß ich meine Spalttabletten holen müsse. Da gibt er mir zehn Mark. ‚Halt aber ja die Schnauze!' sagte er noch. ‚Vor allem zu diesem Overseas kein Wort!' Und dann rauschte er los." Der hellblonde Hotelboy trank den Rest aus seiner Kakaotasse und verbeugte sich wieder.

„Mehr weiß ich nicht. Aber ich hab' das Gefühl, der Kerl spioniert hinter Ihnen her. Und vielleicht ist es gut, wenn Sie das wissen. Übrigens, hier hab' ich die Autonummer aufgeschrieben, von der schwarzen Limousine, meine ich. – Schönen Dank für den Kakao! Aber jetzt muß ich los, Mister! Auf 404 wartet die Baronin mit ihren Katzen."

In der nächsten halben Stunde spielte das Telefon die

Hauptrolle. Es fing damit an, daß es schon klingelte, als der hellblonde Page noch nicht ganz aus dem Zimmer war.

„Ein Mister Korda möchte Sie sprechen", sagte die Zentrale, und dann konnte man hören, wie die Leitung gestöpselt wurde.

Francis winkte Peter zu sich und sagte gleichzeitig: „Hallo?"

Die beiden Jungen hatten jetzt ihre Köpfe ganz dicht nebeneinander, nur der Telefonhörer war noch zwischen ihnen.

„Hier spricht Korda", ließ sich jetzt eine Stimme hören.

„Overseas", antwortete Francis.

Die zwei Jungen verdrehten ihre Augen und schielten sich an.

„Ich komme soeben aus London und soll Sie von Ihrem Herrn Vater grüßen. Wir machen Geschäfte zusammen. Er hat mir eine Kleinigkeit für Sie mitgegeben. Wenn es Ihnen paßt, bin ich in einer Viertelstunde bei Ihnen im Hotel. Welche Zimmernummer haben Sie, wenn ich bitten darf?"

„310", antwortete Francis. Er sprach die Zahl so deutlich aus und zog sie in die Länge, um Zeit zum Nachdenken zu gewinnen.

„Ich freue mich sehr, Sie kennenzulernen. Allerdings . . ." Francis hielt seine Hand über die Muschel und flüsterte zu Peter: „Ich freß 'nen Besen, das ist der Kerl! Aber in einer Viertelstunde, das ist zu früh!"

Peter nickte. „Sag ihm, daß du noch in der Badewanne sitzt!"

„Wie meinten Sie?" fragte jetzt die Stimme aus dem Telefonhörer.

„Wie gesagt, ich freue mich sehr, Sie kennenzulernen, Mister Korda, allerdings erst in einer Stunde, sagen wir um elf Uhr. Ich sitze nämlich noch im Bad, nebenan wartet der Masseur, und der braucht leider immer eine halbe Stunde. Im übrigen bin ich natürlich gern bereit, auch zu Ihnen zu kommen."

Francis grinste und hielt wieder seine Hand über das untere Ende des Hörers. „Paß mal auf, was er sagt!"

Und da war auch schon wieder die Stimme zu hören. „Keineswegs, lieber Mister Overseas. Sie sollen sich keine Mühe machen. Zudem bin ich unterwegs. Sagen wir also elf Uhr. Ich werde pünktlich sein!"

„Daran zweifle ich nicht!" flüsterte Francis. Dann nahm er seine Hand wieder von der Muschel und sagte: „Ich darf Sie also um elf Uhr erwarten. Sehr freundlich! Bis nachher, Mister Korda!"

„Bis nachher!" echote die Stimme, und dann wurde am anderen Ende der Hörer aufgelegt.

Francis legte nicht auf. Er bestellte bei der Zentrale ein dringendes Gespräch nach London, Hotel Metropol.

„Sicher ist sicher!" sagte er dann und ließ erst jetzt seinerseits den Hörer wieder auf den Apparat zurückfallen.

Peter sah auf seine Armbanduhr. „Jetzt ist es zehn Minuten bis zehn. Wir haben also genau siebzig Minuten Zeit!"

„Das müßte genügen", überlegte Francis. „Er setzt jetzt bestimmt alles auf eine Karte! Nachdem heute sein Bild in allen Zeitungen steht, darf er keine Zeit mehr verlieren. Das macht ihn unvorsichtig."

„Daß sein Koffer mit dem Geld plötzlich weg ist, das hat ihn natürlich halb um den Verstand gebracht", überlegte Peter weiter.

„Zwei Dinge wird er jetzt so schnell wie möglich wissen wollen: erstens, ob dieser Overseas tatsächlich seinen Koffer hat, und zweitens, wenn er ihn hat, ob er schon weiß, was in ihm drin ist oder nicht."

„Wenn ich mir das so vorstelle, kann mir der Bursche direkt leid tun", grinste Peter.

Um zehn Uhr fünfzehn kam das Gespräch mit London. Es dauerte eine Weile, bis Mister Overseas am Apparat war.

„Hallo, Daddy!"

„Hallo, Francis! Ich sitze mitten in einer Konferenz. Wo brennt's denn?"

„Nichts Besonderes. Ich wollte nur fragen, wie's dir geht?"

„Du langweilst dich wohl? Wie kämst du sonst zu deiner Frage nach meinem Befinden. Übrigens geht's mir gut."

„Mir auch."

„Schönes Wetter hier in London."

„Hier auch."

„Dann ist ja alles in Ordnung!"

„Wann kommst du zurück, Daddy?"

„Morgen. Spätestens übermorgen. Sonst noch was?"

„Eigentlich nicht –"

„Na denn –"

„Das heißt – kennst du einen Mister Korda? Er hat hier angerufen."

„Korda? Keine Ahnung!"

„Du hast nicht jetzt in London mit ihm gesprochen?"

„Unsinn. Ich kenne keinen Korda!"

„Na, dann bis morgen oder übermorgen, Daddy!"

„Hör, Francis, laß dich nicht mit irgend jemandem ein, den du nicht kennst!"

„Keine Sorge, Daddy!"

„Mach mir keine Dummheiten!"

„Keine Sorge, Daddy!"

„Dann, so long!"

„So long, Daddy!" Francis legte den Hörer zurück und verschränkte die Arme.

„Enorm, daß das London war", wunderte sich Peter, „so klar und deutlich wie ein Stadtgespräch!"

„Allerdings", gab Francis zu, aber er war mit seinen Gedanken ganz woanders.

„Im übrigen, noch fünfunddreißig Minuten!" Peter sah wieder einmal auf seine Armbanduhr. „Was machen wir jetzt?"

„Das ist die Frage!"

„Ich finde", Peter drückte seine Hände mit den Knien zusammen und sah auf den Zimmerteppich, „jetzt wäre es vielleicht an der Zeit –"

Francis turnte auf seinen Schuhspitzen herum. „Ich weiß, was du denkst."

„Und was sagst du dazu?"

„Daß es wohl das beste ist. Wir dürfen jetzt nichts mehr riskieren!“ Francis stand auf. „Hast du die Nummer?“

Peter nahm die Zeitung, und Francis griff wieder einmal nach dem Telefonhörer.

„Amt, bitte.“

„24 . . .“ las Peter vor.

Francis wählte: „48 – 76 –“

„Ja, hier Overseas.“

„Apparat 311“, flüsterte Peter.

„Bitte Apparat 311“, verlangte Francis.

Peter war mit seinem Kopf jetzt wieder ganz dicht neben ihm.

„Zimmer 247“, meldete sich eine Stimme.

„Hier spricht Francis Overseas, Hotel ATLANTIC. Ich möchte mit Kriminalkommissar Lukkas verbunden werden.“

„Einen Augenblick.“

Und dann: „Lukkas“, weiter nichts.

Die beiden Detektive schluckten, ohne jeden Grund.

„Es handelt sich um den Bankraub“, quetschte Francis schließlich heraus.

„Na und?“

Dieses „Na und?“ brachte Francis wieder auf die Palme. Plötzlich hatte er überhaupt keine Hemmungen mehr.

„Ich wollte Ihnen nur sagen, daß das geraubte Geld hier bei mir im Kleiderschrank liegt und daß diese sogenannte ‚Schwarze Rose‘ Punkt elf hier aufkreuzt, um es sich zu holen. Vielleicht kommen Sie gleich mal mit einigen Ihrer Herren hier vorbei, um . . .“

„Wie war Ihr Name?“

„Overseas“, Francis mußte natürlich wieder einmal jeden Buchstaben einzeln aufsagen.

„Hotel ATLANTIC, sagten Sie?“

„Sehr richtig.“

„Zimmer?“

„310.“

„Danke. Wir sind in zehn Minuten da!“

„Aber spätestens und durch den Lieferanteneingang an

der Rückseite, wenn ich bitten darf. Ich nehme an, daß der Haupteingang beobachtet wird."

„Lieferanteneingang", war noch zu hören, und dann klickte es in der Leitung.

„Jetzt wird's ernst", stellte Peter fest und rieb sich am Kinn. Da klingelte das Telefon schon wieder.

„Overseas", meldete sich Francis.

„Danke. Hier spricht Lukkas. Ich wollte mich nur vergewissern, daß Sie tatsächlich dort wohnen. In zehn Minuten sind wir da."

„Klick", machte es, und die Leitung war wieder frei.

„Immerhin", meinte Francis und nahm jetzt den Kleiderschrankschlüssel wieder aus der Blumenvase.

„Eigentlich müßte ich dem Direktor Bescheid sagen", überlegte Peter.

„Und dann ist die Frage, ob der Koffer mit dem Geld hierbleibt oder nicht?"

„Wieso?"

„Nehmen wir an, der Kerl kommt früher als die Kriminalbeamten, oder er kommt nicht allein und hat vielleicht eine Pistole bei sich, vielleicht sogar eine Maschinenpistole. Vergiß nicht, er soll ein internationaler Halunke sein!"

„Wohin also?"

„Nach nebenan, das geht nicht, weil er ja weiß, daß Zimmer 310 und 312 zusammengehören."

Die beiden Detektive nahmen ihre Hände auf den Rükken, zogen Achterlinien auf dem dicken Teppich und überlegten.

„Wir müssen uns trennen!" meinte Francis plötzlich. „Wenn hier irgend etwas schiefgeht, muß wenigstens das Geld in Sicherheit sein."

„Und *wie* stellst du dir das vor?"

„Zum Beispiel so, daß ich bleibe, während du mit dem Koffer lostürmst. Am besten einfach zu dir nach Hause. Das einfachste ist immer das beste!"

„Am Güterbahnhof, Arnoldstraße 27, vierter Stock. Das stimmt. Ich kann mir nicht vorstellen, daß da jemand einhundertzweiundvierzigtausend Mark sucht."

„Der dickste Geldschrank ist nicht so sicher." Francis hatte jetzt seine Fäuste tief in den Hosentaschen und wippte mit den Fußspitzen. „Und wenn hier alles geklappt hat, komme ich mit der ganzen Kriminalpolizei gleich zu dir, und wir übergeben dann auch das Geld."

„Nachdem du hier schon die ‚Schwarze Rose' übergeben hast", grinste Peter. „Nicht schlecht! Am besten gefällt mir daran, daß auf jeden Fall nichts mit dem Geld passieren kann." Peter blieb stehen und sah auf seine Uhr. „Dann müßte ich allerdings los! Lukkas kann jeden Augenblick eintrudeln."

„Okay", sagte Francis. Er warf den Schlüssel vom Kleiderschrank in die Luft und fing ihn wieder auf.

Der Koffer mit der Nummer 999 an der Seite war ja mit der Wäscheleine verschnürt. Allerdings nicht mehr mit achtundzwanzig Knoten.

Francis schloß die Tür zu den Zimmern seines Vaters auf. Hier waren die Vorhänge zugezogen, und es war ziemlich dunkel. Der letzte Raum war das Schlafzimmer, von hier führte wieder eine Tür zum Korridor, sie war nur von der Innenseite mit der Türklinke zu öffnen.

„Jimmy wartet gegenüber auf dem Parkplatz", flüsterte Francis.

„Und vergiß es nicht", flüsterte Peter zurück, „am Güterbahnhof, Arnoldstraße 27, vierter Stock!"

Francis spähte jetzt durch das Schlüsselloch auf den Korridor hinaus.

„Alles bestens zu übersehen!" stellte er fest. „Du wartest jetzt einfach, bis dieser Bursche kommt und in meinem Zimmer verschwindet. Nicht, daß du ihm in die Hände läufst!"

„Mach dir keine Sorgen!" meinte Peter. „Ich weiß ja, wie er aussieht."

„Dann Hals- und Beinbruch!"

„Ebenfalls! Und sag dem Direktor Bescheid."

Eine Minute später war Francis wieder in seinem Zimmer und schloß hinter sich ab. Den Schlüssel steckte er in seine linke Hosentasche.

Dann nahm er den Telefonhörer vom Apparat.
„Bitte Herrn Adler“, sagte er, als sich die Zentrale meldete.
Der Hoteldirektor war von dem Anruf nicht gerade begeistert, aber er fiel auch nicht gleich vom Stuhl. Schließlich war er Überraschungen gewohnt. In einem Hotelbetrieb gibt es eine ganze Menge davon. Sie kommen wie die Maikäfer. Und gerade in diesem Jahr hatten sich die Maikäfer zu einer Landplage ausgewachsen.
„Was für ein Datum haben wir heute?“ fragte Direktor Adler, als er den Telefonhörer auflegte.
„Den Dreizehnten!“ rief Fräulein Wiesengrund aus dem Vorzimmer. „Warum, ist irgendwas passiert?“
„Es sieht so aus“, gab Direktor Adler zur Antwort und verließ sein Büro.
In der Halle stieß er beinahe mit einem älteren Herrn zusammen, der einen weißen Spitzbart am Kinn hatte. „Ich bitte vielmals um Verzeihung!“ entschuldigte sich der Hoteldirektor.
„Aber ich bitte Sie, junger Freund“, lächelte der ältere Herr mit dem Spitzbart und sah sich um. Er schien sehr viel Zeit zu haben.
Am Lieferanteneingang kam Direktor Adler gerade noch zurecht.
Personalportier Pfefferkorn hatte einen knallroten Kopf und sagte nur: „Nein so was! Nein so was!“
„Vielleicht fällt Ihnen auch mal was anderes ein?“ fragte gerade einer der vier Herren, die vor ihm standen. „Zum Beispiel, wie wir möglichst unauffällig in den dritten Stock kommen?“
„Wenn die Herren gestatten, mein Name ist Adler. Ich bin der Hoteldirektor.“
„Die Herren sind von der Kriminalpolizei“, warnte Personalportier Pfefferkorn.
„Ich weiß Bescheid“, sagte Direktor Adler. „Wenn ich mich nicht täusche, sind Sie Kriminalkommissar Lukkas?“
Der eine von den vier Männern, der vorher gesprochen hatte, zog seinen Hut. „Stimmt, Lukkas heiße ich. Die

anderen Herren darf ich Ihnen später vorstellen, wenn's recht ist. Im Augenblick haben wir dazu keine Zeit."

„Ich weiß Bescheid", sagte Direktor Adler wieder und marschierte los. „Bitte folgen Sie mir! Am besten, wir verzichten auf den Fahrstuhl und gehen über die Feuertreppe."

„Meinetwegen", knurrte Kriminalkommissar Lukkas. Immerhin war er ein Mann von beinahe zwei Zentnern.

„Was ist das für ein Mann, dieser Overseas?"

„Mister Overseas ist Deutschamerikaner und einer unserer ältesten Gäste. Zur Zeit befindet er sich in London."

„Das stimmt wohl nicht ganz!" Kriminalkommissar Lukkas blieb stehen und holte eine Zigarre aus der inneren Rocktasche. „Ich habe noch gerade mit ihm telefoniert."

„Mit Mister Overseas junior, wenn ich berichtigen darf." Direktor Adler war ebenfalls stehengeblieben. Aber jetzt ging er weiter.

„Aha!" sagte der Kriminalkommissar nur und stapfte hinterdrein.

„Im übrigen wäre ich Ihnen sehr dankbar", wagte Herr Direktor Adler zwischen dem ersten und dem zweiten Stockwerk zu bemerken, „wenn Sie jedes Aufsehen vermeiden würden."

„Wir sind gewohnt, in unserem Beruf so diskret wie möglich zu arbeiten!" stellte Kriminalkommissar Lukkas fest.

„Noch eins", bemerkte Direktor Adler. „Unsere Gäste legen besonderen Wert auf Ruhe. Ich muß Sie also auch bitten, nach Möglichkeit Schießereien zu vermeiden."

„Das hängt von dem Herrn ab, mit dem wir es hier zu tun kriegen!" schnaubte der Kriminalkommissar.

Man kam bereits zum dritten Stock.

„Besten Dank für den Hinweis", meinte Direktor Adler und fügte allen Ernstes hinzu: „Ich werde den Herrn darauf hinweisen, wenn er durch die Halle kommt."

„Unterstehen Sie sich!" knurrte Kriminalkommissar Lukkas.

Dann blieb er stehen und sah sich um.

„Zimmer 310, die zweite Tür rechts, wenn ich bitten darf“, sagte der Hoteldirektor und streckte seine Hände aus wie ein Verkehrsschutzmann. „Im übrigen gestatten Sie jetzt wohl, daß ich mich zurückziehe?“

„Bitte“, erwiderte Kriminalkommissar Lukkas und lüftete seinen Hut.

„Sollten Sie mich brauchen, ich bin in meinem Büro“, gab Direktor Adler noch bekannt. Dann verbeugte er sich kurz zu jedem der vier Herren und ging zum Fahrstuhl. Jetzt, da er wieder allein war, fand er nichts Auffälliges daran, den Fahrstuhl zu benutzen.

Der Kriminalkommissar ging auf die Tür von Zimmer 310 zu und klopfte an. Als sich nichts rührte, trat er einfach ein. Aber da stand er vor einer zweiten Tür.

„Ach so“, knurrte er und klopfte noch einmal.

„Herein“, rief es von drinnen, und der Kriminalkommissar öffnete die Tür. Seine drei Begleiter blieben ihm dicht auf den Fersen. Das haben Kriminalbeamte nun einmal so an sich.

„Soweit wär's also schon!“ dachte Peter in diesem Augenblick. Er saß auf dem Koffer mit den geklauten einhundertzweiundvierzigtausend Mark dicht hinter der Overseasschen Schlafzimmertür und nahm sein Auge nicht vom Schlüsselloch.

Bis auf den Koffergriff und die Knoten in der Wäscheleine saß er ziemlich bequem.

Währenddessen ging Francis auf dem dicken Teppich von Zimmer 310 hin und her, blieb auch einmal stehen, ging wieder weiter, sah zum Fenster hinaus und gelegentlich auch seinen Besuchern mitten in die Gesichter. Dabei erzählte er die Geschichte, die mit einem Gepäckschein 666 anfing und beim Telefonanruf eines gewissen Mister Korda aufhörte.

Kriminalkommissar Lukkas saß in einem der tiefen Klubsessel und hatte die Beine übereinandergeschlagen. Seine Begleiter standen hinter ihm, dicht nebeneinander und mit hängenden Armen. Es machte ganz den Eindruck, als warteten sie nur darauf, daß ihr Chef mit dem linken

Auge zwinkerte; dann hätten sie augenblicklich zugepackt, wo es eben gerade etwas zuzupacken gab.

Aber Kriminalkommissar Lukkas dachte nicht daran, mit dem linken Auge zu zwinkern. Er zog vielmehr an seiner Zigarre und sah in die Luft. Dorthin, wo sein Zigarrenrauch kleine weiße Wölkchen bildete.

„Das wäre im Telegrammstil das Wichtigste und das, was Sie im Augenblick wissen müssen“, sagte Francis gerade. Er sah jetzt auf seine Armbanduhr. „Genau sieben Minuten vor elf! Ich würde vorschlagen, daß sich die Herren nebenan ins Bad begeben oder hier in den Kleiderschrank. Sicher wird dieser Mister Korda sehr pünktlich sein. Aber genauso sicher haut er sofort wieder ab, wenn er die Tür aufmacht und hier die Kriminalpolizei versammelt sieht.“

Kriminalkommissar Lukkas sah immer noch den kleinen weißen Rauchwölkchen seiner Zigarre nach. „Sie werden zugeben“, sagte er jetzt, „daß Ihre Geschichte höchst unglaubwürdig ist, Mister Overseas?“

„Trotzdem stimmt sie!“ stellte Francis fest und sah wieder auf seine Armbanduhr.

„Sie brauchen mir nur das Geld zu zeigen, und ich glaube Ihnen!“

„Es ist in Sicherheit, wie ich Ihnen sagte. Sie werden es bekommen, sobald wir diesen Menschen hier gefaßt haben!“

Jetzt holte endlich auch Kriminalkommissar Lukkas seine Taschenuhr aus der Weste.

„Ehrlich gesagt, ich glaube kein Wort. Andererseits sage ich mir, so viel Phantasie, um eine solche Geschichte einfach aus der Luft zu greifen, kann ein einzelner Mensch auch in Ihrem Alter gar nicht allein haben! Und dann bin ich jetzt schon einmal da.“ Der Kriminalkommissar stand auf. „Was ist das für eine Tür?“

„Zu den Zimmern von Daddy. Sie ist abgeschlossen.“

„Hm – und hier geht's zum Bad?“ Der Kriminalkommissar machte die Badezimmertür auf und sah sich um. „Na schön.“

Die drei Kriminalbeamten verfolgten jede Bewegung ihres Chefs, dabei gingen ihre Köpfe so gleichmäßig hin und her wie bei den Zuschauern auf einem Tennisplatz.

„Weber, Sie kommen mit mir ins Badezimmer", bestimmte Kriminalkommissar Lukkas, „Inspektor Becker und Blumensaat auf den Korridor."

„Aber", widersprach Francis, „wenn die beiden Inspektoren, ich meine, wenn sie gleich wie zwei Polizisten vor der Tür stehen . . ."

Mitten im Satz brach Francis ab.

Die beiden Inspektoren hatten nämlich inzwischen ihre Mäntel ausgezogen, und es zeigte sich jetzt, daß sie darunter regelrechte Frackanzüge anhatten.

„Ganz so dumm sind wir ja auch nicht", bemerkte Kriminalkommissar Lukkas. Dann meinte er zu den beiden Inspektoren: „Vorsicht, wenn ihr rausgeht. Vielleicht ist der Kerl schon in der Nähe. Am besten, ihr nehmt gleich etwas von dem Zeug hier mit." Der Kriminalkommissar zeigte auf den Frühstückstisch und fragte noch: „Sie gestatten doch, Mister Overseas?"

Francis nickte.

Die zwei Inspektoren bedienten sich. Einer nahm den Servierwagen, der andere schnappte sich die Kakaokanne und den Korb mit den Brötchen. Dazu legte er sich noch eine Serviette über den Arm.

Dann gingen die beiden zur Tür und schoben sich im Rückwärtsgang aus dem Zimmer. Dabei sagten sie: „Jawohl, mein Herr! Besten Dank, mein Herr! Das Mittagessen um dreizehn Uhr. Sehr wohl –" bis sie die Tür hinter sich geschlossen hatten.

„Seitdem Sie mit diesem ulkigen Cowboy auf der Brust bei mir waren, halten Sie wohl nicht mehr allzuviel von der Kriminalpolizei, wie?" fragte Kriminalkommissar Lukkas und kniff das linke Auge zu.

„Ich möchte Sie nicht beleidigen", sagte Francis höflich.

„Und jetzt – sind Sie jetzt einigermaßen zufrieden?"

„Nicht schlecht", gab Francis zu. „Nur die Krawatten stimmen nicht. Die Etagenkellner haben hier im ATLANTIC weiße Schlipse."

Peter rutschte aufgeregt auf seinem Koffer mit den einhundertzweiundvierzigtausend Mark hin und her.

Wie waren die zwei Etagenkellner, die jetzt mit dem Rücken voraus auf den Korridor traten, ins Zimmer 310 gekommen?

Irgend etwas stimmte da nicht!

Peter drückte sein rechtes Auge noch dichter ans Schlüsselloch und dachte nach.

Außer Kriminalkommissar Lukkas und seinen drei Begleitern hatte sich bisher niemand blicken lassen. Wenigstens nicht in dem Teil des Korridors, den Peter einsehen konnte. Und das waren mindestens zwanzig bis fünfundzwanzig Meter. Der Korridor machte an dieser Stelle eine Kurve.

Verflixt, diese zwei Etagenkellner!

Zimmer 310 hatte doch nur eine einzige Tür. Und diese Tür war ganz einwandfrei zu übersehen. Das heißt, wenn Peter so schräg durchs Schlüsselloch peilte. Aber das tat er die ganze Zeit.

Oder sollten diese beiden Burschen –?

Peter biß sich auf die Unterlippe und fuhr mit der Hand durchs Haar. Donnerwetter! Das wäre die einzige Möglichkeit!

Die zwei Etagenkellner waren zehn Meter weitergegangen, dann blieben sie plötzlich stehen. Sie machten sich an ihrem Servierwagen und mit dem Kakaogeschirr zu schaffen, aber gleichzeitig sahen sie sich um, der eine nach links, der andere nach rechts. Dann steckten sie die Köpfe zusammen und tuschelten.

Also doch!

Jetzt war Peter seiner Sache ganz sicher. Plötzlich fiel ihm auch auf, daß diese zwei Kellner genauso breit und groß waren, wie die Männer, die Kriminalkommissar Lukkas begleitet hatten.

Nicht schlecht, Herr Specht!

„Ich nehme meinen Hut ab, Herr Lukkas, sofern ich je mal einen aufsetzen sollte."

In diesem Augenblick wurde es vor Peters Schlüsselloch

kohlrabenschwarz. So als ob jemand auf der anderen Seite seinen Zylinder über die Türklinke gehängt hätte. Aber das dauerte nur eine oder höchstens zwei Sekunden, dann wurde es wieder heller und heller, bis Peter jetzt ganz deutlich ein schwarzes Stück Stoff erkennen konnte. Dieses Stück Stoff bewegte sich vom Schlüsselloch weg, und mit jedem Schritt, den es sich weiter entfernte, war deutlich zu erkennen, daß es zur Rückenfront eines schwarzen Anzuges gehörte. Dieser schwarze Anzug, beziehungsweise der Mann, der ihn trug, ging jetzt schnurgerade auf die Tür von 310 zu.

Peter blieb ganz einfach die Luft weg.

Die Etagenkellner schoben ihren Servierwagen weiter, als ob nichts geschehen wäre.

Der Mann im schwarzen Anzug hatte inzwischen das Zimmer von Francis erreicht. Er öffnete die innere Tür, ohne anzuklopfen, und trat einfach ein.

Kaum war er verschwunden, da ließen die zwei Etagenkellner ihren Servierwagen und das Kakaogeschirr im Stich, kamen im Eiltempo zurück und postierten sich vor Zimmer 310 wie die Wache vor der Toreinfahrt des Bundespräsidenten. Jetzt hatten sie es ja nicht mehr nötig, Versteck zu spielen.

Peter wartete noch einen Augenblick, dann stand er auf. Er nahm den Koffer, öffnete die Tür und trat auf den Korridor. Nach den beiden Kriminalbeamten sah er sich überhaupt nicht um. Er bog sofort nach rechts und spazierte zum Fahrstuhl.

Dort hatte er ausgesprochenes Glück. Als er nämlich gerade auf den Messingknopf drücken wollte, leuchtete die Skala im Erdgeschoß auf. Das Signallicht kletterte vom ersten in den zweiten und dann zum dritten Stockwerk. Es zischte kurz, und dann öffnete sich die Tür.

„Links das sechste Zimmer“, sagte der Fahrstuhlführer zu einem älteren Herrn, der einen weißen Spitzbart am Kinn hatte.

„Schönen Dank!“ sagte der Herr und wollte losspazieren. Da fiel sein Blick auf den Jungen, der eben einstieg, vor allem auf den Koffer, den dieser Junge bei sich hatte.

Der Herr mit dem weißen Spitzbart drehte sich um, als habe ihn jemand mit einer Stecknadel gepiekt. Er wollte etwas sagen – aber die Tür hatte sich bereits geschlossen, es zischte wieder, und der Fahrstuhl fiel zum Erdgeschoß zurück.

„Na, Herr Gast?“ grinste der Fahrstuhlführer und sah Peter an. „Du hast ein Leben zur Zeit wie der junge Rockefeller, wie? Aber mich freut's!“

Vor der Tür huschte das zweite Stockwerk vorbei.

„Wenn mein Junge nächstes Jahr aus der Schule kommt, soll er auch hier als Page anfangen. Das ist nie verkehrt.“

Im Erdgeschoß riß der Fahrstuhlführer die Tür auf, als sei Peter wirklich der junge Rockefeller.

„Mit dem Trinkgeld müssen Sie noch warten“, bedauerte Peter, „im Augenblick habe ich nur Hundertmarkscheine bei mir.“

„Du bist richtig!“ lachte der Fahrstuhlführer. Er konnte ja nicht wissen, daß das gar kein Witz war.

Genausowenig konnte Peter wissen, daß in diesem Augenblick ein älterer Herr mit einem weißen Spitzbart vom dritten Stock herunter über die Treppe rannte, als sei er eben erst konfirmiert worden, zumindest so lange, als er sich unbeobachtet wußte. Als er die Halle erreichte, konnte er gerade noch sehen, wie der Junge mit dem Koffer in der Drehtür verschwand.

Der Spitzbart ging so schnell wie möglich hinter ihm her. Leider führte ihn dabei sein Weg quer durch die Halle. Er mußte sich jetzt also zu einer Gangart zwingen, die seinem weißen Spitzbart angepaßt war, das heißt, wenn er nicht auffallen wollte, und das wollte er keinesfalls.

Als er endlich vor dem Hoteleingang auf der Straße stand, bog der Overseassche Cadillac gerade vom gegenüberliegenden Parkplatz zur Straße. Am Steuer saß ein Negerchauffeur und neben ihm dieser Junge. Er hatte seinen Koffer vor sich auf den Knien und umklammerte ihn geradezu. Daß er dadurch kaum geradeaus sehen konnte, störte den Jungen offenbar nicht.

Dicht neben dem Hoteleingang parkte eine Limousine mit laufendem Motor. Ihre Vordertür klappte jetzt auf, als der Spitzbart auf sie zukam. Er sprang in den Wagen, riß die Tür zu, und dann ging es auch schon los.

„Hinterher!"

Der junge Mann, der mit dem kurzgeschorenen schwarzen Haar am Steuer saß, wußte offenbar sofort Bescheid. Jedenfalls ließ er den Overseasschen Wagen für die nächsten zehn Minuten nicht mehr aus den Augen.

Während Kriminalkommissar Lukkas und Francis Overseas noch ahnungslos im ATLANTIC herumsaßen und der Sheriff am Bahnhof gerade einem Versicherungsbeamten die Schuhe wienerte, hatte die Jagd nach dem Geld schon begonnen. Bald sollte man nicht mehr ganz genau wissen, wer eigentlich wen verfolgte . . .

Die drei Redakteure waren mit mir durch den Garten geschlendert. Jetzt sitzen sie wieder um den runden Tisch herum auf ihren Stühlen und hinter ihren Mikrophonen.

„Wieso ist eigentlich noch niemand auf die Idee gekommen, den GEPÄCKSCHEIN 666 zu verfilmen?“ fragt Michael und nimmt damit das Gespräch wieder auf. „Immerhin hat gerade dieser Tage eine Zeitung bei uns gemeint, daß er sich inzwischen fast zu einer Art Klassiker unter den Jugendbüchern gemausert hätte.“

„In der Schweiz liest man ihn zum Teil im Deutschunterricht“, bemerkt Urs. „Aber das wissen Sie ja bestimmt auch.“

„Nein, das höre ich wirklich zum erstenmal“, antworte ich. „Wenn ich mir allerdings überlege, daß man über mein Buch vielleicht Klassenarbeiten schreiben muß, könnte ich mir vorstellen, daß der Spaß am Lesen bei den Schülern ziemlich schnell baden geht.“ Ich blicke jetzt zu dem langen Torwart aus Stuttgart hinüber. „Und was deine Frage betrifft, Michael, der GEPÄCKSCHEIN 666 ist im Laufe der Zeit in Deutschland schon zweimal vom Fernsehen verfilmt worden. Übrigens auch in Frankreich unter dem Titel ‚Bulletin de Bagage 666‘ und in Italien als ‚Scontrino 666‘.“

„‚Scontrino‘“, wiederholt Urs und läßt das Wort auf seiner Zunge zergehen wie zuvor das Vanille- oder Schokoladeneis. „Hört sich an wie Musik.“

„Die ausländischen Filme habe ich nie gesehen“, fahre ich fort. „Und zu den deutschen Verfilmungen muß ich leider sagen, daß sie nicht besonders gut gelungen waren. Aber das lag vermutlich daran, daß beim Drehen zu sehr gespart werden mußte. Für Jugendsendungen machen die Fernsehanstalten ganz einfach nicht genügend Geld locker. Man hat sich auch für die übrigen Bücher immer wieder interessiert. Aber die Geschichten sind eben alle ein wenig aufwendig, und wenn man sie verfilmen wollte, kostet das fast genausoviel wie eine mittelmäßige Musikshow oder eine halbe Quizsendung, wobei man wissen muß, daß die allgemeinen Abendprogramme immer teurer sein dürfen als das, was man ausschließlich für Jugendliche produziert. Also kauft man für sie eben serienweise hergestellte Filme in Amerika, sozusagen Meterware und von der Stange. Das ist natürlich billiger.“

„Aber nicht ganz gerecht“, meint Thomas.

„Wem sagst du das“, stimme ich ihm zu. „Aber so ist's nun mal.“

„Muß doch ein komisches Gefühl sein“, überlegt Urs, „zum Verfilmen Ihrer Jugendbücher reicht das Geld nicht, und wenn Sie als Regisseur Kriminalfilme wie zum Beispiel ‚Sonderdezernat K 1‘ drehen oder Fernsehspiele, Komödien mit bekannten Stars, dann spielen die Kosten überhaupt keine Rolle.“

„So ist's nun mal, wie gesagt“, wiederhole ich mich, aber dann muß ich zugleich Einspruch erheben. „Daß Kosten beim Abendprogramm überhaupt keine Rolle spielen, das stimmt natürlich auch wieder nicht. Jedes Drehbuch wird sehr genau kalkuliert, und die genehmigte Summe darf dann beim Drehen nicht überschritten werden. Nur werden andere Maßstäbe angelegt. Für Kinder halbe Preise, genau wie bei der Eisenbahn. Um es ziemlich genau zu sagen:

Eine Minute ‚Erwachsenen'-Programm darf im Fernsehen durchschnittlich 3000 Mark kosten und eine Minute Jugendprogramm 800 Mark."

„Man müßte dagegen auf die Straße", witzelt Michael. „Aber im Ernst, das wäre doch gelegentlich auch mal ein Thema für unsere Zeitungen."

„Schon notiert", bemerkt Thomas, obgleich er doch später unser Gespräch von seinem Band abhören kann, sooft er Lust dazu hat.

„Sie haben da gerade von den Stars gesprochen", hakt Urs jetzt nach. „Was für Typen sind das eigentlich? Stimmt's, daß sie so verdreht und meistens schwierig sind? Sie haben doch mit einer ganzen Menge von diesen ‚heiligen Kühen' schon gedreht."

„Der Beruf des Schauspielers ist kein reines Vergnügen oder Honiglecken. Viele glauben das. In Wirklichkeit ist der Beruf des Schauspielers verdammt hart", stelle ich zuerst einmal fest und erkläre weiter: „Ich meine jetzt nicht die jungen Mädchen oder Männer, die zum Theater gehen oder hauptsächlich zum Film wollen, weil sie eine mehr oder weniger gute Figur und ein hübsches Gesicht haben. Ich meine die echten Schauspieler, die wirklich eine angeborene Begabung mitbringen und eine Berufung spüren. Sie arbeiten ständig daran, besser und vollkommener zu werden, und das verlangt eine Menge Geduld. Es ist zudem ein Telefonberuf, wie man so sagt. Wer nicht das Glück hat, zur Spitze des Eisbergs über dem Wasser zu zählen, muß manchmal sehr, sehr lange warten, bis es bei ihm klingelt. Sich selber anbieten kann man ja nicht. Das würde bedeuten, daß man zugibt, weit und breit kein Engagement zu haben, also nicht gefragt zu sein. Lieber erzählt man von Angeboten, die gar nicht existieren, und schwindelt das Blaue vom Himmel herunter, bis hin zu laufenden Vertragsverhandlungen mit Paris oder gar mit Hollywood. Man kann seine Fotos gelegentlich unter dem Vorwand verschicken, daß die früheren Bilder überholt seien. Aber auch die neuen Aufnahmen wandern bei den Besetzungsbüros oder Agenturen in mehr oder weniger geordnete

Fächer oder Schubladen und verstauben dort. Und selbst wenn man es einmal geschafft hat, unter die Ersten zu kommen, bleibt man trotzdem ständig der Gnade des Glücksfalls und den Launen des Publikums ausgeliefert. Auch der größte Name ist in dem Augenblick vergessen, in dem er aufhört zu gefallen. Und dieses Gefallen kann oft nur sehr kurze Zeit dauern. Wenn man das weiß und immer wieder neu erlebt, fällt es leicht, die Marotten und die Eitelkeit mancher Mimen, wenn sie gerade ganz oben schwimmen, zu verstehen. Und oft sind sie ja gar nicht so kompliziert, wie man es ihnen nachsagt. Sie sind nur ungeduldig, wenn sie als professionelle Perfektionisten mit Nichtskönnern oder mittelmäßigen Faulenzern ihre Zeit vertrödeln müssen. Etwa mit einem Kollegen, der seinen Text nicht gelernt hat, oder auch mit einem Regisseur, der nicht genau weiß, was er will, und deshalb vor lauter Unsicherheit Dampf abläßt und Streit sucht. Auch die besten Schauspieler können einmal einen schwarzen Tag haben, versprechen sich immer wieder, sind vergeßlich, wenn die Kamera läuft, halten sich nicht an die Kreideeinzeichnung am Boden, wenn sie mitten im Gang an einer bestimmten Stelle stehenbleiben sollen, weil nur dort die Kamera das richtige Licht für sie vorbereitet hat. Und viele haben Lampenfieber noch nach ihrem siebenundvierzigsten Film. Ein Regisseur muß einfach seine Schauspieler lieben und mit ihnen Geduld haben. Das ist im Grunde die selbstverständlichste Sache der Welt. Und das ist ganz und gar nicht uneigennützig, denn was hinterher auf der Leinwand zu sehen ist und schließlich über den Erfolg entscheidet, das sind ja die Darsteller. Schön, manche sind tatsächlich oft nicht berechenbar und wie Kreuzworträtsel, die man nie knacken kann. Andere tragen ihr Herz vor sich her wie auf einem Servierteller, sind großzügig und liebenswert. Und dann gibt's auch wieder ganz komische Käuze unter ihnen. Aber in welchem anderen Beruf ist das nicht so? Nur, wenn jemand bekannt ist, braucht er bloß auf einer Bananenschale auszurutschen, und die Zeitungen schreiben darüber."

„War ja fast 'ne Liebeserklärung", meint der lange Michael und fixiert dabei seine vergammelten Tennisschuhe.

„Sollte es auch sein", erwidere ich.

„Irgendwo hab' ich mal gelesen, daß sich manche Stars nur von links oder rechts fotografieren lassen", bemerkt Thomas.

„Von ihrer Schokoladenseite, wie sie es nennen", stimme ich zu. „Es ist dann gar nicht einfach, eine Szene immer so zu arrangieren, daß der Betreffende dabei jeweils nur von rechts oder von links ins Bild kommt. In besonders schwierigen Situationen muß man sich halt auch mal einigen. Das war allerdings mit dem französischen Weltstar Charles Boyer nicht möglich. Man hatte ihm bereits am Anfang seiner Karriere in Hollywood eingebleut, daß sein Gesicht nur von der linken Seite günstig zu fotografieren sei und am wirkungsvollsten im Halbprofil, keinesfalls direkt von vorn. Als ich in Wien ‚Julia, du bist zauberhaft' mit ihm drehen durfte, gab es zuerst Komplikationen, weil Lilli Palmer dieselbe Schokoladenseite mit ins Atelier brachte. Aber da sie ständig gemeinsame Dialogszenen hatten, konnte ich sie ja nicht gut den ganzen Film lang aneinander vorbeisprechen lassen, ohne daß sie sich einmal in die Augen blickten. Das Problem war nur dadurch zu lösen, daß einer von beiden nachgab. Boyer blieb steinhart und berief sich darauf, daß die linke Seite für ihn – von der Fotografie einmal abgesehen – auch noch eine Frage des Aberglaubens sei. Da gab sich Lilli geschlagen und spielte den Film schließlich gegen ihre Schokoladenseite. Nicht erfolglos. Bei den Filmfestspielen in Cannes bekam sie die Silberne Palme dafür. Übrigens gibt es über die Eitelkeit von Schauspielern einen uralten Witz. Kennt ihr den?"

„Bestimmt nicht", meint Urs.

„Ein Schauspieler erzählt einer Dame zwei Stunden nur von sich selbst. Dann sagt er zu ihr: ‚Gnädige Frau, jetzt habe ich die ganze Zeit nur von mir gesprochen, Entschuldigung. Aber jetzt sprechen wir endlich über Sie. Wie fanden Sie mich als Hamlet?'"

Die drei grinsen.

„Übrigens, in ‚Julia, du bist zauberhaft' hat Thomas Fritsch seine erste Filmrolle gespielt. In meiner letzten Berliner Zeit hatte ich bei der Ufa mit seinem Vater, der damals einer der größten Stars war und vor allem der Liebling aller weiblichen Kinobesucher, noch ‚Junge Adler' gedreht, einen Film, der unter den Lehrlingen eines Flugzeugwerkes spielte. Zwei von diesen Lehrlingen waren, nebenbei bemerkt, der seinerzeit etwa vierzehnjährige Hardy Krüger und der kaum ältere Dietmar Schönherr. Den einen fand ich auf dem Fußballplatz, und der andere fiel mir in Potsdam auf, als wir zufällig in derselben Schloßführung durch Korridore und Säle geschleust wurden. Aber zurück zu Willy Fritsch junior. Ihn lernte ich beim Vorsprechen einer Schauspielschule in Hamburg kennen. Er hatte gerade das zweite Semester hinter sich, und es ist üblich, daß die Schüler zum Jahresende in irgendwelchen Rollen zeigen dürfen, was sie gelernt haben oder auch nicht. Zu solchen internen Veranstaltungen werden Eltern, Herrschaften der städtischen Kultur und auch Regisseure eingeladen. Ich suchte damals händeringend einen Sohn für meine beiden Schokoladenseitenpartner Palmer und Boyer. Thomas hatte genau das richtige Alter, sah gut aus, und seine Begabung war offensichtlich. Ich hätte ihn von der Stelle weg engagiert . . ."

„Die Thomasse, da sieht man's mal wieder", warf der Düsseldorfer in seiner khakifarbenen Fallschirmspringerhose dazwischen.

„. . . aber der Direktor der Schauspielschule", fahre ich fort, „war nicht gewillt, seine Zöglinge vor Abschluß ihrer Ausbildung in fremde Hände zu geben. Zudem war Film seiner Meinung nach Humbug und Firlefanz. Ein richtiger Schauspieler gehöre auf die Bühne, jedenfalls solange er noch grün hinter den Ohren sei, basta. Ich biß auf Granit. Aber ich ließ nicht locker, allerdings ohne den geringsten Erfolg. Andererseits kam der erste Drehtag immer näher, und so sehr ich mich auch um eine andere Besetzung bemühte, ich hatte einfach kein Glück. Thomas hätte liebend gern mitgemacht, aber mit seinem Boß wollte er es wiederum auch nicht verderben. Die Produktion war verzweifelt, und die beiden weltbekannten Eltern wollten endlich wissen, wer in dem Film ihren Filius spielen sollte, zum Donnerwetter. Noch acht Tage bis zur ersten Klappe in London und dann in Wien. Noch einmal versuchte ich den ablehnenden Direktor ans Telefon zu bekommen. Aber die Schule hatte dichtgemacht, die Ferien waren ausgebrochen, und seine Urlaubsadresse war unbekannt. Auf Umwegen erfuhr ich sie schließlich von seiner Sekretärin. Er hatte sich in ein kleines Hotel im Schwarzwald verkrochen. Dort erreichte ich endlich seine Frau. ‚Mein Mann ist beim Arzt, der Arme muß sich ausgerechnet im Urlaub einen Zahn ziehen lassen.' Ob der Herr Direktor dort zu erreichen sei, es wäre enorm dringend, und bestimmt würde er ihr Vorwürfe machen, wenn sie mir die Telefonnummer des Arztes nicht verraten würde. Ich bekam und wählte sie. Nachdem ich ein paar Minuten mit ziemlich gemischten Gefühlen gewartet hatte, meldete sich der Direktor, und er war überraschend freundlich. Ich fragte ihn höflich nach seinem Befinden und bedauerte katzenfreundlich sein Mißgeschick. ‚Papperlapapp', rief er durch die Strippe, ‚der Zahn ist raus, und ob Sie's glauben oder nicht, es hat gar nicht weh getan.' Danach gab er in seiner augenblicklichen Hochstimmung und sicherlich auch unter der Wirkung der Betäubungsspritze dem Schauspielschüler Thomas Fritsch die Erlaubnis zum Beginn seiner Karriere. So bekam Thomi seine erste Filmrolle, weil sein Schauspiellehrer einen kranken Zahn hatte."

„Erste Filmrolle", wiederholte Urs. „Wen haben Sie eigentlich sonst noch entdeckt?"

„Entdecken ist so ein Wort, das ich in diesem Zusammenhang nicht besonders gut leiden kann", antworte ich. „Ich muß dann immer gleich daran denken, daß Amerika ‚entdeckt' worden ist oder der Seeweg nach Indien. Wenn man eine bisher unbekannte Schauspielerin findet oder einen Schauspieler, dann ist das zuerst einmal Glück für mich und nicht Glück für den anderen, weil ich sie oder ihn ja gesucht und dringend gebraucht habe. Hansjörg Felmy,

Walter Frank, Peer Schmidt, Joachim Hansen, Horst Janson, Martin Held und viele andere wären irgendwann und irgendwie wohl sowieso beim Film gelandet, auch wenn ich sie nicht zum erstenmal vor die Kamera geholt hätte. Dann wäre eines Tages eben ein anderer gekommen. Meistens habe ich ganz gezielt gesucht, bin von Provinztheater zu Provinztheater gepilgert, hab' dabei wohl ein paarmal hintereinander ‚Don Carlos' gesehen oder ‚Kabale und Liebe', mal da, mal dort, weil ich für eine ganz bestimmte Rolle eine spezielle Besetzung finden wollte. Aber oft hat eben auch der Zufall seine Hand im Spiel gehabt, wie bei Hardy Krüger oder Dietmar Schönherr zum Beispiel. Sie liefen mir halt über den Weg. So erging mir das auch bei Roberto Blanco. Allerdings in etwa zehntausend Meter Höhe. Wir flogen beide von Madrid nach München, ohne uns zu kennen. Ich bereitete gerade den Film ‚Der Stern von Afrika' vor, das Schicksal des erfolgreichsten deutschen Jagdfliegers im Zweiten Weltkrieg. Er flog seine Einsätze hauptsächlich auf dem afrikanischen Kriegsschauplatz und hatte einen jungen Neger als ‚Burschen', wie man damals beim Kommiß sagte. Ins Englische übersetzt würde man so jemand als ‚Butler' bezeichnen. Jedenfalls hatte ich fast alle Rollen bereits durch eine Menge Probeaufnahmen getestet und dann besetzt. Nur dieser Negerboy fehlte mir noch, und seine Rolle im Drehbuch war gar nicht so unwichtig. Ich fixierte Roberto immer wieder verstohlen, bis ich mir endlich einen Ruck gab und mich neben ihn setzte. Er war auf dem Weg nach Deutschland zum Medizinstudium, er wollte Zahnarzt werden. Ich engagierte ihn noch in der Luft, und anstatt im Hörsaal einer Universität landete er vor unseren Scheinwerfern in unseren Studios. Inzwischen hat er mir mit seinem dröhnenden Baß oft genug versichert, er habe unser Kennenlernen über den Wolken nie bereut."

„Sie sagten vorhin", bemerkt der lange Michael nach einer Pause und bekommt vom starken Nachdenken eine steile Falte auf der Stirn, „Sie sagten, daß die Schauspieler im Film das Wichtigste seien. Nun könnte ich mir vorstellen, daß auch Buch und Geschichte eine gewisse Bedeutung haben –" Er sieht mich an und schmunzelt frech.

„Natürlich hast du recht, du Schlitzohr", lache ich. „Vermutlich ist das Drehbuch überhaupt am wichtigsten. Jedenfalls habe ich die Erfahrung gemacht, daß Regisseur und Produktion bereits mit dem Akzeptieren einer Geschichte über Gelingen oder Mißerfolg eines Films entscheiden. Denn aus Stein kann man eben kein Wasser schlagen. Aus einem schlechten Drehbuch kann auch ein Zauberer mit optischen Mätzchen, brillanten Schauspielern und trotz fabelhaftester Dekoration nichts Gutes machen. Dagegen ist das Umgekehrte möglich: Selbst ein unbegabter Regisseur wird aus einem vorzüglichen Drehbuch keinen ganz schlechten Film hinbekommen. Denn am Ende hält sich das Publikum immer an die Geschichte, die ihm erzählt wird. Bei allem aber muß man eine gute Portion Glück haben, wenn man Filme macht. Klarer Fall, daß dazu zuerst einmal das gute Buch gehört. Aber dann muß man auch die richtige Besetzung finden. Die Schauspieler, die man unbedingt haben will, dürfen nicht gerade durch einen Theatervertrag blockiert sein oder mit schwerer Bronchitis im Bett liegen. Der ‚Stab' muß stimmen, womit beim Film die Crew der Mitarbeiter gemeint ist. Kameramann, Regieassistent, Bühnenbildner, Kostümberater. Aber auch das ganze übrige Team ist wichtig, vom Requisiteur bis zum Beleuchter und Bühnenarbeiter. Und zu allem kommt noch das Wetter, wenn man auf Außenaufnahmen angewiesen ist. Bei dem Film ‚Die Festung' hatten wir einen völlig verregneten Sommer, dabei spielte mehr als die Hälfte des Films im Freien, und die Szenen waren für ‚sonnendurchflutete Stimmungen' geschrieben. Bei den ‚Buddenbrooks' gab es Stürme mit Windstärke 11 bis 12, als wir geruhsame Spaziergänge an der Uferpromenade drehen sollten, und beim ‚Schimmelreiter', der nun wieder eine Sturzflut mit jagenden Wolken und dunkel verhangenem Himmel so dringend nötig gehabt hätte, aalte sich das Meer gemütlich wie ein Goldfischteich. Ein Tag war sonniger als der andere, wochenlang, bis in einen herrlichen

Altweibersommer hinein. Wir mußten unsere Wasserkatastrophen, Gewitter und Deicheinbrüche mit Windmaschinen, Nebelbomben und Wasserwerfern fabrizieren. Man braucht eben Glück. Bei einem Film ist der Wurm drin, und beim nächsten läuft alles wieder wie am Schnürchen: die Geschichte ist eine Wucht, die Schauspieler sind Spitze, das Team ist fabelhaft und das Wetter so, als ob es das Drehbuch gelesen hätte." Ich lehne mich erneut zurück. „Aber manchmal hockt der Teufel auch im Detail. Oft sind es nur Lappalien, die einen auf die Palme bringen oder zumindest teure Drehzeit kosten. Da will der Produktionswagen in aller Frühe einen Schauspieler zum pünktlichen Drehbeginn abholen, aber er ist nicht da, weil er von einem Tag auf den nächsten sein Hotel gewechselt hat, ohne die Aufnahmeleitung davon zu verständigen. Das ganze Team, insgesamt immerhin rund vierzig Leutchen, steht zwischen den aufgebauten Scheinwerfern herum und dreht Däumchen. Oder die Kamera baut einen Filmsalat nach dem anderen, bis sie schließlich ganz streikt. Wir müssen warten, bis aus dem Studio Ersatz beschafft ist. Wenn man gerade irgendwo auf einem abgelegenen Bauernhof dreht oder an einem wunderbar gelegenen, aber gleichfalls abseitigen Gebirgssee, kann das unter Umständen einen ganzen Drehtag kosten. Bei dem Film ‚Canaris', der ja bis in die Zeit vor dem Zweiten Weltkrieg zurückspielt, brauchten wir unter anderem eine ganze Menge Autos aus dieser Periode. Und es passierte nicht selten, daß so ein Mercedes-Oldtimer mitten in der Aufnahme blubbernd stehenblieb und seinen Geist aufgab. Auch gerade kein billiger Spaß, da der riesige schwarze Mercedes mit Martin Held als Gestapo-Chef Heydrich an einer angetretenen Kompanie von mehr als hundert uniformierten Statisten vorbeirollen sollte. Übrigens, wenn ich im Augenblick an die Aufnahmen zu diesem Film zurückdenke, fällt mir noch eine Geschichte ein. In der Schlußszene . . ."

Bisher hatten mir die drei Redakteure schweigend zugehört. Jetzt meldete sich Michael zu Wort: „Das war doch nach dem Krieg Ihr erster Spielfilm, ‚Canaris' meine ich?"

„Das stimmt nicht ganz“, muß ich ihn korrigieren. „Wir sprachen ja schon darüber, daß ich zuerst einmal den GEPÄCKSCHEIN 666 schrieb, als ich nach der Kriegsgefangenschaft wieder in meiner Berliner Untermiete gelandet war. Erst Jahre später konnte man von einem neuen deutschen Filmanfang sprechen, und es war nicht gerade einfach, bei ihm einen Fuß zwischen die Tür zu kriegen. Die früheren Giganten waren zerschlagen, und es rührten sich überall neue und vergleichsweise nur kleine Produktionen, die über ganz Deutschland verstreut waren. Das Zentrum Berlin existierte nicht mehr. Komischerweise fing es für mich beinahe genauso wieder an, wie es ursprünglich in Stuttgart begonnen hatte: mit einem Indianerfilm. Das war natürlich purer Zufall, und den Anlaß gaben die alljährlichen Karl-May-Festspiele in Bad Segeberg. Es war einer jener etwa halbstündigen Kulturfilme, die seinerzeit im Vorprogramm gespielt wurden, weil die Kinobesitzer sich dadurch eine billigere Vergnügungssteuer einhandeln konnten. Hinterher drehte ich einen zweiten Film dieser Art über die Stadt Düsseldorf und dann einen dritten, der das Jugendgefängnis Hannöversand zum Inhalt hatte. Er hieß ‚Der Weg in die Freiheit‘. Hannöversand ist eine Insel dicht vor Hamburg, und dort ermöglichte man den straffällig gewordenen Jungen ein Leben ohne Zellen, ohne Gitter und ohne Stacheldrahtzäune, mit einer eigenen Selbstverwaltung und mit Wachpersonal, das besonders sorgfältig ausgesucht und geschult worden war. Wir drehten gute sechs Wochen auf dieser Elbinsel. Als der Film fertig war, bekam er bei den Berliner Filmfestspielen den Bundesfilmpreis, und das verhalf mir schließlich wieder zu einer Spielfilmregie. Die Auszeichnung allein hätte es allerdings wohl nicht ganz gebracht. Hardy Krüger und ich hatten uns in all den Jahren nicht aus den Augen verloren. Er hatte sich inzwischen zum ‚Lausbuben des deutschen Films‘ gemausert, zum beliebten Jungstar und damit zu einigem Einfluß. Für den Film ‚Ich und Du‘, den er mit Liselotte Pulver drehen sollte, schlug er mich als Regisseur vor. Er ließ nicht locker und trat der Filmfirma so lange auf die

Füße, bis es klappte. Und weil wir mit dem Kinostück erfolgreich waren, engagierte mich dieselbe Produktion, die mich zuvor nur etwas zögernd akzeptiert hatte, für ‚Canaris', einen der damals wohl aufwendigsten Filme, der sich erstmals nach dem Krieg mit der noch kaum überwundenen jüngsten Vergangenheit auseinandersetzte. Admiral Canaris war der Chef des deutschen Geheimdienstes gewesen und hatte sich auf Grund seines besonderen Wissens und seiner Befürchtungen immer mehr dem Widerstand gegen die Diktatur angeschlossen. Das Thema brannte auf den Nägeln, war aber in jenen Tagen zugleich voller Zündstoff, und seine Produzenten riskierten gleichzeitig die verschiedensten Hälse und Kragen. Es war ein Filmvorhaben, bei dem es nur die berühmten zwei Möglichkeiten gab, totale Bauchlandung oder Riesenerfolg. Das letztere wurde es dann. Es gab Schlangen vor den Kinos, monatelange Laufzeiten, und schließlich hagelte es Bundesfilmpreise. Für Schauspieler, den Komponisten, den Drehbuchautor und auch für die Regie. Mein Name drohte bekannt zu werden."

„Dann hatte ‚Canaris' für Sie als Regisseur etwa dieselbe Bedeutung wie der GEPÄCKSCHEIN 666 für den Jugendbuchschriftsteller", stellt Thomas fest. Und weil ich nach kurzem Überlegen nur mit dem Kopf nicke, fährt er gleich fort. „Aber wie war das mit der lustigen Geschichte bei den Schlußaufnahmen des Films?"

„Die Szene selbst war gar nicht lustig", sage ich. „Komisch war lediglich der Trick, den wir anwenden mußten, um sie drehen zu können. Es ging darum, daß der Admiral von der Gestapo verhaftet und in einer schweren Limousine von seinem Haus weg in ein Konzentrationslager gebracht wurde. Canaris war ein Tierfreund gewesen, und während des ganzen Films, wie auch in seinem Leben, tummelten sich immer zwei Dackel in seiner Umgebung herum. Jetzt sollten sie kläffend und bellend dem davonfahrenden Wagen nachlaufen, so, als würden sie die Gefahr ahnen und ihren Herrn nicht allein lassen wollen. Aber was wir auch ausprobierten, die beiden kleinen Vier-

beiner hielten sich nicht ans Drehbuch. Wohl ein dutzendmal ließ ich die Kamera einschalten und den Wagen losrollen. Aber die Tiere rannten nur zwei oder drei Meter hinter ihm her, dann hatten sie die Schnauze von den Abgasen voll, blieben stehen und kamen mit hängenden Ohren wieder gelangweilt zurückgelaufen. Schließlich bewegten sie sich überhaupt nicht mehr. Jetzt verkroch sich der Hundebesitzer, der hoch und heilig versichert hatte, daß seine Zöglinge für diese Aufgabe dressiert seien, höchstselbst im Wagen, machte sich für die Kamera unsichtbar, und wir alle hofften, daß die Hunde doch wohl zumindest ihrem wirklichen Herrn hinterherlaufen würden. Leider funktionierte auch dieses Experiment nicht. Immer wieder kletterte der unvergessene O. E. Hasse in seiner Admiralsuniform bei Beginn der Szene in den Wagen, ließ sich in den Fond fallen, und einer der SS-Schergen warf die Tür hinter ihm zu. Und er stieg für die Wiederholungen geduldig auch immer wieder aus, wenn die Karosse zu einem neuen Anlauf an den Start zurückgekommen war. Unvermittelt meinte plötzlich einer unter den Spaziergängern, der zusammen mit anderen unseren erfolglosen Bemühungen bereits seit geraumer Zeit seelenruhig zugeschaut hatte: ‚Ich würde den Biestern eine Leberwurst vor die Nase halten, sie beschnuppern lassen und vor ihren Augen in den Kofferraum legen. Also, mein Hund wäre dann gar nicht mehr an der Leine zu halten, wenn die Karre losfährt.‘ Bevor ich mich für diesen Vorschlag richtig bedankt hatte, war der Requisiteur bereits losgespurtet und kam kurz darauf mit einem ganzen Paket voller Leberwürste zurück. Schon beim ersten Versuch pesten die beiden Dackel hinter dem davonfahrenden Auto her, bis es am Ende einer mit jungen Birken umsäumten Straße dem Blick der Kamera entschwunden war.“

„Auf das Einfachste kommt man immer erst zuletzt“, meint der lange Michael und lächelt ein wenig. „Haben Sie noch ein paar andere Storys auf Lager?“

„Bestimmt eine ganze Menge. Im Laufe der Jahre läppert sich da so einiges zusammen“, sage ich. „Aber es ist nicht ganz so einfach, es auf Kommando aus dem Ärmel zu schütteln."

„Bei Ihren Krimis für das Fernsehen", versucht mir Urs auf die Sprünge zu helfen, „ist da nicht mal irgendwas passiert?"

„Da fällt mir im Augenblick nur die Sache mit der Telefonzelle ein, weil das noch gar nicht so lange zurückliegt", erinnere ich mich. „Wir hatten mitten in Hamburg unsere Scheinwerfer und die Kamera für ein ‚Sonderdezernat K 1' vor einem jener gelben Glaskästen in Stellung gebracht, die Klappe wurde geschlagen, und eine Schauspielerin hatte hastig hineinzulaufen, den Hörer abzunehmen, aufgeregt eine Nummer zu wählen und dann ihren Dialog abzuspulen, so wie sie ihn aus dem Drehbuch gelernt hatte. Etwa Folgendes: ‚Hör zu, Lisa, hier spricht Irene. Ich hab' durch Zufall gerade gehört, daß der Bürgermeister ermordet worden ist. Vermutlich vom Liebhaber seiner Frau, diesem Doktor Eberbusch. Wer hätte das dem Arzt zugetraut? Also, ich bin ganz . . .' Und so weiter und so weiter. Wir spürten wohl, daß unsere Darstellerin reichlich verstört war, aber das paßte ja zu der Szene. Den Grund für ihre Verwirrung erfuhren wir, als sie den Hörer wieder aufgelegt hatte und nach der Aufnahme die Kamera abgeschaltet worden war: Während ihres Dialogs hatte sich am anderen Ende der Leitung eine weibliche Stimme gemeldet, der es dann während des Gesprächs immer mehr den Atem verschlug. ‚Was?' soll sie immer wieder erschrocken gefragt haben und ‚Wie, das kann doch nicht wahr sein?' Selbstverständlich hatten wir in der öffentlichen Zelle nicht die Leitung unterbrechen können, und die Darstellerin erinnerte sich beim besten Willen nicht mehr an die Nummer, die sie ohne zu überlegen gewählt hatte. ‚Das ist ja entsetzlich, da sitzt jetzt irgendwo eine Frau in ihrer Wohnung, starrt auf das Telefon und versteht die Welt nicht mehr. Was machen wir bloß, um Himmels willen?' Wir konnten gar nichts machen und nur hoffen, daß die Dame mit dem unglücklich gewählten Anschluß mit dem Bürgermeister nicht zufällig verwandt war und daß sie möglichst schnell erfuhr, wie pudelgesund und munter ihr Stadtoberhaupt in Wirklichkeit durch die Gegend spazierte."

„Sachen gibt's . . ." beginnt Michael, aber Thomas fällt ihm ins Wort: „. . . die gibt's gar nicht. Allmählich kenne ich deine Sprüche."

„Wie dreht man eigentlich die Ballereien mit Gewehren oder Pistolen in Kriminalfilmen, Einschüsse dicht neben dem Kopf eines Schauspielers und Verfolgungen über Dächer hinweg?" fragt Urs, und es hört sich so an, als ob er die Fragen schon eine ganze Weile in seinem Kopf zusammengesammelt hätte. „Oder Sprünge durch Glasfenster, Pferde, die im Galopp zusammenbrechen, Gangster, die abgeknallt werden wie Kaninchen, Autos, die zusammenkrachen, explodieren, sich überschlagen und brennend über Felsen stürzen? Daß man mit Himbeermarmelade Blut vortäuscht, das hat man ja schon gelesen."

„Oder mit Tomatenketchup", mischt sich Michael ein. „Es gibt Filme, da muß es literweise verwendet worden sein."

„Ihr meint blutige Szenen", sage ich. „Nun, die mag ich eigentlich nicht, und oft finde ich sie auch überflüssig. Aber manchmal kommt man doch nicht ganz um sie herum. Nicht ganz, damit meine ich, daß man Grausamkeiten notfalls auch durch die Hintertür servieren kann. Es reicht bereits, was uns da oft die Nachrichten im Fernsehen bieten. Im Unterhaltungsprogramm sollte man ein wenig behutsamer mit den Gefühlen der Zuschauer umgehen. Aber ein Krimi dreht sich eben meistens um irgendwelche Kapitalverbrechen. Doch wie gesagt, so etwas kann man so oder so zeigen. Man muß ja mit der Kamera nicht gleich direkt auf das Schlimmste draufhalten."

„Dann gibt es also auch Aufnahmen, die Ihnen gar keinen Spaß machen?" forscht Michael. „Vor denen Sie geradezu einen Bammel haben?"

„Etwa so wie vor einer verflixt schweren Klassenarbeit, meinst du?" Ich muß nicht lange überlegen. „Selbstverständlich gibt es das. Zum Beispiel drücke ich mich davor, wenn's irgendwie geht, original in den Räumen einer Gerichtsmedizin zu drehen. Ihr wißt, was das ist?"

„Kann's mir denken", antwortet Michael, und Urs fügt hinzu. „Daß man da nicht freiwillig hingeht, kann ich mir lebhaft vorstellen."

„Aber leider züchten manche Kriminalfilmautoren für derartige Schauplätze geradezu eine Vorliebe, weil sie wohl glauben, dem Zuschauer das Gruseln beibringen zu müssen. Schließlich probiere ich auch jeden Trick, um mich aus Szenen herauszumogeln, die für den Stab, den Schauspieler, oft auch allein für den Kameramann gefährlich sind. Film in allen Ehren, aber daß man sich seinetwegen auch nur den großen Zeh bricht, das muß nicht sein."

„Womit wir fast wieder bei den Klassenarbeiten wären", stellt Michael fest. „Auch ihnen sollte man nach Möglichkeit die Absätze zeigen."

Die 9B stellt einer Klassenarbeit das Bein

Endlich läutete es zur großen Pause.

Mitten im Satz von Referendar Bissegger sprang die Klasse auf, stürzte zur Tür und drängte in den Korridor. Nur Emil Langhans und Karlchen Kubatz hatten es nicht ganz so eilig. Sie kramten in ihren Schultaschen umständlich nach dem Pausenbrot. Dabei ließen sie den Referendar nicht aus den Augen.

„Wenn ihr, bitte, noch lüften würdet", meinte Bissegger, schlug das Klassenbuch auf und trug seine Unterrichtsstunde ein.

„Der hat die Ruhe weg", murmelte Karlchen, als er zusammen mit Emil die Fenster öffnete.

Aber dann war es endlich soweit.

Herr Bissegger ließ die beiden Schüler an sich vorbei in den Korridor, machte die Tür zu, schloß sie ab und ging mit dem Schlüssel in der Tasche zum Lehrerzimmer.

Den Schülern des Prinz-Ludwig-Gymnasiums war der Aufenthalt in den Klassenzimmern während der großen Pause untersagt. Aber man durfte sich in den Korridoren, im Treppenhaus oder in der großen Eingangshalle aufhalten, wenn man nicht unbedingt ins Freie wollte. Der größte Teil der Schüler versammelte sich allerdings im Schulhof, schlenderte dort wie in einer Fußgängerzone gruppenweise durcheinander oder wanderte auch über die Straße hinüber, wo es in einer weiß angestrichenen Bretterbude Schokolade, Streuselkuchen und Coca-Cola zu kaufen gab.

Üblicherweise trieb es auch die 9B an die frische Luft.

Aber dieser heutige Montag war ja bekanntlich kein Tag wie jeder andere.

Als Referendar Bissegger sich endlich zum Treppenhaus verfügte, war der Korridor vollkommen leer. Auch Karlchen Kubatz und Emil Langhans waren bereits an ihm vorbeigelaufen. Er mußte von ihnen den Eindruck haben, als könnten sie gar nicht schnell genug ins Freie kommen.

Doch im selben Augenblick, als Bissegger hinter der Ecke verschwunden war, tauchten die Schüler der 9B wieder auf wie Geister, die sich ganz nach Belieben sichtbar oder unsichtbar machen können. Im Handumdrehen bevölkerten sie den Korridor, der gerade noch vollkommen leer gewesen war. Wie durch einen Zaubertrick waren auch Karlchen Kubatz und Emil Langhans wieder da.

„Alles auf die Plätze", zischte der schlaksige Junge mit der dunklen Hornbrille. Hinterher pfiff er noch kurz und leise durch die Zähne.

Augenblicklich kam Bewegung in die Schüler. Um aber keinen Verdacht zu erregen, stoben sie nicht wie eine aufgescheuchte Antilopenherde auseinander. Vielmehr bezog jeder seinen genau festgelegten Posten, ohne sich zu beeilen. Sozusagen mit der Lässigkeit eines gelangweilten Cowboys, der aber im Ernstfall blitzschnell seine Kanone zieht. Einige hockten sich zum Skat auf den Fußboden, andere lehnten sich gegen die Wand oder setzten sich auf die beiden Fensterbretter und ließen die Beine baumeln. Dabei kauten sie ihre mitgebrachten Brote und unterhielten sich möglichst unauffällig.

Sputnik blickte auf seine Armbanduhr und flüsterte: „Noch siebzehn Minuten."

Der Physiksaal lag dem Klassenzimmer der 9B auf dem Flur fast haargenau gegenüber.

Vor den beiden Räumen knieten inzwischen jeweils zwei Jungen nebeneinander. Aus einiger Entfernung hätte es beinahe so aussehen können, als würden sie paarweise die Türen anbeten. In Wirklichkeit hantierten sie aber mit Schraubenschlüsseln an den Schlössern herum. Auf der einen Seite Emil Langhans, dem Karlchen Kubatz assistierte, und auf der anderen Seite der Sitzenbleiber in seiner Jeansjacke und Heinz Pigge. Man hatte sich auf diese vier geeinigt, weil sie im Werkunterricht die geschicktesten Finger hatten und im Eilzugtempo jeden Mofamotor reparieren konnten.

„Noch fünfzehn Minuten", ließ sich Sputnik wieder vernehmen. Er blickte dabei zum Ende des Korridors hinunter.

Dort bildete Manuel Kohl zusammen mit drei anderen Schülern ein unaufdringliches Quartett, das plaudernd hin- und herschlenderte. Währenddessen vergaßen die harmlos erscheinenden Spaziergänger allerdings nicht, ständig das Treppenhaus zu beobachten. Etwa zwanzig Stufen tiefer und weiter oben in der Kurve zur dritten Etage lehnten andere Schüler an den Geländern. Falls überraschend ein Lehrer auftauchen sollte, würde sich einer von ihnen bükken, um den Schnürsenkel an seinem Schuh neu zu binden. Das sollte dann das Zeichen zu einem besprochenen Ablenkungsmanöver sein. Manuel würde sich augenblicklich auf einen seiner drei Kumpane stürzen, und Hals über Kopf wäre eine so handfeste Keilerei im Gange, daß sich jeder ungelegene Störenfried um sie kümmern müßte und dadurch erst einmal aufgehalten wäre.

Aber bisher ließ sich vom Lehrkörper nicht einmal ein Schatten blicken.

„Noch neun Minuten", verkündete Sputnik leise. Sein Puls schlug doppelt so schnell wie gewöhnlich. Aber das ließ er sich nicht anmerken. Er wirkte äußerlich so gelassen wie ein Kühlschrank.

Die Zeit galoppierte nur so davon. Das tut sie leider immer gerade dann, wenn man fürchterlich im Druck ist und wenn's auf jede Sekunde ankommt.

Karlchen Kubatz guckte auf seine Uhr. Das kann doch nicht wahr sein, dachte er. Aber im selben Augenblick kamen bereits die ersten Schüler wieder in das Schulgebäude zurück. Noch hörte man die entfernten Gespräche aus dem Hof und vor allem das Lärmen der unteren Klassen, die vermutlich hinter ein paar Bällen herjagten. Doch dann war es unweigerlich soweit, es läutete wieder, und die große Pause war vorbei.

Wenig später war es in den Korridoren wieder so still wie in einer Kirche.

Studienrat Dr. Purzer ließ sich wie immer Zeit.

Erst so etwa nach vier Minuten hörte die 9B seine unverwechselbaren Schritte aus dem Treppenhaus.

Der Schulhof lag inzwischen längst wieder leer und verlassen wie ein Fußballstadion nach dem Abpfiff hinter den schmiedeeisernen Gittern in der Sonne. In den meisten Klassen hatte der Unterricht bereits begonnen. Entfernt drangen die Stimmen von Lehrern und Schülern durch irgendwelche Türen, und aus dem Musiksaal im dritten Stock konnte man einen vierstimmigen Chor vernehmen, der abwechselnd eine Klavierbegleitung einzuholen versuchte oder ihr davonlief.

Tack – tack – tack –

Inzwischen hatten Purzers Schritte, die in dem leeren Gebäude ein wirkungsvolles Echo hervorriefen, die letzte Stufe im Treppenhaus hinter sich und erreichten die ebene Steinfläche in der Kurve. Schon im nächsten Augenblick tauchte die Gestalt des Studienrats wie eine Silhouette am Ende des Korridors auf.

Die 9B wartete vor ihrem Klassenzimmer.

Als der Klassenlehrer mit jedem Schritt näher kam, versuchten die Schüler möglichst harmlose Alltagsgesichter zu zeigen. Eine Gruppe, die gerade noch auf dem Fußboden Karten gespielt hatte, erhob sich aus der Hocke, und andere ließen sich von der Fensterbank heruntergleiten. Wer an den Wänden gelehnt hatte, stieß sich mit der einen oder anderen Schulter ab und richtete sich gemächlich auf. Keinesfalls überstürzt. Die Klasse war bemüht, jede Auffälligkeit zu vermeiden. Sie benahm sich haargenau so wie an jedem anderen Tag nach jeder anderen großen Pause.

„Na, dann wäre es jetzt soweit“, meinte der Studienrat unternehmungslustig, während er die letzten Schritte auf die wartenden Schüler zukam. „Hoffentlich habt ihr in den vergangenen zwanzig Minuten noch genügend Sauerstoff in eure grauen Gehirnzellen gepumpt!“ Dabei hatte er den Schlüssel zum Klassenzimmer aus seiner Jackentasche geangelt.

Die 9B demonstrierte schweigend Gelassenheit und Fassung.

„Nanu!“ sagte Purzer nach einer Weile verwundert. „Da klemmt irgendwas.“

Die Türe zur 9B ließ sich nicht öffnen.

„Sollte ich etwa aus Versehen . . .“ Er unterbrach sich mitten im Wort, zog den Schlüssel heraus und kontrollierte das kleine, runde Metallschild, das an ihm befestigt war und wie eine Hundemarke aussah. „Kein Irrtum“, stellte er fest und las laut: „9B.“ Er schüttelte den Kopf, schnalzte wieder einmal mit der Zunge „tz-tz-tz“ und meinte gleich darauf: „Na ja, das wäre ja gelacht!“

Aber die Türe widerstand auch seinem zweiten Öffnungsversuch. Der Studienrat bückte sich, besah sich das Schlüsselloch und probierte sein Glück jetzt schon zum drittenmal. Leider wieder erfolglos. Er richtete sich auf und blickte in die teilnahmslos abwartenden Gesichter seiner Schüler.

„Es wäre doch höchst bedauerlich, wenn unsere Klassenarbeit an einer solchen Lappalie scheitern würde“, bemerkte er jetzt und schien gleichzeitig einen Geistesblitz zu haben. „Moment mal.“

Studienrat Dr. Purzer begab sich quer über den Korridor und klopfte an die Tür zur 7A.

„Entschuldigen Sie, Herr Kollege“, meinte er, als kurz darauf Studienrat Leppinius seinen etwas erstaunten Kopf zeigte. „Es tut mir leid, wenn ich Ihren Unterricht stören muß, aber wir haben Pech mit unserer Türe. Sämtliche Klassenzimmer im Schulbereich haben doch sinnigerweise dieselben Schlösser, und da mein Schlüssel im Augenblick verrückt spielt, möchte ich Sie bitten, mir Ihren für einen Moment auszuleihen.“

„Kein Grund zur Entschuldigung“, entgegnete der Klassenlehrer der 7A. „Meinen Schülern ist jede Unterbrechung angenehm, und da wir uns augenblicklich mit Heinrich VIII. von England herumschlagen, haben wir es pausenlos mit Hinrichtungen zu tun. Ob ich nun die betroffenen Herrschaften ein paar Minuten früher in den Tower werfen und köpfen lasse, ändert an den bedauerlichen historischen Tatsachen ohnehin nichts mehr.“ Er verschwand für einen kurzen Augenblick hinter der halboffenen Tür und kam gleich wieder zurück. „Bitte sehr, bedienen Sie sich, Herr Kollege."

Aber auch der Schlüssel von Studienrat Leppinius funktionierte nicht.

„Das kann doch nicht wahr sein", knurrte Studienrat Purzer, während er abwechselnd ganz vorsichtig und dann wieder kraftvoll an dem Schloß herumexperimentierte.

„Kismet", meinte Studienrat Leppinius gelassen und schmunzelte ein wenig schadenfroh. Die beiden Herren waren sich nicht besonders grün. „Ich würde die Dinge nehmen, wie sie sind, und schlage Ihnen mit Ihrer Klasse einen Spaziergang in den zoologischen Garten vor. Bei diesem Wetter kann man selbst die Eisbären im Freien besichtigen."

„Eine vorzügliche Idee", bemerkte Emil Langhans, und die 9B wagte ein beifälliges Gemurmel.

„Das würde euch so passen", erwiderte Purzer. „Wir schreiben unsere Klassenarbeit, und wenn's im Heizungskeller sein muß."

„Was allerdings auf Schwierigkeiten stoßen dürfte, Herr Kollege", bemerkte Studienrat Leppinius. „Im übrigen tut es mir leid, daß ich Ihnen nicht helfen konnte." Er ließ sich seinen Schlüssel zurückgeben und begab sich wieder zu seiner 7A und Heinrich VIII. zurück.

Purzer versuchte es jetzt wieder mit dem eigenen Schlüssel.

„Vielleicht muß man die Tür mit einem Ruck anheben", schlug Karlchen Kubatz scheinheilig vor.

„Oder man muß sie mit aller Gewalt gegen den Rahmen ziehen", fügte Sputnik hinzu.

„Das ist doch paradox", grollte Studienrat Purzer und versuchte jetzt tatsächlich alle Möglichkeiten. Er zerrte an der Türklinke, ließ sie wieder los und versuchte, sie dann anzuheben.

Der Ehrgeiz hatte ihn gepackt. Er bot seine ganze Körperkraft auf, spannte einmal den Rücken unter dem Jakkett seines grauen Flanellanzugs und stemmte sich hinterher aufrecht und mit angehobenen Schultern auf die Zehenspitzen.

Da passierte schließlich, was eben passieren mußte.

Zuerst war ein verdächtiges Knirschen zu hören, und dann gab es einen metallischen Knacks, als ob eine Fahrradkette auseinandergerissen wäre.

Die Klasse hielt den Atem an, und Studienrat Dr. Purzer blickte einigermaßen fassungslos auf das abgebrochene Schlüsselende in seiner rechten Hand. „Jetzt haben wir den Salat“, sagte er überraschend gefaßt.

„So ein Pech“, flüsterte Emil Langhans.

„Das ausgerechnet heute“, fügte Karlchen Kubatz kopfschüttelnd hinzu.

„Ich höre wohl nicht richtig!“ bemerkte Purzer.

Und in diesem Augenblick waren die schauspielerischen Fähigkeiten der 9B endgültig überfordert. Die Jungen bissen sich zuerst auf die Lippen oder starrten völlig sinnlos Löcher in den Boden. Aber dabei blieb es nur zwei oder drei Sekunden lang. Dann platzten sie los. Anfänglich wieherten sie nur, aber schließlich kugelten sie sich vor Lachen.

Und Studienrat Purzer lachte mit. Allerdings meinte er zwischendurch: „Freut euch nicht zu früh!“

Und als sich die Klasse allmählich wieder beruhigt hatte, schickte er den Klassensprecher zusammen mit drei anderen Schülern los, um den Hausmeister zu alarmieren.

„Sagt Herrn Knöppke, er solle möglichst die Beine unter den Arm nehmen und sein Handwerkszeug nicht vergessen“, erklärte Purzer noch, als die vier bereits abschwirren wollten. „Im übrigen bitte ich um Beschleunigung, auch wenn ich Verständnis dafür habe, daß euch unter den gegebenen Umständen die Lust zum Trödeln anfallen könnte. Aber ich werde es nicht versäumen, hinterher die Zeit zu kontrollieren. Also los, meine Herren!“

Die vier gingen im selben Augenblick auf die Strecke.

Als erster verschwand Emil Langhans am Ende des Korridors im Treppenhaus. Er schlitterte um die Kurve wie auf Glatteis.

Der Hausmeister Knöppke hatte einen Zettel an seine Wohnungstür im Erdgeschoß geheftet mit dem Hinweis, daß er sich augenblicklich in der Turnhalle aufhielte. Und dort fanden sie ihn dann auch. Er reparierte im Duschraum gerade einen Wasserhahn und einen verstopften Abfluß.

„Es brennt", erklärte Emil Langhans und berichtete im Telegrammstil von dem Betriebsunfall. „Sie sollen sofort kommen, Studienrat Purzer erwartet Sie."

„In diesem verdammten Haus brennt immer irgend etwas", brummte der Hausmeister und packte seine Werkzeugtasche zusammen. An seiner Unterlippe klebte wie immer ein Zigarettenstummel. Knöppke war Kettenraucher, hatte eine entsprechend heisere Stimme und hustete mit schöner Regelmäßigkeit spätestens nach jedem fünften oder sechsten Wort. Er durfte als einziger wie ein Fabrikschlot durch die Gegend paffen, obgleich das Rauchen im Schulgelände strikt verboten war. Aber ohne ihn wäre das Prinz-Ludwig-Gymnasium eine Eisenbahn ohne Schienen gewesen, und außerdem hätte ihn kein Mensch der Welt zur Vernunft bringen können.

„Wir haben leider ein kleines Problem, lieber Herr Knöppke", sagte Studienrat Purzer, als der Hausmeister zusammen mit Emil Langhans und den drei anderen Schülern durch den Korridor auf ihn zukam.

„Der Lange hat mir schon Bescheid gesagt", meinte Herr Knöppke mit einer Kopfbewegung zu dem Klassensprecher. „Ich bin im Bilde." Er verlor keine Zeit, ging sofort auf die Tür zum Klassenzimmer zu und drückte ein paarmal auf die Klinke. Schließlich ging er in die Hocke. „Scheibenkleister", murmelte er mehr für sich. „Abgebrochen, und der Bart steckt drin." Er kniff das linke Auge zusammen und schob sich mit dem anderen so nah an das Schlüsselloch heran, daß er es fast berührte. „Das kompliziert die Sache." Er suchte in seiner verschlissenen Ledertasche nach dem richtigen Handwerkszeug. „Zuviel Kraft, Herr Studienrat! Sie wissen wohl nicht, wohin damit?"

„Unbegreiflich", sagte Purzer und wiederholte noch einmal: „Die ganze Sache ist mir völlig unbegreiflich."

„Na, ganz so unbegreiflich nun auch wieder nicht", erwiderte der Hausmeister. Er hatte sich an seinem brennenden Stummel gerade eine neue Zigarette angezündet und paffte eine kleine weiße Rauchwolke in die Luft. „Gib mal her", sagte er zu Sputnik und zeigte auf den leeren Papierkorb.

„Bitte sehr", meinte der dickliche Junge eifrig.

Herr Knöppke stellte den Papierkorb auf den Kopf und benutzte ihn als Stuhl. Er saß jetzt direkt und dicht vor der Klassenzimmertür. „Sämtliche Schlösser im Haus sind so alt wie die ganze Schule, müssen Sie wissen, Herr Studienrat." Während er sprach, bog er mit einer Zange ein Stück Draht zu einer schmalen Schlinge. „Selbstverständlich werden die Dinger von mir regelmäßig geölt. Aber das Material wird ja nicht jünger, und es arbeitet auch, wie man weiß." Er paffte eine weitere Zigarettenwolke über sich in den Korridor und schob seinen Kopf wieder dichter an das Schloß heran. „Die Schlüssel nicht zu vergessen", fuhr Herr Knöppke fort. „Sie sind ja meistens jahrelang täglich mehrmals im Gebrauch. Kein Wunder, wenn sie sich abnützen und verändern, bis sie auf einmal nicht mehr passen." Er pustete die nächste Wolke Zigarettenrauch zur Abwechslung einmal durch die Nase und spitzte die Lippen. „So, und jetzt geht's um die Wurst . . ."

Herr Knöppke manipulierte ganz behutsam mit seiner Drahtschlinge und der flachen Zange. Zuerst rührte sich der abgebrochene Schlüsselbart überhaupt nicht. Aber nach einer Weile war ein schwaches, knarrendes Geräusch zu hören, er bewegte sich, machte eine Drehung, und gleich darauf hatte ihn der Hausmeister wie einen Fisch an der Angel. Zwei Minuten später fiel er klirrend auf den Boden, machte noch einen kleinen Sprung und blieb liegen.

„Ich gratuliere, Sie haben uns gerettet", rief Studienrat Purzer und applaudierte lautlos mit den Fingerspitzen. „Wir wollen nämlich eine zweistündige Klassenarbeit schreiben."

„Aha, eine Klassenarbeit", murmelte Herr Knöppke.

Daraufhin prüfte er noch einmal das Schloß, tastete vorsichtig mit dem Daumen über seine Oberfläche. Dann beguckte er sich das abgebrochene Schlüsselende so genau und neugierig, als habe er gerade einen Junikäfer gefangen, dessen Augenfarbe ihn interessiert. Erst nach einer ganzen Weile blickte er auf und betrachtete sich anschließend die Gesichter des Studienrats und der 9B. Es war eine solche Stille eingetreten, daß man auf dem Rathausplatz das Fallen einer Nadel hätte hören können.

„Also, was ist?“ brach Purzer, ein wenig nervös geworden, das Schweigen.

„Zwischendurch haben Sie es auch mit dem Schlüssel der 7A probiert?“ fragte Herr Knöppke zurück. Aber er wartete die Antwort des Lehrers gar nicht ab und nahm gleich den hochgeschossenen Emil Langhans aufs Korn. „Das hast du mir doch erzählt, oder?“

„Ja, das hab' ich Ihnen erzählt“, bestätigte der schlaksige Junge mit der Hornbrille.

„Es war eben ein Versuch“, schaltete sich der Studienrat wieder ein, „weil ich ja wußte, daß sämtliche Klassenzimmer einheitliche Schlösser haben.“

„Genauso ist es“, bemerkte Herr Knöppke. Er kramte zwei Metallringe mit jeweils fünf oder sechs Schlüsseln aus seiner Werkzeugtasche.

„Lediglich die Fachräume für Chemie, Physik und Botanik haben besondere Schlösser, wenn ich richtig orientiert bin“, fuhr Studienrat Purzer fort, „damit die zum Teil sehr empfindlichen und wertvollen Apparaturen besonders geschützt sind.“

„Das ist das mindeste, was der Steuerzahler von uns erwarten darf“, bemerkte Herr Knöppke. „Und jetzt bitte ich die Herrschaften um ihre freundliche Aufmerksamkeit.“ Er wandte sich gleichzeitig an den Studienrat und die Klasse. „Hier an diesem Metallring habe ich lauter Ersatzschlüssel für die Klassenzimmer“, erklärte er. „Und da an dem anderen Ring hängen nur Schlüssel für die Fachräume. Ich versuche jetzt mit einem Schlüssel vom Klassenzimmerring, eure Tür zur 9B zu öffnen.“ Er probierte es mit deutlichen und allen sichtbaren Bewegungen wie ein Zauberer, der sein Publikum davon überzeugen will, daß er nicht mit Tricks oder doppeltem Boden arbeitet.

Der Versuch brachte nicht den geringsten Erfolg.

„Genauso ist es mir ergangen“, bemerkte Studienrat Purzer und fügte hinzu, „es ist ganz einwandfrei ein falscher Schlüssel.“

„Oder ein falsches Schloß“, bemerkte der Hausmeister bedeutungsvoll.

„Das ist doch ganz ausgeschlossen“, protestierte der Studienrat. „Machen Sie sich nicht lächerlich, mein Lieber.“

„Ich hab’ da so eine Idee“, sagte Herr Knöppke eigensinnig und spazierte von einer Zigarettenrauchwolke begleitet quer über den Korridor zum Physiksaal hinüber. Er streckte den Kopf nach vorn und klopfte an die Tür.

„Das können Sie sich sparen“, ließ sich Studienrat Purzer vernehmen, „montags gibt es keinen Physikunterricht.“

„Sehr praktisch“, murmelte der Hausmeister und blinzelte zu den Schülern hinüber. Aber die 9B zuckte nicht mit der Wimper.

„Schön“, sagte der Hausmeister und nahm einen weiteren Zug aus dem Zigarettenstummel, der ihm jetzt schon wieder an der Unterlippe klebte, „dann wollen wir unser Experiment fortsetzen. Also, weiter aufgepaßt, ich nehme wieder einen Schlüssel vom ersten Ring, und wir werden sehen, was passiert.“

Der Schlüssel ließ sich mühelos zweimal um die eigene Achse drehen, und anschließend öffnete sich die Tür zum Physiksaal fast von selbst. Der Hausmeister mußte sie bloß an der Klinke ganz leicht antippen.

„Aber das war doch eindeutig ein Klassenzimmerschlüssel“, bemerkte Studienrat Purzer verwundert.

„Sehr gut beobachtet“, lobte Herr Knöppke. Anschließend legte er den ausgestreckten Zeigefinger über seine Lippen und flüsterte geheimnisvoll: „Jetzt die Gegenprobe.“

Die Sache fing an, ihm Spaß zu machen. Er wechselte

auf den Zehenspitzen geschwind von der einen Seite des Korridors wieder hinüber zur Klassenzimmertür der 9B.

„Ich nehme diesmal einen Schlüssel vom zweiten Ring“, gab er bekannt.

„Also einen der Spezialschlüssel für die Fachräume?“ unterbrach ihn Studienrat Dr. Purzer. „Entschuldigen Sie, wenn ich so pingelig bin, aber ich will es ganz genau wissen.“

„Dann lassen Sie mich jetzt nicht aus den Augen“, entgegnete der Hausmeister. Dabei hatte er bereits den Schlüssel ins Schloß gesteckt, drehte ihn zweimal herum, und dann wiederholte sich in allen Einzelheiten, was kurz zuvor drüben mit der Physiksaaltür passiert war: Ein leichter Druck auf die Klinke genügte, und die Klassenzimmertür öffnete sich beinahe geräuschlos.

„Simsalabim“, sagte Herr Knöppke. Er breitete die Arme aus und grinste.

„Das ist ja wie Hexerei“, sagte Studienrat Purzer nachdenklich. Doch dann fing er sich wieder und fragte wie aus der Pistole geschossen: „Sie sind ganz sicher, daß Sie die Schlüssel nicht verwechselt haben?“

„Total sicher“, erklärte der Hausmeister seelenruhig. Dabei zündete er sich am Rest seiner Kippe eine neue Zigarette an.

Die 9B versuchte, tiefe Verwunderung auf ihre Gesichter zu zaubern. Karlchen Kubatz schüttelte sogar stumm den Kopf, so als verstünde er die Welt nicht mehr.

„Wie, um Himmels willen, können Sie sich dieses Kuriosum erklären?“ fragte Purzer nach einer erstaunlich langen Denkpause. „Ich frage Sie als Fachmann, Herr Knöppke.“

„Wenn ich ganz ehrlich sein soll . . .“

„Das sollen Sie“, unterbrach ihn Dr. Purzer. „Das müssen Sie sogar.“

„Also, wenn ich ehrlich sein soll, wie gesagt“, wiederholte sich Herr Knöppke, „dann muß ich zugeben, daß mir schon beim ersten Blick in das Schlüsselloch ein Seifensieder aufgegangen ist.“ Er kratzte sich in seinen Haaren am Hinterkopf. „Aber bevor ich einen falschen Verdacht ausspucke, will ich immer ganz sicher sein. Ist ’n Prinzip von mir.“

„Sie weichen meiner Frage aus“, stellte Purzer fest. „Ich frage Sie klipp und klar, was Ihrer Meinung nach passiert ist?“

„Irgend jemand hat die Schlösser ausgewechselt“, erklärte der Hausmeister. „Die Schrauben haben ganz frische Kratzer. Das kann sogar ein Blinder mit dem Krückstock merken.“

„Demnach vermuten Sie also“, sagte der Studienrat und dachte jetzt so konzentriert nach, als müsse er sich die Lösung einer besonders kniffligen mathematischen Gleichung überlegen, „daß man das Schloß aus der Türe des Physiksaales einerseits sowie das aus der Türe des Klassenzimmers andererseits herausmontiert und miteinander vertauscht hat?“ Er holte Luft wie nach einer enormen Kraftanstrengung. „Ja, ist denn so etwas überhaupt möglich?“

„Hier im Schulgebäude ist alles genormt“, erklärte der Hausmeister bedächtig. „Von den Steckdosen bis zu den Fenstern, den Brillen auf den Toiletten und den Türen. Selbstverständlich sind auch alle Schlösser millimetergenau gleich groß, gleich breit und gleich dick. Man kann sie auswechseln wie ein Paar Socken. Das ist überhaupt kein Problem.“

„Kolossal praktisch“, wagte sich Karlchen Kubatz einzumischen. „Das macht alle Reparaturen einfacher und billiger.“

„Deine diesbezüglichen Ansichten sind mir im Augenblick schnurz und schnuppe“, bemerkte der Studienrat.

Karlchen Kubatz schwieg beleidigt.

„Noch eine Frage, lieber Herr Knöppke“, fuhr Purzer fort.

„Bitte sehr, fragen Sie.“

„Ich bin in technischen Dingen äußerst ungeschickt“, gestand der Studienrat. „Ich habe schon Schwierigkeiten, wenn ich zu Hause nur einen Nagel in die Wand schlagen soll. Meine Frau behauptet, daß ich zehn linke Finger mitbekommen hätte.“ Purzer lächelte schwach. „Würde ich trotzdem eine solche Manipulation wie das Auswechseln von Türschlössern durchführen können?“ Der Studienrat warf einen kurzen Blick auf die Klasse und wandte sich dann wieder an den Hausmeister. „Andersherum gefragt, Herr Knöppke, kann man so einen Hokuspokus nur hinkriegen, wenn man handwerklich besonders begabt ist, oder muß man gar gelernter Schlosser sein?“

„Pah, ein Pappenstiel für jeden, der nur einigermaßen geschickt ist“, sagte der Hausmeister und grinste, daß seine Ohren Besuch kriegten. „Heutzutage weiß ja schon ein Schüler aus der Grundschule, wie man einen Fernseher oder einen Kassettenrecorder auseinandernimmt. Diesbezüglich sind Sie eine seltene Ausnahme, Herr Studienrat.“

Er feixte immer noch. „Mit zehn linken Fingern würden Sie allerdings für den Kreis der Verdächtigen nicht in Frage kommen.“ Jetzt blinzelte er offen zu den Jungen der 9B hinüber. „Vor allem, wenn ich mir überlege, daß die Sache schließlich in einem ziemlichen Affentempo passiert sein muß. Knappe zwanzig Minuten sind nicht viel Zeit.“

„Wieso zwanzig Minuten?“ fragte Purzer verständnislos.

„Aber, Herr Doktor, nach der letzten Stunde vor der großen Pause hat doch der Schlüssel noch einwandfrei funktioniert“, erwiderte Herr Knöppke geduldig. „Andernfalls hätte man mich doch zu diesem Zeitpunkt schon alarmiert.“

Dr. Purzer hatte seine Brille abgenommen und reinigte sie mit einem blütenweißen Taschentuch.

„Endlich ist der Groschen gefallen“, flüsterte Emil Langhans ganz leise durch die Zähne.

Der Studienrat tat so, als hätte er nichts gehört. Er nahm seine Brille wieder vor die Augen und ließ das Taschentuch verschwinden. Anschließend richtete er seinen Blick auf die Jungen und nahm der Reihe nach jeden einzelnen aufs Korn.

„Bestimmt denkt ihr jetzt, daß euer Klassenlehrer eine geradezu polizeiwidrig lange Leitung haben muß. Aber ich bin weder hoffnungslos verkalkt noch ein kompletter Idiot. Täuscht euch nicht, meine Freunde.“ Purzer sprach gelassen und ruhig. „Es ist vielmehr so, daß ich mich bis zu diesem Augenblick gesträubt habe, ein derartiges ‚Verbrechen‘ für möglich zu halten.“

„Bestenfalls ein Vergehen“, wagte Herr Knöppke einzuwerfen.

„Fragen wir doch die Betroffenen“, meinte Dr. Purzer und betrachtete weiterhin die Jungen, die ziemlich dichtgedrängt im Korridor nebeneinanderstanden. „Welche Bezeichnung würdet ihr für die Tat vorschlagen?“

Die 9B zeigte jetzt doch einigermaßen belämmerte Gesichter und fing an, feuchte Hände zu bekommen. Es gibt Augenblicke, in denen die Luft so elektrisch geladen ist, daß selbst die hartgesottensten Schüler voller Angst das

Gewitter erwarten, das unweigerlich hereinbrechen muß.

„Habt ihr plötzlich Tomaten in den Ohren?“ wollte der Studienrat wissen. „Wie würdet ihr diese Eselei einstufen? Ich warte.“

Der 9B fiel im Augenblick keine passende Antwort ein.

Bis sich jetzt wieder einmal Emil Langhans zu Wort meldete. „Wir haben halt versucht, dem Schicksal einen Schubs zu geben“, meinte er und versuchte, versöhnlich zu grinsen. „Weiter nichts.“

Im Handumdrehen war die Weltuntergangsstimmung verflogen. Die 9B nahm ihre Köpfe wieder hoch, und aus ihren Augen blitzte unversehens eine Mischung von Schadenfreude, Stolz und solidarischer Kumpanei. Die schlagartige Veränderung war erstaunlich.

„Vielleicht war die Methode nicht ganz astrein“, erkühnte sich Karlchen Kubatz zu erklären. „Aber bei einem Vulkanausbruch steht man nur mit einem Regenschirm in der Hand eben wie im Hemd da.“ Er räusperte sich und fuhr fort: „Womit ich meine, daß es immer die Größe der Bedrohung ist, welche das Kaliber der Abwehr herausfordert.“

„Ich erinnere an David und Goliath“, ergänzte Emil Langhans breit und bedeutungsvoll. Sein Blick, mit dem er dabei seinen Klassenlehrer durchbohrte, sprach Bände.

„Wartet es ab“, meinte der Studienrat, „ihr werdet sehen . . .“

Und die 9B sah.

„Zuerst verfügt sich der Klassensprecher stante pede ins Direktorzimmer und bittet Herrn Oberstudiendirektor Senftleben um sein sofortiges Erscheinen hier am Tatort. Du kannst schon abzwitschern.“ Er wedelte mit der linken Hand durch die Luft, als wollte er eine lästige Mücke verscheuchen, und der schlaksige Junge mit der dunklen Hornbrille setzte sich in Bewegung. „Und nimm gefälligst deine Beine in die Hand“, rief er noch hinter ihm her. Anschließend bat er Herrn Knöppke, das Eintreffen des Schulleiters zusammen mit ihm und der Klasse abzuwarten. „Ich werde Sie als Zeugen benötigen.“

Bereits drei Minuten später wanderte der Direx im Eilschritt aus seinem Dienstzimmer über die Treppe und in den Korridor des zweiten Stockwerks. Emil zottelte wie ein Hund hinter ihm her.

Und wieder ein paar Minuten später hatte ihn Studienrat Purzer bereits lückenlos ins Bild gesetzt.

„Eine höchst fatale Geschichte“, murmelte Oberstudiendirektor Senftleben und fragte den Hausmeister nach technischen Einzelheiten.

Als Herr Knöppke seinen fachlich exakten Bericht abgegeben hatte, konnte er es sich nicht verkneifen, der 9B seine kollegiale Bewunderung auszusprechen. „Jedenfalls Hut ab, das war eine saubere und enorm fixe Arbeit.“ Er blinzelte zum Direx hinüber. „Die Burschen sind auf Draht, das muß man ihnen lassen.“ Anschließend wandte er sich wieder der Klasse zu und fragte neugierig:

„Aber die Schrauben habt ihr doch bestimmt schon früher gelockert, oder?“ Und weil er keine Antwort erhielt, bemerkte er erneut in die Richtung des Direx und des Studienrats: „Die Dinger klemmen nämlich fest wie Betonklötze, und es ist eine Heidenarbeit, sie rauszukriegen.“

„Besten Dank, Herr Knöppke, wir brauchen Sie jetzt nicht mehr“, sagte Purzer einigermaßen kühl. „Sie werden ja ohnehin noch eine Menge anderer Dinge zu tun haben.“

„Worauf Sie sich verlassen können“, meinte Herr Knöppke, packte seine Werkzeugtasche zusammen und dampfte ab.

Für ein paar Augenblicke waren nur seine Schritte zu hören, die sich immer mehr entfernten, die gedämpften Stimmen einiger Lehrer hinter ihren Klassenzimmertüren und immer noch der Gesang aus dem Musiksaal.

„Irgend etwas brodelt in der Klasse“, brach Purzer schließlich das Schweigen. „Es war schon heute morgen in der ersten Stunde nicht zu überhören.“ Er nahm die Arme auf den Rücken und wippte auf den Schuhspitzen. „Parolen der Französischen Revolution wurden laut, wenn auch mit einem Unterton von Humor, was ich gerechterweise hinzufügen muß.“

„Und diese zwei ausgewechselten Türschlösser haben dann sozusagen die Barrikaden und den Sturm auf die Bastille ersetzt“, bemerkte der Oberstudiendirektor. Er versuchte, ein undurchsichtiges Gesicht vorzuführen. Aber es gelang ihm doch nicht völlig, ein durchaus freundliches Schmunzeln zu verstecken.

„Ich könnte euch drei Minuten Zeit geben, um mir die Hauptschuldigen zu nennen“, meinte er weiter. „Aber genausogut kann ich probieren, einem Krokodil Handtaschen zu verkaufen.“

Die 9B grinste, wie es sich gehört, wenn der Direx einen Witz macht. Selbst Studienrat Dr. Purzer deutete ein verbindliches Lächeln an, das allerdings sehr bald wieder einfror.

„Wir haben es mit einem regelrechten Komplott zu tun“, mahnte er dann allerdings kurz darauf.

„Was soll ich also mit euch machen?“ fragte Herr Senftleben. „Haben Sie einen Vorschlag, Herr Kollege?“

„Als Alexander von Mazedonien die Verschwörung seiner griechischen Pagen entdeckte“, meldete sich Karlchen Kubatz zu Wort, „hat er sie kurzerhand ermorden lassen.“

„Das wäre gegen die Schulordnung“, bemerkte Oberstudiendirektor Senftleben trocken.

„Übrigens stimmt das nicht“, mischte sich Studienrat Dr. Purzer ein. „Alexander hat sich damit begnügt, die beiden Anführer dem Henker auszuliefern.“ Er war unversehens in seinen üblichen Unterrichtston verfallen und schoß jetzt auch sofort eine Frage ab: „Wie waren die Namen der beiden Unglücklichen?“

Die 9B fühlte sich von einem Augenblick zum anderen in ihr Klassenzimmer versetzt. Ein paar Schüler hoben sogar unwillkürlich die Hände, um anzudeuten, daß sie unter Umständen eine Antwort wüßten.

„Hermolaos“, sagte Manuel Kohl, ohne zu überlegen, als ihm Purzer zugenickt hatte. „Und der andere hieß Kallisthenes.“

„Ganz ausgezeichnet“, bemerkte Herr Senftleben. „Hätte ich nicht gewußt, muß ich zugeben.“

„Geschichte ist mein Lieblingsfach", meinte der Junge mit den großen blauen Augen, und es hörte sich an wie eine Entschuldigung. „Dazu kommt noch, daß mich Alexander der Große immer ganz besonders interessiert hat."

„Sieh mal an", meinte der Direx und drehte sich um, weil seine Sekretärin über den Korridor getrippelt kam. „Was gibt's, Fräulein Kowalski?" fragte er.

„Der Herr Schulrat ist am Telefon, Herr Oberstudiendirektor."

„Sagen Sie ihm, ich sei gezwungen worden, meine Ritterrüstung aus der Schreibtischschublade zu holen, weil ich schnell mal einen Schüleraufstand niederschlagen muß", meinte Herr Senftleben durchaus ernsthaft. „Ich schätze, daß ich damit etwa in einer Viertelstunde fertig bin, und rufe dann zurück."

„Soll ich das wirklich sagen?" wollte Fräulein Kowalski wissen. Sie machte einen ziemlich verdatterten Eindruck.

„Vielleicht fällt Ihnen eine bessere Entschuldigung ein", meinte der Oberstudiendirektor beiläufig und beschäftigte sich postwendend wieder mit der 9B.

Die Sekretärin wollte noch etwas sagen, aber sie überlegte es sich dann doch anders. Sie warf eingeschnappt den Kopf in den Nacken und trabte wieder durch den Korridor zum Treppenhaus zurück.

„Ich hab' meine Zeit nicht gestohlen und heute noch eine ganze Menge vor", erklärte inzwischen Herr Senftleben. „Machen wir's also kurz und schmerzlos."

Die Klasse hob die Köpfe und war hellwach.

„Da wäre also zuerst einmal die Sache mit dem abgebrochenen Schlüssel", fuhr der Oberstudiendirektor fort. „So ein Ding kostet exakt zehn Mark zwanzig. Ich hab' den Preis so genau im Kopf, weil wir ausgerechnet dieser Tage wieder einmal einen ganzen Schwung von den Dingern bestellen mußten. Wenn ich nun wie ehedem Alexander aus Mazedonien die Namen der Anführer kennen würde, wäre die Lösung des Problems ein Kinderspiel. Sie allein müßten für den materiellen Schaden aufkommen. Jetzt weiß ich aber keinen einzelnen Namen. Andererseits darf eine Klasse nicht insgesamt zur Kasse gebeten werden. Das würden sich die Eltern mit Recht nicht gefallen lassen, und so steht es auch im Schulgesetz. Ich bin also gezwungen, zu unterstellen, daß jeder von euch der Täter ist. Das klingt kompliziert, ist aber juristisch einwandfrei." Herr Senftleben machte eine kurze Pause und gestattete sich einen tiefen Atemzug. „Fazit also, zweiundzwanzig Schüler in der Klasse gleich zweiundzwanzig Täter gleich zweiundzwanzig neue Schlüssel. Was wiederum bedeutet, daß ihr pro persona zehn Mark zwanzig von eurem Taschengeld lockermachen müßt. Abzuliefern gegen Quittung bis Samstag zwölf Uhr bei meiner Sekretärin. Habe ich mich klar genug ausgedrückt?"

„Entschuldigung, Herr Oberstudiendirektor", meldete sich Emil Langhans zu Wort. „Ein einziger Schlüssel ist kaputt, und wir sollen, sage und schreibe, zweiundzwanzig bezahlen?"

„Ich sehe, du hast mich verstanden", antwortete Herr Senftleben freundlich und nickte.

„Aber da macht die Schule ja einen ganz enormen Rebbach", grollte Karlchen Kubatz und fügte murmelnd hinzu: „Das grenzt an Ausbeutung."

„Wie bitte?" fragte Studienrat Dr. Purzer.

Herr Senftleben schwebte hoch über der Situation und tat so, als hätte er nichts gehört. „Der Überschuß kommt der Renovierung unserer Aula zugute", meinte er. „Ihr könnt euch dann bei der Einweihung im Juli aussuchen, ob ihr mit eurem Taschengeld zwei Quadratmeter des neuen Bühnenvorhangs finanziert habt oder ein Stück von der neuen Tapete . . ."

Mitten in die Worte des Oberstudiendirektors hinein läutete es.

In die 9B kam ganz automatisch Bewegung. Das war reine Gewohnheit. Alle Schüler der Welt reagieren auf Schulglocken, selbst wenn sie im Unterricht einmal wie Murmeltiere eingedöst sind.

„Ist irgend etwas?" fragte der Oberstudiendirektor katzenfreundlich.

„Es hat zur Pause geklingelt", bemerkte der dickliche Sputnik bescheiden.

„Wir wollen uns doch nicht um solche Lappalien kümmern", sagte Herr Senftleben. Er streckte seinen rechten Arm aus und machte eine einladende Bewegung zur Türe des Klassenzimmers, die noch offenstand, wie ein Oberkellner, der in einem piekfeinen Restaurant seinen Gästen einen Tisch anbietet. „Darf ich die Herrschaften bitten, Platz zu nehmen."

Während kurz danach die übrigen Schüler des Prinz-Ludwig-Gymnasiums die Korridore füllten und ihr Lärm durch alle Stockwerke und durch das Treppenhaus wanderte, saß die 9B bereits auf ihren nagelneuen Stühlen und hinter ihren nagelneuen Tischen.

„Bitte, Herr Kollege", meinte der Oberstudiendirektor und schloß dabei eigenhändig ein Fenster nach dem anderen. „Sie wollten doch eine zweistündige Mathematikarbeit schreiben lassen, wenn ich mich richtig erinnere? Die Klasse steht zu Ihrer Verfügung." Er hatte sich wieder neben Herrn Purzer gestellt, der vor der schwarzen Wandtafel stehengeblieben war. „Meine tüchtige Sekretärin wird umgehend der Reihe nach eure Eltern anrufen und sie wissen lassen, daß ihre Herren Söhne heute eine Stunde später zum Mitttagessen erscheinen werden."

Emil Langhans hob seinen Arm und bat höflich darum, in aller Form protestieren zu dürfen. „Laut Paragraph 21 der Schulordnung darf die Unterrichtszeit nicht überschritten werden, ohne daß die Bestrafung der Schüler einen Tag zuvor . . ."

„Moment mal", unterbrach ihn Herr Senftleben, „wenn du hier von Strafe redest, bist du vollkommen falsch gewikkelt." Seine fortwährende und nicht zu erschütternde Freundlichkeit bekam allmählich einen Unterton von Spott. „Keiner von euch wird leugnen, daß die Klasse eine wertvolle Stunde mutwillig vertrödelt hat. Aber, großzügig, wie wir nun einmal sind, geben wir euch diese Stunde zurück. Das ist also ein Geschenk, und ihr hättet allen Grund, dafür dankbar zu sein. Bestraft wird lediglich mein

Kollege Purzer, der euch völlig unverschuldet Gesellschaft leisten muß. Er könnte sich seine Freizeit bestimmt lustiger vorstellen."

„Die 9B bedankt sich", bemerkte Emil Langhans mit einem schiefen Lächeln. „Gleichzeitig bitten wir unseren Klassenlehrer um Entschuldigung."

Die Klasse murmelte halbherzig Zustimmung. Sie ließ ohnehin seit einer Weile die Köpfe wieder hängen und hatte sich mit ihrem Schicksal abgefunden.

„Angenommen", sagte der Studienrat.

„Schön", sagte Herr Senftleben und fügte noch im selben Atemzug hinzu: „Im übrigen könnt ihr heilfroh sein, daß ich euch nicht ein paar Samstage hintereinander zum Nachsitzen antanzen lasse. Außerdem habt ihr ja auch euren Spaß gehabt, und der sollte euch eine lumpige Überstunde und zehn Mark Taschengeld wert sein."

„Zehn Mark und zwei Groschen", wagte Karlchen Kubatz zu korrigieren.

„Richtig", stimmte der Oberstudiendirektor zu. Er gab sich jetzt gar keine Mühe mehr, sein offenes Schmunzeln zu verbergen. „Zehn Mark zwanzig, das ist korrekt."

Dr. Purzer begleitete ihn quer durch das Zimmer und machte schließlich die Tür hinter ihm zu. Als er danach wieder seinen Tisch vor der Klasse erreicht hatte, verschränkte er die Arme und betrachtete seine Schüler eine ganze Weile, ohne ein Wort zu sagen.

Die 9B war auf alles gefaßt. Sie saß ergeben auf ihren Stühlen und wartete.

„Was für ein Aufwand, bloß um eine dämliche Klassenarbeit zu verhindern", brach Studienrat Dr. Purzer schließlich das Schweigen. „Aber was euch dazu eingefallen ist, war selbst für mich überraschend und mal was Neues. Dabei bin ich als Lehrer ein ziemlich alter Hase und hab' schon 'ne ganze Menge erlebt."

Die Klasse atmete auf.

„Nein wirklich, mein Kompliment", fuhr Purzer fort. Er entknotete seine Arme und verschränkte sie jetzt hinter dem Rücken. „Euer Ideenreichtum ist geradezu faszinierend, und wenn er euch jetzt nicht plötzlich im Stich läßt, müßtet ihr eigentlich Klassenarbeiten hinlegen, die sich nur so gewaschen haben.“ Er setzte sich und blätterte in einem Buch bis zu einer Stelle, die er sich mit einem Lesezeichen markiert hatte. „Würdet ihr jetzt freundlicherweise eure Hefte herausholen?“

Zur selben Zeit spielte die 10C zum Abschluß ihrer Turnstunde in der Halle hinter der Schulbibliothek Basketball. Die Klasse hatte sich in zwei Mannschaften aufgeteilt. Die eine spielte in gelben T-Shirts, die andere mit nacktem Oberkörper. Paul Nachtigall hechtete gerade über zwei andere Jungen hinweg, schraubte sich so hoch in die Luft, wie es eben ging, und tippte den Ball gerade noch mit seinen Fingerspitzen in den Korb.

Später beim Duschen ließ er sich ungewöhnlich viel Zeit, und noch etwas später saß er dann ganz allein auf dem leeren Schulhof in der Nähe der Mülltonnen und bei den Fahrradständern.

Der Boß der Glorreichen Sieben hatte seine Schultasche quer über die Knie gelegt und darauf, wie auf einer Tischplatte, sein aufgeschlagenes Physikbuch und ein paar Blätter Papier ausgebreitet. Er hatte damit angefangen, einen Teil seiner Hausaufgaben zu erledigen. Zwischendurch blickte er immer wieder zu den geschlossenen Fenstern im zweiten Stockwerk hinauf, hinter denen die 9B mittlerweile in die zweite Halbzeit ging.

Ihre Geschichte mit den ausgewechselten Schlössern hatte sich bereits nach der vierten Stunde im ganzen Prinz-Ludwig-Gymnasium wie ein Lauffeuer verbreitet, und auch die Bestrafung durch den Direx hatte sich bis zur Unterstufe herumgesprochen. Es muß in allen Schulen irgendwelche geheimnisvollen Negertrommeln geben.

„Die hocken jetzt ganz schön in der Klemme“, überlegte der Boß der Glorreichen Sieben und nagte an seiner Unterlippe. Es war so selbstverständlich wie nur etwas, daß er bis zum bitteren Ende auf seine Freunde warten würde. Wenn Manuel nur wenigstens eine Vier baut, hing er weiter seinen Gedanken nach. Oder eine Drei, was natürlich noch besser wäre. Er starrte wieder zu den Fenstern im zweiten Stock hinauf. Um die übrigen brauchte er sich keinen Kummer zu machen. Am wenigsten um Emil Langhans, der mit Abstand der Klassenbeste war. Und dabei überhaupt kein Streber, dachte Paul Nachtigall, bloß einfach einer, der alles kann und gar nichts dafür kann, daß er alles kann. Karlchen Kubatz und die anderen Kumpel pendelten beständig im vorderen Mittelfeld herum, fielen auch mal zurück, legten dann aber einen Zwischenspurt ein und hatten die Nase wieder im ersten Drittel. Jedenfalls war ihre Versetzung nie fragwürdig. Da sah es bei Manuel Kohl seit dem blauen Brief leider anders aus. Wenn er kleben bliebe, war eine Katastrophe fällig. Der Boß der Glorreichen Sieben bekam eine steile Falte über der Nase, wenn er sich das vorstellte. Es würde den Jungen, der so feinnervig und empfindsam war, umhauen, als hätte ihn ein Volltreffer direkt in der Magengrube erwischt.

Studienrat Dr. Purzer war schon gleich, nachdem er die zu lösenden Aufgaben und Fragen diktiert und teilweise an die neue Wandtafel geschrieben hatte, hinter den in ganzer Größe auseinandergefalteten Bad Rittershuder Nachrichten verschwunden.

In der Klasse herrschte Totenstille.

Die Aufgaben hatten es aber auch in sich. Da war den Herren der 9B im ersten Augenblick vor Schreck beinahe der Wecker stehengeblieben.

„In welchem Verhältnis muß man 36prozentigen und 69prozentigen Alkohol mischen, um 45prozentigen Alkohol zu bekommen?“

„Da fällt man ja glatt aus dem Kinderwagen“, hatte Karlchen Kubatz durch die Zähne genuschelt.

„Und zweitens, wieviel muß man von der jeweiligen Sorte wählen, um 715 Liter von 45prozentiger Konzentration zu erhalten?“

Es war zum Auf-die-Bäume-Klettern.

Die Klasse rechnete und schrieb jetzt schon länger als eine volle Stunde. Jeder wollte irgendwie zeigen, daß er mit den Aufgaben etwas anzufangen wisse. Es war nicht

gut, sichtbar und lange nachzugrübeln. Purzer hätte es bestimmt bemerkt und daraus die Schlußfolgerung gezogen, daß man Hilfe nötig hat. Trotzdem reckte hin und wieder einer der Schüler vorsichtig den Kopf und versuchte, über den Rücken des Vordermanns oder in das Heft seines Nachbarn zu schielen.

Aber dann ließ sich augenblicklich hinter den Bad Rittershuder Nachrichten die mahnende Stimme des Studienrats vernehmen. „Laßt doch diese lächerlichen Versuche, mich zu beschwindeln. Ich merke alles und möchte nicht gestört werden.“ Er blätterte seine Zeitung um, ohne einen Blick auf die Klasse zu werfen. „Wer abschreibt, bekommt im übrigen automatisch einen Sechser.“

Manuel Kohl hatte von der ersten Minute an versucht, sich mit den Aufgaben herumzuschlagen und auf eigene Faust eine Lösung fertigzubringen. Aber keine der beiden Fragen hatte etwas mit jenen Gebieten zu tun, in denen er halbwegs Bescheid wußte. Er hatte Gleichungen entworfen und wieder durchgestrichen. Überall tauchte immer wieder x auf, und x kann so viel bedeuten: x ist ja nicht bloß ein Buchstabe und auch nicht nur ein mathematisches Zeichen – x mit einem kleinen Einser unten ist beispielsweise die Koordinate eines . . .

Als es Manuel Kohl dann endgültig klargeworden war, daß er mit den zwei gestellten Aufgaben überhaupt nichts anzufangen wußte, beobachtete er eine ganze Weile lang die übrige Klasse. Sie schrieb eifrig, warf Zahlenreihen aufs Papier und machte einen unheimlich beschäftigten Eindruck. Nur das Geräusch ihrer Kugelschreiber war zu hören, manchmal das Scharren eines Stuhls oder das Umblättern einer Heftseite. Manuel Kohl ließ seinen Blick von der Klasse über die Sonnenflecke auf der schwarzen Tafel nach draußen wandern. Der Kastanienbaum war gerade dabei, die ersten Blüten zwischen seine Blätter zu zaubern. Spatzen tschilpten, eine Taube landete auf dem Fensterbrett, blickte kurz durch die Glasscheibe und flatterte wieder davon.

„Was machst du denn, Manuel?" fragte Purzer hinter seiner Zeitung hervor.

„Ich hab' einen Augenblick hinausgeschaut", sagte der Junge mit den großen blauen Augen. „Entschuldigen Sie, Herr Studienrat."

„Darf man fragen, was deine Aufmerksamkeit mehr in Anspruch nimmt als unsere Klassenarbeit?"

„Die Wolke dort."

Es war ein kleiner weißer Wattebausch, der ganz allein am blaßblauen Himmel schwebte.

„Du schenkst uns deine physische Gegenwart", erwiderte der Studienrat, „aber mit deinen Gedanken scheinst du ganz weit weg zu sein. Wie soll das weitergehen mit dir?" Er legte seine Zeitung auf den Tisch, stand auf und schlenderte zu dem Fenster hinüber, durch das kurz zuvor noch die Taube neugierig ins Klassenzimmer gespäht hatte. Er stand eine Weile mit dem Rücken zu seinen Schülern. Aber keinesfalls, um sie in der Spiegelung der Scheibe zu beobachten. Purzer konnte auf derartige primitive Tricks verzichten.

„So schwer sind die Aufgaben doch nun auch wieder nicht“, meinte Purzer und verschränkte seine Hände hinter dem Rücken.

„Na, ganz schön raffiniert“, seufzte Karlchen Kubatz, ohne von seinem Heft aufzublicken.

„Eine Klassenarbeit soll ja auch kein Spaziergang sein“, erwiderte der Studienrat. Er blickte eine Weile in den Hof hinunter, wo ganz hinten bei den Mülltonnen mutterseelenallein ein Junge saß und zu ihm heraufschaute.

Purzer drehte sich um und machte ein paar Schritte in die Richtung von Manuel Kohl. „Kannst du mit den Fragen denn überhaupt nichts anfangen?“

„Sie sind leider wie chinesisch für mich“, meinte der Schüler mit den großen blauen Augen entmutigt.

Zwei oder drei Schüler kicherten.

„Himmeldonnerwetter, probier es doch wenigstens“, meinte Studienrat Purzer halblaut und eindringlich. „In meiner Klasse gibt es keine Sitzenbleiber, dafür bin ich inzwischen bekannt wie ein bunter Hund.“ Er lächelte ein bißchen. „Übrigens können wir uns das gar nicht leisten, daß du hängenbleibst, weil ich mich dann künftig genieren müßte, wenn ich weiterhin bei deinen reizenden Eltern meine Blumen kaufe.“

Purzer war wieder zu seinem Tisch gewandert. Er setzte sich, lehnte sich zurück und verschwand wieder hinter den auseinandergefalteten Bad Rittershuder Nachrichten. „Immerhin haben wir mit den Versetzungen ja noch bis Juli Zeit“, meinte er dabei. „Die Klasse bitte ich um Nachsicht, falls ich sie bei der Arbeit gestört haben sollte.“ Er blätterte jetzt um und vertiefte sich in den Sportteil seiner Zeitung.

Der Boß der Glorreichen Sieben hatte vom leeren Schulhof her die Silhouette des Studienrats am Fenster beobachtet. Sie war eine Weile stehengeblieben und dann wieder verschwunden.

„Das geht mehr auf die Nerven als der spannendste Krimi“, schimpfte Paul Nachtigall vor sich hin. Gleich darauf feuerte er sein Physikbuch, das Heft und seinen

Kugelschreiber in die braunlederne Schulmappe. Genauso muß es in einem Heizkessel rumoren, wenn er wegen Überdruck kurz vor dem Explodieren steht, dachte er und sprang auf.

Bereits zwei Minuten später karriolte der Boß der Glorreichen Sieben wie ein Verrückter kreuz und quer über den leeren Schulhof. Seine Gedanken waren wieder einmal bei Manuel Kohl. Der schmale Junge mit den verträumten Augen ging ihm einfach nicht aus dem Kopf. Er sah ihn förmlich vor sich, wie er da oben im zweiten Stockwerk ratlos von einer Zahl über die andere stolperte.

Wir müssen so was wie einen Abschleppdienst für ihn organisieren, überlegte Paul Nachtigall. Er kurvte dicht vor dem Eisengitter an der einen Seite des Hofs zum Hauptgebäude hin, bremste ab, daß es nur so staubte, und trat dann mit voller Kraft wieder an, ohne die Füße von den Pedalen zu nehmen. Wer von uns in Mathe bloß einigermaßen zur Spitze gehört, muß mithelfen, auch wenn's ihm nicht in den Kram paßt. Wir lösen uns jeden Tag ab und zwiebeln ihn so lange, bis ihm die Gleichungen nur so aus den Ohren raushängen. Wäre doch gekichert, wenn wir ihn nicht in die nächste Klasse schaufeln. Da haben wir doch schon ganz andere Dinger gedreht . . .

„He, bei dir ist wohl 'ne Sicherung durch oder was?" rief in diesem Augenblick eine Stimme. Sie gehörte Hausmeister Knöppke, der plötzlich zigarettenqualmend auf der breiten Steintreppe zum Eingang stand. „Radfahren im Schulhof ist verboten, du Pfeifenkopf. Das weißt du ganz genau. Wir sind doch nicht der Nürburgring."

„Entschuldigung, Herr Knöppke", rief Paul Nachtigall außer Atem zurück. „Ich warte ja nur, bis die da oben fertig sind. Aber ich muß Luft ablassen, oder ich platze auseinander." Er hatte inzwischen schon schweißnasses Haar, sauste mit gekrümmtem Rücken schon zum drittenmal um den Kastanienbaum herum und strampelte dann zu den Mülltonnen hinüber, hinter denen die herausgerissenen alten Schulbänke von der Möbelfirma wie ein Haufen Kisten aufeinandergestapelt waren.

„Na ja, kann ich eigentlich verstehen«, brummte der Hausmeister und verschwand wieder im Schulgebäude. „Man muß ja nicht alles gesehen haben, was man sieht." Selbstverständlich waren ihm die Glorreichen Sieben und ihr Boß ein Begriff.

Zur selben Zeit faltete Studienrat Dr. Purzer hinter den verschlossenen Fenstern im zweiten Stock die Bad Rittershuder Nachrichten zusammen, blickte auf seine Armbanduhr und stellte fest: „Ihr habt nicht mehr viel Zeit, es läutet in zehn Minuten, und dann ist endgültig Einsendeschluß."

Die drei Redakteure lehnen ruhig und gelassen in den Gartenstühlen. Aber irgendwie habe ich den Eindruck, daß sie in Wirklichkeit so ein bißchen wie auf Kohlen sitzen. Jedenfalls schielt Michael, als er sich nicht beobachtet glaubt, auf seine Armbanduhr, und Urs neigt beinahe gleichzeitig seinen schwarzhaarigen Kopf in Richtung Gartenpforte, so, als ob er ein Geräusch gehört hätte oder eines erwarten würde.

Inzwischen ist die Eisschüssel leergelöffelt, der letzte Rest Kaffee ist in der Kanne bestimmt lauwarm geworden, und auf der Kuchenplatte ist nur noch ein Stück Bienenstich übriggeblieben.

„Kann ich noch etwas für euch tun?“ frage ich.

Nur Michael hat einen Wunsch. „Bloß ein Glas Wasser, hab’ auf einmal einen trockenen Hals.“ Ich will aufstehen, aber er ist schneller auf seinen langen Beinen. „Sie erlauben doch“, meint er und tigert dabei in seinen Tennisschuhen bereits los. „Inzwischen kennen wir uns hier ja aus.“

„Bitte, bediene dich selbst“, sage ich.

Während wir kurz darauf die Wasserleitung hören, ruft Michael aus der Küche: „Woher wissen Sie eigentlich so genau, wie es heute in den Schulen zugeht? Seitdem Sie auf der Penne waren, hat sich doch eine ganze Menge geändert." Dabei kommt er bereits wieder auf die Terrasse an unseren Tisch zurück und nimmt noch im Stehen einen langen Schluck. „Auwei, tut das gut", verkündet er anschließend und atmet tief durch. „Was für eine Masche haben Sie da?" fragt er weiter, während er erneut Platz nimmt. „Ich meine, wie machen Sie es, daß Sie sozusagen immer ‚up to date' sind, wie die Amerikaner sagen?"

„Als Redakteure müßtet ihr euch das eigentlich zusammenreimen können", bemerke ich. „Noch nichts von Recherchen und recherchieren gehört? Bestimmt habt ihr 'ne Ahnung, was man darunter versteht."

„Man könnte es mit ‚nachforschen' übersetzen, Herr Studienrat, oder mit ‚ermitteln' zum Beispiel", antwortet Thomas so, als ob er von einer Sekunde zur anderen aus seinem Gartenstuhl wieder einmal in eine Schulbank katapultiert worden sei.

„Genau das ist es", fahre ich fort. „Wenn ich einen Film zu drehen habe, der in einem Bergwerk spielt, gehe ich eben in ein Bergwerk, gucke mich um, nach Möglichkeit auch hinter den Kulissen, und spitze die Ohren. Brauche ich für meine Geschichten ein Autorennen und hab' ich davon nur soviel Ahnung wie eine Ameise vom Britischen Museum, mache ich mich nach Hockenheim auf die Socken oder zum Nürburgring. Spielt beim Schreiben eine Gerichtsverhandlung mit, lasse ich mich unter die Reporter mogeln und sitze dann auf der Pressebank dem Angeklagten gegenüber. Ich schnüffle im Betrieb von Tageszeitungen herum, in luxuriösen Hotelkästen oder in einem Zirkus. Was ich verfilme oder was in meinen Büchern steht, muß ja schließlich stimmen."

„Und da läßt man Sie überall herumspazieren und hineinriechen?" fragt Urs etwas verwundert.

„Nach ein paar Briefen oder Telefonaten funktioniert es im allgemeinen. Oft freut man sich sogar, daß ich komme. Aber manchmal schütteln irgendwelche Herren auch ihre Köpfe und äußern zuerst ernsthafte Bedenken. So dauerte es zum Beispiel eine ganze Weile, bis man mich in einen

Operationssaal ließ, und dann auch nur als Arzt verkleidet und nach all den üblichen ausgiebigen Waschungen. Ein anderesmal zum Beispiel war es eine ziemlich harte Nuß, bis ich einen ganzen Tag lang ein Gefängnis besuchen und mich ohne Aufsicht mit den Gefangenen unterhalten durfte."

„So eine Erlaubnis würden Sie für unsere Schule nie bekommen", stellt Michael fest. „Da müßten Sie sich schon als Fensterputzer am Hausmeister vorbeidrücken oder als Vertreter für Schreibmaschinenpapier und Büroklammern die Direktionssekretärin becircen."

„Und während des Unterrichts könnten Sie sich vielleicht neben dem Katheder im Papierkorb verstecken", witzelt Thomas. „Das würde allerdings nicht besonders gemütlich sein."

„In eine Penne reinzukommen, ist so ziemlich meine leichteste Übung", behaupte ich. „Schulämter sind nämlich gar nicht so verkalkt und bürokratisch, wie man es ihnen oft anhängt."

„Man lernt nie aus", bemerkt Thomas. „Und wie spielt sich so was dann ab?"

„Ganz unkompliziert", erwidere ich. „Nachdem mich die zuständige Behörde beim Direktor einer Schule angemeldet hat, kreuze ich auf, und meistens trinken wir in seinem Büro zuerst einmal eine Tasse Kaffee miteinander. Ich darf meine ersten Fragen stellen, betrachte mir die Lehrpläne, die an der Wand hängen, und anschließend begleitet er mich durch die leeren Korridore in ein Klassenzimmer. ‚Bitte, lassen Sie sich nicht stören, Herr Kollege', flüstert er dem Lehrer zu, der gerade unterrichtet, und dann setzen wir uns im Rücken der Klasse auf zwei Stühle. Manchmal läßt mich der Direx auch allein, weil er nicht allzulange als Fremdenführer unterwegs sein will und noch Wichtigeres zu tun hat. Dann sitze ich da wie im Kino, habe die Beine übereinandergeschlagen, die Arme verschränkt und bin ganz Ohr. Die Schüler vermuten, daß ich irgendein hohes Tier vom Schulamt bin und zu einer Art Stichprobe in den Unterricht hereingeschneit kam. Selbst der Lehrer ist dieser Meinung, versucht, sich von seiner vorteilhaftesten Seite zu zeigen, und die Jungen und Mädchen in den Bänken mimen eine ungeheuer artige und wissensdurstige Bilderbuchklasse. Immer wieder schielt man zu mir herüber und ist beinahe besorgt, wenn ich mir gelegentlich Notizen mache."

„Das grenzt schon beinahe an Gemeinheit", bemerkt Michael. „Wenn ich mir vorstelle, daß bei uns . . ."

„Beruhige dich", unterbreche ich ihn. „Nicht immer macht der Direktor aus meinem Besuch ein Geheimnis. Dann stellt er mich dem Lehrkörper vor, und wenn ich in die Klassen mitkommen darf, wird den Schülern gleich reiner Wein eingeschenkt. Das führt allerdings dazu, daß der Unterricht spätestens nach zwanzig Minuten umkippt, weil der Klassensprecher oder ein anderer Knabe plötzlich meint, daß so ein Gast von draußen im Klassenzimmer doch verhältnismäßig selten sei und daß man den Rest der Stunde deshalb damit zubringen sollte, sich gegenseitig Fragen zu stellen und Antworten zu geben. So kommt es dann zu Unterhaltungen, die auch in den Pausen weitergehen und oft auch noch nach Schulschluß. Ich darf bei einer Versammlung der Vertrauensschüler dabeisein und ein anderes Mal auch bei einer Lehrerkonferenz. Hier in Berlin gibt es zwei Schulen, da bin ich bereits so bekannt wie ein bunter Hund."

„Womit hinreichend erklärt ist, was ich wissen wollte", stellt Michael sachlich fest. Dabei streicht er auf seinem Notizblock ein paar Worte aus. „Erledigt", murmelt er dabei.

„Aber bei mir ist noch eine Auskunft offen", meldet sich Urs zu Wort. Auch er hat sich seine Fragen aufgeschrieben, und zwar auf die karierte Seite seines Schulhefts.

„Das wäre?" frage ich.

„Die Sache mit den Tricks bei Kriminalfilmen", antwortet der schwarzhaarige Junge aus Luzern. „Ich meine Autozusammenstöße, stürzende Pferde, Einschüsse und so weiter."

Michael guckt schon wieder verstohlen auf seine Armbanduhr. Ich tue ihm den Gefallen und bemerke es nicht.

„Für die Dauer eines Films ist dem Schauspieler so ziemlich alles Gefährliche verboten", beginne ich mit meiner Antwort. „Er darf sich nicht auf Skier stellen, nicht reiten, nicht Tennis spielen, und oft wird ihm von der Versicherung und der Produktion sogar das Fahren im eigenen Auto untersagt. Der Film würde ja platzen oder zumindest durch eine lange Pause enorm verteuert werden, wenn einer der Hauptdarsteller ausfiele. Da kommt es selbstverständlich erst recht nicht in Frage, daß er einen Beinbruch oder noch Schlimmeres riskiert, wenn das Drehbuch irgendwelche artistischen Szenen von ihm verlangt – auch wenn er sportlich auf Draht ist und den Ehrgeiz hat, selber von einem fahrenden Zug zu springen oder an einem Hochhaus von einem Balkon auf den anderen zu turnen. Nichts zu machen. Für derartige Aufnahmen gibt es die sogenannten Kaskadeure oder Stuntmen, die ihrerseits auch wieder spezialisiert sind. In der Branche kennt man sie genau, sie sind in Katalogen erfaßt, und so kann eine Aufnahmeleitung jeweils den richtigen Mann für diese oder jene Aufgabe kommen lassen. Dabei spielt es dann selbstverständlich noch eine Rolle, daß der Sensationsdarsteller wenigstens einigermaßen die Figur des Schauspielers hat, den er doubeln soll, wie man sagt. Denn genauso gekleidet wie er, unter Umständen noch mit Schminke und Perücke zurechtgemacht, müssen sich die beiden ja zum Verwechseln ähnlich sehen. Auf eine gewisse Entfernung jedenfalls. Manchmal auch nur von der Rückseite. Es kommt ganz darauf an, was sie machen sollen, in welcher Geschwindigkeit sich die Szene abspielt und aus welchem Standpunkt die Kamera fotografiert. Klar, daß sie ihren Job durch die Bank beherrschen und genau wissen, worauf es ankommt. Sie haben ihre Erfahrungen gemacht und lassen sich vor allem nicht drängeln, wenn es um die Wurst geht. Sorgfältig wie Trapezartisten, die ohne Netz durch die Luft wirbeln, überprüfen sie vor ihrem Einsatz die peinlich akkurat gemachten Vorbereitungen. Ob für die Scheibe, durch die sie springen sollen, vom Requisiteur das extra dünne Spezialglas besorgt ist und ob es locker genug im Rahmen klemmt. Zu Stürzen von einem Dach oder einem hohen Baugerüst herunter schichten sie für den Aufprall einen Berg von leeren Kartons übereinander, auf denen sie sicherer landen als in einem Sprungtuch. Vor einem Zusammenstoß präparieren sie das Unfallauto an allen Stellen, die von der Kamera nicht einzusehen sind, mit Schaumgummi und sich selbst am Körper mit stark wattierten Binden, soweit ihr Kostüm das zuläßt. Die Tür an ihrer Seite ist nur ganz leicht befestigt, damit sie sich sofort öffnet, falls sich der Fahrer im letzten Augenblick ins Freie rollen muß, bevor sein Wagen von einer Gebirgsstraße in die Tiefe stürzt. Andere sind darauf abonniert, über die Dächer eines fahrenden Zuges zu rennen oder als brennende Fackel aus irgendwelchen Flammen herauszulaufen. Sie ziehen sich enganliegende Trikots aus Asbestmaterial über die Haut, wissen, in welcher Haltung sie sich bewegen müssen, damit das Feuer nicht ihr Gesicht oder auch nur ihr Haar treffen kann, und dicht hinter der Kamera warten ihre Helfer mit besonderen Geräten, die jeden Brand im Bruchteil einer Sekunde ersticken."

„Bei solchen Szenen kann also wirklich nicht geschwindelt werden?" fragt Thomas. „Dann riskieren diese Doubles tatsächlich ihre Knochen, und der Schauspieler ist fein heraus?"

„Er kann sich sozusagen selbst in aller Ruhe beobachten, wenn er von einer Brücke springt", gebe ich zu. „In der Totalen ist es der Stuntman, und der Kopf, der dann hinterher in Großaufnahme aus dem Wasser auftaucht, gehört dem Star. Mit einem geschickten Schnitt ist die Täuschung perfekt."

„Dann sind also Leute wie Belmondo oder Mister 007 in Wirklichkeit gar nicht die tollkühnen Draufgänger?" will Urs wissen.

„Schließlich sind sie ja Schauspieler und keine Zirkusartisten", entgegne ich. „Übrigens ist es gar nicht so selten, daß bei derartigen Aufnahmen diskret ein Notarztwagen parkt, den die Produktion vorsorglich bestellt und vor dem

Stuntman rücksichtsvoll versteckt hat. Glücklicherweise ist bei mir in solchen Fällen bisher alles gutgegangen. Aber hin und wieder hört man doch von Unfällen, die aber meistens gar nicht bei den wirklich gefährlichen Szenen passieren. Am häufigsten treten sie bei Schlägereien auf, auch wenn die Tische und Stühle, die dabei zertrümmert werden und unter den Kämpfenden zusammenbrechen, aus einem ganz speziellen Holz angefertigt sind, das nicht widerstandsfähiger ist als eine leere Streichholzschachtel. Auch Flaschen und ganze Vasen, die man sich gegenseitig auf dem Schädel zertrümmert, sind besonders angefertigt, und zwar aus einer Zuckermasse, die wie Glas aussieht, aber beim Aufschlag nicht mehr Schaden anrichtet als eine aufgeblasene Papiertüte. Allerdings mit einer Whiskyflasche aus diesem Spezialmaterial habe ich doch einmal eine verhängnisvolle Pleite erlebt, als ich in Rom bei den Dreharbeiten zu einem Western zuschauen durfte. Die Proben funktionierten fabelhaft. Das Zuckerglas zersplitterte in tausend Scherben auf dem Kopf eines Schauspielers, der sich daraufhin sehr eindrucksvoll auf den Boden fallen ließ und hinterher wieder vergnügt auf die Beine sprang. Später, als die Scheinwerfer brannten und die Kamera lief, blieb er dann allerdings bewußtlos liegen. Der Requisiteur hatte die bei der Probe noch leere Flasche für die Aufnahme bis zur Hälfte mit Wasser gefüllt und nicht bedacht, daß die Flüssigkeit mit ihrem Gewicht wie ein Hammer zuschlagen würde."

„Im Physikunterricht gepennt", stellt Michael fest.

„Und wenn Pferde unter ihren Reitern zusammenbrechen, wie wird das gemacht?" fragt Urs.

„Du weiß doch, wie kleine Modellflugzeuge gesteuert werden und wie elektronische Geräte andere auslösen können", versuche ich zu erklären, was mir gar nicht so leicht fällt, denn von Technik verstehe ich verdammt wenig. „Jedenfalls bekommen die Pferde Metallplättchen unter ihr Zaumzeug, und wenn das Tier die von der Kamera festgelegte Stelle erreicht hat, löst das Steuerungsgerät einen Stromschlag aus. Er soll das Gehirn des Pferdes nur ganz kurz treffen und angeblich harmlos sein. Immerhin bewirkt er, daß die Tiere aus dem vollen Galopp mit den Vorderbeinen einknicken. Manchmal beschränkt man sich aber auch auf ein einfaches Kabel, und der Reiter kann über eine Batterie mit einem Knopfdruck selbst den Sturz auslösen."

„Scheint mir ein Fall für den Tierschutzverein zu sein", meint Urs und rümpft die Nase.

„Ganz deiner Meinung, und es hat auch schon einige Proteste gegeben", stimme ich zu. „Aber du hast ja wissen wollen, wie so etwas gemacht wird."

„Künftig streiche ich Filme mit stürzenden Pferden aus meinem Programm", verkündet Thomas.

„Um noch auf die Schießereien in Krimis zu kommen", fahre ich fort, „da gibt es für alles, was mit Feuer, Pulver und Waffen zu tun hat, Fachleute, die Pyrotechniker. Sie reisen kreuz und quer durch Deutschland, sozusagen von einer Filmexplosion oder Krimischießerei zur anderen. Eben überallhin, wo sie gerade gebraucht werden. Dabei kann es einem dann passieren, daß einer dieser Männer mit seinen Koffern voller Waffen, Munition und einem Sortiment von Pulversorten ins Atelier kommt, sich vorstellt und einem dabei die linke Hand hinhält, weil seine rechte aus einer Prothese besteht. Oder bei einem anderen ist das Gesicht durch Verbrennungen entstellt. Derartige Berufsschäden heben im ersten Augenblick nicht unbedingt das Vertrauen. Andererseits kann man sich mit dem Sprichwort trösten, daß Erfahrung ja klug machen soll – und in diesem besonderen Fall noch vorsichtig dazu. Diese Burschen gehen mit Sprengmasse um, als sei sie Kuchenteig. Aber sie arbeiten auf den Zentimeter genau. Solch ein Schuß, der direkt neben dem Kopf eines Schauspielers einschlägt, wenn er sich bei einer Verfolgung gerade hinter eine Mauerwand geduckt hat, wird in Wirklichkeit genau umgekehrt gemacht. Der Pyrotechniker installiert in die präparierte Wand eine Sprengstoffkapsel, die er im richtigen Augenblick zur Zündung bringen kann. Um den Schauspieler von der Ungefährlichkeit der Sache zu überzeugen, demonstriert er vor dessen argwöhnischen Blicken in einer Probe mit seinem eigenen Kopf, was passieren wird. Er nimmt die Position des Darstellers ein, löst die kleine Explosion aus, und an seinem linken Ohr vorbei fliegt der Mörtel aus der Wand. ‚Ich bin noch gute zehn Zentimeter dichter rangegangen, als Sie das tun sollen', meint er beruhigend, und dann steigt die Aufnahme. Der Schauspieler kommt um die Ecke gelaufen und drückt sich an die Mauer. Im selben Augenblick läßt der Pyrotechniker seine Sprengstoffkapsel platzen, der Schauspieler reißt den Kopf herum und türmt weiter."

„Immerhin", meint Urs und wiegt den Kopf.

„Wirkungsvoller als so eine trockene Wand ist natürlich zum Beispiel ein Benzinfaß, hinter dem man sich ja auch verstecken kann", füge ich hinzu. „Dann schießt nach der Explosion ein gut sichtbarer Wasserstrahl aus dem ‚Einschußloch' an der Kamera vorbei."

„Wenn man zuvor nicht vergessen hat, das Benzin durch Wasser zu ersetzen", bemerkt Michael. Dabei schielt er schon wieder auf seinen Chronometer.

„Und wenn einer von diesen bitterbösen Gangstern am Ende eines Films endlich im Kugelhagel zusammenbricht?" fragt Thomas.

„Da steckt man den Schauspieler ganz einfach in einen Taucheranzug, und unter sein Jackett oder seinen Mantel montiert der Pyrotechniker für jeden gewünschten Einschuß und an jeder gewünschten Stelle wieder seine Explosionskapseln, deren Wirkung er ja dosieren kann. In diesem Fall müssen sie nur stark genug sein, um den Stoff zu zerfetzen. Will der Regisseur unbedingt Blut sehen, werden zusätzlich noch kleine Plastikbeutel mit roter Flüssigkeit unter der Kleidung versteckt. Wenn jetzt die Sprengungen dicht hintereinander ausgelöst werden, kommt es lediglich darauf an, daß der Schauspieler möglichst echt reagiert, taumelt, sich irgendwo festzuhalten versucht und schließlich auf den Boden knallt. Anschließend muß er eine Weile die Luft anhalten und darf nicht nervös mit den Augen klimpern, bis vom Regisseur das ‚Aus' kommt."

„Erfreulicherweise hat es sich inzwischen bis zu den Eskimos herumgesprochen, daß diese Filmleichen nach der Aufnahme quietschvergnügt in der Atelierkantine ihr Bierchen schlürfen", meint Thomas.

„Aber allmählich kann ich mir vorstellen, daß es bei Filmaufnahmen nicht gerade wie in einem Nervensanatorium zugeht", bemerkt Urs.

„Das walte Nessy, das Monster von Loch Ness", flachst Michael.

„Jedenfalls sind Sie bestimmt ganz zufrieden", nimmt Urs seinen Gedanken wieder auf, „wenn Sie nach so einem Affentheater zwischendurch wieder in aller Ruhe und ganz allein zum Schreiben kommen. Dabei kann es Ihnen jetzt vollkommen egal sein, ob es draußen hagelt oder ob die Sonne scheint. Kein Produzent, der daran erinnert, daß die Moneten wie bei einer Taxiuhr davonlaufen, nicht die ganzen Beleuchter, Schauspieler, Tonleute und wer weiß was sonst noch alles, die sich gegenseitig auf die Füße treten und Ihnen abwechselnd Löcher in den Bauch fragen."

„Stimmt, manchmal mache ich ganz gern Urlaub von den Scheinwerfern", gebe ich zu. „Aber nicht nur, weil ich den ganzen Trubel und Rummel gelegentlich vergessen will. Filmemachen, das heißt auch, auf viele Menschen, eine Menge Dinge und Zufälle angewiesen zu sein. Wenn ich schreibe, bin ich von anderen so unabhängig, wie zum Beispiel ein Maler. Es gibt nur ganz wenige Berufe, in denen man das, was man macht, ganz allein machen kann. Das Bild eines Malers bleibt genauso, wie er es gemalt hat, und in einem Buch wird jedes Wort so gedruckt, wie's geschrieben worden ist. Ein gutes Theaterstück kann durchfallen, weil es miserabel inszeniert wurde. Umgekehrt kann sich ein Schauspieler totspielen, wenn seine Rolle mies ist. Oder ein Komponist fällt auf den Bauch, weil bei seiner Premiere das Orchester an den Noten vorbeispielt. Dafür sind Maler und Schriftsteller aber auch allein verantwortlich. Für ihren Mist genauso wie für das, was ihnen gelungen ist."

„Und dazu macht es noch Spaß", meint Urs. „Nehme ich doch stark an?"

„Es wechselt", antworte ich. „Manchmal quält man sich, hockt über der Schreibmaschine, hält die Luft an, was man schreibt, riecht nur nach Farbband, und das Zwerchfell tut weh. Dann wieder hat man an einem ganzen Tag soundso viele Seiten geschafft und ist verdammt glücklich darüber."

Urs will etwas erwidern, aber da schellt die Klingel an der Gartenpforte.

Und jetzt geht alles sehr schnell.

Es stellt sich heraus, daß meine drei Redakteure von Michaels Mannschaftsbus abgeholt werden. Er hat mit seiner Ladung nach dem Zoobesuch noch eine Stadtrundfahrt gemacht, und auf der Rückfahrt zu den Unterkünften der Turnierteilnehmer beim Olympiagelände macht er jetzt einen kleinen Umweg.

Der Abschied fällt kurz aus, weil die drei befürchten müssen, daß ihre Kumpel ungeduldig werden und einfach weiterfahren, wenn man sie zu lange warten läßt. Während sie in Eile ihre Mikrophone und Kassettenrecorder zusammenpacken, muß ich mir noch das Versprechen zu einem Gegenbesuch am Endspieltag im Stadion abnehmen lassen.

„Block B", sagt Michael und schiebt mir eine Eintrittskarte neben die Kaffeetasse. Ich entdecke sofort, daß sie für den Platz mit der Nummer 666 bestimmt ist.

„Heiliger Strohsack, wie habt ihr das geschafft?" frage ich ehrlich verblüfft.

„War gar nicht so einfach", murmelt Thomas.

„Eine kleine Aufmerksamkeit", fügt Urs hinzu.

Im Flur kläfft mein Hund ziemlich müde und nur aus halb eingeschlafenem Pflichtgefühl.

„B'hueti, du Jugendbuchfresser", sagt Urs und fährt Peter mit seiner Hand über den Kopf.

Am Gehsteig kleben die Köpfe der jungen Fußballspieler im wartenden Bus dicht nebeneinander hinter den Fensterscheiben und blicken uns neugierig entgegen.

Ich habe meinen Besuchern an der geöffneten Gartenpforte gerade die Hand gegeben, als ich sie zurückhalte.

„Einen muß ich euch unbedingt noch mit auf den Weg geben. Er ist mir grade eingefallen."

Michael ruft laut zum Bus hinüber: „Einen Moment noch!" Dabei gestikuliert er mit dem Kopf, weil er seine Hände ja nicht frei hat.

„Ich mach's ganz schnell", sage ich. „Also da dreht ein wahnsinnig berühmter Regisseur in Hollywood einen gewaltigen historischen Schinken, der in irgendeinem Krieg spielt. In monatelanger Arbeit ist eine ganze Festung aufgebaut worden. ‚Hat zehn Millionen gekostet', erklärt der stolze Meister einer Gruppe Journalisten vor der Aufnahme. ‚Sie sehen da drüben die Pulvertürme. Wenn meine rund zwanzigtausend Statisten in ihren Kostümen und mit ihren Leitern die Mauern erreicht haben, lasse ich zuerst die Türme und anschließend gleich die Festung wie eine Rakete hochgehen. Das Ganze ist dann nur noch ein einziges riesiges Flammenmeer.' Die Presseleutchen sind beeindruckt. ‚Und wie geben Sie das Zeichen für die Explosionen?' will einer wissen. ‚Ich reiße mir diesen Hut vom Kopf und halte ihn mit dem ausgestreckten Arm *so* in die Luft.' Im gleichen Augenblick fliegen drüben in der Festung nur so die Fetzen."

„Und zehn Millionen waren im Eimer", lacht Michael. Auch Urs und Thomas wiehern. Anschließend laufen alle drei los.

„Samstag, Block B, Platz sechshundertsechsundsechzig", ruft Thomas noch, bevor sich die Bustüre hinter ihm schließt.

Fünf Minuten später radle ich quer über die Clayallee in den Grunewald hinein.

Als ich zuvor seine Leine vom Garderobenhaken nahm, war Peter schlagartig wie ausgewechselt. Wenn er spitzbekommt, daß es rausgeht, ist er immer wie elektrisiert. Jetzt kurvt er mit wehendem Haar wie im Slalom um die Bäume herum, spurtet hinter anderen Hunden her oder versucht vergeblich, Tauben zu jagen. Zwischendurch ist er für eine ganze Weile verschwunden. Wenn er dann außer Puste zurückgepest kommt, bellt er ein paarmal, um deutlich zu zeigen, daß er nicht verlorengegangen ist, bis er sich erneut mit weiten Sprüngen aus dem Staub macht.

Mittlerweile bin ich mit meinen Gedanken bei den drei Redakteuren, die mit ihren Fragen mein Gedächtnis ganz schön durcheinandergewirbelt haben. Manches von dem, das ich ihnen erzählte, war eigentlich bereits vergessen oder zumindest in Schubladen verschwunden, die ich seit einer ziemlich langen Zeit nicht mehr aufgemacht hatte.

Ein Stück Wiese auf einer Lichtung zwischen den hohen Kiefern liegt noch voll in der Sonne. Der Anblick schubst meine Überlegungen ohne Umwege ganz direkt zu dem seltsamen und fast komischen Zufall, daß meine Filmemacherei zweimal ausgerechnet mit Indianergeschichten angefangen hat. Daß mir das gerade jetzt im Kopf herumgeht, kommt nicht von ungefähr. Auf einer Wiese habe ich als Junge die drei Bände Winnetou von Karl May einen nach dem anderen nur so verschlungen. Die damalige Wiese hatte ganz hohes Gras, war viel größer und lag in der Schwäbischen Alb. Wir hatten Sommerferien. Auf dem Bauch liegend mußte ich schließlich mit Tränen in den Augen lesen, wie der junge Häuptling der Apachen in das Reich Manitus abberufen wurde. Ich habe das Buch zugeschlagen, den Kopf ins Gras fallen lassen und dann zwischen Gänseblümchen und Klatschmohn geheult wie ein Schloßhund. Ganz schön kitschig, kann man dazu sagen. Aber so war es eben.

Jedenfalls haben mich die Indianer seitdem nie mehr ganz losgelassen. Das Interesse und Mitgefühl mit ihnen ist immer wieder zurückgekommen. Wie in Wellen. Mal nach kürzeren, mal nach längeren Abständen. Und wenn nicht alles schiefgeht, fliege ich ziemlich bald in die USA, um sie in ihren Reservationen zu besuchen. Das wäre dann allerdings zum erstenmal, daß ich mich erst dann an Ort und Stelle umsehe, nachdem ich bereits zuvor darüber geschrieben habe. Vielleicht muß ich dann einiges korrigieren. Aber das habe ich meinen drei Redakteuren wohlweislich verschwiegen. Ich muß ihnen ja nicht alles auf die Nase binden.

Das Fest des Walkan

Mister Webster schob seinen Panamahut aus der Stirn und stöhnte: „Es ist kaum auszuhalten." Er lehnte hinter dem Steuer einer riesigen schwarzen Limousine.

„Du hast einen Hang zu Übertreibungen", bemerkte seine Frau, die neben ihm saß. „Wir haben höchstens fünfunddreißig oder achtunddreißig Grad. Willst du einen Pfefferminzdrops?"

„Das ist eine blendende Idee", bemerkte Mister Webster und blickte in den Rückspiegel, um seinen Butler zu sehen, der im Fond des Wagens thronte.

„Und Sie, Pennyfull, auch eine kleine Erfrischung?"

„Besten Dank, Sir", lehnte der Butler ab. Er saß, ohne sich zu rühren, ganz aufrecht, genau in der Mitte des breiten Rücksitzes. In tadellosem Hemd mit Krawatte und in seinem dunklen Anzug. Vermutlich bewegte er sich nicht, weil er sonst ins Schwitzen gekommen wäre.

Mrs. Webster schien mit der drückenden Hitze am besten fertig zu werden. Sie hatte einen ziemlich großen Picknickkorb auf dem Schoß und fühlte sich zurückgelehnt und mit übereinandergeschlagenen Beinen wie zu Hause in einem Lehnsessel. Sie freute sich über den wolkenlos blauen Himmel und über die Landschaft, die so im Sechzig-Kilometer-Tempo vor den heruntergelassenen Fenstern vorbeizog. Im Lack des schwarzen Straßenkreuzers spiegelte sich die Standarte der USA, die auf dem rechten vorderen Kotflügel flatterte, und außen an der Wagentür stand unter einem Wappen in Großbuchstaben ‚Commissioner of Indian Affairs'.

Und das war keinesfalls überflüssig. Der Mann mit den hochgekrempelten Hemdsärmeln, der gerade einen Pfefferminzdrops lutschte, sah nämlich keinesfalls so aus, wie man sich schlechthin höhere amtliche Personen vorstellt. Tatsächlich aber war Mr. Webster in seiner Eigenschaft als Beauftragter für indianische Belange ein ziemlich hohes

Tier, das bei der amerikanischen Regierung und beim Außenministerium ein und aus ging, wie man so sagt. Er hatte seine Residenz in Chicago, in einer weißen Villa über dem Michigansee, mit einer USA-Flagge im Garten dicht neben der pompösen Einfahrt.

So etwa seit einer Stunde hatte sein schwerer amtlicher Wagen das Flachland der Great Plains verlassen, und das Land stieg allmählich an. Trotzdem dehnten sich links und rechts der Straße immer noch bis zum Horizont endlose Felder mit Getreide, die vom Wind bewegt wurden.

„Irgendwie muß ich an das Meer denken", stellte Mrs. Webster fest.

„Bei dieser Affenhitze eine angenehme Vorstellung", bemerkte ihr Mann.

Nach dem Tal des Mississippi begann endgültig der Anstieg zum Gebirge. Hinter jeder Kurve veränderte sich die Landschaft.

Plötzlich rollte die schwarze Limousine an lauter Rhododendronbüschen vorbei, und Schwärme von Eichhörnchen jagten davon. Dann gab es auf einmal nur dichten Laub- und Nadelwald, schließlich nichts als steile Felswände.

„Es kann nicht mehr weit sein, ich rieche schon die Wasserfälle." Mrs. Webster schnupperte mit ihrer kleinen Nase wie ein Jagdhund.

Und beinahe mit ihrem letzten Wort stieg am Horizont eine dünne, steile Rauchsäule in die Luft. Kurz darauf eine zweite und eine dritte. Fast in Sekundenschnelle breiteten sie sich aus, stiegen immer noch höher und wurden ganz schwarz.

„Ein Steppenbrand, wenn ich mich nicht täusche", meinte Pennyfull ängstlich. „Und nirgends ein Telefon, um die nächste Feuerwehr zu alarmieren."

Mister Webster lachte. „Das sind so eine Art Morsezeichen der Indianer. Und ich wette um eine Kiste Zigarren, daß *wir* damit gemeint sind. Irgendein Späher hat uns schon erkannt, und nun telegrafiert man auf diese Art unsere Ankunft."

„Sehr interessant." Das war das einzige, was Pennyfull zu antworten wußte. Aber dann fügte er noch hinzu: „Vermutlich werden wir dann bald ankommen." Er saß nach wie vor aufrecht, ohne sich anzulehnen im Rücksitz. Jetzt setzte er sich auch noch eine schwarze Melone auf.

„Sie sind unverbesserlich", stellte Mister Webster schmunzelnd fest.

Die Straße wurde immer steiler, und die Kurven wurden immer noch enger. Dabei ging es jetzt durch tiefe Schlaglöcher oder über die ausgefahrenen Furchen von Pferdekarren.

„Soweit sind wir also schon", stellte Mister Webster eine Viertelstunde später fest.

Auf der linken Straßenseite kam ein großes Holzschild mit der Aufschrift APACHE RESERVATION in Sicht, was bedeutete, daß hier jenes Gebiet begann, das dem Stamm der Apachen von der Regierung zugewiesen und auch durch die Indianerverträge garantiert worden war.

„Auf diesen Besuch hab' ich mich, schon als wir zu dieser Rundreise aufgebrochen sind, am meisten gefreut", meinte

Mister Webster. „Hast du noch einen Pfefferminzdrops, Liz?“

Seine Frau bediente ihn und erinnerte dabei mit einem kleinen Lächeln daran, daß ja auch die Sioux, die sie gerade besucht hatten, oder die Delawaren, die Crows oder die Uintahs sehr liebenswerte Menschen seien.

„Du hast schon recht“, gab Mister Webster zu. „Aber es gibt doch große Unterschiede. Denk dran, wie sich manche Stämme selbst ausgerottet haben, weil sie wegen irgendeines lumpigen Jobs in die Städte gegangen sind. Ahnungslos wie Kinder sind sie im Existenzkampf mit den Weißen in den Slums gelandet, beim Alkohol und schließlich im Gefängnis.“

„Und aus ihren früheren Jagdgründen klauen inzwischen clevere Geschäftemacher Kohle, Silber und Uran“, ergänzte Mrs. Webster nachdenklich.

„Wo sie einmal ihre Büffel jagten und ihre Wigwams hatten“, knurrte Mister Webster, „stehen heute Hochhäuser, quietschen Ölpumpen, liegen Schutthalden und Autowracks. Gibst du mir bitte Feuer?“

Er hatte sich mit der linken Hand eine tiefschwarze Zigarre aus der Brusttasche seines buntkarierten Hemds gefingert.

„Oder die andere Art, irgendwie zu überleben“, fuhr Mister Webster fort, „wenn sie ihr Lächeln und ihre Würde, wie zum Beispiel die Navajos am Colorado River, den Touristen verkaufen, die in Omnibussen oder mit Pauschalreisen zu ihnen kommen.“ Mister Webster paffte bereits die erste kleine Rauchwolke gegen die Windschutzscheibe. „Dann tanzen sie für Geld und schon lange nicht mehr für ihren Gott Manitu. Sie schleichen zum Spaß auf dem Kriegspfad, rauchen mit den Fremden die Friedenspfeife, lassen sich fotografieren und kassieren dafür.“

Mister Webster unterbrach sich, beförderte seine schwarze Zigarre von dem rechten in den linken Mundwinkel und pfiff dabei durch die Zähne, soweit das ging. Die Kurven wurden jetzt nämlich so eng, daß er seinen großen Wagen ein Stück zurücksetzen mußte, um weiterzukommen. „Nur sechs Stämme, und darunter in erster Linie die Apachen, sind zu ihrer alten Tradition zurückgekehrt. Sie leben heute wieder, wie ihre Väter gelebt haben. Sie sagen, daß sie ihre Vergangenheit einholen wollen und haben den Alkohol in ihren Reservaten verboten, wollen wieder leben, ohne zu stehlen und ohne zu lügen. Und weil sie wissen, daß ihnen das nur in der Natur gelingen wird und möglichst weit weg von den Weißen, leben sie wieder in ihren alten Jagdgründen, hören sie wieder allein auf ihre Häuptlinge, züchten Vieh, treiben Ackerbau, haben eigene Schulen und sprechen nur noch ihr Hopi oder ihr Wabanaki und lediglich ein paar Brocken Englisch – für ein Datum oder eine Jahreszahl. Weil die indianische Sprache für Zeit keine Wörter hat."

„Kann ein Indianer dann gar nicht sagen, wie spät es gerade ist, zum Beispiel?" fragte Pennyfull auf seinem Rücksitz verwundert.

„Er muß es in Englisch ausdrücken", erwiderte Mister Webster. „Aber machen Sie sich darüber nicht lustig, mein Lieber. Warten Sie besser, bis Sie meine Apachen persönlich kennenlernen."

„Vor allem ihren Häuptling", bemerkte seine Frau. „Sie werden sich wundern und mit den Ohren schlackern."

„Dieser Kuguah", schwärmte ihr Mann und nahm wieder einen Zug aus seiner pechschwarzen Zigarre, „das ist doch ein Kerl wie aus einem Bilderbuch. Und das sag' ich nicht nur deshalb, weil er mich zu seinem Blutsfreund gemacht hat. Irgendwie vergesse ich unsere ganze Zivilisation mit ihren verdammten Wolkenkratzern und Konservenbüchsen, wenn ich bei diesen herrlichen Burschen in ihren Zelten sitze. Du, Liz, ich freue mich schon wie ein kleiner Junge darauf, sie alle wiederzusehen."

„Was ja nicht mehr lange dauern wird", meinte Mrs. Webster.

Vor der Windschutzscheibe und dem verchromten Kühler der schwarzen Limousine breitete sich jetzt ein weites Tal aus, in dessen Mittelpunkt ein großer See lag, in den sich über steile Felsen ein Wasserfall stürzte. Der Wagen hatte den höchsten Punkt der Anfahrt erreicht. Mister Webster trat auf die Bremse und schaltete den Motor ab.

„Geben Sie mir das Fernglas, Pennyfull", sagte er und reichte das Glas zuerst seiner Frau. Er zeigte seitlich zu den Anhöhen hinüber, von denen immer noch diese drei Rauchsäulen aufstiegen. Jetzt waren neben diesen Rauchsäulen aber bereits Menschen zu erkennen, die herüberwinkten.

Unten im Tal und am Ufer des Sees lag die Siedlung der Apachen.

Durch das Fernglas konnte Mrs. Webster schon Zelte und Dächer unterscheiden. Auf einem freien Platz wimmelte eine Menge winziger Gestalten durcheinander.

Als ihm die Rauchzeichen der Späher gemeldet wurden, hatte Kuguah die Männer seines Stammes zum Großen Platz rufen lassen.

Trommeln brachten ganz Mapimi auf die Beine.

Schon in wenigen Minuten waren die Zelte leer, und genauso war die Siedlung der Pueblos mit den zwei- oder dreigeschossigen Lehmhütten, in denen vor allem die Verwaltung, die Schule und ein primitives Telegrafenamt mit einem nur selten funktionierenden Telefon untergebracht waren, plötzlich wie ausgestorben.

Die Männer der Apachen hatten, wie an den großen Tagen ihrer Väter, den traditionellen Kriegsschmuck des Stammes angelegt. Die braune Haut ihrer Körper war mit Tiersymbolen weiß bemalt. Fische bedeuteten Wachsamkeit, Bären bedeuteten Kraft, Wale bedeuteten Mut und Löwen bedeuteten Macht. Ihre langen Hosen aus weichem Leder und ihre Mokassins waren bunt bestickt. Sie trugen die Federn des Geiers, des Bussards und des Habichts als Kopfschmuck. Wer die weiße Feder eines Adlers tragen durfte, mußte durch irgendeine Tat besondere Fähigkeiten bewiesen haben. In den Zeiten der großen Kriege hatten sich die Söhne der Apachen diese Auszeichnung durch todesmutigen Kampf gegen die weißen Eroberer verdient.

Heute konnte der tapfere Sieg über ein gefährliches Raubtier zum Tragen berechtigen, die Entdeckung einer

Büffelherde oder das Aufspüren von Öl oder Gold im Gebiet des Reservats.

Die jüngeren Männer der Apachen gingen barfuß und trugen lediglich einen kurzen Lendenschurz aus Otternhaut. Ihr langes, schwarzes Haar war im Nacken geknotet.

Es waren insgesamt mehr als tausend Krieger, die sich auf dem Großen Platz versammelt hatten. Sie waren mit Speeren und Gewehren bewaffnet – zum Teil auch noch mit Pfeil und Bogen oder Tomahawks.

Die Frauen standen mit ihren Kindern in bunten Gewändern und mit Stirnbändern aus Glasperlen in weitem, fast ehrfurchtsvollem Abstand.

Als jetzt der schwarze Straßenkreuzer von Mister Webster mit der amerikanischen Flagge auf dem Kotflügel sichtbar wurde und immer näher kam, gab Kuguah ein Zeichen. Darauf hatten die jungen Burschen, die mit ihren Bambustrommeln auf der Erde hockten, gewartet. Ihre Hände schlugen jetzt einen gleichmäßigen Rhythmus. Gleichzeitig kam auch Bewegung in die langen Reihen der Krieger. Sie begannen, sich in den Hüften zu wiegen, traten von einem Bein aufs andere und hoben ihre Waffen. Aber es war noch kein Tanz, sondern nur ein allgemeines Hin- und Herschwanken. Dazu war im Takt der Trommeln ein leises Summen zu hören, das allmählich in Gesang überging. „Buah – hu – buah – hu –“

Kuguah, der Häuptling der Apachen, kam aus seinem weitgeöffneten Tipi, das farbenprächtiger und größer war als alle anderen Zelte. Ein Leopardenfell lag über seinen Schultern, und sein Kopfschmuck bestand aus lauter schneeweißen Adlerfedern. Die Haut des tiefbraunen Gesichts war wie aus Leder. Sein Alter war nicht zu schätzen.

Einen Schritt neben ihm ging Chingachgook, die Große Schlange. Er war der Ratgeber des Häuptlings und der Älteste des Stammes. Auch er trug einen prächtigen Kopfputz. Allerdings nur mit zehn Adlerfedern. Vor seinen Augen hatte er eine Metallbrille mit ziemlich dicken Gläsern. Er war kleiner als Kuguah, und es machte ihm Mühe, an seiner Seite zu bleiben.

Der Häuptling erreichte das Ende des Spaliers seiner tanzenden Krieger fast im gleichen Augenblick, als Mister Webster seine Limousine zum Halten brachte. Pennyfull flitzte ins Freie und riß zuerst für Mrs. Webster und dann für ihren Mann die Wagentüren auf.

In seiner Flanellhose und dem buntkarierten Hemd kam der „Chef für Indianische Angelegenheiten der amerikanischen Regierung“ auf Kuguah zu. Kaum einen Meter vor ihm blieb er stehen, lächelte mit ehrlicher Freude in den Augen und breitete stumm die Arme aus. Mehr konnte er im Augenblick nicht tun, denn das erste Wort gehörte dem Häuptling.

Aber auch Kuguah blieb vorerst stumm.

Er hatte gleichfalls seine Arme weit ausgebreitet, was den Zweimetermann noch größer erscheinen ließ. Er erwiderte eine ganze Weile Mister Websters herzlichen Blick.

Die Krieger hatten ihren Tanz unterbrochen, und die Trommeln schwiegen.

Alle Apachen beobachteten neugierig ihren Häuptling und den Regierungsbeamten aus Chicago.

„Ho“, sagte Kuguah endlich in das Schweigen hinein.

„Ho“, antwortete Mister Webster.

Die beiden Männer traten aufeinander zu und umarmten sich. Als sie sich wieder voneinander lösten, sprachen beide noch einmal das indianische Begrüßungswort.

„Ho!“

„Ho!“

Daraufhin begannen die Krieger wieder zu tanzen, wirbelten Speere und Tomahawks durch die Luft, knallten mit ihren Gewehren.

Die jungen Burschen schlugen mit flachen Händen dabei so laut auf die Trommeln ein, daß beim besten Willen kein Wort mehr zu verstehen war.

Mit großer Geste wies Kuguah auf seine Krieger und dann zum Eingang seines Zeltes.

Die beiden Websters mußten vorausgehen. Der Häuptling folgte ihnen an der Seite seines Ratgebers.

Zum Schluß kam Pennyfull.

Er trug einen Stapel Pakete vor sich her, der ihn fast verdeckte.

Vor dem Eingang des Zeltes drehte sich Mister Webster noch einmal um und zeigte sich mit seiner ganzen breiten Vorderfront den versammelten Apachen.

Und was geschehen mußte, geschah. Kuguahs Krieger und alle Apachen, die auf den Großen Platz gekommen waren, hielten sich jetzt nicht mehr zurück. Sie umringten ihre Gäste und brachen dabei in freudige Rufe und laute Schreie aus. Sie wollten den dicklichen Mister Webster schon wie einen siegreichen Boxer mit ihren starken Armen hochheben, als Kuguah die Gäste gerade noch rechtzeitig in seinem Zelt in Sicherheit brachte.

Nachdem sich die allgemeine Begeisterung wieder einigermaßen gelegt hatte, lösten sich zehn ältere Krieger aus der Masse und verschwanden jetzt auch im Tipi des Häuptlings.

Die übrigen Apachen hockten sich, wo sie gerade standen, mit angezogenen Knien auf die Erde. Wenn sie von den Gesprächen, die jetzt wohl bald im Zelt des Häuptlings geführt wurden, auch kein Wort verstehen konnten, so wollten sie doch in der Nähe sein. Sie schwiegen, und nur von drüben, wo die Frauen zusammensaßen, waren manchmal Kinder zu hören.

Im Inneren des Zeltes reichte Kuguah zuerst Mister Webster die Friedenspfeife. Sie blieb auch seiner Frau nicht erspart. Aber sie nahm die vorgeschriebenen drei Züge, ohne mit der Wimper zu zucken, und es gelang ihr sogar ein freundliches Lächeln dabei.

Man saß im Kreis. Die Gäste auf ledernen Kissen. Die Häuptlinge und der Rat der Krieger auf nacktem Boden.

„Ich freue mich, meinen weißen Bruder und seine Frau wieder einmal bei uns zu sehen“, begann Kuguah das Gespräch, nachdem die Friedenspfeife ihre Runde gemacht hatte.

Obgleich er mindestens siebzig Jahre alt sein mußte, war er schlank gewachsen und durchtrainiert bis auf die letzte Sehne. Hochaufgerichtet in seiner ganzen Größe saß

der muskulöse Oberkörper unter dem Leopardenfell auf seinen Hüften wie ein König auf seinem Thron.

„Auch ich bin erfüllt von Freude“, erwiderte Mister Webster, „weil ich meinen Bruder Kuguah nach so langer Zeit wieder gesund in die Arme schließen durfte.“ Dabei öffnete er eine große Kiste mit Zigarren, die ihm Pennyfull auf ein Zeichen hin herübergereicht hatte, und übergab sie dem Häuptling. „Ich weiß, daß mein großer Bruder nicht nur die Pfeife des Friedens raucht.“

„Ein Laster, das man mir meines hohen Alters wegen verzeihen mag“, lächelte Kuguah.

„Und da auch Chingachgook und seine Krieger diesen Genuß zu schätzen wissen“, erwiderte Mister Webster und gab seinem Butler ein zweites Zeichen, „habe ich auch für sie ähnliche Aufmerksamkeiten mitgebracht.“

Währenddessen ging Pennyfull bereits von einem der am Boden sitzenden Indianer zum anderen und verteilte die mitgebrachten Zigarrenkisten unter ihnen.

Anschließend erhielt Kuguah noch ein hochmodernes Jagdgewehr, und sein Berater, die „Große Schlange“, einen nagelneuen Pferdesattel. Die übrigen Krieger wurden mit Ferngläsern bedacht. Alle in derselben Ausführung, derselben Größe und Farbe.

Mister Webster hatte im Laufe der Zeit seine Erfahrungen gemacht und wußte inzwischen genau, welche Rangordnung er bei solchen Aufmerksamkeiten beachten mußte, und wie wichtig es war, niemanden zu benachteiligen.

Natürlich hatten alle Indianer mit irgendwelchen Gastgeschenken gerechnet. Und es war ihnen auch von Anfang an klar gewesen, daß diese Geschenke in den vielen Paketen, die der dunkelgekleidete Butler ins Zelt geschleppt hatte, verborgen sein mußten. Aber selbstverständlich hatten sie gerade deshalb Pennyfull und dessen Gepäck bisher keines Blickes gewürdigt.

Und auch jetzt zeigten sie sich zuerst völlig überrascht und taten so, als wären sie ungeheuer erstaunt. „Uff“, stöhnten sie verwundert. Bis sie schließlich offen ihre Freude erkennen ließen. Sie bedankten sich laut und redeten dabei wie eine übermütige Schulklasse durcheinander.

Pennyfull hatte mit unverhohlenem Mißvergnügen beobachtet, wie Jagdgewehr, Sattel und Ferngläser in den Händen der neuen Besitzer verschwunden waren. Es lag aber nicht an seinem säuerlichen Gesichtsausdruck, daß sich jetzt der Häuptling der Apachen veranlaßt sah, sich zu revanchieren.

Kuguah nahm schweigend das herrliche Leopardenfell, das über seinen Schultern lag, und breitete es vor seinen Gästen aus. Es wäre beleidigend gewesen, hätte Mister Webster dieses Geschenk abgelehnt. Dabei wußte er, daß der Wert dieses Felles weit höher war als der Wert all dessen, was er mitgebracht hatte. Ganz abgesehen von dem persönlichen Opfer des Häuptlings, auf eine solche Siegestrophäe zu verzichten.

„Du beschämst mich, mein Bruder! Willst du, daß ich in deiner Schuld bin?“

Aber Kuguah schüttelte den Kopf. „Viele Männer der Regierung waren vor dir hier. Aber keiner liebt unser Volk so wie du.“

Mister Webster war aufrichtig gerührt. „Eine überschäumende Freude erwärmt mein Herz“, sagte er.

Inzwischen hatten sich die in ihrem Kriegsschmuck prächtig anzuschauenden Häuptlinge und Krieger die mitgebrachten Zigarren angezündet und pafften genußvoll kleine weiße Rauchwolken in die Luft. Sie stiegen zur Spitze des Zeltes auf und von da ins Freie.

„Es sind die Tage des Walkan“, sagte Kuguah in die Stille, die sich mittlerweile ausgebreitet hatte.

„Mein roter Bruder muß sich irren“, wagte Mister Webster zu widersprechen. Auch er hatte eine Zigarre im Mund und nahm sie jetzt heraus. „Noch sind es zwei Monde bis zum Fest eurer Väter.“

Kuguah lächelte: „Du kennst die Sitten unseres Volkes. Es wäre nicht möglich, dir anderes zu sagen als die Wahrheit. Hast du nicht die Zahl unserer Krieger gesehen? Der ganze Stamm ist versammelt. Auch die entfernteste Weide ist leer. Mapimis Krale sind voll vom Vieh unserer Herden.

Die fremden Händler sind sogar von Texas und Nevada zu mir gekommen." Kuguah nahm einen neuen Zug aus seiner Zigarre und blickte ein wenig hilflos zu Chingachgook, seinem Ratgeber.

Aber „Große Schlange" wußte auch nicht so recht, was er sagen sollte. Er hüllte sich in Zigarrenrauch und blickte vor sich auf den Boden. Und alle übrigen Krieger des Stammes machten es ihm nach.

„Begreifst du denn nicht endlich?" flüsterte Mrs. Webster.

Und jetzt erst fiel bei ihrem Mann der Groschen.

„Das Volk der Apachen hat doch wohl nicht meinetwegen das Fest des Walkan um zwei Monate vorverlegt?" fragte er vorsichtig.

Die versammelten Indianer antworteten nicht sofort und blickten weiterhin vor sich auf die Erde. Allerdings zogen sie dabei etwas häufiger, als es notwendig gewesen wäre, an ihren Zigarren.

Endlich richtete sich der Häuptling auf.

„Als wir gehört haben, daß unser großer Bruder zu uns kommt, hat der Rat unseres Stammes beschlossen, die Tage des Walkan an den Tagen deines Besuches zu begehen."

Es wäre Kuguah vermutlich leichtergefallen, den Raub einer Viehherde zu gestehen oder den Überfall auf einen der Öltürme, mit denen die Weißen jetzt immer näher an die Grenzen des Reservats heranrückten. Das wären im Sinne der Väter immerhin vertretbare Taten gewesen.

Aber die Sache mit der Verschiebung des Walkan-Festes allein diesem Mister Webster zuliebe, das grenzte schon sehr an Sentimentalität. Und so etwas durfte sich ein ganzer Indianerstamm bei Lichte besehen eigentlich nicht leisten.

Natürlich hatten auch Apachen ihre Gefühle. Nur zeigen durften sie sie nicht.

Da Mister Webster aber keine Rothaut war, sagte er ganz offen, was er in diesem Augenblick empfand: „Das Herz deines Bruders ist wiederum tief gerührt." Und zu seiner Frau bemerkte er: „Das ist so unwahrscheinlich, daß es mich glatt vom Stuhl haut.“ Er schüttelte den Kopf und fügte leise hinzu: „Ich hoffe, es ist dir klar, was das bedeutet?“

„Ich ahne es“, flüsterte Mrs. Webster.

Das Ganze war tatsächlich ein tolles Stück! Zum Fest des Walkan kamen nämlich alle Söhne der Apachen mit ihren Herden aus den entlegensten Ecken des Reservats nach Mapimi. Wer es nicht besser wußte, hätte glauben können, daß der alljährliche Viehmarkt der eigentliche Grund für diese Zusammenkunft des ganzen Stammes sei. Denn in diesen Tagen kamen ja auch Händler und Einkäufer aus allen Himmelsrichtungen, um den Apachen ihre Jagdtrophäen, Pelze, Felle und eben auch ihr Vieh abzukaufen.

Aber wichtiger als diese Handelsgeschäfte, von denen sie ja wieder ein Jahr lang leben mußten, war den Söhnen der Apachen das eigentliche Fest selbst. Und dabei waren wiederum die Nächte von besonderer Bedeutung.

Große Feuer wurden angezündet, die Trommeln kamen nicht zur Ruhe, und die Krieger tanzten bis zur Erschöpfung.

In diesen Nächten des Walkan war der Medizinmann des Stammes, der sonst nur einsam in seiner Hütte lebte, das eigentliche Oberhaupt der Apachen. Nur von ihm durften jetzt Ehen geschlossen, Männer in den Rat des Stammes gewählt und Jünglinge zu Kriegern erklärt werden.

Mister Webster drückte sich von seinem Kissen ab und stand auf. Augenblicklich erhoben sich auch die Häuptlinge und ihre Krieger.

Nun trat der Mann mit dem bunten, großkarierten Hemd auf Kuguah zu und umarmte ihn heute schon zum zweitenmal. „Ich danke euch allen“, sagte er und schämte sich nicht, weil seine Augen einen feuchten Glanz bekommen hatten.

„Wir wissen, was mein weißer Bruder in Washington für uns getan hat“, erwiderte Kuguah. „Wir werden nie vergessen, daß sein großes Herz für die Sache der Indianer schlägt.“

Mister Webster umarmte, ohne ein weiteres Wort zu sagen, jetzt auch den alten Chingachgook und alle anderen Krieger des Rates. Einen nach dem anderen.

Zu dieser Stunde war es rund um den nahe gelegenen See wie ausgestorben.

Nur der Wasserfall war zu hören. Ein Habicht schwebte mit ausgebreiteten Flügeln vom Gebirge herunter und zog seine Kreise.

Was Beine hatte, drängte sich drüben im Dorf und vor dem Zelt des Häuptlings.

Auch der Liegeplatz der Kanus war völlig verlassen. Bis auf zwei Indianerjungen, die in einem der Boote und im Schatten einer steilen Felswand nebeneinander lagen. Schon fünf oder sechs Stunden lagen sie so. Sie hatten sich weder durch die Signalfeuer noch durch das Buah-Hu-Geschrei stören lassen. Sie wußten ja, was das alles bedeutete und daß jetzt der erwartete hohe Besuch angekommen war. An anderen Tagen hätten sie sich wie alle übrigen unter die Neugierigen gedrängt. Aber nicht heute. Nicht am ersten Tag des Walkan.

Diese beiden Jungen, die hier in ihrem Kanu nebeneinander lagen, gehörten zu den „Gezeichneten". Eine ganze Woche lang hatten sie nackt und nur mit Pfeil und Bogen versehen auf sich allein gestellt in den Wäldern leben müssen. Um nicht zu verhungern, hatten sie Vögel geschossen und, bis zur Brust im Wasser stehend, mit den Händen Fische gefangen. Und damit sie nicht von Raubtieren oder Schlangen angefallen wurden, waren sie nachts in die Bäume geklettert und hatten sich im Schlaf zwischen den Ästen festgebunden.

Was für sie anfänglich noch kindliches Spiel gewesen war – Schwimmen, Laufen, Jagen, das Schießen mit Pfeil und Bogen, das Erkennen von Spuren wilder Tiere, der Wurf mit dem Tomahawk, das Reiten auf ungesattelten Pferden, das Wissen um giftige Pflanzen –, das alles hatten sie von Jahr zu Jahr und, je älter sie geworden waren, immer ernsthafter und unter größeren Anstrengungen lernen müssen.

Bis der Medizinmann von ihrem Können und ihrer Gewandtheit überzeugt war und sie vor dem Walkan-Fest in die Wälder geschickt hatte. Sie durften sich während dieser Zeit nicht in der Nähe der Zelte blicken lassen. Aber es war ihnen erlaubt, diese Mutprobe in kleinen Gruppen oder nur zu zweit oder auch ganz allein zu bestehen.

Heute waren die Ausgezeichneten dieses Jahres vor Sonnenaufgang wieder aus den Wäldern zum Wigwam des Medizinmannes zurückgekommen, und Sunkaku hatte ihnen mit roter Farbe einen großen Kreis auf die Brust gemalt.

„Sinuah bathu", hatte er dabei jedesmal sein Zauberwort geflüstert.

Damit waren sie für würdig befunden, am Abend, wenn die Trommeln das ganze Volk der Apachen zusammenriefen, sich vor dessen Augen als künftige Krieger des Stammes zu bewähren. Erst wenn sie diese Bewährung bestanden hatten, würde Kuguah die Knaben zu Männern und dann die Männer zu Kriegern erklären. Erst von diesem Augenblick an waren sie dann berechtigt, den Kopfschmuck der Apachen zu tragen und ihn mit einer weißen Adlerfeder für die bestandenen Mutproben zu schmücken. Das war stets die erste Auszeichnung, die ein junger Krieger vor den Augen des ganzen Stammes verliehen bekam.

Dieser Tag war vielleicht der wichtigste im Leben eines Apachen, und deshalb verbrachten die „Gezeichneten" die Stunden bis zum Abend in völliger Abgeschlossenheit.

„Versenkt euch in eure Herzen", hatte der Medizinmann sie beschworen. „Damit ihr mit jeder Sehne eures Körpers bereit seid, wenn man euch ruft."

Ein Indianerjunge, der die Prüfung vor dem versammelten Stamm nicht bestand, konnte nie in den Rat der Krieger gewählt werden.

Es war also nicht im geringsten verwunderlich, wenn sich unsere beiden Indianerjungen im Schatten der Felsen und in ihrem Kanu weder um die schwarzen Rauchzeichen noch um den lauten Empfang für Mister Webster gekümmert hatten.

Ihre Gedanken waren nur auf den Abend und die Stunde des Sonnenuntergangs gerichtet.

Vor allem für Tesu, den fünfzehnjährigen Sohn des Häuptlings, würde es nicht nur darum gehen, die Probe zum Krieger zu bestehen. Von ihm erwartete das Volk der Apachen, daß er alle anderen Bewerber weit übertreffen würde. Denn Tesu sollte eines Tages seinem Vater Kuguah als Häuptling des Stammes nachfolgen.

Der Junge war schlank und schmal gewachsen. Er hatte die bronzene Hautfarbe seines Stammes, blauschwarzes Haar, das ihm bis auf die Schultern fiel, und eine scharfgeschnittene Nase. Seine Augen überraschten durch ihre besonders klare blaue Farbe. Nicht umsonst bedeutete Tesu in der Sprache der Apachen soviel wie Himmelsauge.

Der andere Indianerjunge, der neben ihm im Boot lag, war breiter in den Schultern, aber nicht ganz so groß wie der Sohn des Häuptlings. Tokana hatte keine Eltern mehr. Seit seinem vierten Lebensjahr wohnte er im Tipi fremder Stammesbrüder. Um sich ihnen gegenüber dankbar zu erweisen, hatte er ihre Herden bewacht und früher als alle anderen Jungen auf den Feldern gearbeitet.

Der Häuptlingssohn hatte Tokana schon immer bevorzugt. Vielleicht weil der Junge durch sein Schicksal schon sehr früh alles Kindliche abgelegt hatte und ernsthafter war als die anderen seines Alters.

Aber zu einer festen Freundschaft war es zwischen den beiden erst gekommen, als Tesu im vergangenen Jahr von einer ausgehungerten Hyäne angefallen worden war. Die beiden Jungen hatten mutterseelenallein die Prärie durchstreift. Es war Tesu noch gelungen, sich im letzten Augenblick zur Seite fallen zu lassen und sich vor dem ersten Sprung des Tieres zu retten. Aber als die Hyäne sich zum zweiten Angriff duckte, wäre der Sohn des Häuptlings verloren gewesen, wenn Tokana das Tier nicht mit seinem Pfeil dicht hinter dem linken Auge getroffen hätte. Laut aufbrüllend hatte sich die Hyäne auf der Erde gewälzt und schließlich die Flucht ergriffen. Noch lange war ihr Heulen aus dem Wald zu hören gewesen.

Tesu hatte nach diesem Vorfall seinen Vater gebeten, den elternlosen Jungen, dem er sein Leben verdankte, in das Tipi des Häuptlings zu nehmen. Und Kuguah hatte, glücklich über die Errettung seines Sohnes, diesen Wunsch erfüllt.

Am Heiligen Felsen, den die Apachen „Manitus Ohr“ nannten, weil das Gestein an seiner höchsten Stelle mit einer großen, runden Öffnung durchbrochen war, hatten sich daraufhin Tesu und Tokana gegenseitig kleine Wunden an den Oberarmen beigebracht und nach altem indianischen Brauch ihr Blut vermischt und sich damit ewige Treue bis zum Tod geschworen.

Seitdem waren die beiden unzertrennlich, und der eine war der Schatten des anderen.

So war es auch ganz selbstverständlich, daß Tesu und Tokana gemeinsam zur Mutprobe in die Wälder aufgebrochen waren und jetzt mit den roten Kreisen auf der Brust nebeneinander in ihrem Kanu lagen.

Seit Stunden hatten sie kein Wort gesprochen.

Und doch kannte jeder die Gedanken des anderen.

Es waren zweiundzwanzig Jungen, die darauf brannten, heute abend als „Gezeichnete“ die Probe zum Krieger zu bestehen. Aber unter allen hatte Tesu nur einen als gleichwertigen Gegner zu fürchten, seinen Freund Tokana.

Das wußte auch Tokana. Der Gedanke, gegen Tesu vor allen Kriegern des Stammes im Wettlauf und in allen anderen Kämpfen anzutreten, ihn vielleicht sogar besiegen zu müssen, quälte den Jungen.

In diesem Augenblick waren vom Dorf herüber die Kriegstrommeln zu hören. Sunkaku gab das Zeichen zum Beginn des Walkan.

Tesu und Tokana richteten sich auf. Sie sahen sich an und blickten dann über den Rand des Kanus. Der glutrote Ball der Sonne war nun schon fast bis zur Hälfte hinter den Bergen der Sierra Soledad verschwunden. Die Hütten und Zelte drüben lagen im rötlichen Abendlicht.

Immer lauter wurde jetzt das Dröhnen der Trommeln. Das Rufen und Schreien der Kinder mischte sich dazwischen. Dann wieder die Gesänge der Krieger und einzelne Gewehrschüsse.

Der allgemeine Lärm kam näher. Und jetzt wurden auch schon die ersten Gestalten sichtbar. Ihnen folgte die Masse des ganzen Stammes. Die Richtung des allgemeinen Laufens und Rennens führte zum See. Schon nach wenigen Augenblicken war der Strand dicht bevölkert.

Tesu und Tokana hatten ihr Kanu verlassen.

Vor Kuguah und seinen älteren Kriegern standen die zwanzig Prüflinge. Zu ihnen traten jetzt auch Tesu und sein Freund. Die Knaben trugen alle den roten Kreis der „Gezeichneten“ auf der Brust und waren nur mit einem kurzen Lendenschurz aus Schlangenleder bekleidet.

Sunkaku hatte alle Zeichen seiner Würde angelegt. Die riesenhafte Gestalt des Medizinmannes schien noch größer durch die zwei geschwungenen Büffelhörner, die er als einziger neben den Adlerfedern in seinem Kopfschmuck führte. Um Hals und Arme trug er Bänder, Totems und Ringe, die alle ihre besondere und geheimnisvolle Bedeutung hatten. Trotz eines weiten, glänzenden Umhangs aus Otterfellen war die breite, muskulöse Brust völlig frei. Diese Brust war ebenso wie bei den „Gezeichneten“ mit einem großen roten Kreis bemalt.

„Sunkaku mag beginnen!“ sagte der Häuptling jetzt und setzte sich mit seinen Kriegern in den Sand. Auch Mister Webster, der wieder eines seiner bunten Buschhemden trug und seine unvermeidliche schwarze Zigarre paffte, setzte sich neben Kuguah. Ebenfalls seine Frau, für die Pennyfull vorsorglich eine Kamelhaardecke mitgebracht hatte. Das übrige Volk der Apachen ließ sich nieder, wo es gerade stand.

Das allgemeine Durcheinander hatte sich inzwischen beruhigt. Die ganze Aufmerksamkeit richtete sich zum Ufer hin. Dort hatte der Medizinmann seine Prüflinge zu einer regelrechten Startreihe nebeneinandergestellt. Dann erhob Sunkaku seinen rechten Arm. Das war das Zeichen. Fast gleichzeitig stürzten sich die schlanken Körper der „Gezeichneten“ ins Wasser.

Auf dem See lagen zwei Kanus, die mit Kriegern besetzt waren. Das erste Kanu mochte etwa hundert Meter vom Ufer entfernt sein. Bis zu ihm mußte die Strecke ohne aufzutauchen, also ganz unter dem Wasserspiegel, zurückgelegt werden.

Von dort war es etwa noch eine halbe Meile zum zweiten Boot. Diese Strecke war über Wasser und auf dem Rücken zu durchschwimmen.

Das zweite war gleichzeitig die Wendemarke.

Von hier wieder bis zum Ufer zurück gab es für die Schwimmer keine Vorschrift mehr. Jetzt ging es nur darum, die Strecke möglichst schnell hinter sich zu bringen.

Alle Blicke richteten sich jetzt zum ersten Kanu. Es herrschte atemlose Stille, bis dicht neben dem Boot der erste Jungenkopf aus dem Wasser tauchte.

Jetzt konnten vor allem die Frauen und die Kinder nicht mehr an sich halten. Sie überschrien sich mit ihren hellen Stimmen gegenseitig. Und ihr Jubel brach jedesmal von neuem los, wenn wieder ein Kopf und der nächste Schwimmer das Kanu erreicht hatte und sichtbar wurde.

Da jetzt die Strecke in der Rückenlage begann, mußten sich die Jungen dem Ufer zuwenden. Und dabei waren sie einzeln zu erkennen. Vorerst lag Tokana noch an der Spitze. Aber Tesu schwamm dicht hinter ihm.

Der Sohn des Häuptlings wußte, daß er auch bis zum nächsten Boot seinem Freund nur dicht auf den Fersen bleiben konnte. Zu oft hatten die beiden sich im Zweikampf gemessen, und immer wieder hatte es sich dabei gezeigt, daß Tokana im Rückenschwimmen der Bessere war.

Trotzdem ließ Tesu seine Arme kreisen und schnellte mit jedem Schlag so weit wie möglich weiter nach vorn. Wenn er seinen Freund auf diesem Teil der Strecke auch nicht einholen konnte, sollte wenigstens der Abstand zu ihm nicht größer werden.

Die übrigen Jungen lagen schon fünf und zehn Meter zurück.

Endlich kam das zweite Kanu. Es mußte nur berührt werden, dann war der Rückweg zum Ufer frei. Als Tesu noch die Hand ausstreckte, schoß Tokana, der bereits gewendet hatte, schon wie eine Otter an ihm vorbei.

Tesu drehte sich bereits in der Wendung und noch unter Wasser in die Brustlage. Gleichzeitig gelang es ihm, sich mit den Füßen vom Kanu abzustoßen. Vermutlich kam das Boot mit den Kriegern dadurch ganz schön ins Schwanken.

Aber das war ihm natürlich gleichgültig.

Entscheidend war allein, daß Tesu sich von diesem Augenblick an ganz in seinem Element fühlte. Denn auch das hatten die bisherigen Zweikämpfe mit Tokana erwiesen. Auf der Strecke, die sie jetzt zurückzulegen hatten, war Tesu der Stärkere.

Vom Ufer aus achtete man nur noch auf die beiden ersten, die das Feld anführten. Kuguah und seine Krieger verbargen allerdings ihre Erregung hinter unbewegten Mienen. Aber die Frauen und Kinder brüllten nach wie vor, und ihre Stimmen überschlugen sich dabei.

„Tesu!“
„Tokana!“
Oder auch umgekehrt.
„Tokana!“
„Tesu!“
Der Sohn des Häuptlings schob sich immer näher an seinen Freund heran. Sie waren noch etwa fünfzig Meter vom Ufer entfernt, als die beiden dicht nebeneinander und auf gleicher Höhe lagen.
Da setzte Tesu zum Endspurt an.
Er wechselte den Stil seines Schwimmens, hob jetzt den Oberkörper wie ein Delphin aus dem Wasser und warf die ausgestreckten Arme weit voraus.
Selbst die Krieger stießen erstaunte „Uffs!“ aus und sahen mit ehrlicher Bewunderung zu dem schwimmenden Knaben, der in gerader Linie auf sie zugeschossen kam.
„Donnerwetter! Der Bursche schwimmt wie ein Fisch!“ rief Mister Webster anerkennend und nahm seine Zigarre aus dem Mund.
Der Chor der Frauen und Kinder war jetzt ganz zum Sohn des Häuptlings umgeschwenkt. „Tesu!“ riefen sie nur noch. „Tesu!“
Mit mehr als zwei Meter Vorsprung erreichte Kuguahs Sohn das Ufer. Dort stand er jetzt schwer atmend, schlank und mit triefendem Haar vor Sunkaku. Der Medizinmann breitete die Arme aus und rief laut den Namen des Siegers.
Jetzt erhoben sich auch die Krieger und übertönten mit ihrem „Buah-hu“ selbst noch den Lärm der Frauen und Kinder.
Tokana aber war der erste, der seinen Freund umarmte.
Kurz darauf stand dann Mister Webster vor Tesu. „Donnerwetter, ich gratuliere“, rief der Mann in seinem bunten Buschhemd. Er blickte zu Kuguah, der sich inzwischen gleichfalls erhoben hatte. „Ein Jahr habe ich die Zelte der Apachen nicht gesehen, und aus dem Sohn des Häuptlings, den ich als Kind verließ, ist ein Jüngling geworden.“
„Jahre vergehen wie der Schnee in der Sonne“, antwortete Kuguah.

Noch ziemlich oft sollte Sunkaku im Laufe dieses Abends und dieser Nacht den Namen Tesu nach den einzelnen Kämpfen als Sieger ausrufen dürfen. Nur im Lauf über die Strecke von den Viehherden bis zum Festplatz war es Tokana, der als erster durchs Ziel ging. Dafür siegte Tesu wieder beim Ritt auf den ungesattelten Pferden und beim Werfen mit dem Tomahawk.

Die ersten Feuer mußten schon entzündet werden, als die „Gezeichneten" schließlich mit Pfeil und Bogen geprüft werden sollten.

Das Treffen eines Zieles war für einen Apachen eine Selbstverständlichkeit. Einige von ihnen erreichten mit ihren Pfeilen den fliegenden Schmetterling. Wichtiger erschien ihnen, mit der Waffe schnell und gewandt zu sein.

Deshalb ging es bei der Probe der „Gezeichneten" nur darum, möglichst viele Pfeile in die Luft zu schießen, bevor der erste wieder zum Boden zurückfiel.

Jeder Junge mußte in die Mitte des Großen Platzes treten.

Auf jeden warteten zehn Pfeile, die der Medizinmann in die Erde steckte und deren Spitzen er zuvor in flüssigen Teer getaucht hatte. Erst im letzten Augenblick zündete er die Pfeile an, gab gleichzeitig das Zeichen zum Beginn.

Die brennenden Geschosse stiegen steil in den nächtlichen Himmel und ließen eine Bahn flammender Funken hinter sich.

Mit fünf Pfeilen erreichte ein hochgewachsener Junge unter der ersten Hälfte der Bewerber die bisher beste Leistung.

Schließlich war Tesu an der Reihe.

Es kam darauf an, den ersten Pfeil möglichst hoch in den Himmel zu schießen, um seinen Fall hinauszuzögern und dadurch Zeit zu gewinnen.

Tesu stand aufrecht, die Beine etwas gespreizt und den Bogen in der linken Hand.

Sunkaku zündete mit einem brennenden Holzstab die Spitzen der zehn Pfeile an.

Mister Webster, der mit seiner Frau neben Kuguah auf

Stühlen saß, die man für die Gäste und den Rat der Krieger aus den Pueblos geholt hatte, suchte ein wenig verstohlen den Blick des Häuptlings. Aber dessen Gesicht war ohne Regung. Er zeigte nicht mehr und nicht weniger Anteilnahme als zuvor bei den Versuchen der anderen Jungen.

Jetzt gab der Medizinmann das Zeichen.

Blitzschnell griff Tesu nach dem ersten Pfeil und spannte mit aller Kraft seinen Bogen.

Die Frauen und Kinder stießen Laute der Verwunderung aus.

So steil und so hoch war bisher noch kein Pfeil in den Himmel gestiegen. Und als Tesu ihm bereits das zweite Geschoß hinterherschickte, hatte der erste immer noch nicht den Höhepunkt seiner Bahn erreicht.

Pschschschschsch – das war schon der vierte Pfeil.

Als Tesu zum sechstenmal die Sehne seines Bogens spannte, blieben auch die Krieger nicht mehr ruhig.

Solange der Stamm zurückdenken konnte, waren sieben Pfeile bei einer Prüfung der „Gezeichneten“ bis zum heutigen Tag der absolute Rekord gewesen.

Pschschschschsch – das war bereits der achte.

Tesu setzte gerade zum neunten Schuß an, da fiel sein erster Pfeil dicht am Ufer ins Wasser.

Acht Pfeile.

„Uff“, stieß Tesu hervor, der selbst am meisten überrascht war. Bei seinen Übungen mit Tokana waren sie außer sich vor Freude gewesen, als ihnen eines Tages noch im letzten Augenblick der Abschuß eines sechsten Pfeils gelungen war. Tesus hellblaue Augen hatten geleuchtet vor Freude.

Der Medizinmann schien überhaupt nicht beeindruckt zu sein. Er rief die nächsten Bewerber auf, bis ganz zuletzt nur noch Tokana übrigblieb.

Tesu war ein wenig traurig. Natürlich erfüllte ihn sein Erfolg mit Stolz und mehr noch mit Freude, weil er vor dem Stamm und seinem Vater bestanden hatte. Aber seine Freundschaft mit Tokana war so ehrlich, daß er auch ihm den Sieg gewünscht hätte.

Tokana wußte, daß der Kampf für ihn ohne Aussicht war. Aber gerade deshalb nahm er alle Kraft zusammen. Er wartete mit fast geschlossenen Augen, bis der Medizinmann seine Pfeile angezündet hatte. Dann gab dieser wieder das Zeichen.

Und von diesem Augenblick an arbeiteten die Hände Tokanas mit der Präzision einer Maschine.

Mit feinem, singendem Geräusch flogen die kleinen Fakkeln seiner Pfeile in die Nacht und in den Himmel.

Beim siebten Pfeil war Tesu aufgesprungen, und mit ihm auch die Häuptlinge und Krieger. Stumm blickten alle auf Tokana, der gerade blitzschnell den achten Pfeil auf die Sehne seines Bogens drückte.

Als er dann kaum zwei Sekunden später für den neunten Schuß bereit war, erging es ihm genauso wie kurz zuvor dem Sohn des Häuptlings. Sein erster Pfeil fiel brennend auf den sandigen Uferstrand zurück.

„Buah – hu! – Buah – hu –!"

Die Krieger tanzten vor Freude. Trommeln erklangen, und die Kinder quietschten mit ihren hellen Stimmen dazwischen. Bis Sunkaku wieder seine Arme ausbreitete und das Ergebnis verkündete: „Tesu und Tokana!"

Die beiden Jungen standen regungslos. Nur ein Zittern von den überstandenen Anstrengungen war in den schlanken Körpern. Als sie sich jetzt gegenseitig in die Augen blickten, waren sie beide sehr glücklich. Glücklich darüber, daß der Sieger nicht allein Tesu oder allein Tokana hieß.

„Freude und Stolz bewegen unsere Herzen", verkündete der alte Chingachgook, hob die Arme und blickte durch die dicken Gläser seiner Metallrandbrille, bis endlich Ruhe eintrat. „Verkündet allen Stämmen, wenn ihr nach dem Fest wieder in eure fernen Weiden und Länder zurückkehrt, daß wir auch heute noch unsere Söhne im Geiste der Väter erziehen. Das Volk der Apachen wird weiterleben –"

Die ganze Versammlung ließ laute Zustimmung hören, und Mister Webster klatschte in die Hände. Am liebsten hätte er dem Häuptling mit der flachen Hand begeistert auf die Schulter geschlagen und ihm mit einem Wasserfall von

Worten zu seinen jungen Kriegern und vor allem zu seinem prächtigen Sohn gratuliert. Aber in Wirklichkeit sagte er nur: „Die jungen Wurzeln des ehrwürdigen Baumes sind gute Wurzeln."

„Mein weißer Bruder beschämt den alten Vater", antwortete Kuguah.

„Nein, er beneidet ihn", antwortete Mister Webster.

Eine Weile blickten beide zur Mitte des Platzes hinüber, wo sich inzwischen alle „Gezeichneten" zwischen den Feuerstößen eingefunden hatten. Die dumpfen Schläge der Kriegstrommeln waren wieder zu hören. Und dann kam Sunkaku von seinem Wigwam her. Der Medizinmann näherte sich im Rhythmus der Trommelschläge und im Tanzschritt. Er hatte seinen Umhang aus Otterfellen abgelegt. Sein mächtiger, mit Fett eingeriebener Körper spiegelte sich im Licht des Feuers wie Bronze. Auf ein Zeichen von ihm übergaben die älteren Krieger den Knaben Speere und auch Gewehre. Dann bildeten sie tanzend einen Kreis um die Jungen mit den roten Kreisen auf der Brust, und jetzt begannen auch sie ihre Körper im Rhythmus der Trommeln zu bewegen. Die Knaben tanzten zum erstenmal den alten Waffentanz ihres Stammes.

„Mein großer Bruder weiß, wie sehr mir das Volk der Apachen an mein Herz gewachsen ist –", mit diesen Worten hatte inzwischen Mister Webster ein Gespräch mit dem Häuptling begonnen.

Bald war auch der alte Chingachgook dazugekommen und hatte seinen Kopf ganz nahe zwischen die beiden anderen geschoben, damit ihm keines der gesprochenen Worte verlorenging.

Lautes Rufen unterbrach schließlich das Gespräch der drei Männer.

„Buah – hu!"

Aller Augen richteten sich jetzt auf den Häuptling. Kuguah erhob sich, und mit ihm erhob sich der Rat seiner ältesten Krieger. Feierlich wie bei einer Thronbesteigung schritt die Gruppe zu den Feuern. Nun führte Sunkaku einen der „Gezeichneten" nach dem anderen vor Kuguah und nannte jedesmal den Namen des Knaben. Und jeder erhielt jetzt aus den Händen des Häuptlings einen Kopfputz, jeweils bereits mit einer weißen Adlerfeder für die bestandene Probe.

Als Kuguah seinen Sohn zum ersten Male im vollen Schmuck eines Kriegers vor sich sah, zeigten selbst seine Augen Freude.

„Es ist ein großer Tag, mein Sohn."

„Ein großer Tag", antwortete Tesu.

„Zweifach groß für dich."

„Die Worte meines Vaters sind dunkel."

„Wenn ich mit dem Rat meiner Krieger gesprochen habe, werde ich dir Klarheit geben."

Am nächsten Tag mußte Chingachgook beinahe das gesamte Lager durchsuchen, bis er Tesu endlich gefunden hatte.

„Der Häuptling erwartet dich."

„Große Schlange" fingerte dabei an seiner Brille mit den dicken Gläsern herum. Man merkte, daß er sich als Überbringer der Botschaft in seiner Haut nicht ganz wohl fühlte.

Tesu war zusammen mit Tokana in einer Gruppe junger Krieger gesessen. Er sprang sofort auf und folgte, ohne eine Frage zu stellen, dem alten Ratgeber seines Vaters.

Als sie wortlos am Zelt des Häuptlings vorbeigingen, wußte Tesu, daß Kuguah seinen Sohn drüben in den Pueblos erwartete.

„Tesu ist gekommen", sagte der Junge, als er dort ein paar Minuten später den niedrigen Raum betrat, in dem die Verwaltung des Reservats ihre Beratungen abhielt. Gelegentlich fanden hier auch Gerichtsverhandlungen statt. An den Wänden hingen Poster der legendären Häuptlinge Sitting Bull und Red Cloud. Dazwischen war die Losung der Indianerbewegung gemalt: Indian Power.

Kuguah und seine Krieger hatten ihren Kriegsschmuck in den Zelten gelassen. Sie saßen auf Stühlen um einen großen Tisch herum und waren angezogen wie nordamerikanische Cowboys.

Neben dem Häuptling der Apachen hatte Mister Webster Platz genommen.

„Noch zwei Minuten, mein Sohn“, sagte Kuguah, als Tesu hereingekommen war. „Unser weißer Bruder berichtet uns gerade vom Stand der Verhandlungen in Washington.“

„Nun, ich war ja fast schon am Ende“, bemerkte Mister Webster. Er trug heute ein dunkelblaues Wollhemd mit roten Streifen. „– dieses Gesetz ist inzwischen also vom Kongreß verabschiedet worden“, fuhr der Amerikaner in der Erklärung fort, die er beim Eintreten des Häuptlingssohnes unterbrochen hatte. „Entschädigungen können bei den zuständigen Distriktgerichten in den folgenden Fällen beantragt werden“, er las jetzt aus einem Schriftstück vor, „wenn einem Indianer sein Land gegen seinen Willen weggenommen wurde durch Betrug, unter Ausnutzung seiner Unwissenheit oder gegen ungenügende Bezahlung.“ Er lehnte sich in seinen Stuhl zurück. „Ich habe die Ansprüche der Apachen bereits vorsorglich angemeldet. Zwei Rechtsanwälte meines Vertrauens werden die Klage vertreten und deshalb schon in den nächsten Wochen zu Ihnen hierher kommen.“ Er blickte auf. „Aber jetzt sollten wir Tesu nicht mehr länger warten lassen.“

Kuguah und auch alle anderen Männer blickten auf den Sohn des Häuptlings, der im neuen Schmuck des Kriegers aufrecht vor ihnen stand.

„Du kennst unseren weißen Bruder“, brach Kuguah nach einer Weile das Schweigen. „Er ist ein aufrichtiger Freund unseres Volkes.“

„Ich war nicht immer bei den Zelten, wenn uns der große weiße Mann besucht hat“, erwiderte Tesu. „In den Monaten des Sommers bin ich mit dem Stamm bei den Herden in der Prärie, wie mein Vater weiß.“

„Ja, es stimmt“, bemerkte Mister Webster. „Wir haben uns in den letzten Jahren viel zu selten gesehen. Aber jedesmal, wenn ich mich mit dem Häuptling und seinen Kriegern zu Verhandlungen traf, erkundigte ich mich nach Tesus Wohlergehen.“

Der Sohn des Häuptlings schien die Worte des Amerikaners gar nicht gehört zu haben. Er sagte nur: „Du bist der Bruder meines Vaters, du bist also auch mein Bruder."

Das klang so unverbindlich, als hätte er nur eine Bemerkung über das Wetter gemacht.

Mister Webster ließ sich durch die frostige Antwort nicht erschüttern. Er hatte damit gerechnet, daß der Junge mißtrauisch reagieren würde. Denn selbstverständlich ahnte Tesu, daß sein Erscheinen vor dem Rat des Stammes etwas mit dem Vertreter der amerikanischen Regierung zu tun hatte. Und vermutlich nichts Gutes.

„Ich habe dir gesagt, daß dieser Tag zweifach groß für dich sei", ergriff jetzt Kuguah wieder das Wort. Er streifte mit seinem Bick die undurchdringlichen Gesichter seiner Krieger und sah dann wieder zu seinem Sohn.

Von den Zelten herüber war Kindergeschrei zu hören und das Gebrüll von Tieren.

Tesu spürte in diesem Augenblick bis in die Fingerspitzen, daß ihm von dem weißen Mann in dem blauen Wollhemd Gefahr drohte. Irgend etwas Unheimliches mußte auf ihn zukommen. Er war hellwach. Trotzdem hörte er die Stimme seines Vaters nur noch wie aus der Ferne.

„Das Volk der Apachen ist ein kleines Volk geworden. Unser Leben ist nicht mehr das Leben unserer Väter. Vor fast hundert Jahren ist in den Schlachten an der ‚Biegung des Flusses' unser Traum gestorben. Lange hatten wir uns dann tatenlos in unsere Zelte zurückgezogen. Aber jetzt haben wir und unsere Brüder am Ort unserer Niederlage und dort, wo das Herz unserer größten Häuptlinge begraben ist, den Kampf wiederaufgenommen. Nicht mehr mit Tomahawks und Gewehren. Jetzt mit den Waffen des Geistes und der Kraft unserer Vergangenheit. Und die amerikanische Regierung hat unsere Stimme gehört. Wir finden Schutz vor den Feinden, die uns auch noch unser letztes Land, unser Wasser und die Schätze unseres Bodens stehlen wollen. Wir werden sie ihnen nicht geben. Die Erde ist unsere Mutter, und seine Mutter bringt man nicht um."

Kuguah beugte sich weit über den Tisch und stützte sich auf seine Unterarme, wie um die Entfernung zu seinem Sohn zu überbrücken. „Aber wir müssen uns der neuen Umwelt anpassen. Man hat uns die Selbstverwaltung gegeben, wir haben unsere eigenen Gerichte und Schulen und den singenden Draht. Wir könnten Maschinen für unsere Felder bekommen und Stromleitungen, die sie bewegen und unseren Hütten und Zelten Licht und Wärme schenken. Doch in allem sind wir heute noch auf die Hilfe des weißen Mannes angewiesen. Wenn wir unsere Freiheit behalten und nicht wieder ganz von ihm abhängig werden wollen, müssen unsere Krieger in Zukunft mehr lernen als nur Vieh auf die Weide zu treiben, zu jagen und Fische zu fangen. Und mein Sohn, der eines Tages das Volk der Apachen führen soll, muß auch darin für alle anderen ein Vorbild sein."

Kuguah richtete sich wieder auf und blickte zu Mister Webster. „Mein großer weißer Bruder ist bereit, dich mit in seine Heimat zu nehmen. Dein Auge wird dort eine neue Welt erblicken. Ein großes Glück für dich. Ein großes Glück für unser ganzes Volk, wenn du einmal im Rat der Krieger meinen Platz einnimmst –"

Tesu war trotz aller indianischen Würde sichtbar bewegt. „Und – wann wird das sein?"

„Tesu wird uns schon morgen verlassen."

Das war wie ein Donnerschlag.

Der Kopfschmuck war jetzt noch das einzige, was bei Tesu an einen Krieger erinnerte. In Wirklichkeit stand da ein hilfloser Junge von fünfzehn Jahren, der es einfach nicht fassen konnte, daß sein bisheriges Leben von einer Sekunde zur anderen so sehr verändert sein würde.

Tesu sagte kein Wort. Aber er sah mit großen, nassen Augen in die Gesichter der Krieger und zu seinem Vater. Was sollte Kuguah diesen traurigen Augen antworten?

Das einzige, was er ihnen sagen konnte, war das: „Auch ich bin betrübt, wenn Tesu in die Ferne geht. Aber Tesu wird zurückkommen, und dann wird die Freude seines Vaters größer sein als alle Freuden zuvor."

Mister Webster war aufrichtig betroffen. Er machte unwillkürlich einen Schritt auf Tesu zu. Aber der Junge wich ihm aus.

„Darf Tesu den Rat des Stammes wieder verlassen?“ fragte er.

„Mein Sohn mag seinen Abschied vorbereiten“, erwiderte Kuguah.

„Ich bedauere es jetzt“, meinte Mister Webster, als der Sohn des Häuptlings den Raum verlassen hatte, „daß ich meinem roten Bruder diesen Vorschlag gemacht habe.“

Kuguah schwieg. Dann plötzlich sah er auf, und seine Stimme war so ruhig wie immer. „Die Sprache unseres Herzens ist warm und schön wie ein Tag im Frühling. Die Sprache unseres Verstandes ist von eisiger Klarheit wie der Winter. Auch wenn wir den Frühling mehr lieben, können wir dem Winter nicht entfliehen . . .“

Während Kuguah diese Worte sprach, drängte sich draußen Tesu durch die Gruppen der tanzenden und fröhlichen Menschen. Tesu suchte Tokana. Er fand ihn im Kreis junger Krieger.

Wortlos griff Tesu nach der Hand des Freundes und zog ihn mit sich fort. Erst nach langem Lauf durch die Wälder blieb Tesu wieder stehen. Für eine kurze Sekunde nur. Dann fiel er plötzlich, wie von einem Pfeil getroffen, zur Erde. Sein ganzer Körper bebte. Tesu hatte das Gesicht in seine Arme vergraben und weinte.

Tokana saß aufrecht an der Seite seines Freundes und blickte zu den Zelten hinüber.

Dort in den Pueblos verhandelte Mister Webster mit Kuguah, seinem Berater Chingachgook und dem Rat der Krieger bis in die Nacht hinein. Verträge mußten besprochen, wieder geändert und schließlich unterschrieben werden. Kuguah hatte kaum drei Stunden geschlafen.

Jetzt saß er mit seiner Frau Wah-ta-Wah im Halbdunkel seines Wohnzeltes und wartete auf Tesu.

Es war kaum größer als alle übrigen Zelte des Stammes. Hier führte Kuguah sozusagen sein Privatleben. Hier war auch Tesu geboren und aufgezogen worden, und hier nahm man die täglichen Mahlzeiten zu sich. Denn zum prächtigen Tipi des Häuptlings hatten Frauen keinen Zutritt.

Kuguah rauchte eine lange Ahornpfeife und saß nahe am kleinen Zeltfeuer. Die Schultern vorgebeugt, hing er schweigend seinen Gedanken nach.

Wah-ta-Wah saß dem Häuptling gegenüber. Was sie tun konnte, war getan. Alle die wenigen Dinge, die Tesu mit sich nehmen sollte, waren in zwei großen, ledernen Indianertaschen verpackt, die eigentlich zum Sattelzeug des Häuptlings gehörten. Die Kleidung, die Tesu tragen sollte, lag bereit. Von den buntbestickten Mokassins bis zur indianischen Jagdkleidung aus weichem Hirschleder.

Die Morgendämmerung war längst vorüber. Jetzt kam schon das erste Licht des Tages von Osten her durch die Öffnung an der Zeltspitze.

Von draußen waren immer mehr Stimmen zu hören. Dazwischen das Geräusch von Wasserpumpen, klappernden Blecheimern und Pferdegeschirr. Von den Weiden brüllte das Vieh herüber.

Tesu kam mit Tokana. Plötzlich standen die beiden jungen Krieger vor Kuguah und Wah-ta-Wah.

In ihren Gesichtern war keine Spur mehr von den langen Stunden, die sie fast nur schweigend in dieser Nacht gemeinsam verbracht hatten. Als der Mond immer mehr vom neuen Tag verdrängt worden war, hatten sie sich bei den Wasserfällen in den See gestürzt. Schwimmend und tauchend wie junge Delphine, die sich im Spiel jagen und umkreisen, hatten sie Abschied voneinander genommen.

„Tesu ist bereit“, sagte der Sohn des Häuptlings. „Ich werde den Weg gehen, den mein Vater bestimmt hat.“

Kuguah hatte sich erhoben und umarmte den Jungen.

Dann nahm sich der Häuptling der Apachen wortlos sein Totem vom Hals. Er hatte es bisher immer mit großen, weißen Perlen zusammen an einem Lederband auf der Brust getragen. Es war ein kleiner, aus Hickory geschnitzter Adler, das Symbol für Macht und Weisheit. Seine Augen bestanden aus zwei funkelnden Edelsteinen, und die Flügel waren aus purem Gold.

„Es hat schon über das Leben unserer Väter gewacht, und auch ich bin ein alter Mann geworden im Schutze dieses Totems“, sagte Kuguah. „Nun mag es dich beschirmen, bis du zu uns zurückkommst. Trag es immer an deinem Körper. Mein Herz ist nur ruhig, wenn seine schützende Kraft bei dir ist.“

„Haben Sie irgendwelches Gepäck, Mister Tesu?“ fragte jetzt eine ziemlich unangenehme Stimme. Sie gehörte Pennyfull, der seinen Kopf durch die Zeltöffnung gesteckt hatte. „Entschuldigung, wenn ich störe, aber hier kann man ja wohl kaum anklopfen. Wir haben eine verflixt lange Fahrt vor uns, und wir wollen los, bevor es wieder so schrecklich heiß wird.

Von diesem Augenblick an schien die Zeit Sprünge zu machen.

Gerade hatte sich Wah-ta-Wah noch im Zelt von ihrem Sohn verabschiedet, als draußen bereits die Limousine zu hören war. Sie hielt, die Türen wurden geöffnet.

Tesu trug seinen nagelneuen Kopfputz und seinen Tomahawk wie eine Reisetasche unter dem Arm, als er zwischen Kuguah und Tokana ins Freie trat.

Obgleich heute Viehmarkt war, hatte sich doch fast das ganze Volk der Apachen eingefunden, und dieses Mal nicht nur zu Ehren von Mister Webster. Die Nachricht von der großen Reise Tesus war bis ins letzte Tipi gedrungen.

Und jetzt wiederholte sich eigentlich wieder, was sich schon bei der Ankunft des amerikanischen Regierungsbeamten abgespielt hatte.

Die Websters umarmten die älteren Krieger der Reihe nach, bis schließlich nur noch der Häuptling übrigblieb.

„Mein roter Bruder darf sicher sein, daß ich ihm seinen Sohn gesund zurückbringe."

„Ich danke meinem großen weißen Bruder", antwortete Kuguah. Er zeigte mit dem ausgestreckten Arm zum See hinunter, über dem ein dicker Dunst lag, so daß man ihn kaum erkennen konnte. „Wenn Nebel über dem Wasser liegt, wissen wir, daß der Himmel die Erde besucht hat." Der Häuptling lächelte ein wenig. „Eure Reise steht unter einem guten Zeichen."

Weder Mister Webster noch Kuguah konnten in diesem Augenblick auch nur die leiseste Ahnung davon haben, daß diese Reise schon nach wenigen Tagen ganz überraschend auf den Kopf gestellt werden sollte. Chicago wurde nur so etwas wie eine Zwischenstation. In Wirklichkeit ging es ziemlich schnell über den großen Teich. Zuerst nach Berlin und von dort, ob man es glauben will oder nicht, nach Bad Rittershude zu den Glorreichen Sieben, die gerade in einen teuflisch geheimnisvollen Kriminalfall verwickelt waren. Daß er schließlich auf sehr ungewöhnliche Weise aufgeklärt wurde, daran sollte der Häuptlingssohn Tesu am Ende nicht ganz unbeteiligt sein.

Die drei Redakteure sind nicht zu dritt, als sie im Block B auf den Plätzen sechshundertfünfundsechzig und sechshundertsiebenundsechzig neben mir sitzen. Links Urs und rechts Thomas. Der lange Michael steht unten auf dem Rasen zwischen den Pfosten und hütet für seine Mannschaft das Tor. Sie ist ins Endspiel gekommen, und zwar gegen die wieselflinken Italiener aus Pisa.

„Sie sind wirklich irre gut", meint Thomas. „Das muß ihnen der Neid lassen."

„Aber sie haben es faustdick hinter den Ohren", fügt Urs hinzu. Im gleichen Augenblick packt er mich am Arm und zeigt aufs Spielfeld. „Da, sehen Sie!"

Ein Verteidiger der Pisaner hat sich im Alleingang quer über den Platz an allen Gegnern vorbeigedribbelt, schlägt am rechten Strafraumeck einen Haken und knallt aus sechzehn Metern drauf. Das Leder fliegt aufs linke Eck. Michael wirbelt durch die Luft und kann sich nur noch im allerletzten Augenblick auf den Ball werfen. Er liegt jetzt geradezu auf ihm.

Die Schüler im Stadion feiern den Langen mit lautem Jubel. Noch ist sein Kasten so sauber wie ein frisch gewaschenes Taschentuch.

Im Olympiastadion sind nur etwa ein Viertel der Plätze besetzt. Alles Jungen und Mädchen aus den Berliner Schulen und natürlich die Turniermannschaften. Aber wenn sie losbrüllen, hört es sich an, als ob das riesige Oval komplett ausverkauft sei.

Die beiden Mannschaften spielen bereits in der zweiten Halbzeit, und es steht immer noch 0:0.

„Gleich nach der Siegerehrung geht's auf die Autobahn", meint Thomas, ohne seinen Blick vom Spielfeld zu nehmen.

„Wir haben bereits unsere gepackten Koffer in den Bussen verstaut", ergänzt Urs.

„Schade", meine ich. „Ihr werdet mir fehlen, und das sage ich nicht nur so dahin."

Jetzt wird es vor dem Tor der Stuttgarter brenzlig. Ein kleiner, aber sehr robuster Italiener stoppt den Ball mit der Brust im Strafraum, läßt ihn abtropfen und dann volley aus der Drehung. Michael hat Glück gehabt. Das Ding ging dicht an seinem linken Pfosten vorbei. Jubel und Enttäuschung bei den Zuschauern.

„Eigentlich ist die Gelegenheit günstig", meint Thomas, als sich der Lärm wieder einigermaßen gelegt hat. Er holt dabei einen Notizblock aus seiner Fallschirmspringerhose. „Wenn Sie uns jetzt noch etwas erzählen, wäre das für uns beide sozusagen exklusiv . . ."

„. . . aber nicht ganz fair gegenüber Michael", ergänze ich.

„Dafür kriegt er zum Ausgleich vielleicht zusammen mit seiner Mannschaft den Turniersieg", meint Urs. „Übrigens ein Monstrum von einem Pokal, der so kitschig ist, daß man es nicht fassen kann. Wenn Sie scharf hingucken, sehen Sie ihn drüben auf dem Podium vor der Ehrenloge."

„Für unseren langen Michael also diese silbrige Suppenschüssel da drüben", fasse ich zusammen. „Und für euch ein paar Auskünfte. Aber ich fürchte, daß ich euch beim besten Willen nichts mehr bieten kann."

„Bescheidenheit macht einen schlanken Fuß", bemerkt Thomas. „Nur nicht übertreiben."

„Was habt ihr euch überlegt?“ frage ich. „Denn, daß ihr euch etwas überlegt habt, das ist doch bombensicher.“

„Eigentlich wollten wir es Ihnen überlassen, was Sie uns noch erzählen wollen“, druckst Thomas herum.

„Ja, das stimmt“, fügt Urs ein wenig zögernd hinzu.

„Schön, sprechen wir von den Ameisenbären. Das sind nämlich äußerst interessante Viecher. Sie können ihre Zunge hundertsechzigmal in der Minute aus dem Maul schnellen lassen. Aber das müssen sie auch, denn ihr Appetit ist erst gestillt, wenn sie am Tag etwa dreißigtausend Ameisen gefressen haben.“ Ich mache eine Pause und füge dann hinzu: „Oder wißt ihr schon, daß Krokodile hundert Jahre alt werden und daß es die Riesenschildkröten sogar auf zweihundert Jahre bringen?“

„Ungeheuer spannend“, nörgelt Thomas.

„Oder was ganz anderes“, versuche ich ein neues Thema. „Innerhalb der nächsten zehn oder zwanzig Jahre soll es die ersten Drogen geben, die es möglich machen, die Lernfähigkeit und das Gedächtnis eines Menschen nach Belieben zu vergrößern.“

„Kann man diese Erfindung nicht beschleunigen?“ meint Urs und fragt gleich weiter: „Was tun Sie eigentlich dagegen, daß Sie immer so gut aufgelegt sind?“

„Wenn ich das mal ändern will, lese ich eine Zeitung oder gucke in die Fernsehnachrichten, weil man sich dabei so schön ärgern kann.“

Unten bedient ein bronzefarbener Italiener seinen Stürmer mit einem Querpaß, aber der drückt den Ball in den fünften Stock. Michael hat sich in seinem Tor überhaupt nicht gerührt.

„Na also“, röhrt Thomas gegen sein Schicksal. „Der Lange kriegt seinen Pokal, und wir gucken in die Luft.“

„Das wäre ungerecht“, stellt Urs fest, „meinen Sie nicht auch? Wie wär's, wenn Sie uns etwas aus Ihrer Schulzeit zum besten geben? Als Schüler seid ihr doch bestimmt auch keine Säulenheiligen gewesen. Also bei uns in der Schweiz, besonders in Zürich, gibt es zum Beispiel das sogenannte ‚Schulsilvester‘. Immer am letzten Tag vor den

Weihnachtsferien. Da haben die Schüler Narrenfreiheit und dürfen Luft ablassen, ohne daß das bestraft wird. Ab fünf Uhr morgens sind sie dann schon unterwegs, hängen Gartentüren aus und verstecken sie. Oder sie malen Autos mit Wasserfarbe an, kleben Briefkästen zu, poltern mit Kuhglocken durch die Straßen, um die Leute aufzuwecken, oder sie tauschen Straßenschilder aus."

„So was Ähnliches haben wir uns selbstverständlich auch einfallen lassen", gebe ich zu. „Allerdings nicht nach dem Kalender. Eben immer meist dann, wenn wir Langeweile hatten. Und das kam ziemlich oft vor. Aber ich befürchte, daß sich Schülerstreiche von damals und heute so ähnlich sind wie ein Paar Handschuhe oder Zwillinge."

„Erzählen Sie trotzdem", bittet Thomas. „Man kann's doch jedenfalls probieren. Was fällt Ihnen da gerade so ein?"

„Alte Hüte, wie gesagt. Nichts berauschend Neues für euch."

„Erst mal abwarten", bohrt Urs weiter.

„Na schön", gebe ich nach. „Wir haben die Dampfheizung im Klassenzimmer angebohrt oder der Marmorbüste von Herrn Marcus Tullius Cicero, die auf einem Postament in der Eingangshalle stand, eine Krawatte um den nackten Hals gebunden, einen Schnurrbart unter seine Nase geklebt und ihm eine Hornbrille aufgesetzt."

„Was sonst noch?" drängt Thomas.

„Da gab es einen Mathematiklehrer, der mit seinen Noten so knausrig war wie ein hochprozentiger Schotte. Wir gaben eine Zeitungsanzeige auf: ‚Papagei zu höchstem Liebhaberpreis gesucht. Erbitte Besuch samt Tier Sonntag zwischen zehn und zwölf Uhr. Studienrat Dr. Pfennig, Reinsburgstraße 105, 3. Stock.' Zur angegebenen Zeit sind die Leute mit ihren Papageienkäfigen dann von der Wohnungstür des Paukers über die Treppen bis zur Straße Schlange gestanden. Wir lagen natürlich im Hinterhalt und ließen uns nichts entgehen. Zuerst versuchte der Studienrat seinen Besuchern in aller Freundlichkeit zu erklären, daß es sich um einen bedauerlichen Irrtum handeln müsse.

Aber als die geprellten Papageienbesitzer immer wütender wurden und zumindest ihr Fahrgeld ersetzt haben wollten, türmte Herr Pfennig mit knallrotem Kopf durch einen Hinterausgang."

„Schon besser", lobt Thomas. Und das hört sich so an, als hätte ich von ihm gerade eine Vier in Physik bekommen. Aber er hat sich während meiner Erzählung immerhin Notizen gemacht.

Auf dem Spielfeld hatte der lange Michael gerade bis über die Mittellinie abgeschlagen. Sein Rechtsaußen erläuft sich den Ball, umspielt zwei Italiener, Rückpaß von der Strafraumlinie, Scherenschlag, und es steht 1:0 für Stuttgart. Beifall und Pfiffe brausen auf. Aber der Jubel ist stärker.

„Na also" meint Thomas. „Dürfen wir weiterhören?"

„Klar, daß wir nach einer Klassenarbeit auch einmal in der Straßenbahn einem Lehrer seine Mappe mit unseren Heften zwischen den Beinen weggeklaut und ein anderes Mal Kreide ins Klassenbuch geschmiert haben. Ein bitterböser Eintrag hat dann hinterher ausgesehen wie eine Abbildung der Mecklenburgischen Seenplatte." Ich muß jetzt wirklich eine Weile überlegen, bevor ich fortfahre. „Ach ja, die Sache mit der Klassenzimmertür, die wir aus ihren Scharnieren geschraubt und hinterher so an den Rahmen gelehnt haben, daß sie geschlossen wirkte. Was passiert ist, als unser Klassenlehrer zum Beginn des Unterrichts forsch auf die Klinke drückte, um zu uns hereinzukommen, das könnt ihr euch bestimmt vorstellen."

Unten läuft es bei den Stuttgartern jetzt wie geschmiert. Obgleich Michael einem italienischen Angreifer zu weit entgegenläuft, angelt er sich dessen Abschuß noch. Dabei wirft er sich rücklings in die Luft, wirbelt in einer Drehung herum und reißt sich den Ball ganz dicht vor die Linie an die Brust.

Jetzt gibt es keine Pfiffe mehr. Der lange Stuttgarter scheint inzwischen der Liebling des Publikums zu sein.

Wieder Abschlag bis über die Mitte.

„Einmal wollte unser Deutschlehrer, daß wir mit verteilten Rollen ‚Don Carlos' lesen, fällt mir noch ein. Niemand fand sich, der die Rolle der Prinzessin von Eboli zu übernehmen bereit war. Keinem Jungen sei eine Frauenrolle zuzumuten, dann würden wir ja gleich in Röcken herumlaufen können. Wir röhrten aus allen Knopflöchern und zogen unser riesiges Affentheater so lange hin, bis die Schulglocke durch die Korridore bimmelte."

„Der Schiedsrichter guckt bereits auf seine Uhr", stellt Thomas fest. „Sie haben noch acht oder neun Minuten, wenn er nachspielen läßt." Er grinst gewinnend und nickt mir aufmunternd zu.

Aber bevor ich meinen Mund aufmache, bekommt unten auf dem Rasen der arme Michael aus vier Meter Entfernung den Ball in sein Netz gehämmert. Er hatte ihn im Fallen noch mit den Fingerspitzen berührt. Jetzt springt er auf und schimpft wie ein Rohrspatz mit seinen Verteidigern.

„Noch alles drin", meint Urs.

„Red keinen Stuß", knurrt Thomas. „Diese Pisaner haben uns rausgefeuert, jetzt dürfen sie ganz einfach nicht gewinnen." Er wendet sich wieder an mich. „Noch mindestens fünf Minuten."

„Es gab manchmal Wochen, vor allem wenn das Wetter besonders schön war, da ließen wir uns abwechselnd von unseren Eltern unter irgendeinem Vorwand krank schreiben. Bisweilen hätte man geradezu an eine Epidemie glauben können. Die Sache kam oft derartig in Mode, daß einer meiner Mitschüler aus allen Wolken fiel: Er wollte mit mir schwimmen gehen, und ich lag mit einer Blinddarmreizung im Bett. ‚Mensch, du bist ja tatsächlich krank, es ist ja nicht zu fassen', japste er völlig schockiert."

„Der Schiedsrichter hat ein Herz", meint Urs bescheiden. „Es sieht so aus, als hätte er im Moment seine Uhr ganz vergessen."

Und das war auch nicht verwunderlich, denn im selben Augenblick zeigt er im Strafraum der Italiener mit ausgestrecktem Arm auf den Elfmeterpunkt. Wieder hagelt es von den Rängen Beifall und Proteste. Michael kommt aus seinem Tor und steht schließlich neugierig dicht vor der Mittellinie, als sich sein Mannschaftskapitän den Ball wie ein rohes Ei zurechtlegt, dann zurückgeht, anläuft und den Ball ganz dicht neben dem linken Pfosten ins Tor knallt.

Jetzt jubelt plötzlich wieder alles, und Michael macht einen Luftsprung. Anschließend flitzt er zwischen seine Latten zurück.

„Na, Pisa, wie siehst du jetzt aus?“ kommentiert Thomas. „Der Hase ist gelaufen, die Württemberger müssen bis zum Abpfiff nur noch mauern.“

„Bis zum Abpfiff“, wiederholt Urs bedeutungsvoll und blickt mich wieder an.

„Aber wir wollen zum Schluß nicht noch aufdringlich werden“, meint Thomas scheinheilig.

„Halunken, ihr preßt mich wirklich aus wie eine Zitrone“, erwidere ich. „Aber was mir jetzt noch einfällt, das hat nichts mehr mit der Schule direkt zu tun.“

„Macht nichts“, sagt Thomas freundlich und wohlwollend zugleich.

„Etwa im elften Schuljahr stieg uns gelegentlich so etwas wie der Hauch der großen Welt in die Köpfe“, entsinne ich mich. „Es gab in Stuttgart einige Cafés, die nachmittags von den sogenannten besseren Kreisen besucht wurden. Bei telefonischen Anrufen war es üblich, daß der Name des am Apparat gewünschten Gastes mit Kreide auf eine Tafel geschrieben wurde, die dann ein livrierter Page an einer Stange für die Besucher sichtbar durch das Lokal trug. Wir verteilten uns nun in unseren Sonntagsanzügen auf diese Etablissements und ließen uns gegenseitig unter den abenteuerlichsten Namen anrufen. Meistens hatten wir den Hang zum Hochadel. ‚Graf von Lichtenfels‘ stand dann zum Beispiel auf der kleinen schwarzen Tafel. Kam jetzt der uniformierte Knabe zu meinem Tisch, schnippste ich möglichst vornehm, aber doch hörbar mit Daumen und Zeigefinger, stand gelangweilt auf, bedankte mich bei dem Pagen mit einem Trinkgeld und ließ ihn zugleich wissen, daß er ‚das da‘ wieder abwischen könnte, wobei ich auf den gräflichen Namen zeigte. Nach einem ‚Danke, mein Sohn‘

spazierte ich anschließend von allen übrigen Besuchern betuschelt und beobachtet zum Telefon. Von dort rief ich nun meinerseits in einem gar nicht so weit entfernten Lokal an und bat darum, einen Baron Berlinger sprechen zu dürfen. Ein anderer Schüler hatte dort auf dieses Telefonat gewartet. Jetzt spielte er dasselbe Spielchen, wie ich es kurz zuvor gespielt hatte, mit dem kleinen Unterschied, daß er einen Adelstitel nach oben gerutscht war. Als er den Hörer wieder aufgelegt hatte, war er an der Reihe, wählte die nächste Nummer und so weiter, und so weiter –"

Händeklatschen, Jubel und Kreischen beim Abpfiff des Endspiels deckt mein letztes „und so weiter" zu.

Die Stuttgarter haben also knapp 2:1 gesiegt. Die glücklichen Gewinner rennen aufeinander zu, umarmen sich wie ausgewachsene Profis und laufen schließlich ihre Ehrenrunde über die Aschenbahn. Anschließend kassieren sie den scheußlichen Wanderpokal.

Kurz danach ist es soweit.

Mit Urs und Thomas zusammen drängele ich mich durch die aufbrechenden Besucher zu Michaels Garderobe. Er schlüpft gerade in sein Hemd, hat vom Duschen noch klitschnasses Haar und strahlt, wie man eben strahlt, wenn man glücklich ist.

Als er seine Sachen zusammengepackt hat, spazieren wir nebeneinander über den großen Vorplatz zu den Ausgängen.

„Was würdet ihr davon halten, wenn ich meiner neuen Geschichte den Titel ‚Ein ganz dicker Fisch' gebe?" frage ich im Gehen und eigentlich bloß, um das Schweigen zu durchbrechen, das sich plötzlich über uns geschlichen hat.

„Besser als ‚Der große Coup', würde ich sagen", meint Urs.

„Finde ich gut", stimmt Thomas etwas knapp zu.

„Menschenskinder, ich kann's noch nicht fassen, daß wir das Turnier gewonnen haben", lacht Michael. „Ich darf gar nicht daran denken, was für einen Zirkus die aufblasen, wenn wir nach Stuttgart zurückkommen. Ich hab' jetzt schon vor Aufregung eine Haut wie ein Reibeisen."

Ich bringe jeden zu seinem Bus.

„Besten Dank für alles“, sagt Thomas zum Abschied. „Ich rufe in den nächsten Tagen an.“

„Berlin ist doch eine Reise wert“, meint der lange Michael, als er mir die Hand gibt und mich dabei anstrahlt. „In jeder Beziehung.“

„Schade, daß alles immer so schnell vorbeigeht“, meint Urs. Er ist bereits eingestiegen und lehnt sich aus dem Fenster.

„Tut mir leid“, sage ich ein wenig kläglich.

„Grüezi, uf wiederluege“, erwidert Urs. „Streicheln Sie Ihren Peter von mir. Und von unserer Zeitung schicke ich gleich das erste Exemplar“, ruft er mir noch zu, als sein Bus schon losbrummt, „noch druckfeucht und per Eilboten!“

Ein ganz dicker Fisch

Als Papenbrock eine knappe halbe Stunde später seinen Dienstmercedes im Hof der Kripo geparkt hatte und zusammen mit Assistent Berger sein Büro im zweiten Stock am Ende des Korridors betrat, knipste er die Schreibtischlampe an und zog seine Jacke aus. „Mach uns einen Kaffee, Helmut." Wenn sie unter sich waren, sagte der Kommissar du zu seinem Schatten.

Die beiden waren schon seit geraumer Zeit ein erstklassiges Arbeitsteam. Sie paßten zusammen und ergänzten sich wie die verschiedenen Teile eines Motors. Und wie ein solider und zuverlässiger Motor funktionierten sie auch.

Berger mit seiner etwas schiefen Nase war die gründliche, erbarmungslose Polizeimaschine. Verläßlich und bienenfleißig, Privatleben gleich Null und notfalls vierundzwanzig Stunden auf den Beinen. Papenbrock dagegen war der geistig Elastischere, mit jahrelanger Erfahrung in den Routinemethoden der Aufdeckung von Verbrechen, er besaß jede Menge Phantasie und Einfühlungsvermögen. Eines seiner Erfolgsrezepte war, geduldig zu sein wie eine Schildkröte und seinen Gegner nicht zu unterschätzen. Er schlüpfte sozusagen in dessen Haut, versuchte, sich jeweils in dessen Lage zu versetzen und so zu denken, wie der andere wohl gerade denken mußte und dann entsprechend handeln würde. Seine Kombinationen waren zuweilen kleine kriminalistische Meisterwerke.

Auch jetzt blieb Papenbrock seiner Methode treu.

„Unser Freund Zasche hat sieben Jahre Zeit gehabt, um sich auszuknobeln, wie er mit dem geringsten Risiko an sein irgendwo verstecktes Geld herankommen und damit dann ein für allemal verschwinden kann", überlegte der Kommissar. Er hatte sich inzwischen in den Sessel hinter seinem Schreibtisch gesetzt. „Manni ist kein Dummkopf, und er rechnet damit, daß wir vorerst rund um die Uhr an seinen Absätzen kleben. Er läßt sich also Zeit. Warten hat er ja gelernt, und auf einen Monat mehr oder weniger kommt es ihm jetzt auch nicht mehr an. Erst irgendeines Tages, wenn er annehmen darf, daß die Polizei allmählich die Lust an ihm verliert, anderes zu tun hat, zu pennen anfängt und die Beschatterei vielleicht ganz zu den Akten legt, wird er seine Chance riechen und sich dann im Handumdrehen blitzschnell auf die Socken machen. Bis dahin wird er uns bereits ab morgen einen so harmlosen und liebenswerten Musterknaben vorspielen, daß uns fast die Tränen kommen. Nein, in der nächsten Zeit denkt Zasche mit keinem Auge daran, uns das Leben leichtzumachen."

„Sie sind also ganz fest davon überzeugt, daß er die Dreiviertelmillion irgendwo im Ärmel hat?" fragte Assistent Berger. Er hantierte an der Kaffeemaschine herum, die auf dem Fensterbrett stand.

„Eher kommt das Einmaleins ins Wackeln", knurrte Papenbrock. „Sein Märchen, daß ihm die Piepen irgend jemand geklaut haben soll, ist so unglaubwürdig, wie du willst, und ein aufgelegter Schwindel." Er drehte sich um und fischte eine Zigarre aus dem Jackett, das hinter ihm über der Sessellehne hing. „Also, in diesem Augenblick liegt Zasche vermutlich in seiner Pension auf dem Bett, oder er wandert durchs Zimmer und überlegt. Tante Frieda ist ihm vermutlich mit einem theatralischen Freudenschrei um den Hals gefallen, als er mit seinem Koffer vor der Tür stand, aber inzwischen hat sie ihrem neuen Gast gesteckt, daß sie leider nicht die Heilsarmee sei, weshalb das Wohnen in ihrer Pension pro Nacht auch unter Freunden, sagen wir mal, so etwa dreißig Mark kosten würde." Er hatte sich die Zigarre in den Mund gesteckt und kaute an ihr herum. „Zasche hat nach Auskunft des Gefängnisdirektors runde tausend Mark Entlassungsgeld in der Tasche. Er kann sich also ausrechnen, daß er spätestens in zwei oder drei Wochen pleite ist. Selbst wenn er sich nur noch an Wurstbuden durchfuttert."

„Sein Freund Paule Schulz wird ihm ein paar Scheine zustecken", gab Assistent Berger zu bedenken. Dabei stellte er eine Tasse Kaffee vor Papenbrock hin.

„Mag sein, aber das Problem bleibt“, kombinierte der Kommissar weiter. „Zasche braucht schnellstens ein Zimmer. Möglichst billig und ohne andere Untermieter um sich herum. Denn er ist ja nicht nur knapp bei Kasse, er muß auch allein und ohne Beobachter sein bei dem, was er vorhat. Von der Miete mal ganz abgesehen, ist eine Pension wie ‚Tante Frieda‘ völlig untauglich für ihn. Da gucken ihm viel zu viele Augen auf die Finger.“ Papenbrock rümpfte die Nase und zündete sich endlich seine Zigarre an. „Ein stilles und sturmfreies Zimmer ist und bleibt so was wie der Archimedische Punkt. Das ist mir immer klarer geworden, je näher die Entlassung von Zasche auf uns zukam.“

„Was für ein Punkt?“ fragte Assistent Berger und hielt seinen Kopf schief.

„Der Archimedische. Den braucht man nämlich, um die Welt aus den Angeln zu heben. Du weißt doch, daß Archimedes und seine Archimandriten . . .“ Er unterbrach sich, winkte ab und paffte kurz hintereinander zwei Zigarrenrauchwolken in das Licht der Schreibtischlampe. Dann blickte er auf: „Mit dem Inserat kann nichts schiefgehen?“

„Wir haben es für Mittwoch in der ‚Morgenpost‘ aufgegeben, wie Sie es angeordnet haben.“

„Und heute haben wir Dienstag“, stellte Papenbrock zufrieden fest. „Ausgezeichnet. Wenn er uns auf den Leim geht, sitzt er in der Falle.“

„Eigentlich müßte es funktionieren“, sagte Berger in seinem grauen Flanellanzug.

„Müßte es . . .“ wiederholte der Kommissar. „Lange genug haben wir ja die ganze Sache schon angeleiert.“

„Der Plan ist so wasserdicht, wie Sie nur wollen“, bemerkte der Assistent überzeugt. „Und Ihre Idee mit dem alten Bemmelmann war ganz einsame Spitze, wenn ich das einmal sagen darf.“

„Vielleicht, vielleicht auch nicht, wir werden es ja erleben“, erwiderte Papenbrock. „Jedenfalls mußte ich mir was einfallen lassen. Ich kann doch nicht unser ganzes Dezernat hinter Zasche herlaufen lassen, bis es dem Herrn irgendwann einmal in den Sinn kommt, seine Piepen auszubuddeln."

„Sie glauben doch wohl nicht, daß er das Geld vergraben hat?" fragte der jüngere Mann mit der schiefen Nase. Manchmal merkte er noch immer nicht sofort, ob sein Chef es ernst meinte oder ob er zwischendurch mal einen Witz machte.

„Ach, Unsinn", lachte der Kommissar. „Das war nur so dahingequatscht."

Am nächsten Morgen bekam Papenbrock zuerst die Meldung, daß der observierte Manfred Zasche bereits um neun Uhr seine Pension in der Motzstraße verlassen habe. Anschließend sei er mit einem Bus nach Schöneberg gefahren und dann bei einer Firma für Scherzartikel verschwunden. Der Besitzer des Unternehmens sei ein gewisser Ludwig Mühlbach, jedenfalls stünde sein Name auf der Vorderfront des Hauses.

„Besten Dank und weiter dranbleiben", sagte der Kommissar. Er legte den Telefonhörer wieder auf. „Sieh mal an, alte Freundschaft rostet nicht. Ich fresse den nächstbesten Besen, wenn Paule Schulz unseren Freund nicht seinem Schwiegervater als Mitarbeiter unter die Weste gejubelt hat. Was hab' ich gesagt? Der Musterknabe fängt bereits an, seine Rolle zu spielen." Er stand auf und steckte eine Zigarre, die er gerade anzünden wollte, wieder in seine Jackentasche zurück. „Los, komm mit, wir werden jetzt umgehend Tante Frieda unsere Aufwartung machen. Die Gelegenheit ist günstig."

Die Pensionsbesitzerin ließ ihr Lächeln ziemlich schnell einfrieren, als sie die Tür aufmachte und völlig überraschend den Kommissar zusammen mit seinem Schatten vor sich stehen sah.

„Guten Morgen, gnädige Frau", sagte Papenbrock ein klein wenig zu höflich. „Dürften wir vielleicht auf einen Sprung hereinkommen?"

Man kannte sich, denn Tante Friedas Pension war nicht gerade eine Klosterschule, und die Polizei hatte leider schon mehrfach spitzkriegen müssen, daß die Dame bei der

Auswahl ihrer Gäste nicht besonders pingelig war, wenn die Kasse stimmte. Sie beherbergte sie, wenn es geraten schien, auch schon mal ohne Anmeldeformulare und war auch ansonsten in allerhand Geschäfte verwickelt, die besser im dunkeln blieben.

„Was kann ich für Sie tun, Herr Kommissar?“ flötete Tante Frieda eine Weile später. Sie hatte ihren ersten Schreck inzwischen einigermaßen verdaut und ihre Besucher in einen Privatraum gebeten, der eine Mischung aus Büro und Schlafzimmer war. „Darf ich Ihnen etwas anbieten?“

„Besten Dank, aber unsere Zeit ist leider knapp bemessen“, antwortete Assistent Berger für seinen Chef, der jetzt ohne Umwege gleich zur Sache kam.

„Zuerst möchte ich darauf hinweisen, daß unser Besuch und diese Unterhaltung unter uns bleiben müssen“, knurrte Kommissar Papenbrock. „Ich hoffe, daß ich mich klar genug ausgedrückt habe. Vor allem keine Silbe zu Herrn Zasche oder wir . . .“

„Sie müssen mir nicht drohen, Herr Kommissar“, unterbrach ihn Tante Frieda und brachte jetzt sogar ein Lächeln zustande. „Selbstverständlich werde ich schweigen wie ein Fisch, wenn Sie es so wollen. Mir ist an einem guten Verhältnis zur Polizei sehr gelegen.“

„Ich sehe, wir verstehen uns“, bemerkte Papenbrock und schmunzelte. „Ihr neuester Pensionsgast, Herr Zasche, wird aus Gründen, die Ihnen ja wohl bekannt sind, von uns beschattet. Ich kann mir nicht vorstellen, daß Sie besonders wild darauf sind, ständig ein paar von meinen Beamten in Ihrem Hausflur oder gegenüber auf der anderen Straßenseite zu haben.“

„Du liebe Güte“, flötete Tante Frieda wieder, „wenn das so ist, dann muß Manni noch heute seinen Koffer packen. Ich bin ein anständiges Haus.“

„Mit gewissen Einschränkungen“, bemerkte Assistent Berger sachlich.

Tante Frieda wollte etwas entgegnen, aber dann schluckte sie ihre Antwort doch lieber in sich hinein.

„Lassen Sie Herrn Zasche Zeit“, bemerkte Papenbrock. „Es genügt, wenn Sie ihm nahelegen, daß er sich am besten nach einem anderen Zimmer umsieht.“

„Das hat er bereits vor“, schoß es aus Tante Frieda heraus. „Meine Preise seien für seine augenblicklichen Verhältnisse zu happig, hat er noch gestern abend ganz ehrlich zugegeben.“

„Nun, da könnten Sie uns einen großen Gefallen tun, gnädige Frau“, meinte der Kommissar. Er angelte die heutige Ausgabe der „Morgenpost“ aus seiner Tasche, faltete sie auseinander und tippte mit dem Zeigefinger auf der Seite für den Wohnungsmarkt auf eine bestimmte

Stelle. „Wenn Sie die Güte hätten, dieses Inserat zu lesen –"

Tante Frieda nahm ihre Brille von der Frisierkommode, beugte sich über die Zeitung und las: „Hübsches Einzelzimmer, Gartenhaus, mit Dusche, Kochnische und kleinem Balkon in den Hinterhof umständehalber sofort zu vermieten. Miete monatlich 120 DM. Ofenheizung. Anfragen unter 8556973." Sie richtete sich wieder auf. „Ich verstehe", sagte sie nur. „Sie möchten, daß sich Zasche um dieses Zimmer bemüht." Sie zwinkerte mit dem linken Auge. „Und falls er es tut, wird er das Zimmer ganz bestimmt bekommen?"

„Sie sind eine auffallend kluge Person", stellte Kommissar Papenbrock fest. „Ich möchte Ihnen vorschlagen, daß sie dieses Inserat ankreuzen, und damit die Sache weniger verdächtig erscheint, vielleicht zwei ähnliche Anzeigen ebenfalls. Wenn Herr Zasche zurückkommt und Sie ihm andeuten, daß sein Aufenthalt in Ihrer Pension unter den gegebenen Umständen gewisse Schwierigkeiten mit sich bringt, wird er es dankbar als freundschaftliche Geste auslegen, wenn Sie ihm zeigen können, daß Sie für ihn bereits die Zeitung nach passenden Wohnungsanzeigen durchforstet haben. Aber vergessen Sie dabei nicht, ihm das Zimmer in Steglitz ganz besonders ans Herz zu legen."

„Ich werde mein möglichstes tun", versicherte Tante Frieda.

„Eine Hand wäscht gelegentlich die andere", erwiderte Kommissar Papenbrock. „Falls Sie einmal in unangenehme Schwierigkeiten kommen sollten, Sie kennen ja meine Telefonnummer. Das hier ist übrigens mein Assistent, Herr Berger."

„Wir kennen uns bereits", sagte Tante Frieda, und der jüngere Mann mit der schiefen Nase nickte mit dem Kopf und grinste ein wenig anzüglich.

Als die beiden gegangen waren, genehmigte sich die Pensionsinhaberin ein Glas Portwein. Sie hatte Ärger befürchtet, als die beiden Kriminalbeamten so Hals über Kopf vor ihrer Tür gestanden waren. Aber jetzt hatte sie eigentlich Grund, sich über diesen Besuch zu freuen. Zugegeben, Manfred Zasche war ein ganz netter Kerl, aber daß die Polente seinetwegen ihre Pension beschattete, das ging entschieden zu weit und war geschäftsschädigend. Nein, so nett war Manni Zasche nun auch wieder nicht.

„Aber selbstverständlich verfrachte ich ihn nach Steglitz, das kostet mich ein müdes Lächeln und nicht mehr", sagte sie zu sich selbst, während sie sich vor dem Spiegel ihre Lippen nachzog. „Beim knallharten Papenbrock einen Stein im Brett zu haben, ist mehr als fünfmal in den Wind gespuckt."

Und es kostete sie wirklich nicht viel mehr als ein müdes Lächeln.

Noch vor dem Mittagessen kam Manfred Zasche mit einem Anstellungsvertrag der Scherzartikelfirma Ludwig Mühlbach in der Tasche aus Schöneberg zurück. Vorerst neunhundert Mark brutto im Monat. Das war nicht gerade zum Auf-die-Bäume-Klettern, aber als blasser Anfänger in einer neuen Branche durfte man auch nicht meckern. „Gehaltserhöhung je nach Leistung" war ja zusätzlich in Aussicht gestellt. Das Lohnbüro hatte gleich seine Steuerkarte beim Finanzamt beantragt, und schon morgen früh sollte er zu seinem ersten Arbeitstag antanzen. Vorerst in der Versandabteilung. Er war in Hochstimmung.

„Aber ist doch gar keine Frage", sagte er, „daß ich mir 'ne andere Bleibe suche."

Tante Frieda hatte die Geschichte mit der Beschattung der Pension natürlich ziemlich aufgebauscht. Geheimnisvolle Telefonanrufe seien gekommen, stundenlang habe der Lieferwagen einer Fischgroßhandlung vor dem Haus geparkt mit Männern vorne drin, die nicht ein einziges Mal ausgestiegen wären und ein Funkgerät bei sich gehabt hätten. „Ausgerechnet in einem Wagen, der Fische transportiert. Dabei weiß doch jeder nur halbwegs gebildete Mensch, daß Fische in der Sonne zu stinken anfangen."

„Auch ein Mann wie Papenbrock hat eben nicht alle Klugheit mit Löffeln gefressen", meinte Zasche gutmütig. „Als ich ins Haus kam, standen auch gerade zwei Typen von ihm vor dem Schaufenster im Nebenhaus. Sie taten so, als würden sie mich gar nicht sehen. Aber ich riech' die Bullen meilenweit."

Bei der Nennung von Kommissar Papenbrock war Tante Frieda innerlich zusammengezuckt, aber sie ließ sich nichts anmerken, sondern rückte mit der neuesten Ausgabe der „Morgenpost" und drei Inseraten heraus, die sie mit Filzstift angekreuzt hatte.

„Grunewald ist 'ne Nummer zu groß", meinte Zasche, als er die erste Anzeige studiert hatte. „Deshalb ist ja auch keine Miete angegeben. Wilmersdorf könnte grade noch gehen." Er zögerte nicht lange und wählte die angegebene Nummer.

„Leider bereits vermietet", sagte eine tiefe Frauenstimme. „Was denken Sie, wie es heute bei mir zugeht. Einzelzimmer sind in Berlin so rar wie Gänseblümchen in der Antarktis."

„Dann hat es vermutlich gar keinen Sinn, in Steglitz anzurufen", meinte Zasche, als er den Telefonhörer wieder aufgelegt hatte. Aber dann riskierte er es doch, weil Tante Frieda so nebenbei gestichelt hatte: „Ich dachte, du gibst so schnell nicht auf."

Schon fünf Minuten später saß Zasche im Taxi. „Rubensstraße 192", sagte er zum Fahrer.

Herr Bemmelmann sah so aus, wie in aller Welt Großväter in Bilderbüchern aussehen. Schneeweißes Haar, eine rosige Haut und zwei lustige Augen, die zwischendurch auch so gucken konnten, als sagten sie: „Freund, wenn du wüßtest, was ich schon alles erlebt habe."

„Es tut mir leid, daß ich Sie bitten mußte, so schnell wie möglich hier zu sein", entschuldigte sich Herr Bemmelmann. „Aber in einer Viertelstunde erscheint ein Bewerber, dem ich schon so halb und halb zugesagt habe. Sie kommen leider reichlich spät. Aber zuerst sollten Sie sich mal umsehen."

Das Zimmer gefiel Manfred Zasche ganz ungemein.

„Das wäre haargenau das richtige für mich", sagte er.

Wenn man vom Balkon in den viereckigen Hinterhof

blickte, stand dort in der Mitte ein mickriger Baum mit einem schiefen Stamm und einer schrägen Krone darauf.

„Vermutlich hat er sich bei dem ständigen Suchen nach Sonne im Lauf der Jahre den Hals verstaucht“, witzelte Herr Bemmelmann, als er neben Zasche an ihm vorbeiwanderte. Seine Wohnung lag im anderen Seitenflügel und dem zu vermietenden Zimmer genau gegenüber. Nur ein Stockwerk höher.

„Ich bin seit zwei Jahren Rentner“, erzählte Bemmelmann, als er seinen Besucher bei sich eintreten ließ. „War beim Finanzamt und bin jetzt hier der Hausverwalter. Nebenbei habe ich noch so meine Marotten.“ Er zeigte auf einen Käfig mit zwei Wellensittichen, und anschließend führte er Manfred Zasche auf seinen Balkon, der rundherum mit Blumenkästen voller roter Geranien bestückt war. Besonders ins Auge fiel aber ein Tisch, der mit Büchern und Aufzeichnungen zugedeckt war. Eine Art Weltkugel, die aber nur Sterne zeigte, stand neben einem Fernglas, das Herr Bemmelmann auf ein Stativ montiert hatte.

„Sind Sie Astrologe?“ fragte Manni vorsichtig, weil es sich hier um ein Gebiet handelte, von dem er keine Ahnung hatte.

„Astronomie“, korrigierte Herr Bemmelmann höflich, „Himmelskunde. Alles sehr laienhaft. Ein Profi würde sich vermutlich totlachen über mich. Aber es macht mir eben Spaß. Ich führe Messungen durch, notiere meine Betrachtungen, und wenn ich gelegentlich Lust habe, vergleiche ich sie mit den Aufzeichnungen der amtlichen Sternwarte in Dahlem. Inzwischen habe ich mich dort mit einem der Herren angefreundet.“ Er ließ sich in einen Korbstuhl fallen und sagte plötzlich: „Sie sind doch Manfred Zasche?“

Der strohblonde hochgewachsene Mann war sprachlos.

„Immerhin waren Sie heut morgen in allen Zeitungen abgedruckt. Ich hab' Sie schon erkannt, bevor Sie vorhin aus dem Taxi geklettert sind.“

Zasche wußte immer noch nicht, was er sagen sollte.

„Jetzt machen Sie nicht länger ein Gesicht, als hätte

Ihnen das Christkind die Tür vor der Nase zugeschlagen."

„Dann kann ich ja wieder gehen. Vorbestrafte stehen ja wohl nicht auf Ihrer Liste, wenn Sie sowieso von Bewerbern nur so überlaufen sind", meinte der strohblonde Besucher. Er wollte sich bereits wieder verdrücken, da klingelte das Telefon.

„Ja, Sie sind durchaus richtig verbunden", sagte Herr Bemmelmann und horchte eine Weile in den Hörer hinein. Schließlich blickte er Manfred Zasche an und meinte dabei: „Sie haben leider Pech, ich bin in diesem Augenblick im Begriff, das Zimmer zu vermieten. Trotzdem besten Dank für Ihren Anruf." Er legte wieder auf und sagte: „Nehmen Sie doch Platz, Herr Zasche."

Manni kam der Einladung nur zögernd nach. „Soll das etwa heißen . . ."

„Wie ich Ihnen bereits sagte, war ich mein Leben lang beim Finanzamt", fing Bemmelmann zu plaudern an. Ganz so, als säße er mit seinem Besucher bei einer gemütlichen Tasse Tee. „Wissen Sie, wenn man so viele Jahre lang tagaus und tagein erlebt hat, wie ehrenwerte Bürger bis zu den bekanntesten Persönlichkeiten und kleine Betriebe bis zu den renommiertesten Unternehmen immer wieder versuchen, mit mehr oder weniger schlauen Tricks den Staat zu bestehlen, dann zimmert man sich, ob man es will oder nicht, allmählich seine eigene Moral zurecht. Und dazu gehört unter anderem, daß ich inzwischen auch bei der Beurteilung von Verbrechen gewisse Unterschiede mache. Das Eigentum des einzelnen ist tabu, das steht außer Frage. Aber eine Art Selbstbedienung, wenn wir es einmal so nennen wollen, etwa bei einer Bank, einer Versicherung oder auch bei einem unserer Warenhauskolosse, nun ja, da bin ich geneigt, die Spielregeln zu lockern. Vor allem wenn das Ding so clever und beinahe genial ausgeknobelt und dann auch so kaltschnäuzig durchgeführt wird, wie zum Beispiel in Ihrem Fall, Herr Zasche. Ich gebe zu, daß ich mich damals gekugelt habe vor Lachen, als seinerzeit Ihre Geschichte durch alle Zeitungen gegangen ist. Und ich würde mich diebisch freuen, wenn Sie Ihren Beuteanteil tatsächlich noch irgendwo auf die Seite gebracht hätten und sich eines Tages mit ihm hinter dem Rücken der Polizei in die Büsche schlagen könnten . . ."

Zasche wagte schüchtern zu bemerken, daß er wirklich nicht wüßte, wo das Geld geblieben sei.

„Was mir persönlich so schnurz und schnuppe ist, wie Sie nur wollen", erwiderte Herr Bemmelmann und kicherte. Gleichzeitig klingelte es schon wieder, diesmal aber an der Wohnungstür.

Kurz darauf schneite ein dicklicher Mann in die Wohnung. „Na, ist alles klar, haben Sie den Vertrag vorbereitet?" fragte er, vom schnellen Treppensteigen noch außer Atem.

„Ich muß Sie leider enttäuschen", bedauerte Herr Bemmelmann, „aber ich habe mich anderweitig entschieden."

„Das können Sie doch nicht mit mir machen", entrüstete sich der Dicke. „Sie haben mir Ihre Zusage gegeben!"

„Nicht ganz", unterbrach ihn Bemmelmann. „Ich habe darum gebeten, daß ich mir die Sache noch bis zum frühen Abend überlegen darf, und das habe ich getan."

„Also nichts mehr zu machen?"

„Leider nichts mehr zu machen, Herr . . . Wie war doch Ihr Name?"

„Michael Büttner, aber das spielt ja jetzt keine Rolle mehr", schnaubte der Dicke. Er warf noch mit ein paar wenig freundlichen Blicken um sich, zerrte dabei nervös an seiner Krawatte und verschwand anschließend, ohne sich zu verabschieden.

„Also, Herr Zasche", sagte Herr Bemmelmann, nachdem die Wohnungstür ins Schloß gefallen war, „zwei Monatsmieten im voraus, und das Zimmer gehört Ihnen."

„Einverstanden", erwiderte Manni. „Ich bin Ihnen sehr dankbar." Er holte seine Brieftasche heraus. „Praktisch kann ich dann morgen schon einziehen?"

„Der Vertrag liegt vor mir", meinte Bemmelmann, „wir müssen lediglich Ihren Namen einsetzen und beide unterschreiben. Dann sind Sie ab sofort der rechtmäßige Mieter." Während er das Geld nachzählte, fügte er noch hinzu:

„Ihr Vorgänger ist übrigens bloß ausgezogen, weil er von seiner Firma sozusagen über Nacht ins Ausland versetzt wurde. Acht Tage zuvor hat er noch alle Wände neu tapezieren lassen. Das nur so nebenbei.“

Nachdem die Formalitäten erledigt waren, holte Bemmelmann zwei Gläser und eine angebrochene Rotweinflasche aus dem Schrank. Er gab Zasche die Hand, und dann prosteten sie sich gegenseitig zu. „Auf unseren neuen prominenten Mieter“, meinte der Hausverwalter und zwinkerte wieder einmal mit dem linken Auge.

Nachdem er sich verabschiedet hatte, tanzte Manfred Zasche geradezu die Treppen hinunter. Es war ihm danach zumute, lauthals loszusingen, als ihm klar wurde, daß er sich noch wie ein Kind freuen konnte.

Er konnte ja in diesem Augenblick keineswegs ahnen, daß er gerade blindlings auf ein raffiniert ausgeklügeltes Theater hereingefallen war, bei dem Papenbrock aus seinem Büro heraus Regie geführt hatte. Und der Kommissar durfte mit seinen Schauspielern zufrieden sein. Sie hatten ihre Rollen gespielt wie waschechte Profis.

Der Anrufer, den Bemmelmann bei Zasches Besuch am Telefon so kurzangebunden abblitzen ließ, war in Wirklichkeit Papenbrocks Schatten mit der schiefen Nase gewesen, und den entrüsteten Dicken hatte sich der Kommissar bei der Abteilung für Spurensicherung ausgeborgt, damit er ganz sicher sein konnte, daß der strohblonde Manni dessen Gesicht noch nie gesehen hatte. Und bei dem so freundlichen Bilderbuchgroßvater Bemmelmann stimmte lediglich, daß er tatsächlich Pensionär war, gearbeitet hatte er aber nicht beim Finanzamt, sondern bei der Kriminalpolizei, und zwar als Hauptkommissar. Er hieß Heinrich mit Vornamen und duzte sich mit seinem Kollegen Papenbrock bereits seit mehr als zwanzig Jahren. Genau in diesem Augenblick telefonierten die beiden miteinander und rieben sich in bester Laune die Hände.

Manfred Zasche hatte sich ahnungslos aufs Glatteis schubsen lassen.

Schon am nächsten Vormittag zog er in der Steglitzer

Rubensstraße ein, und bereits von der ersten Stunde an fühlte er sich in seinem Hinterhauszimmer mit dem schmalen Balkon und dem halbverkrüppelten Baum im Hof so wohl wie ein Elefant, wenn er sich bei brütender Hitze im Wasser aalt und mit seinem Rüssel Dusche spielt. Billige Miete, Nachbarn, die ihre Nase nicht in jeden fremden Briefkastenschlitz steckten, ein Hauswart, der bei jeder Gelegenheit freundlich grüßte, eine Kochnische und nagelneue Tapeten. Er hatte wirklich das Große Los gezogen.

Und bei der Mühlbachschen Scherzartikelfabrik war die Welt gleichfalls in Ordnung. Die Mitarbeiter mochten den strohblonden Hünen, machten hin und wieder Witze über seine vorhandene oder auch nicht vorhandene Dreiviertelmillion und waren sogar ein wenig stolz darauf, einen Burschen unter sich zu haben, der schon mehrfach durch die Zeitungen gewandert war.

Manfred Zasche staubte Gartenzwerge ab, die in allen Größen und den unmöglichsten Modellen in endlosen Regalen herumstanden, verkaufte Zylinder, aus denen sich mit Hilfe eines doppelten Bodens angeblich aus dem Handgelenk schneeweiße Kaninchen zaubern ließen. Zwischendurch verpackte er für auswärtige Kunden noch Auftragszettel und Lieferscheine, knallrote Pappnasen, Perücken, falsche Bärte, täuschend echt nachgemachte kleine und große Tintenflecke aus Blech, mit denen man sich gegenseitig erschrecken konnte, Zuckerwürfel, die wie Fontänen lossprudelten, wenn man sie, nichts Böses ahnend, beim Kaffeeklatsch in eine Tasse gab, oder Fußmatten, die wie ein Dutzend Mäuse quietschten, sobald man sich die Schuhe auf ihnen abtreten wollte.

Wenn die Scherzartikelfabrik Ludwig Mühlbach ihre Rolläden herunterließ, tauchte er täglich in der „Melone“ auf, die er mit der Zeit zu seiner Stammkneipe gemacht hatte. Meistens war sein Freund, das schmale Bügelbrett mit den dicken Brillengläsern, in seiner Gesellschaft, der nach wie vor alles, was Manni betraf, „gigantisch“ fand. Gelegentlich brachte Paule Schulz seine ganze Familie und auch den Schwiegervater mit.

„Nein wirklich“, sagte Manni häufig zu sich selbst, „so kann man es aushalten – notfalls eine halbe Ewigkeit.“

Diese halbe Ewigkeit dauerte dann allerdings nur etwa drei Monate lang: Genau bis zum dreizehnten August, der auf einen Freitag fiel.

Aber Manni hatte an Freitagen bisher sein Leben lang Glück gehabt, und dreizehn war seine ausgesprochene Lieblingszahl. Außerdem kam noch etwas hinzu: Für diesen Freitag hatten die Berliner Hausbesetzer und eine ganze Reihe politischer Gruppen eine Großdemonstration auf dem Kurfürstendamm angekündigt und gedroht, daß diesmal kein Schaufenster trockenbliebe.

„Da ist die Polizei bis zum letzten Mann auf den Beinen“, hatte sich Manfred Zasche ausgerechnet. „Dagegen war die damalige Stadtrundfahrt der Queen bloß eine Art Ostereiersuchen.“

„Unser Vogel mausert sich“, berichtete Hauptkommissar a. D. Bemmelmann seinem Kollegen Papenbrock am Telefon und erzählte, was er aus seinem Versteck hinter den Balkonblumenkästen und zwischen die roten Geranien hindurch per Fernglas beobachtet hatte. Mit ihm konnte er so ziemlich jede Ecke von Mannis Zimmer überwachen.

„Er ist heute mit einem größeren Karton unter dem Arm von der Arbeit zurückgekommen, hat den Schlüssel in seiner Zimmertür zweimal herumgedreht und sich dann sogleich ans Auspacken gemacht.“

„Was war in dem Karton drin?“ fragte Papenbrock ein wenig ungeduldig. „Mach's nicht so spannend, Heinrich.“

„Unser Freund hat sich einen dunkelblauen Einreiher geleistet“, erwiderte Bemmelmann. „Er hat ihn sofort anprobiert, und zwar mit einem gleichfalls neuen weißen Hemd und einer Krawatte. Er hat sich im Spiegel beguckt und hin und her gedreht wie ein Mannequin auf dem Laufsteg. Aber das wäre ja noch nicht weiter verdächtig. Was uns stutzig machen muß, kommt erst jetzt . . .“

„Ich höre“, sagte Papenbrock. Er zwang sich zur Ruhe. Aber die Finger seiner linken Hand trommelten nervös auf seinem Schreibtisch herum.

„Ja, du wirst es kaum glauben, auf einmal hat sich der Kerl eine dunkle Perücke über seine strohblonden Haare gestülpt“, fuhr Bemmelmann fort, „und anschließend klemmte er sich mit zwei Fingern, mehr oder weniger zur Probe, einen falschen Bart unter die Nase. Leider hat er seine Maskerade dann unterbrochen und die Gardine vor seinem Fenster zugezogen, so daß ich nur noch seine Silhouette sehen konnte, obgleich mein Fernglas nicht von Pappe ist.“ Bemmelmann machte eine Pause und räusperte sich. „Ich würde Zasche ab morgen in aller Frühe von deinen klugen Knaben wieder hauteng observieren lassen, wenn ich mir diesen Vorschlag erlauben darf. Es ist soweit, nehme ich an . . .“ Er kicherte plötzlich und unterbrach sich. „Daß ich so was vergessen konnte! Also, paß auf, Tobias, er hat sich auch noch eine Handtasche mitgebracht, so eine von der Art, die man sich im Urlaub an den Strand mitnimmt, aus einem ganz dünnen Kunststoffmaterial, das zusammengefaltet kaum größer ist als ein frisch gebügeltes Halstuch oder dergleichen.“

„Und diese Handtasche fällt dir angeblich erst ganz zum Schluß ein“, bemerkte Papenbrock vorwurfsvoll. „Dabei zeigt sie doch am deutlichsten, daß Zasche das Warten endlich satt hat und an seine Dreiviertelmillion ran will!“

„Mag schon sein, daß diese Handtasche besonders wichtig ist“, gab Bemmelmann zu.

Kommissar Papenbrock stellte sich vor, wie sein weißhaariger Kollege a. D. in diesem Augenblick am anderen Ende der Leitung schmunzelte und dabei seine Augen verschmitzt strahlen ließ.

„Wieso mag er sich ausgerechnet den morgigen Freitag ausgesucht haben?“ überlegte Kriminalassistent Berger in Papenbrocks Büro so laut, daß ihn auch Bemmelmann durchs Telefon hören konnte.

„Ihr lest wohl keine Zeitungen?“ fragte der Bilderbuchgroßvater. „Für morgen nachmittag sind doch wieder einmal Demonstrationen angesagt. Glaubt ihr, daß dann die Polizei im Grunewald spazierengeht und Daumen dreht?“

„Begriffen“, sagte Papenbrock. „Dieselbe Methode wie

seinerzeit beim Besuch der englischen Königin. Jetzt gibt's überhaupt keinen Zweifel mehr."

„Heute nacht tut sich bestimmt nichts", meinte Bemmelmann. „Im Augenblick hat er seine Gardine längst wieder aufgezogen, lehnt mit nacktem Oberkörper auf seiner Balkonbrüstung, raucht eine Zigarette und hat ein Glas Bier in der Hand. Ich hab' ihn genau in meinem Fernglas, und wenn ihr wollt, kann ich euch sagen, wie spät es auf seiner Armbanduhr ist. Ich laß ihn nicht aus den Augen, das versprech' ich dir, Tobias. Das Telefon steht neben mir auf dem Fußboden. Vielleicht kann Berger als Stallwache im Büro pennen, damit ich euch erreichen kann, falls doch noch was passieren sollte. Aber damit rechne ich nicht, wie gesagt."

„Besten Dank, Heinrich", meinte Kommissar Papenbrock. „Ich werde jetzt umgehend alles Notwendige für morgen anleiern. Schon vor Sonnenaufgang laß ich meine Männer von der Leine, und dann ab die Post. Du wirst dich wundern, wie wir uns den Knaben zur Brust nehmen."

Manfred Zasche verließ die Rubensstraße am nächsten Tag durch den großen Eingang im Vorderhaus, und zwar erst gegen vierzehn Uhr. Der strohblonde, große und schlanke Mann bewegte sich in dem nagelneuen Anzug elegant und wie selbstverständlich. Mit den Bügelfalten seiner Hose hätte man sich rasieren können. Er blickte sich überhaupt nicht um, als er schräg über die Straße zur Bushaltestelle schlenderte. Dabei war er sich keinesfalls sicher, ob man ihn noch beschatten würde oder nicht. Jedenfalls tat er so, als sei ihm das auch total gleichgültig. Er wirkte wie ein Spaziergänger, der sich einen freien Tag gestattet. Und tatsächlich hatte er bei der Personalabteilung der Scherzartikelfabrik für heute um einen vorgezogenen Urlaubstag gebeten. Er habe dringende Erledigungen zu machen.

Die Sonne brannte senkrecht in die Straße, als der Bus heranrollte und Zasche aufsprang.

Ein grauer Opel löste sich im gleichen Augenblick aus

dem Schatten einer Baumreihe. „‚Oskar drei' übernimmt Verfolgung", meldete sich eine Stimme in Papenbrocks nicht mehr ganz neuem schwarzen Mercedes. Er parkte hinter einem Möbelwagen in einer Seitenstraße, und sein Assistent Berger saß neben ihm. „Wir hängen uns an ihn ran", ließ sich leicht verzerrt die Stimme eines der beiden Beschatter aus dem Opel wieder hören.

„‚Berta fünf' soll überholen und sich vor den Bus klemmen", befahl der Kommissar über sein Autotelefon. Dabei kaute er wieder einmal an einer seiner dicken Zigarren, die aber kalt war.

„‚Berta fünf' verstanden."

Manfred Zasche genoß inzwischen die Aussicht von seinem Fensterplatz. Er hatte die Beine lang ausgestreckt und erweckte den Eindruck, als hätte er sich für eine längere Fahrt durch Berlins Straßen eingerichtet. Aber bereits vor der dritten Haltestelle zog er die Knie an, stand anschließend auf und kletterte seelenruhig über die eisernen Stufen auf den Gehsteig, als sich die Türen saugend geöffnet hatten. Dann allerdings machte er völlig überraschend und sozusagen aus dem Stand ein paar schnelle Schritte und verschwand hinter der gläsernen Tür eines Supermarktes. Drinnen mischte er sich schleunigst unter das Gedränge der Kunden.

„Wenn er uns verlorengeht, hau' ich euch in die Pfanne", knurrte Papenbrock in sein Autotelefon. Er schob seine kalte Zigarre von einem Mundwinkel in den anderen. „Sind Kaminski und Stolzenbach hinter ihm her?"

„Die sind fast gleichzeitig mit ihm in den Laden rein und so dicht an ihm dran, daß sie ihm jederzeit ihre Hand auf die Schulter legen könnten", antwortete einer der jungen Beamten aus dem mausgrauen Opel. „Wir bleiben vorerst hier stehen und warten ab, Ende."

„Ende", wiederholte Kommissar Papenbrock. Er brauchte vier Streichhölzer, um seine Zigarre unter Dampf zu setzen. „Alles läuft jetzt auf Hochtouren –"

„Wie 'ne aufgezogene Spielzeugeisenbahn", bemerkte Assistent Berger und rieb sich seine Nase.

Kaminski und Stolzenbach gehörten zu den Kripobeamten, die für die Verfolgung nicht motorisiert waren. Sie hatten bereits in aller Frühe vor der Rubensstraße getrennt voneinander ihre Beobachtungsposten bezogen. Und als Zasche dann endlich aus dem Haus gekommen und zur Bushaltestelle hinüberspaziert war, hatten sie sich unter die wartenden Fahrgäste gemischt. Beide unauffällig getarnt, der eine mit irgendwelchen Einkaufstüten und der andere mit einem leeren Geigenkasten unter dem Arm. Sie hatten ihren Mann während der Fahrt und vor allem an den Haltestellen nicht aus den Augen gelassen. Als er dann ausstieg, waren sie ihm auf den Fersen geblieben, bis sie schließlich hinter dem strohblonden Hünen durch die gläserne Supermarkttür verschwunden waren. Die beiden zählten übrigens zu Papenbrocks Küken, wie er die Anfänger in seinem Dezernat nannte. So nebenbei war Kaminski ein blendender Schwimmer und Stolzenbach ein As in Karate.

Zasche schob sich manchmal die linke und dann wieder die rechte Schulter voraus an den Verkaufsregalen vorbei durch die Menge der Käufer, zeigte am Ende der Halle vor einer der Kassen seine leeren Hände und stand wieder auf der Straße. Jetzt allerdings am Ausgang auf der anderen Seite des Eckgebäudes. Er blickte sich einen Moment lang unschlüssig um, als plötzlich ein Taxi angefahren kam. Er hob unversehens seinen rechten Arm in die Luft, und der Fahrer stoppte. Mit zwei Sprüngen war Zasche an der Wagentür, und bevor er sie noch ganz hinter sich geschlossen hatte, brauste der weiße Wagen bereits mit ihm davon. Manni mußte dem Taxichauffeur beim Einsteigen geflüstert haben, daß er es verdammt eilig hätte.

Kaminski und Stolzenbach standen da und blickten sich kurz an. Aber da quietschten auch schon die Reifen von „Berta fünf" neben ihnen, ein grasgrüner Ford mit einer Antenne auf dem Dach. Kaum waren die beiden jungen Beamten in den Wagen gehechtet, zischte er auch schon wieder los. Kaminski tippte auf die Funktaste:

„An alle: Taxi, ein weißer Mercedes, mit der verfolgten

Person hat die Nummer B SW 429. Befindet sich augenblicklich in der Uhlandstraße in Richtung Hohenzollerndamm."

Manfred Zasche drückte seinem Fahrer vor der U-Bahnstation Spichernstraße einen Zwanzigmarkschein in die Hand, ließ ihn dicht vor dem Eingang halten, sprintete aus dem Wagen, bevor er richtig zum Stehen gekommen war, die paar Schritte zum Eingang hinüber, flitzte mit langen Sprüngen die Treppe hinunter und konnte sich gerade noch in den letzten Waggon klemmen, bevor sich dessen Türen automatisch schlossen.

Diesmal standen die Herren Kaminski und Stolzenbach außer Atem und wie begossene Pudel auf dem leeren Bahnsteig. Aber nur für einen kurzen Augenblick. Sie angelten ihr Walkie-talkie aus der Tasche und gaben ein wenig bedrückt die Meldung durch, daß ihnen Zasche leider durch die Lappen gegangen sei. „Er sitzt in der U-Bahn und fährt Richtung Wittenbergplatz. Wir können noch die Schlußlichter sehen."

„Nicht gerade das, was ich mir zu Weihnachten wünsche", bemerkte Papenbrock in seinem Mercedes. „Aber laßt die Nasen nicht hängen, Jungens. So was kann passieren. Was machen ‚Oskar drei' und ‚Berta fünf'? Bitte melden."

„Wir sind bereits am Wittenbergplatz auf dem Bahnsteig und versuchen, ihn abzufangen", piepste in diesem Moment eine Stimme aus dem Funklautsprecher dazwischen. „Als wir die Meldung hörten, sind wir gleich wie ein Torpedo losgeschossen. Hier spricht übrigens ‚Ferdinand zwo'. Bleibe auf Empfang."

„Strohblond, lang und nagelneuer blauer Anzug, wenn ich daran erinnern darf", erwiderte Kommissar Papenbrock. „Übrigens gut gemacht, ‚Ferdinand zwo'. Aber paßt auf, daß er euch nicht entdeckt, wenn er auftaucht."

Es summte und knackte. Assistent Berger hantierte am Lautsprecher herum. Und als sich jetzt die piepsige Stimme wieder hören ließ, drehte er ihn auf volle Lautstärke.

„Unser Strohblonder mit dem nagelneuen Einreiher

springt gerade aus dem eingefahrenen Zug, läuft quer über den Bahnsteig und will jetzt in die entgegengesetzte Richtung nach Neukölln. Fahre mit und bleibe dran."

Es knackte wieder, und der Kontakt brach ab.

„Alle Wagen in Richtung Neukölln", sagte Papenbrock vollkommen ruhig in den Hörer seines Autotelefons. Sein schwarzer Mercedes parkte inzwischen an der unteren Hälfte des Kurfürstendamms. Eine Politesse wollte schon ein Strafmandat kassieren, weil an dieser Stelle die Fahrspur für die Busse reserviert war. Aber als Assistent Berger seine Dienstmarke hinter die Windschutzscheibe hielt, schwirrte sie wieder ab, ohne eine Miene zu verziehen.

„Zasche will uns wohl Berlin zeigen", brummte der Kommissar.

In Neukölln nahm sich Manni am Hermannsplatz zur Abwechslung mal wieder ein Taxi, wechselte am Tempelhoferdamm erneut in einen „Doppeldecker" und kletterte schließlich über die breite Treppe aus dem U-Bahnhof Kurfürstendamm. Er hatte sich unter eine Schulklasse mit knallbunten Luftballons gemogelt. Sie schützten ihn einigermaßen, und er wagte es, sich im Gehen vorsichtig umzublicken. Das eine oder andere Gesicht, das er bei seinem Trip kreuz und quer durch die Stadt flüchtig entdeckt hatte, war ihm aus der Zeit vor dem Knast, als er bei der Polente noch zu den Dauerkunden zählte, bekannt erschienen. Aber er konnte sich auch täuschen. Jedenfalls spürte er es bis in die Fingerspitzen, daß die Luft nicht ganz sauber gewesen war. Aber jetzt schien er seine Verfolger, sofern es überhaupt welche gegeben hatte, endgültig abgeschüttelt zu haben. Im Schatten hinter einem Zeitungskiosk blieb er stehen, luchste zur Sicherheit noch einmal rund um sich herum, und dann steuerte er kurzentschlossen auf das Café Kranzler zu. Bei dem prächtigen Sommerwetter saßen die Leute vor dem Lokal an Tischen, die fast bis zur Mitte des Gehsteigs aufgestellt waren.

„Was sagt ihr da?" fragte Papenbrock verwundert, als er in seinem Mercedes die neueste Meldung abgehört hatte. „Im Kranzler, hab' ich richtig verstanden? Vielleicht hat uns der Kerl nur geleimt und genehmigt sich jetzt in aller Seelenruhe Kaffee und Kuchen. Unter Polizeiaufsicht sozusagen . . ."

„Nein, Chef", widersprach Kaminski, der zusammen mit seinem Kollegen Stolzenbach wieder Anschluß gefunden hatte. „Im Augenblick macht er die Tür zur Herrentoilette auf."

„Hoppla", sagte Papenbrock, und seine bisherige Ruhe war plötzlich wie weggefegt. „Jetzt werdet ihr gleich euer blaues Wunder erleben, Freunde." Er hatte sein Funksprechgerät wie ein Mikrophon dicht vor dem Mund. „Wenn Zasche wieder auftaucht, ist sein strohblondes Haar vermutlich unter einer dunklen Perücke versteckt. Auch mit einem falschen Bart müßt ihr rechnen. Laßt euch durch seine Maskerade ja nicht reinlegen!"

„Verstanden, Chef", flüsterte Kaminski als Antwort. Sein Kollege Stolzenbach hatte mitgehört. Jetzt trennten sie sich sofort. Der eine klemmte sich in eine Telefonzelle. Der andere stellte sich an das Kuchenbuffet und tat so, als gäbe es für ihn im Augenblick kein anderes Problem als die Frage, ob er sich jetzt eine Schwarzwäldertorte oder einen Apfelkuchen mit Sahne genehmigen sollte.

Als Zasche aus der Toilette zurückkam, war er auf den ersten Blick kaum wiederzuerkennen. Er hatte nicht nur sein Haar dunkel gemacht und sich einen Bart auf die Oberlippe geklebt, auch sein Gang und seine ganze Haltung waren verändert. Er stolzierte mit hochgereckter Nase, kerzengerade aufgerichtet und mit langen, selbstbewußten Schritten an den Tischen vorbei wieder auf den sonnenbeschienenen Kurfürstendamm hinaus, überquerte die Joachimsthalerstraße, ließ die Gedächtniskirche links liegen und peilte auf dem direktesten Weg das Center an. Dort verschwand er in der UNION-Bank, die zu ebener Erde drei riesige Schaufenster nebeneinander aufwies.

Es war genau zwanzig Minuten vor siebzehn Uhr. Diesen Zeitpunkt hatte sich Manfred Zasche für seinen Besuch ausgewählt, weil er damit rechnete, daß die Angestellten jetzt mit ihren Gedanken bereits im Wochenende sein würden. Man hatte immerhin Freitag, und pünktlich um siebzehn Uhr war Feierabend. Wenn jetzt noch ein Kunde zur Tür hereinschneite, konnte er sicher sein, daß man ihn möglichst unkompliziert und rasch abfertigte.

So war es dann auch.

Der Bankbeamte am Schalter für Wertpapiere war bereits dabei, seinen Schreibtisch aufzuräumen, als ihm Zasche zuerst den Schlüssel zeigte und dann seinen Paß.

„Bitte, wenn Sie mir folgen wollen“, sagte der Angestellte höflich, nachdem er eine umfängliche Liste hervorgeholt und die Zahl auf dem Schlüssel mit den Eintragungen verglichen hatte. „Hier links die Treppe hinunter, aber Sie wissen ja wohl Bescheid . . .“

„Ja, danke“, meinte Manni. „Und entschuldigen Sie bitte, wenn ich sie noch so kurz vor Ladenschluß belästige.“ Er lächelte verbindlich.

„Wir sind es gewohnt, unseren Kunden bis zur letzten Minute zur Verfügung zu stehen“, entgegnete der Bankangestellte und lächelte auch seinerseits. Dabei schloß er die schwere Gittertür zum Tresorraum auf, der nur den Bankkunden zur Verfügung stand. Die unterirdische Kammer wirkte in dem grellen Neonlicht kahl und nüchtern. Die vielen Safes neben- und übereinander waren aus Metall, füllten sämtliche Wände und waren wie langgestreckte Blocks in den Betonfußboden gebaut, mit schmalen Gängen dazwischen. Es war beinahe so, als ginge man durch irgendeine öffentliche Leihbibliothek, nur daß man nicht an lauter Buchrücken, sondern an einer Unmenge numerierter Stahlkästen vorbeiwanderte. Sie waren so groß wie Nachttischschubladen, manchmal auch größer.

„Eintausendzweihundertsiebzehn“, sagte der Bankangestellte und blieb stehen. „Wenn ich bitten darf . . .“

Der Safe hatte zwei Schlösser. Eines davon mußte vom Besitzer des Schließfachs mit seinem Schlüssel aufgeschlossen werden, das andere von dem Angestellten mit dem Kontrollschlüssel der Bank.

Manfred Zasche betätigte sich zuerst. Gleich darauf bediente der andere das Kontrollschloß.

„Bitte läuten Sie hier links, wenn Sie soweit sind“, sagte der Bankangestellte. Er entfernte sich diskret, so, wie es sich gehörte. Die Bank wollte ihren Kunden ja nicht über die Schulter schielen, wenn sie ihre Safes öffneten. Der Inhalt der Schließfächer ist lediglich ihren Besitzern bekannt, und es ist sein ganz persönliches Geheimnis, was er im Tresorraum in Sicherheit aufbewahrt haben möchte. Ob es mehr oder weniger große Goldbarren sind, wertvolle Schmuckstücke, Banknoten, Aktienpakete oder auch nur die Pläne für eine aussichtsreiche Erfindung.

Als Zasche seinen Safe mit der Nummer eintausend-

zweihundertsiebzehn öffnete, kippte er kurz hintereinander gleich zweimal aus den Socken.

Zuerst blieb ihm die Luft weg, weil die Stahlkassette vollkommen leer war. Bis auf einen Briefumschlag, der in ihrer Mitte lag.

Und dann sagte da eine Stimme in seinem Rücken wie aus heiterem Himmel: „Bleiben Sie stehen, Zasche! Rühren Sie sich nicht vom Fleck!“ Die Stimme gehörte Kommissar Papenbrock. Er mußte zusammen mit seinem Schatten, Assistent Berger, schon eine ganze Weile im Gang zwischen den Schließfächern gewartet haben. Jetzt kamen die beiden dicht heran und blieben vor Manni stehen. Er hatte seine Arme in die Luft gestreckt.

Der Bankangestellte tupfte sich im Hintergrund mit dem Taschentuch den Schweiß von der Stirn und murmelte: „Das ausgerechnet kurz vor Feierabend, es ist nicht zu fassen!“

„Du kannst deine Pfoten wieder runternehmen“, sagte Kriminalkommissar Papenbrock zu dem hochgewachsenen Mann mit der dunklen Perücke und dem falschen Bart unter der Nase. „Es sieht so aus, als hätten wir beide mit sauren Gurken gehandelt. Du gestattest doch?“ Ohne Zasches Antwort abzuwarten, nahm Papenbrock den Brief aus dem ansonsten leeren Safe. „Die Schrift kenne ich“, knurrte er, nachdem er die Anschrift gelesen hatte. „Ist für dich, und zwar von deinem Komplizen Ekke Krumpeter.“ Er öffnete den Umschlag, faltete den Brief auseinander und las vor. „Mein lieber Manni, ich war schon so halb im Flugzeug an ein anderes Ende der Welt, da mußte ich in den Zeitungen lesen, daß sie Dich geschnappt haben, armes Schwein. Sie werden Dir, ohne mit der Wimper zu zucken, glatt ein halbes Dutzend Jahre Knast aufbrummen. Wer weiß, was in einer so langen Zeit alles passiert. Könnte ja beispielsweise sein, daß die Regierung über Nacht neue Banknoten druckt oder daß die Polente hinter Deinen Dreh kommt. Wäre doch zum Kotzen, wenn das schöne Geld futsch ginge. Deshalb hab' ich's riskiert, noch mal schnell nach Berlin zurückzukommen, um auch Deinen Teil von der Beute noch zu kassieren. Ich schreibe diesen Brief in der Wohnung von Yvonne, die mich für eine Nacht versteckt hat. Sie tingelt gerade in ihrem Nachtclub. Alles Gute, alter Junge, falls Du diesen Brief überhaupt in die Finger bekommst. Ist das irgendwann wirklich einmal der Fall, dann sei nicht sauer und herzlich gegrüßt von Deinem Ekke." Mit keinem Lidzucken hatte Kommissar Papenbrock erkennen lassen, daß er zumindest genauso enttäuscht war wie Manfred Zasche. „Rührend", bemerkte er.

„Und so was ist angeblich mein Freund gewesen", grollte Manni.

„Zieh dir endlich diese dämliche Perücke vom Kopf und nimm diesen falschen Bart ab", meinte Papenbrock, um irgend etwas zu sagen.

Zasche gehorchte artig wie ein Schuljunge.

„So, und jetzt begleitest du uns erst mal zu meinem Büro", raunzte Papenbrock.

In diesem Augenblick brannten bei Zasche die Sicherungen durch. Er sah plötzlich wieder seine Gefängniszelle mit den Eisengittern vor sich. Der Gedanke setzte sich in seinem Kopf blitzartig fest und hämmerte in seinem Bewußtsein herum, so daß er sich nicht mehr konzentrieren konnte. Er schubste zuerst Berger zur Seite, und dann schleuderte er den Bankbeamten gegen die Wand.

Kriminalassistent Berger funktionierte wie ein Automat. „Stehenbleiben", rief er und zog auch schon seine Pistole.

Aber Papenbrock legte ihm die Hand auf den Unterarm und meinte: „Bist du bescheuert? Schön, er hat dich ein bißchen unsanft auf die Seite geschoben, aber sonst ist ihm doch gar nichts vorzuwerfen."

„Moment mal, schließlich hat er doch . . ." stotterte Berger.

„Er hat den Schock seines Lebens in den Hosen, das ist alles", meinte Papenbrock.

„Entschuldigung", sagte der Assistent mit der etwas schiefen Nase und steckte seine Kanone wieder weg. „Ich war im Augenblick nur . . ." fügte er bekümmert hinzu. „Ich meine, ich war . . ."

„Du hast deinen Pulsschlag nicht unter Kontrolle", grinste der Kommissar. „Aber das lernst du auch noch. Wetten übrigens, daß Zasche ganz freiwillig im Büro bei uns antanzt? Das ist lediglich eine Frage der Zeit."

Der hochgewachsene Mann, der ja inzwischen wieder strohblonde Haare hatte, war in langen Sprüngen über die Treppe aus dem Tresorraum gerannt, zwang sich dann in der Schalterhalle zu einer unauffälligen Gangart und verließ das Gebäude. Nach ein paar ruhigen Schritten rannte er wieder los. Zuerst durch die schräge Autoeinfahrt neben dem letzten Schaufenster der Bank, dann durch die nächste Tür. Jetzt lag ein langer Korridor vor ihm, an dessen Decke lange Wasserrohre entlangliefen. Er durchquerte ihn, ohne sich umzusehen, hetzte über eine schmale Wendeltreppe und befand sich schließlich in einem riesigen Maschinenraum. Hier wurde das Eis für die künstliche Schlittschuhbahn im Erdgeschoß fabriziert. Zasche blieb einen kurzen Augenblick stehen und blickte sich um. Weit und breit keine Menschenseele. Aber schon im nächsten Moment konnte Berger zusammen mit irgendwelchen Verfolgern, die er inzwischen zusammengetrommelt hatte, irgendwo auftauchen.

Eine schmale, rotgestrichene Eisentür war so halb hinter einem der Aggregate verborgen. Zasche glitt mit ein paar Sätzen zu ihr hinüber, riß sie auf und stand jetzt in einem breiten, sehr hohen Schacht, der beinahe dunkel war. Nur durch ein schmales Oberfenster fiel ein wenig Licht herein.

Zasche lehnte sich erschöpft an ein ziemlich dickes Rohr und japste nach Luft, stützte sich mit seinen Händen gegen die Wand und ließ den Kopf hängen. Er hatte noch einmal Glück gehabt und die Polizei endgültig abgehängt. Hier vermutete sie ihn bestimmt nicht.

Erst als sich seine Lungen wieder einigermaßen beruhigt hatten, arbeitete allmählich auch sein Gehirn wieder normal. Jetzt fing er an zu begreifen, daß er sich ja eigentlich völlig idiotisch benommen hatte. Es dämmerte ihm ziemlich genau dasselbe, was kurz zuvor noch Kommissar Papenbrock seinem Assistenten zu erklären versucht hatte.

„Wieso bin ich überhaupt getürmt?“ fragte er sich. „Schön, ich wollte die Dreiviertelmillion aus dem Safe holen, aber das Schließfach war ja so leer wie eine weggeworfene Zigarettenpackung, und es besteht nicht der geringste Zweifel, daß sich Ekke das Geld in die Tasche gesteckt hat. Ich bin unschuldig wie ein Weihnachtsengel.“

Und während er diese durchaus einleuchtenden Überlegungen anstellte, ereignete sich ein Zufall, wie er in einem Leben nur ein einziges Mal passieren kann. Wenn überhaupt. Aber manchmal gibt es solche Zufälle. Es ist eben alles mögliche möglich. Kürzlich soll einmal ein Tornado einem Mann mitten in Tokio den Hut vom Haar gerissen und einen Tag später ausgerechnet seinem Zwillingsbruder, der in Manila gerade beim Bananenernten überrascht wurde, auf den Kopf gedrückt haben.

Jedenfalls waren jetzt hinter der Eisentür Schritte auf dem Steinboden zu hören und dann auch Stimmen. Sie kamen immer näher.

Zasche klemmte sich zwischen das Rohr und einen Metallkasten mit einer Menge Druckknöpfen und Sicherungen.

Gerade hatte er sich noch völlig unschuldig gefühlt. Aber wenn ihn jetzt irgend jemand in diesem Versteck aufstöbern würde, war zumindest damit zu rechnen, daß man ihm unangenehme Fragen stellte und ihn in irgendeiner Weise verdächtigte. Er hielt also den Atem an, so gut es eben ging.

“. . . das Europa-Center war ja längst gebaut, bevor unsere Spielbank aufgemacht hat. Deshalb liegt das Rohr frei und verläuft nicht in sicheren, fest eingebauten Schächten“, erklärte eine der Stimmen. Jetzt wurde die rotgestrichene Eisentüre aufgemacht. „Das System ist denkbar einfach. Die Rohrpostanlage verbindet den Spielsaal im ersten Stockwerk mit dem Tresorraum im Keller. Der Spielbankangestellte oben im Casino bündelt die eingenommenen Geldscheine, rollt sie zusammen und stopft sie in eine Geldbombe. Dann öffnet er eine Klappe, läßt die Bombe fallen, und ab geht es mit ihr. Die Bombe wird in den Keller gesaugt, dort vom Kassierer geleert und wieder nach oben zurückgeschickt. Das herausgenommene Geld verschwindet unten im Tresor."

„Passen Sie auf", sagte eine zweite Stimme, „augenblicklich muß eine Geldbombe unterwegs sein –"

Tatsächlich war gleich darauf ein saugendes Geräusch zu hören und dann ein Poltern, das von oben näher kam und nach unten wieder verschwand.

„Stimmt, das war eine", meinte wieder die erste Stimme.

„Freitags öffnen wir unseren Roulettesaal bereits nachmittags um drei Uhr und den Baccarasaal eine Stunde später."

„Dann waren das, was da gerade durch dieses Rohr gezischt ist, also heute schon die ersten Einnahmen, Herr Direktor?" kicherte eine dritte Stimme, die einer Frau gehörte.

„Es ist verdammt kein Luxus, wenn die Anlage sicher gemacht wird", mischte sich wieder die erste Stimme ein. „Und damit ist es höchste Eisenbahn."

„Also, wann können Sie mit Ihren Arbeiten anfangen?" fragte der Direktor.

„Wir dachten, schon am Montagmorgen in aller Frühe", antwortete die erste Stimme. „Nicht zu fassen, so was ist doch geradezu idiotisch leichtsinnig. Nicht mal ein Rohr aus Eisen oder Stahl, nur aus irgendeinem Kunststoff und noch dazu völlig ungeschützt. Man könnte es ja fast schon mit einer Gartenschere aufschneiden."

„Sie verlegen das Rohr unter Beton ins Mauerwerk?"

„Ja, das verlangt auch die Versicherung."

In diesem Augenblick kündigte das Sauggeräusch bereits wieder einen Transport vom Saal zum Keller an.

„Ihre Spielbank scheint zu florieren, Herr Direktor", ließ sich wieder die Frauenstimme hören und kicherte zum zweitenmal. „Da kann man ja nur gratulieren."

„Wir können nicht klagen."

Das Knarren der Eisentür deckte die Stimme zu, und dann war zu hören, wie sich die Schritte draußen wieder entfernten.

Zasche blieb noch eine ganze Weile in seinem Versteck, ohne sich zu rühren. Erst nach drei oder vier Minuten klopfte er vorsichtig das Material des Rohrpostrohres ab, betastete es, und dann spitzte er die Ohren. Aber es blieb still. Da wiederholte er seine Untersuchung, und zwar ohne auf die Zeit zu achten und sehr gründlich.

Als Manfred Zasche später in die Rubensstraße zurückkam, war der Bilderbuchgroßvater Bemmelmann gerade dabei, sein Gepäck in einen VW zu verladen. Die Weltkugel mit den Sternbildern, die Wellensittiche und sein Fernglas samt Stativ behandelte er dabei besonders sorgfältig.

„Prächtig, daß wir uns noch einmal sehen, lieber Herr Zasche", meinte der pensionierte Hauptkommissar so nett und vergnügt wie eh und je. „Die Stadt geht mir allmählich an die Nieren, ich verdrücke mich für ein paar Wochen nach draußen in meinen Schrebergarten. Hab' dort ein Häuschen. Übrigens gibt's heute kurz vor Mitternacht eine Mondfinsternis, die sollten Sie nicht versäumen."

Aber anstatt die Bemmelmannsche Mondfinsternis am Himmel zu betrachten, lag Manfred Zasche um Mitternacht noch mit offenen Augen auf seinem Bett. Er hatte die Hände unter dem Kopf und starrte an die Decke.

Sein Kumpel Ekke Krumpeter hatte ihn nach Strich und Faden betrogen, es war nicht zu fassen.

Das hätte ich nie im Leben für möglich gehalten, grübelte er vor sich hin.

Gleichzeitig sah er sich in dem hohen Europa-Center-Schacht in seinem Versteck hinter der rotgestrichenen kleinen Eisentür zwischen das Rohrpostrohr und den Kasten mit den Sicherungen geklemmt. Und er hörte ganz deutlich dieses saugende Geräusch, dann das Poltern, das herankam und wieder verschwand. Es war, als rumpelte ein Schnellzug mitten durch sein Zimmer.

Zasche zog im Liegen die Beine an und schlang seine Arme um die Knie. Ein Gefühl der Dankbarkeit schlich sich in sein Herz. Er lächelte und versuchte, sich an einen

Spruch zu erinnern. Er hatte irgend etwas mit dem Religionsunterricht zu tun, wenn er sich nicht täuschte. In seiner Schulzeit. Mann, das war ja eine halbe Ewigkeit her, und der Spruch, an den er sich erinnern wollte – wie hatte der doch gelautet? „Der Herr nimmt mit der Linken und gibt mit der Rechten zurück." Ja, so ähnlich mußte es wohl geheißen haben. Nicht aufs Wort genau, aber der Sinn stimmte irgendwie.

Manfred Zasche hatte von einer Minute auf die andere eine Menge Geld verloren, immerhin seine ganze Beute aus dem Warenhauseinbruch vor sieben Jahren, eine Dreiviertelmillion. Aber schon ganz kurz darauf hatte ihn ein geheimnisvolles, doch gütiges Schicksal auf seiner Flucht haargenau an die weiche Stelle der Rohrpostanlage der Spielbank im Europa-Center gelenkt und ihm damit einen Tip geschenkt, der es ihm vielleicht ermöglichen würde, seinen Verlust umgehend wieder auszugleichen.

Zasche hatte vor lauter Rührung feuchte Augen.

„Jedenfalls werd' ich's versuchen", murmelte er vor sich hin. „Ich wäre so dämlich wie eine Kuh und zudem noch sträflich undankbar, wenn ich es nicht riskieren würde. Allerdings bleibt mir nicht viel Zeit. Schon am Montag wird meine Chance in aller Frühe einbetoniert."

Am nächsten Morgen telefonierte Manfred Zasche mit zwei verschiedenen Firmen, die sich auf den Bau von Rohrpostanlagen spezialisiert hatten, heuchelte Interesse im Auftrag eines kaltschnäuzig erfundenen Unternehmens, stellte ein paar Fragen, die sich ganz harmlos anhörten, deren Beantwortung Manni aber immerhin veranlaßten, sich schnellstens einen Staubsauger zu besorgen und sonst noch einige notwendige Dinge. Er versteckte die Einkäufe in seinem Zimmer und fuhr dann direkt ins Polizeipräsidium. Deutlicher konnte er ja wohl nicht demonstrieren, daß sein Gewissen makellos war und vor lauter Sauberkeit nur so strahlte.

„Wir haben dich erwartet, Manni", sagte Papenbrock, als ihn Kriminalassistent Berger in das Büro seines Chefs brachte.

„Ich möchte mich wegen gestern entschuldigen“, meinte Zasche bescheiden. „Zum Türmen hatte ich ja eigentlich gar keinen Grund. Aber als Sie so aus heiterem Himmel sagten, daß ich mitkommen sollte, dachte ich im Moment, Sie wollten mich verhaften, und da hab’ ich ganz einfach ausgerastet.“

„Immerhin sind noch ein paar Fragen zu klären, und nur deshalb wollte ich, daß du mitkommst“, erwiderte der Kommissar.

„Übrigens, es tut mir leid, Herr Kriminalassistent, wenn ich Sie ein wenig auf die Seite geschubst habe“, meinte Zasche und zeigte ein betrübtes Gesicht.

„Ist schon vergessen“, entgegnete Berger, der auch heute wieder seinen zerknautschten Flanellanzug trug.

„Aber du bist jetzt nicht nur da, um dich zu entschuldigen“, mischte sich der Kommissar dazwischen. „Wenn du ganz ehrlich bist, platzt du fast vor lauter Neugier, oder?“

„Ja, ich bin tatsächlich neugierig, das gebe ich zu“, antwortete Zasche.

„Siehst du, ich bin’s genauso und gebe es gleichfalls zu“, sagte Papenbrock. Er betrachtete eine Weile die Asche seiner Zigarre. „Du mußt deinem Freund Ekke Krumpeter selbstverständlich erzählt haben, wo du deinen Anteil aus der Warenhausbeute verstecken wolltest.“

„Ja, ich war so dämlich“, gestand Manfred Zasche. „Er hat gewußt, daß ich mir bei der UNION-Bank schon Wochen vor dem geplanten Einbruch, auch wieder mit Perücke, Bart und falschem Paß getarnt, ein Konto eingerichtet hatte und dann später einen Safe mietete. Wenn ich dann das Geld dort deponierte, sollte man mich nicht wiedererkennen, falls doch irgendwann einmal Fotos in den Zeitungen erscheinen sollten. Man konnte ja nie wissen.“

„Während er dir seinerseits mit keinem Wort verraten hat, wie er sich aus dem Staub machen würde“, stellte Papenbrock fest, „und was er mit seinem Geld anfängt.“

„Ich hab’ wirklich nur gewußt, daß er nach dem Bruch auf dem schnellsten Weg in ein Flugzeug wollte.“

„Aber wie er in seinem Brief schreibt, den wir gestern im Safe fanden, ist er zurückgekommen, als er von deiner Verhaftung gelesen hat.“ Der Kommissar blickte durch den Rauch seiner Zigarre und kniff ein Auge zu. „Na schön, bleiben wir vorerst einmal dabei, daß sich Krumpeter mit seinem Teil der Beute aus dem Staub gemacht hat. Was war aber mit dir? Deine Dreiviertelmillion muß dir doch unter den Fingernägeln gebrannt haben?“

„Die hab' ich bereits am Montagmorgen, nachdem das Ding gedreht war, in meinen Safe bei der UNION-Bank verfrachtet. Da waren Sie, Herr Kommissar, ja noch nicht hinter mir her“, erklärte Zasche. „Aber als mir Ihre Männer dann so allmählich auf die Spur kamen und ich schließlich merkte, daß ich auch bei Yvonne nicht mehr sicher war und beschattet wurde, da hab' ich gedacht, daß mir jetzt nur noch bodenlose Frechheit aus der Patsche helfen könnte. Als das Mädchen mal wieder nicht in ihrer Wohnung war, brachte ich meinen Safeschlüssel mit einem Klebeband unter dem Plattenteller der Stereoanlage in Sicherheit. Anschließend bin ich dann mit meinem nagelneuen, aber leeren Handkoffer auf die Straße spaziert. Sollten Sie mich doch hopsnehmen, Herr Kommissar! Ich war ganz sicher, daß man mir nichts nachweisen konnte.“

„Aber wir konnten dann doch“, stellte Kommissar Papenbrock fest und lächelte so undurchsichtig wie ein Buddha.

„Ja, Sie konnten“, meinte Zasche. „Schon daß ich den Warenhauskoffer herumzeigte und nicht gleich verbrannt hatte, war unglaublich blöd gewesen.“

„Mit dem Safeschlüssel hast du uns allerdings angeschmiert“, gab Papenbrock zu und probierte, Rauchringe in die Luft zu zaubern. „Wir haben die Wohnung von deiner Yvonne nach deiner Verhaftung regelrecht auseinandergenommen. Trotzdem sind wir mit leeren Händen wieder abgezogen.“

„Aber wir haben ja auch die Dreiviertelmillion finden wollen“, warf Assistent Berger dazwischen, „also ein ziemlich großes Paket. Da guckt man in die Schränke, aber nicht in die Schlüssellöcher.“

„Und das war der Vorteil, den uns dein Freund Ekke Krumpeter voraus hatte“, bemerkte Kommissar Papenbrock. „Er wußte genau, daß er lediglich einen kleinen Schlüssel suchen mußte, und den muß er dann ja auch entdeckt haben.“

„Wobei noch wichtig ist, daß er ihn wieder in sein Versteck unter dem Plattenteller zurückbrachte, nachdem er das Geld aus dem Safe geholt hatte“, sagte Zasche.

„Und aus welchem Grund, wenn ich fragen darf?“ fragte Papenbrock verwundert.

„Selbstverständlich hab' ich Yvonne, die mich anfangs noch gelegentlich im Knast besuchte, einmal, als uns der Aufseher kurz allein ließ, ins Ohr geflüstert, wo der Schlüssel verborgen ist, ohne ihr auf die Nase zu binden, was für eine Bedeutung es mit ihm hat. Jedenfalls hat sie ihn eines Tages mitgebracht, und zwar in ein Stück Kirschkuchen hineingebacken“, erzählte Manfred Zasche und zeigte ein zugleich verlegenes und verschmitztes Lächeln. „Die ganzen Jahre hindurch hab' ich den kleinen Safeschlüssel dann durch alle Kontrollen gemogelt und nur auf den einzigen Tag gewartet . . .“

„Auf den gestrigen Freitag den Dreizehnten“, fiel Papenbrock ein. „Tja, dann wäre soweit alles geklärt. Ich hätte keine Fragen mehr, Manni. Du kannst gehen. Oder gibt's noch was, Herr Zasche?“

„Wenn's Ihnen nichts ausmacht, Herr Kommissar“, druckste der strohblonde Mann herum und stand dabei bereits von seinem Stuhl auf, „ich meine, Sie haben mich doch während meiner Zeit in der Scherzartikelfabrik nicht ständig durch Ihre Leute beobachten lassen. Das wäre doch fast zuviel Ehre gewesen, vom Aufwand ganz abgesehen. Wieso haben Sie es dann trotzdem herausgekriegt, daß ich gestern die Geschichte endlich hinter mich bringen wollte?“

Manfred Zasche drückte seine Hände ineinander, daß es in seinen Fingern nur so knackte. „Ich frage aus reinem Berufsinteresse, wenn Sie verstehen, was ich meine . . .“

„Verstehe ich“, antwortete der Kommissar und lächelte.

„Also, paß auf: Der so freundliche, liebenswürdige und angebliche Hausverwalter Bemmelmann, mein Lieber, ist nicht nur mein guter alter Freund Heinrich, er war auch Hauptkommissar hier bei uns und ist seit zwei Jahren pensioniert."

Papenbrock paffte wieder einmal eine Zigarrenrauchwolke vor sich hin.

„Pensionäre langweilen sich gelegentlich und sind für Abwechslungen dankbar. Wobei noch hinzukommt, daß Bemmelmann reinweg verrückt auf seinem Steckenpferd Himmelskunde herumreitet und deshalb ein ganz ausgezeichnetes Fernrohr besitzt."

„Ach, so einfach ist das", sagte Zasche nachdenklich.

„Aber nur manchmal", grinste der Kommissar. „Und was werden Sie jetzt anfangen, ich meine, wie wollen Sie in Zukunft leben?"

„Fürs erste bin ich ja bei meinem Freund Schulz und der Firma Mühlbach ganz prima untergebracht", antwortete Manni. „Man wird sehen –"

In Wirklichkeit dachte Zasche natürlich mit keinem Auge mehr an die Gartenzwerge in ihren Regalen und an die Zylinder mit dem doppelten Boden. Er ging nicht einmal ans Telefon, um Paule anzurufen, was ihm wirklich nicht leicht fiel. Aber es war für Schulz und seine Familie das beste, wenn sie später ganz offen und ehrlich sagen konnten: „Wir heißen Hase und wissen von nichts."

Als die Berliner am Abend zu ihren Theatern, Kinos und Konzerten unterwegs waren, nahm Zasche Abschied von seinem Zimmer in der Rubensstraße. Er blickte sich noch einmal die Tapeten an, die kleine Kochnische und den schmalen Balkon. Anschließend leistete er sich ein Taxi und ließ sich mit zwei Koffern in die Stadt kutschieren. Der eine war der aus Segeltuch, der ihn bereits in den Knast begleitet hatte. Der andere war neu und aus schwarzem Kunstleder. Heute mußte er sich nicht umdrehen und durchs Rückfenster linsen. Jetzt konnte er ganz sicher sein, daß sich die Herrschaften von der Polizei nicht mehr um ihn kümmerten.

Bei der „Melone“ in der Uhlandstraße ließ er anhalten. Er winkte den Knaben Wolf-Dieter zu sich, der, schmal, flink, geschmeidig und die Augen gleichzeitig auf alle Tische gerichtet, durch das Lokal hüpfte. Der alte Stammkellner lag wieder einmal auf der Nase.

Zasche gab dem Jungen sein Gepäckstück aus Segeltuch zur Aufbewahrung. „Ich komme wieder vorbei“, meinte er. „Aber es kann heute später werden.“

„Wir haben ja durchgehend geöffnet“, feixte der muntere Knabe. „Heute ist doch Samstag!“

Als sich Manfred Zasche zusammen mit seinem Kunstlederkoffer zuerst in die Autoeinfahrt neben der UNION-Bank und dann in die Maschinenhalle unter dem Europa-Center verfügt hatte, lag die Kunsteisbahn im Licht der Scheinwerfer, und Musik kam aus den Lautsprechern. Die Schlittschuhläufer zogen ihre mehr oder weniger eleganten Kurven und wagten gelegentlich auch einmal einen Sprung, wenn sie genügend freien Raum hatten.

Zasche hätte sein Versteck neben der Rohrpostleitung auch mit verbundenen Augen wiedergefunden. Er verschloß die kleine rotgestrichene Metalltüre hinter sich und packte seinen Koffer aus. Schon eine Viertelstunde später hörte er das Sauggeräusch der Anlage und dann das ankommende Gepolter. Als es zusammen mit dem Geräusch des Sogs immer lauter wurde und ihn der Lärm mit voller Stärke erreicht hatte, landete er blitzschnell mit dem Eisenhammer hintereinander zwei gutgezielte Schläge gegen das Rohr, durch das in diesem Augenblick eine Geldbombe ihren Weg in den Tresorraum nahm.

Ein Stück Kunststoff fast in der Länge eines guten Meters war in tausend Scherben herausgesplittert.

Zasche hatte keine Zeit zu verlieren. Nicht in diesem Moment und auch nicht im Hinblick darauf, daß diese Schwachstelle der Anlage bereits ab Montag umgebaut werden sollte. Nur deshalb hatte er sich ja so schnell entscheiden müssen. Etwas mehr Sorgfalt für die Vorbereitung wäre ihm lieber gewesen. Aber einen geschenkten Gaul muß man eben nehmen, wie er kommt.

Jedenfalls lief bisher alles wie geschmiert. Besser hätte das Ding überhaupt nicht laufen können.

Nach den Hammerschlägen hatte Manni eine Weile atemlos gewartet und sich nicht von der Stelle gerührt. Aber als er dann sicher sein durfte, daß man nicht auf ihn aufmerksam geworden war, kam Leben in ihn.

Er hatte aus seinem Zimmer in der Rubensstraße seinen Kopfkissenüberzug mitgebracht. Den hängte er jetzt in das aufgeschlitzte und zertrümmerte Rohr, sozusagen wie ein Fangnetz oder einen Sack. Nach einer Viertelstunde ließ

sich das saugende Geräusch der Anlage wieder hören, dann folgte das Poltern, und kurz darauf plumpste die erste Geldbombe mit einem sanften Plopp in Zasches Kopfkissenbezug.

Die geleerte Hülse schickte er nach einer Weile wieder in den oberen Kassenraum neben dem Spielsaal zurück.

Das flutschte so einfach, daß es kaum zu fassen war. Er brauchte nur den mitgebrachten Staubsauger dazu. Entsprechend umgeschaltet pustete er seinen Luftschwall aus sich heraus, anstatt damit zu saugen. Diesen Trick hatte ihm eines seiner Telefonate mit den Rohrpostfirmen eingebracht, als eine davon ihre Konkurrenz schlechtmachen wollte. „Manche Anlagen sind noch so haarsträubend primitiv, daß sie die Sauganlage schon durch einen gewöhnlichen Staubsauger ersetzen können." Bei dieser Erklärung hatte es selbstverständlich in Zasches Hinterkopf geklingelt.

Droben im Casino saßen inzwischen elegant und weniger elegant gekleidete Besucher an den Spieltischen unter den Messingglocken mit ihrem blendfreien Licht. Über vierzig Croupiers ließen die Roulettekugeln rollen, der Baccarasaal war schon seit Stunden hoffnungslos überfüllt, die livrierten Saalpagen hatten alle Hände voll zu tun, und den Männern im Kassenraum ging es nicht viel besser.

Mit schöner Regelmäßigkeit plumpsten die Geldbomben in den Kopfkissenüberzug von Manfred Zasche. Er schickte die Hülsen jedesmal wieder nach oben zurück, wo sie immer wieder neu mit Geldscheinen gefüllt wurden. Wohlgemerkt mit Geldscheinen ohne Seriennummern, mit Scheinen, die gebraucht waren.

Und immer, wenn die geleerten Bomben in den oberen Kassenraum zurückkamen, mußten die Männer dort annehmen, daß das abgeschickte Geld sicher in den Tresoren gelandet war.

So zwischendurch ließ Zasche auch mal die eine oder andere Bombe ungehindert an sich vorbei in die Tiefe zischen. Auch die Herrschaften im Keller sollten ja nicht zu früh mißtrauisch werden.

Genau fünfzehnmal fing Manfred Zasche in seinem Kopfkissenüberzug ab, was eigentlich ein paar Etagen tiefer landen sollte. Dann machte er Schluß.

„Man muß im richtigen Augenblick aufhören können", sagte er zu sich selbst. Allmählich war ihm die ständige Warterei ohnehin auf den Wecker gefallen. Und zudem konnte es nicht mehr allzulange dauern, bis die Kassierer aus dem Keller oben nachfragen würden, wo denn heute die Bomben blieben.

Zasche ließ alles so liegen, wo und wie es gerade lag. Den Staubsauger, Hammer, Schraubenschlüssel, Kunstlederkoffer, eine Zange und den Kopfkissenüberzug. Wenn der Schlamassel entdeckt wurde, war er ohnehin schon über alle Berge. Und diesmal so, daß Papenbrock zusammen mit seinen superklugen Knaben nur noch dumm aus der Wäsche gucken konnte. Schön, er hatte sich die Wartezeit zwischen den eintrudelnden Geldbomben mit Rauchen vertrieben und eine der leeren Rohrposthülsen für seine Zigarettenkippen benutzt. Möglicherweise könnte die Polizei durch einen Speicheltest feststellen, wer die Zigaretten geraucht hatte. Aber dazu mußte sie den Raucher erst einmal geschnappt haben.

Zasche hatte das Geld aus den Bomben schon laufend in seine mitgebrachte nagelneue Tasche aus dem ganz dünnen Stoff gepackt. Sie war inzwischen prall gefüllt. Nun verschloß er sie mit dem Reißverschluß. Anschließend reparierte er noch, soweit es eben ging, die Bruchstelle an dem Rohr der Sauganlage, und zwar mit einem Stück Dachpappe, das er vorsorglich mitgebracht hatte, und mit einer Rolle Lassoband, das er mehrfach um Rohr und Pappe wickelte. Anschließend bestrich er das Ganze mit einer flüssigen Festigungsmasse, die beim Trocknen knochenhart wurde. Das Rohr sah an seiner Bruchstelle jetzt aus wie ein Gipsbein. Vielleicht würde die Anlage auf diese Art weiterfunktionieren. Er konnte also damit rechnen, daß die Spielbank erst beim Nachzählen ihrer heute so auffallend niedrigen Einnahmen argwöhnisch wurde.

Es war inzwischen kurz nach Mitternacht. Aber der

Kurfürstendamm war noch mit Menschen und Autos bevölkert, als sei an irgendeinem Nachmittag die Uhr stehengeblieben. Wenn sich die Hauptstraßen in anderen deutschen Städten längst aufs Ohr gelegt haben, ist der Ku'-damm immer noch hellwach. Und an einem Samstag schon allemal.

An den Kinos standen Besucher zu den Spätvorstellungen Schlange, man saß noch draußen vor den Lokalen bei einem Glas Bier, bummelte auch nur so über die Gehsteige und blickte in die immer noch hell erleuchteten Schaufenster, in denen sich die Lichter der Leuchtreklamen spiegelten.

In der „Melone" allerdings stellte der fleißige Knabe Wolf-Dieter im hinteren Teil der Kneipe bereits sehr behutsam die Stühle auf die leeren Tische. Die wenigen Gäste, die noch weiter vorn bei den Spielautomaten saßen, sollten um Himmels willen nicht das Gefühl bekommen, daß man sie jetzt so ganz allmählich hinauskomplimentieren wollte.

Manfred Zasche setzte sich an einen Tisch nicht weit von der Theke entfernt. Dabei schob er sich seine prall gefüllte Handtasche aus dem hauchdünnen Kunststoffmaterial zwischen die Beine. Und zwar so, daß er sie jederzeit von links und von rechts mit seinen Fußknöcheln spüren konnte, auch durch seinen Hosenstoff hindurch mit den Waden.

„Guten Abend, Herr Konopka", sagte Zasche, als er Platz genommen hatte.

„Nanu, so spät noch?" fragte der Wirt. „So kennen wir Sie ja gar nicht."

„Es ist heute nicht alles so gelaufen, wie es sollte", meinte der großgewachsene Mann mit den strohblonden Haaren. „Ist es schon zu spät, oder kann ich noch eine Erbsensuppe mit Würstchen bekommen?"

„Für unseren Stammgast Zasche machen wir doch selbstverständlich eine Ausnahme", sagte Herr Konopka und rief hinter sich in die Küche: „Eine Erbsensuppe mit Würstchen, Mutter."

„Und ein großes Bier", vervollständigte Manni seine

Bestellung. „Ich könnte momentan glatt eine Wasserleitung leersaufen."

„Na, da müssen Sie ja einiges erlebt haben", erwiderte Herr Konopka. „Aber ich will nicht fragen." Er lachte und verschwand hinter seiner Theke.

„Guten Abend, Herr Zasche", grüßte jetzt auch der flinke und viel zu junge Aushilfskellner Wolf-Dieter. „Soll ich die Tasche unter dem Stuhl zu Ihrem Segeltuchkoffer bringen? Muß doch unbequem sein, das Ding ständig zwischen den Beinen zu haben."

„Mach dir keine Umstände, mein Sohn, du hast sowieso alle Hände voll zu tun", grinste Zasche und blinkerte freundlich mit dem linken Auge. „Das fehlte gerade, daß du auch noch den Gepäckträger spielst!"

„Wäre mir aber ein Vergnügen", bemerkte der hellwache Junge mit den etwas abstehenden Ohren.

Glücklicherweise wurde er in diesem Augenblick zu einem anderen Tisch gerufen. Dort saßen noch ein paar Männer beim Skat. „Vier Bier und vier Klare dazu!"

„Vier Bier, vier Klare", wiederholte Wolf-Dieter und trollte sich.

Eine halbe Stunde später war die „Melone" so gut wie leer.

Die Skatbrüder machten gerade ziemlich laut die Tür hinter sich zu. Eine Weile hörte man sie noch von der Straße her beschwipst durcheinanderreden. Dann fingen sie zu singen an und entfernten sich immer mehr.

Vater Konopka hatte inzwischen zusammen mit seiner Frau am Tisch von Manfred Zasche Platz genommen. Beide spürten vom langen Stehen ihre Beine, und weil sie hundemüde waren, gähnten sie immer wieder.

„Noch ein Bierchen zum Einschlafen", hatte der Wirt zuvor gesagt, und jetzt prosteten sich die drei gegenseitig zu.

Wolf-Dieter balancierte mittlerweile schwungvoll die letzten Stühle auf die abgeräumten Tische. Wenn man sich jetzt in der „Melone" umblickte, sah man nur noch ihre hochgestellten Beine.

„Ich hab' heut nacht leider ein Problem", meinte Manfred Zasche auf einmal so ziemlich aus heiterem Himmel. Er druckste eine Weile herum, bevor er weitersprach. „Kennen Sie vielleicht in der Nähe eine Pension? Ich müßte für diese Nacht noch irgendein Bett auftreiben –"

„Dazu ist es aber schon verdammt spät", gab Wolf-Dieter zu bedenken. Er hatte sich inzwischen mit einer Flasche Coca-Cola zu den übrigen gesetzt. „Das wird nicht gerade leicht sein."

„Ich bin nämlich heute Knall auf Fall aus meinem Zimmer ausgezogen", schwindelte Manni Zasche. „Meine Vermieterin hat auf einmal durchgedreht und verrückt gespielt. Der Anlaß war geradezu idiotisch. Ich hätte mit meinem Haarwasser durch die Gegend gespritzt wie die Feuerwehr und dabei Flecken auf ihrem nagelneuen Nußbaumschrank fabriziert. Die Politur sei dadurch restlos im Eimer und das koste mich mindestens einen halben Tausender. Im übrigen sei für mich am Ersten der Letzte." Zasche nahm einen Schluck aus seinem Bierglas. „Da hab' ich meine Klamotten zusammengepackt, als sie heut nachmittag zu irgendeinem Kaffeeklatsch abgezwitschert war, und bin stiftengegangen. Ich laß mich doch nicht von einer Vogelscheuche in die Pfanne hauen!"

Die ganze Familie Konopka kugelte sich vor Lachen, und Manfred Zasche schaffte es, bekümmert vor sich auf den Tisch zu starren.

„Wenn's nur für eine Nacht ist, können Sie bei uns bleiben", meinte der Wirt der „Melone" nach einer Weile. Dabei wischte er sich mit dem Taschentuch seine Lachtränen aus den Augen. „Bevor wir jetzt erst lange nach einer Pension herumtelefonieren, liegen wir schon alle in der Klappe."

„Aber das kann ich Ihnen doch nicht zumuten", protestierte Zasche halbherzig. In Wirklichkeit hatte er ja mit dieser Einladung gerechnet.

„Leider können wir nicht mit einem Gästezimmer dienen", sagte Mutter Konopka. „Und Frühstück gibt's morgen auch nicht vor zehn. Sonntags bleibt unser Lokal ja geschlossen, wie Sie wissen, und da pennen wir, bis uns die Decke auf den Kopf fällt. So, und jetzt kommen Sie mit. Mir fallen gleich die Augen zu!"

Sie zauberte mit einem Leinentuch, einer Decke und einem Kissen aus dem breiten Sofa im Wohnzimmer im Handumdrehen ein fabelhaftes Bett und wünschte zusammen mit ihrem Mann eine gute Nacht.

„Jetzt fehlt mir nur noch mein Segeltuchkoffer zum kompletten Glück", meinte der strohblonde Mann, bevor sich auch Wolf-Dieter zurückziehen wollte. „Seife, Zahnbürste und so weiter, du verstehst . . ."

„Eine Angelegenheit von Sekunden", erwiderte der flinke Knabe und trabte los. Als er zurückkam, stand Manni Zasche immer noch so, wie Wolf-Dieter ihn verlassen hatte: in der Mitte des Konopkaschen Wohnzimmers, die prall gefüllte Kunststofftasche zwischen seine Beine geklemmt.

„Bitte sehr", grinste Wolf-Dieter, machte eine übertriebene Verbeugung und stellte den Segeltuchkoffer neben die Stehlampe auf den Teppich.

„Sehr freundlich", meinte Zasche. Er grinste jetzt gleichfalls und erwiderte die Verbeugung seinerseits. „Gott sei Dank bleibt morgen nicht nur eure Kneipe geschlossen, sondern auch deine Penne."

„Ja, das ist ein Segen", stimmte Wolf-Dieter zu.

Als er sich anschließend nebenan in seinem Zimmer auszog, sah er in seinen Gedanken plötzlich den strohblonden Mann vor sich, wie er mit seiner bis zum Platzen gefüllten Reißverschlußtasche zwischen den Beinen während des ganzen Abends auf seinem Stuhl in der „Melone" gesessen und wie er gerade eben auf ihn gewartet hatte, während er den Segeltuchkoffer holte. Er klemmt sich diese verflixte Tasche die ganze Zeit über so fest zwischen die Füße wie einen Hund, der gehalten werden muß, weil er sonst auf der Stelle abhauen würde, überlegte er flüchtig, während er seine Hose und dann sein Hemd über eine Stuhllehne warf. Aber da er beinahe im gleichen Augenblick unter die Dusche tauchte, die er zuerst auf heiß und dann auf kalt drehte, war es mit dem Nachgrübeln endgültig vorbei. Denn nun hüpfte er abwechselnd von einem Bein aufs andere, krümmte den Rücken vor lauter Hitze und bibberte gleich darauf mit einer Gänsehaut am ganzen Körper.

Später dann im Bett knipste er die Nachttischlampe an und angelte automatisch mit der linken Hand zur Seite. Aber leider ins Leere.

Wolf-Dieter warf die Decke zurück und schwang seine Beine über die Bettkante. Barfuß verfügte er sich in den Flur und dachte sich nichts dabei, als er, ohne anzuklopfen, die Tür zum Wohnzimmer öffnete. Wer denkt schon an so was, wenn er einerseits müde und andererseits bei sich zu Hause ist.

„Entschuldigen Sie, aber wie ich sehe, haben Sie ja noch nicht geschlafen“, sagte der Junge mit den nackten Füßen.

Zasche stand über den Tisch gebeugt, mit dem Rücken zu dem Jungen. Er federte blitzartig herum, und für einen ganz kurzen Augenblick blitzte es ziemlich wütend aus seinen Augen. Aber schon im Bruchteil einer Sekunde hatte er sich wieder gefaßt und fragte so freundlich wie immer: „Bist du als Traumwandler unterwegs oder was gibt's?“

„Es ist zu blöd“, erklärte Wolf-Dieter, „aber vor dem Einschlafen muß ich jeden Abend ein paar Seiten lesen. Und leider war ich mit dem Buch, das ich momentan am Wickel habe, heute vormittag hier im Wohnzimmer. Es liegt sonst immer auf meinem Nachttisch. Aber ausgerechnet heute . . .“

Der Junge hatte sich währenddessen umgeblickt und war dabei auch näher gekommen.

„Kein Beinbruch, ich hab' ja tatsächlich noch nicht geschlafen“, meinte Manfred Zasche. „Wenn ich wüßte, welches Buch du suchst, könnte ich dir ja helfen. Aber leider bin ich kein Hellseher.“ Er lächelte und drehte sich wieder um. Beinahe gleichzeitig nahm er eine zusammengefaltete Zeitung, die auf dem Tisch lag, und deckte irgend etwas mit ihr zu. Nicht gerade hastig, aber doch schnell genug, um vor den Blicken des Jungen zu verbergen, was der offenbar nicht sehen sollte.

Aber der Zaubertrick gelang nur unvollständig.

Wolf-Dieter, von dem wir ja inzwischen wissen, daß er weder auf den Kopf noch auf die Nase gefallen war, tat weiterhin so, als würde er lediglich am Auffinden seines Schmökers interessiert sein. Dabei konnte er es sich allerdings nicht verkneifen, auch gelegentlich über den Tisch zu linsen, und jetzt entdeckte er die Ecke eines Flugscheins, den die Zeitung nicht ganz unter sich versteckt hatte. Der junge Konopka wußte, wie Flugscheine aussehen. Er war

mit seinen Eltern schon zweimal in den Sommerferien nach Mallorca gejettet.

„Ich muß Sie nicht länger stören“, meinte Wolf-Dieter beinahe im gleichen Augenblick, in dem er seine Beobachtung gemacht hatte. Er nahm ein Buch in die Hand, das auf dem Fensterbrett lag.

„Das Geheimnis der grünen Lagune“, sagte Zasche, der den Titel auf dem Umschlag lesen konnte. „Wohl ziemlich spannend, nehme ich an?“

„Es läßt sich aushalten“, erwiderte der Junge mit den nackten Füßen und fragte anschließend ein wenig hinterhältig: „Soll ich Ihnen ein zweites Kissen besorgen?“

Manfred Zasche hatte nämlich auf dem Sofa die prall gefüllte Reißverschlußtasche unter sein Kopfkissen geschoben.

„Danke, es geht auch so“, wimmelte Zasche die Frage ab. „Ich bin’s halt gewohnt, daß mein Kopf beim Schlafen nicht so flach liegt. So, und jetzt endgültig ins Bett, würde ich vorschlagen.“

„Nochmals gute Nacht“, wünschte Wolf-Dieter. Auf dem Flur schüttelte er noch verwundert den Kopf, aber bevor er sich weitere Gedanken über seinen Zimmernachbarn machte, schmökerte er bereits im „Geheimnis der grünen Lagune“ herum. Eine Viertelstunde lang. Dann schlief er ein, das Buch rutschte ihm aus den Händen, und die Nachttischlampe brannte weiter.

Am nächsten Morgen war Vater Konopka als erster auf den Beinen. Er riß in der Kneipe die Fenster auf, um frische Luft in sein Lokal hereinzulassen, und öffnete die Tür zur Straße.

Die Sonne stand schon ziemlich hoch am Himmel. Der dickliche Besitzer der „Melone“ atmete ein paarmal tief durch, bis in die Lungenspitzen. Und erst dabei fiel der Groschen.

„Moment mal“, knurrte Vater Konopka. „Da stimmt doch was nicht.“ Er trat ins Lokal zurück und machte die Tür zu. Der Schlüssel steckte, überlegte er, aber ich bin ganz sicher, daß die Tür nicht abgeschlossen war. Sollten wir tatsächlich heute nacht verschwitzt haben, den Laden dichtzumachen?

Aber dann entdeckte er auf der Theke ein Stück Papier, das alles erklärte.

„Liebe Familie Konopka", stand da auf der Rückseite einer Speisekarte mit einem Kugelschreiber hingekritzelt. „Herzlichen Dank für Ihre großzügige Gastfreundschaft. Ich habe mich schon früh auf die Socken gemacht, um ein neues Zimmer zu finden, damit ich Ihnen nicht noch einmal auf den Wecker fallen muß, Ihr Manfred Zasche."

„Komischer Kauz", murmelte Vater Konopka.

„Ja, sehr sonderbar", meinte eine halbe Stunde später seine Frau, als er ihr Zasches Brief in der Küche vorgelesen hatte, während sie gerade den Sonntagskaffee aufbrühte.

Ihr Sohn Wolf-Dieter bemerkte nur: „Daß ich nicht kichere." Und dann prophezeite er: „Vermutlich werden wir unseren Herrn Zasche nicht so schnell wiedersehen."

Und tatsächlich hing Manni, der Mann mit den strohblonden Haaren, um diese Zeit bereits seit einer ganzen Weile in den Wolken. Möglicherweise überflog die Maschine gerade den Taunus. Den Inhalt der Reißverschlußtasche hatte er nachts in seinen Koffer aus Segeltuch umgepackt und dafür die Kunststoffhandtasche mit Schuhen und gebrauchter Wäsche gefüllt. Beides flog jetzt vereint irgendwo im Bauch des Flugzeugs, vorerst in Richtung Frankfurt. Das war ein Risiko, und er hatte sich auch nur ungern von seiner Rohrpostbeute getrennt. Aber Handgepäck, das man mit an Bord nahm, wurde ja auf allen Flughäfen durchleuchtet, oft genug auch aufgemacht, um den Inhalt zu kontrollieren.

Erst am Morgen dieses Sonntags hatten sich die Herren der Spielbank über die geringen Einnahmen gewundert und nach der Endabrechnung ungläubig die Köpfe geschüttelt.

„Dabei waren doch alle Säle überfüllt", meinte der Direktor. „Das kann nicht stimmen."

Nachmittags genau um vier Uhr achtundzwanzig, als das Casino gerade wieder geöffnet hatte, fiel die Rohrpostanlage aus. So lange hatte Zasches Provisorium gehalten. Die Techniker trabten los, und im Keller bei den Tresoren war man genauso ratlos wie oben im Kassenraum neben den Roulettetischen.

Vier Uhr sechsundvierzig wurde die Bruchstelle im Rohr entdeckt und selbstverständlich auch all das, was Manfred Zasche zurückgelassen hatte.

Fünf Uhr elf traf Kommissar Papenbrock zusammen mit seinem Schatten Helmut Berger am Tatort ein.

„Eine Katastrophe“, jammerte der Spielbankdirektor. „Ausgerechnet heute . . .“

„Wieso ‚ausgerechnet heute‘, Herr Direktor?“ fragte Papenbrock.

„Morgen früh wird die Anlage unter Beton gelegt, dann hätte nichts mehr passieren können. Aber so zahlt die Versicherung keine müde Mark.“

„Ein Volltreffer“, stellte der Kommissar sachlich fest. „Natürlich gibt es keinerlei Verdacht?“

„Nicht daß ich wüßte –“

„Machen Sie sich auf einiges gefaßt“, bemerkte Papenbrock. „Leider wird die ganze Stadt Tränen über Sie lachen.“

Und so etwas Ähnliches taten die Berliner dann auch, als am Montagmorgen die Zeitungen mit ihren Schlagzeilen auf den Titelseiten erschienen. „Halbe Million in Spielbank abgesaugt“, schrieb die BZ. „Goldregen in den Kopfkissenüberzug“, machten sich andere Redakteure lustig, und sie fügten hinzu: „Die Polizei tappt völlig im dunkeln.“

„Schöne Schweinerei“, schimpfte Vater Konopka in seiner „Melone“ beim Familienfrühstück. Aber als er dann anfing, Einzelheiten vorzulesen, begann er doch zu schmunzeln, und schließlich schlug er sogar mit der flachen Hand auf den Tisch. „Hut ab, aber die Idee ist Spitze. Da kann man sagen, was man will!“

„Mein Kaffee ist übergeschwappt“, sagte Mutter Konopka vorwurfsvoll.

„Und ich muß jetzt los“, verkündete Wolf-Dieter nach einem Blick auf seine Armbanduhr.

Als er auf dem Mofa durch die Straßen ratterte, gingen ihm unter seinem gelben Schutzhelm eine ganze Menge Gedanken durch den Kopf. Für ihn gab es überhaupt keinen Zweifel, daß Manfred Zasche die Spielbank abgestaubt hatte. Aber es sah ganz so aus, als ahnte das außer ihm kein anderer. Zumindest bis jetzt noch nicht.

Einerseits hat der Kerl geklaut, und das schon zum zweitenmal, überlegte der flinke Junge mit den etwas abstehenden Ohren, als er in seiner Schule durch den Korridor schlenderte. Andererseits ist Manni Zasche ein netter Bursche, und er war immer freundlich zu mir. Zudem ist er in der „Melone“ Stammgast gewesen.

Als es längst geläutet hatte und Studienrat Brinkmann bereits dabei war, die besonderen Eigenschaften von Wasserstoff und seine Zusammensetzung zu erklären, war Wolf-Dieter mit seinen Überlegungen zu einem Ergebnis gekommen: Er ist und bleibt ein Ganove, wie man es auch dreht, daran ist nicht zu rütteln.

Er streckte seine rechte Hand in die Luft und bat um die Erlaubnis, austreten zu dürfen.

„Aber der Unterricht hat doch gerade erst angefangen“, wunderte sich Studienrat Brinkmann.

„Leider trotzdem“, erwiderte Wolf-Dieter und grinste.

Aber er stiefelte natürlich nicht zur Toilette. Er galoppierte zu der Telefonzelle im Erdgeschoß dicht neben dem Eingang.

Schon zehn Minuten später holte ihn der Schuldirektor persönlich aus dem Unterricht. „Zwei Herren von der Kripo wollen dich sprechen“, sagte er. „Falls du etwas angestellt hast, alarmiere ich deine Eltern, wenn du das willst.“

„Das wird nicht nötig sein, Herr Direktor“, antwortete Wolf-Dieter. „Aber besten Dank.“

„Na, dann lasse ich Sie jetzt mit dem Schüler Konopka allein“, meinte der Direktor zu zwei Herren, die im Korridor an einem Fensterbrett lehnten und warteten.

„Papenbrock", sagte der ältere von den beiden, „Kriminalkommissar."

„Berger", stellte sich der jüngere Mann mit einer etwas schiefen Nase vor. „Du hast bei uns angerufen, und da sind wir. Also, was weißt du?"

„Moment mal", unterbrach Papenbrock seinen Schatten. „Wir haben doch genügend Zeit." Und jetzt plauderte er mit Wolf-Dieter vorerst einmal über die Schule im allgemeinen, dann über den augenblicklichen Unterricht im besonderen. Schließlich erkundigte er sich nach seinen Eltern und erfuhr dabei, daß die „Melone" Wolf-Dieters Vater gehörte. Auf diesem Umweg landete der Kommissar am Ende bei Manfred Zasche.

Damit war der Moment für den jungen Konopka gekommen. Er berichtete genau und der Reihe nach, was er in der Nacht zum Sonntag beobachtet hatte. Einerseits in der Kneipe und dann später im Wohnzimmer.

„Du kannst ja wirklich zwei und zwei zusammenzählen", lobte Papenbrock. Er fingerte eine Zigarre aus seinem Jackett. „Tja, Manfred Zasche", meinte er nachdenklich. „Nach allem, was du uns von ihm erzählt hast, ist es dir nicht ganz leichtgefallen, ihn zu verpfeifen?"

„Und ich bin auch jetzt nicht sicher, ob es richtig war . . ."

„Wenn's dich beruhigt", lächelte Papenbrock, „wir wissen schon seit heute nacht, wer das Ding gedreht hat. Zasche hinterließ am Tatort jede Menge Fingerabdrücke. Er hat sich gar nicht die Mühe gemacht, seine Spur zu verdunkeln. So sicher muß er gewesen sein, daß er diesesmal türmen kann, bevor wir hinter ihm her sind."

„Da fällt mir aber direkt ein Stein von der Seele", bemerkte Wolf-Dieter ein wenig geschwollen. „Ich meine, daß Sie auch ohne mich auf Zasche gekommen sind . . ."

„Was nicht heißen soll, daß deine Beobachtungen unwichtig wären", widersprach der Kriminalkommissar. „Sie ersparen uns einen ganzen Haufen Nachforschungen, und wir wissen jetzt auch, wo wir mit unserer Fahndung anfangen müssen . . ."

„Auf dem Flugplatz Tegel“, warf Wolf-Dieter ein.

„Goldrichtig“, sagte Papenbrock. „Aber leider reist unser Freund mit einem sehr guten falschen Paß, für den er sich eigentlich bei mir bedanken müßte . . .“

„Entschuldigung“, unterbrach ihn sein Schatten. „Es wäre ganz allein meine Sache gewesen, Zasche das Ding abzunehmen, nachdem er sich damit in der UNION-Bank als Besitzer des Safes ausgewiesen hatte.“

„Und als er am nächsten Tag zu uns ins Büro hereinspaziert ist, haben wir diesen falschen Paß wieder glatt vergessen. Ich könnte mich tatsächlich ohrfeigen.“ Papenbrock kaute jetzt schon eine ganze Weile auf seiner kalten Zigarre herum.

„Wenigstens kennen wir aus der Safeliste der Bank den Namen, auf den der Paß ausgestellt ist und nach dem wir suchen müssen.“

„Aber ich fürchte, wir werden wenig Glück haben. Vermutlich gießt sich unser lieber Manni Zasche gerade zehntausend Meter über dem Indischen Ozean einen Whisky hinter die Binde oder sonst irgendwo –“

„Sie haben seinen falschen Paß wirklich nicht einkassiert?“ fragte der Knabe Wolf-Dieter leise. „Obgleich Sie doch wußten und eigentlich . . .“

„Machst du in deiner Schule keine Fehler?“ knurrte der Kommissar.

„Mehr als es im Sommer Gänseblümchen gibt“, erwiderte der Junge mit den leicht abstehenden Ohren. „Aber ich dachte, die Polizei . . .“

„Man lernt nie aus“, knurrte Papenbrock wieder. „Auch die Polizei lernt nie aus.“

„Mannometer, das ist ja echt tröstlich“, meinte Wolf-Dieter vergnügt.

„Wir sind keine Götter, wenn du das meinst. Jedenfalls haben wir es uns abgewöhnt, uns für so was Ähnliches zu halten.“

„Da bin ich bei unseren Lehrern manchmal nicht so ganz sicher . . .“ Wolf-Dieter unterbrach sich und winkte ab.

„Wir geben dich jetzt wieder deinem Unterricht und dem

Wasserstoff zurück", sagte Kommissar Papenbrock. „Du hast uns wirklich geholfen, schönen Dank."

„Vielleicht kommen Sie gelegentlich in der ‚Melone' vorbei", meinte Wolf-Dieter. „Unser Eisbein ist wirklich allererste Klasse." Er gab den beiden Herren die Hand und verfügte sich anschließend wieder in sein Klassenzimmer.

Als sich Kommissar Papenbrock kurz danach vor dem Schulgebäude in seinen Dienstwagen fallen ließ und dann auf dem Beifahrersitz festschnallte, zündete er sich endlich seine kalte Zigarre an und beobachtete dabei seinen Schatten mit der schiefen Nase, der gerade den Schlüssel ins Zündschloß steckte.

„Wetten, Helmut, daß ich bald wieder einen Brief bekomme?" Papenbrock paffte die ersten Zigarrenwolken vor sich hin und blickte durch die Windschutzscheibe. „Den Text kenne ich schon, ohne den Umschlag aufzumachen." Seine Stimme tat jetzt wieder einmal so, als ob sie etwas vorlesen würde. „Besitze mittlerweile eine Farm in sonniger Gegend mit einer Menge Rinder, Kälber und einer riesigen Schafherde. Den Leithammel habe ich auf den Namen Tobias getauft. Es soll ein kleiner Dank sein für Ihre nutzlosen Bemühungen, mich zu schnappen. Freundlichen Gruß aus der Sonne, Ihr Manfred Zasche."

„Könnte natürlich passieren", meinte der Schatten in seinem zerknautschten Flanellanzug. „Aber vorher werden wir ihm noch die Hölle heiß machen, das schwör' ich dir, Tobias."

„Packen wir's also an", sagte Kriminalkommissar Papenbrock, seufzte ein bißchen und nahm dann einen besonders tiefen Zug aus seiner Zigarre.

Vorübergehend waren die beiden Herren in ihrem Dienstwagen polizeiwidrig eingenebelt.

Quellenverzeichnis

Spuren im Schnee
aus: Loewes Detektivmagazin (1979)

Das Meer spuckt einen Jungen an den Strand
aus: Die Glorreichen Sieben
und der Junge aus dem Meer (1976)

Ein Museumsdirektor tappt in die Falle
aus: Der gelbe Handschuh (1974)

Ein verhängnisvoller Irrtum
aus: Gepäckschein 666 (1959)

Die 9B stellt einer Klassenarbeit das Bein
aus: Die Glorreichen Sieben
und der doppelte Schlüssel (1981)

Das Fest des Walkan
aus: Die Glorreichen Sieben
und der Sohn des Häuptlings (1979)

Die weiteren Erzählungen sind Originalbeiträge für diesen Band.

Alle genannten Werke sind im Loewes Verlag, Bayreuth, erschienen.

Lieferbare Titel
von Alfred Weidenmann
im Loewes Verlag

Gepäckschein 666

Die Fünfzig vom Abendblatt

Der blinde Passagier

Der gelbe Handschuh

Die Glorreichen Sieben
und der rätselhafte Kunstraub

Die Glorreichen Sieben
und der Junge aus dem Meer

Die Glorreichen Sieben
und das Geheimnis der grünen Maske

Die Glorreichen Sieben
und der Sohn des Häuptlings

Die Glorreichen Sieben
und der doppelte Schlüssel